prometeo
libros

LAS TRES INSTANCIAS DE FREUD
Y LOS TRES REGISTROS DE LACAN

Claudio Daniel Pascucci

Las tres instancias de Freud y los tres registros de Lacan

Razones de una discontinuidad entre ambas teorías psicoanalíticas

prometeo
libros

Pascucci, Claudio Daniel
    Las tres instancias de Freud y los tres registros de Lacan / Claudio
Daniel Pascucci. - 1a ed. - Ciudad Autónoma de Buenos Aires :
Prometeo Libros, 2021.
    334 p. ; 23 x 16 cm.

    1. Ensayo Psicológico. 2. Psicoanálisis. I. Título.
    CDD 150.195

Diagramación: María Victoria Ramírez
Corrección: Belén Scardilli
Imagen de portada: Fuente: Pinterest, no se menciona el autor.

© De esta edición, Prometeo Libros, 2021
Pringles 521 (C1183AEl), Buenos Aires, Argentina
Tel.: (54-11) 4862-6794 / Fax: (54-11) 4864-3297
editorial@treintadiez.com
www.prometeoeditorial.com

Índice

I. Prólogo 9

II. Introducción 13

    II.1 Situación actual del Psicoanálisis. Planteo del problema 14

III. Metodología de la investigación 29

IV. Desarrollo de ambas teorías 31

    IV.1 Sujeto de Jacques Lacan e In-dividuo de Sigmund Freud 31

        IV.1.1. Sujeto de Lacan 34

        IV.1.2 La Ciencia y la Verdad 41

        III.1.3. El in-dividuo de Freud.. 48

    IV.2 Teoría de la representación en Freud y del significante de Lacan........ 55

        IV.2.1 Representación (*vorstellung*) y huella mnémica a partir de Freud..... 82

        IV.2.2 Sujeto del Inconsciente. La "otra escena". Núcleo de Nuestro Ser: (*Kern unseres wisen*) 96

        IV.2.3 Significante de la Lingüística y del Psicoanálisis a partir de Lacan. La "lingüistería" 110

    IV.3 Las "tres" de Sigmund Freud y los "tres" de Jacques Lacan 138

        IV.3.1 Simbólico, Imaginario y Real (SIR) en la teoría de Lacan: revisión crítica de algunos trabajos al respecto durante el período 1953 a 1966 138

        IV.3.2 Aparato psíquico: Yo, Superyó y Ello en la teoría de S. Freud. Revisión crítica de algunos trabajos relacionados con el modelo de la "segunda tópica" 149

        IV.3.3 *La Carta Robada,* una teoría causal de los tres registros 249

V. Conclusiones 305

VI. Cuadros y Gráficos: 317

VII. Glosario 319

VIII: Referencias de Autores 327

IX. Referencias Bibliográficas 329

I. Prólogo

Tal como propone Jean-François Lyotard, el saber científico es un tipo de discurso que existe, incluso en la actualidad –época de caída de los metarrelatos en un importante número de países productores de saber científico– conviviendo con otro tipo de discurso: el saber narrativo. Esta convivencia es requerida por la ciencia debido a que esta no solo es investigación dirigida hacia lo nuevo sino que también es comunicación de sus logros o enseñanza (tal como lo designa Lyotard), sin la cual no existiría. Asimismo, el saber narrativo debe también, además de las pruebas, contribuir a la validación, siempre provisoria, del saber científico.

Me animo a proponer que, incluso, suele suceder que el saber narrativo produzca novedades cuando cada comunicador presenta novedosamente el contenido a transmitir y enseñar del saber científico. El acto narrativo posee, al menos, como posibilidad la condición de proveer interpretaciones diferentes sobre el texto científico que habiliten el progreso de este último.

El libro del Dr. Claudio Daniel Pascucci, en el cual nos comparte sus investigaciones y que tengo el honor de prologar, posee, justamente, las propiedades meritorias de ser una comunicación del saber psicoanalítico que intenta rectificar las interpretaciones tradicionales y que resultan ser hegemónicas en este campo, las que afirman que, en lo fundamental, las teorías de Sigmund Freud y de Jacques Lacan proponen concepciones coincidentes.

En el caso del texto que presento la articulación del saber científico y del saber narrativo se hace más evidente ya que el mismo posee la rigurosidad argumentativa típica de una tesis de doctorado. Pero el valor de esta obra no se reduce al rigor científico sino que también lo hace por los tópicos seleccionados de las obras de Freud y de Lacan junto a la lógica utilizada para distinguirlos. Tales propiedades lo convierten en un material de inestimable importancia para todos aquellos que deseen saber sobre el psicoanálisis, sobre las diversas formas de concebirlo e, incluso, sobre los variados modos de practicarlo.

La tesis principal que nos propone a la reflexión el Dr. Pascucci es que las orientaciones de las dos obras analizadas en su investigación no solo son distintas sino que, incluso, son opuestas.

Alfredo Eidelsztein

Agradecimientos

A mi mujer y a mis hijos que me acompañaron en esta aventura.

A Rodolfo Messineo, Gustavo Apreda, Alfredo Eidelsztein, Judith Véscovo, Haydée Montesano por la generosidad en transmitir sus saberes y sus preguntas.

II. Introducción

> "En rigor, si existiesen precursores la historia de las ciencias perdería todo su sentido, porque la propia ciencia sólo en apariencia tendría dimensión histórica. Un precursor sería un pensador, un investigador que habría recorrido antaño un trecho de camino cubierto por otro más recientemente. La complacencia en buscar, encontrar y celebrar precursores es el síntoma más claro de la incapacidad para la crítica epistemológica. Antes de poner en serie dos recorridos sobre un mismo camino es conveniente cerciorarse primero de que efectivamente se trata del mismo camino".[1]

Las ideas que se vuelcan en este libro son el producto de un trabajo de investigación en Psicoanálisis que se inició en el año 2013. Podemos situar como punto de partida del mismo un interrogante que atraviesa en varias dimensiones nuestra práctica como psicoanalistas, a saber: ¿cómo se piensa la producción de un cambio radical en la posición del hablante-ser que permita traspasar el impasse impuesto por lo real del síntoma y alcanzar una posición radicalmente nueva? Esta pregunta nos ha conducido a una serie de problemas teóricos y clínicos que hacen explícitas una discontinuidad entre los desarrollos teóricos de Sigmund Freud y de Jacques Lacan con respecto al campo de lo psíquico. Existe un acuerdo amplio en la historiografía de las ciencias de que el establecimiento de diferencias entre teorías y los fundamentos epistemológicos que las rigen es crucial para el avance de la investigación en el campo científico independientemente de las disciplinas analizadas. De hecho, desde el punto de vista epistemológico una teoría o cuerpo teórico es aceptada en una comunidad científica en la medida que puede resolver el mayor número de problemas con respecto a una teoría previa. Es en este sentido que introducimos el término *discontinuidad* que, a modo de una herramienta metodológica, levanta, explicita y fundamenta las diferencias

---

[1] G. Canguilhem (1966), *Lo Normal y lo Patológico*.

entre la teoría de J. Lacan y su predecesor al mismo tiempo que la libera de sus amarres con el propósito de encauzar su camino fructificando así sus propios desarrollos. Este movimiento dentro del campo de las ciencias permite que el Psicoanálisis pueda dar una respuesta racional y lógica al malestar subjetivo del sujeto de la ciencia, entendido este último, como el único sujeto con el cual opera.

La intención que guía esta investigación no es tomar la teoría de Freud y de Lacan como un sistema unitario cuyos elementos mantienen cierta coherencia, es decir, no se trata de hallar las similitudes entre los conceptos por ellos presentados sino, más bien, se trata de hacer explícita una concepción distinta de ambas teorías, a saber, establecer por medio de la herramienta metodológica de la discontinuidad la oposición entre los fundamentos teóricos y epistemológicos de ambas teorías.

De este modo el término discontinuidad arroja luz sobre una problemática extensa vigente en los medios psicoanalíticos que es la ambigüedad de los conceptos psicoanalíticos fruto del sostenimiento del paradigma de continuidad. Este diagnóstico no es nuevo, de hecho, ya lo había establecido el propio J. Lacan al decir que existe: "una carencia de la teoría sumada a un número de abusos en su transmisión, que, por no carecer de peligro para la praxis misma, resultan tanto la una como los otros en una ausencia total de estatuto científico". (1961).

II.1 Situación actual del Psicoanálisis. Planteo del problema

Tal como lo hemos afirmado, la presente investigación se apoya en el carácter diferencial que adquiere el término *discontinuidad* entre los desarrollos teóricos de ambos autores de referencia en el Psicoanálisis. Ahora bien, la primera pregunta que salta a la vista es: ¿por qué es necesario instalar la discontinuidad entre ambas teorías? La importancia del mismo radica en que, como un aporte original y novedoso de nuestra investigación, al señalar, argumentar y fundamentar la hipótesis de discontinuidad entre las dos teorías, que puede llegar a mostrarse como una visión paradigmática, se interpela el campo de la ética en relación con la respuesta clínica específica de cada uno. Esto significa que nos orientamos de un modo particular frente a la pregunta por lo real del síntoma y supone una modalidad de respuesta ante lo real. En efecto, al establecer que la discontinuidad pone de manifiesto el obstáculo epistemológico[2] en la teoría y en la clínica de S. Freud que opera con la noción de individuo, la respuesta clínica habilita una posición ética distinta de la de J. Lacan. En ese sentido, la propuesta de discontinuidad puede ser considerada en dos aspectos vinculados:

a. Lo que implica el principio deontológico[3], en tanto el Psicoanálisis es una respuesta posible a una forma de padecer subjetivo, no podríamos sostener la hipótesis de in-dividuo tal como lo formula S. Freud, entendiendo que el mismo queda equiparado al sujeto de nuestro interés, el sujeto especificado por J. Lacan.

b. Desde el campo de la ética que se sostiene en el paradigma de la enseñanza de J. Lacan, se trata de una apertura que habilita la condición de sujeto que no coincide con el in-dividuo freudiano. En este sentido, el deseo como aquello que al corresponderse a la particularidad del sujeto, no se equipara al límite que plantea la concepción freudiana que implica "un destino" propio del individuo partícipe de una especie, con todo el problema de las mociones pulsionales y el conflicto que la vida en la cultura o civilización le impone.

Desde este orden de ideas nuestra investigación tiene como objetivo principal demostrar y hacer explícita la hipótesis de discontinuidad, oposición, entre los desarrollos teóricos propuestos por Sigmund Freud y los de Jacques Lacan seleccionando como eje central de nuestro análisis sus modelos propuestos, por un lado, el modelo de aparato psíquico freudiano: las tres instancias: "Yo, Superyó y Ello" y, por el otro, el modelo de los tres registros propuesto por J. Lacan, a saber, Simbólico, Imaginario y Real (SIR). Analizaremos los fundamentos teóricos y los respectivos marcos de referencias que subyacen en la construcción de los mismos proponiendo como herramienta metodológica constituir un término operativo que es la *discontinuidad* con el cual nos permita ordenar y analizar, bajo esta

[2] La noción de obstáculo epistemológico fue acuñada por el filósofo francés Gastón Bachelard para identificar y poner de manifiesto elementos psicológicos que impiden o dificultan el aprendizaje de conceptos revolucionarios al interior de las ciencias; estos se presentan en todos los sujetos que se enfrentan a nuevas realidades, las cuales se caracterizan por no tener referencias directas a experiencias directas.

[3] Utilizamos el concepto de Deontología de manera específica como una ética profesional que se define como la rama del arte y de la ciencia cuyo objeto consiste en hacer cada ocasión lo que es recto y apropiado.

perspectiva, los elementos conceptuales que sostienen la argumentación de nuestro tema de investigación. En este sentido seleccionamos un conjunto de nociones que subyacen a ambos modelos estudiados y que conforman un nudo conceptual diferencial entre ambas teorías. Estas nociones son: inconsciente, lenguaje, realidad y síntoma.

La elección de tales modelos teóricos se fundamenta en las siguientes consideraciones. Por el lado de S. Freud, sostenemos que las concepciones teóricas y clínicas que subyacen a la construcción del modelo de aparato psíquico, las tres instancias: "Yo, Superyó y Ello" representan la síntesis de sus desarrollos teóricos principales y revelan el pensamiento del autor con respecto a los principios que gobiernan el funcionamiento del aparato anímico de las personas y que, a pesar del tiempo transcurrido desde su introducción, constituyen los cimientos de un paradigma que se sostiene en la actualidad en la mayoría de las sociedades y escuelas psicoanalíticas. En la obra freudiana se describe una nueva dirección en los desarrollos teóricos que puede localizarse en los escritos *Más allá del Principio de Placer* del año 1919 y *El Yo y el Ello* del año 1923 donde se plantea el dualismo pulsional "Pulsión de vida" y "Pulsión de Muerte", que amalgamadas, son las fuentes de energía que, provenientes del "centro del cuerpo", ponen en marcha el aparato psíquico y cuya relación de fuerzas sientan las bases de un modelo teórico de aparato psíquico interno al individuo y dividido por tres instancias "Yo, Superyó y Ello". La figura por el cual es representado el aparato psíquico es el del "huevo psíquico" en cuyo centro se encuentra el "Yo" quien recibe los embates de tres frentes: la Realidad, el Ello y el Superyó.

Una problemática hallada en este punto concierne al hecho de establecer qué concepción de inconsciente se desprende del modelo teórico de aparato psíquico freudiano y de aquel que se deduce de los tres registros tal como lo especifica J. Lacan. Como lo veremos más adelante, si tenemos en cuenta la discontinuidad en la lectura verificamos que J. Lacan plantea una concepción específica de sujeto[4] y de inconsciente ligado a los conceptos de significante y letra respectivamente.

Por el lado de J. Lacan, consideramos que el modelo de anudamiento tríadico de los tres registros Simbólico, Imaginario y Real (SIR) fue sostenido por el autor a lo largo de toda su obra, más allá de su derivación en el

---

[4] "Sujeto" en francés (*sujet*), en inglés (*subjet*) incluye, en sus acepciones, tema, materia, asunto, hipótesis. En la enseñanza de J. Lacan se privilegia tales definiciones de sujeto. Todas hacen referencia a un saber impersonal no asimilable al individuo.

último período de su enseñanza hacia la teoría de nudos y el agregado de un cuarto círculo en la articulación de los otros tres. La introducción de este modelo produjo una subversión radical de los conceptos fundamentales del psicoanálisis freudiano que dan cuenta del surgimiento de una nueva concepción que orienta de manera específica su teoría y su práctica clínica en una dirección contraria al paradigma freudiano y que conforman un nuevo paradigma que sustituye al freudiano. En este sentido, al plantear, por un lado, al inconsciente estructurado como un lenguaje y, por el otro, la derivación de los tres registros a una operatoria con el significante J. Lacan instituye un inconsciente discursivo, esto es, compuesto por el par significante/letra y cuya estructura es lógico-matemática. De este modo, como veremos en los siguientes capítulos, establece que el inconsciente es el efecto de la palabra sobre un sujeto y no un conjunto de huellas psíquicas preexistentes a la función de la palabra dentro de un individuo, de donde resulta el modelo de aparato psíquico freudiano. De ahí que nuestro planteo de discontinuidad, hipótesis principal del presente estudio, se apoya en la idea de que la introducción de los tres registros por J. Lacan habilita una salida del callejón sin salida, entendido como obstáculo epistemológico, que conlleva el núcleo conceptual que se supone en el aparato psíquico freudiano cuyos fundamentos son individualista y biologicista. En este sentido, no solamente la hipótesis de discontinuidad devela visiones paradigmáticas distintas, opuestas, sino que implica consecuencias que impactan directamente en el campo clínico al fijar una posición ética distinta del cual el psicoanalista debe decidir con relación a la cura del síntoma psicoanalítico.

Como ilustraremos a lo largo de los capítulos siguientes J. Lacan se apoya en algunas disciplinas científicas, tales como la antropología estructural, la topología, la lingüística y la lógica para la construcción de los tres registros SIR y es, a partir de estas intersecciones, que posibilita al Psicoanálisis en su vocación científica, esto es, con la exigencia de una rigurosidad metodológica que procure nuevos conocimientos y sea pasible de una transmisión matematizada, avanzar en sus investigaciones dentro del campo de las ciencias conjeturales. En efecto, las ecuaciones por él formuladas no dependen de métodos cuantitativos (mediciones y métodos estadísticos), como en el abordaje tradicional de las ciencias humanas, sino de procedimientos matemáticos cualitativos: teorías de conjuntos y de grupos y topología. Es desde estas bases epistemológicas que J. Lacan establece que la estructura de los tres registros es topológica y que se diferencia de la estructura tridimensional euclidiana, en forma de saco con contenido, tal como es representado el modelo de aparato psíquico freudiano.

Cabe advertir que, para verificar la hipótesis principal de discontinuidad por medio del estudio de los modelos teóricos seleccionados, se requiere de manera ineludible partir de un acuerdo básico que consiste en pensar que tales modelos son sistemas o máquinas teóricas cuyos elementos, articulados, se enuncian en función de leyes propias y que dan una respuesta específica al síntoma psicoanalítico. Que tales máquinas son el resultado de un modo de concebir el síntoma psicoanalítico y su relación con el determinismo inconsciente. En este sentido, resulta imprescindible estudiar y articular otras categorías conceptuales específicas que funcionan como sus unidades constituyentes. Debido a ello, analizaré con relación al modelo de la segunda tópica freudiana, el concepto de "in-dividuo" definido por el autor como el sustrato viviente que soporta un aparato psíquico y en cuyo cuerpo biológico nacen las pulsiones como fuentes de energía que ponen en movimiento el aparato y lo esfuerzan a una escisión interna en tres instancias. De igual modo estudiaremos otras categorías conceptuales relacionadas, entre ellas, "Huella Mnémica", "Representación", "Compulsión a la repetición", "realidad" y "síntoma."

En lo concerniente a la obra de J. Lacan trabajaremos aquellos conceptos específicos relacionados con el estudio de los tres registros, tales como: Inconsciente, Sujeto, "otro" y "*Autre*/Otro", "Lenguaje y "Cadena Significante". Estos conceptos ligados a la estructura de los tres registros SIR nos exigen introducirnos en otras disciplinas científicas, tales como lógica modal, topología, matemática y lingüística con el propósito de dar una respuesta racional y científica al malestar de la cultura, malestar que se correlaciona con la construcción de un sujeto-efecto de la ciencia (que es precisamente el sujeto de la ciencia), tal como lo formula en su texto *Las estructuras clínicas a partir de Lacan* el psicoanalista Alfredo Eidelsztein: "El Psicoanálisis es concebido como una práctica terapéutica, que opera como respuesta racional, y por lo tanto, comunicable, al malestar en la cultura específica del sujeto de la ciencia" (2007, p. 125).

Pensamos, por otra parte, que el estudio y la confrontación de los sistemas teóricos-referenciales que llevaron al primer plano la construcción de ambos modelos nos permitirán tener un mayor conocimiento sobre las contribuciones que cada uno produjo a la teoría psicoanalítica y sentar las bases de futuras investigaciones en psicoanálisis cuya metodología sea enmarcada dentro de un Programa de Investigación Científica (PIC) tal como lo propone Imre Lakatos, con el objeto de replantear nuevas estrategias teóricas que produzcan cambios radicales en la subjetividad del analizante.

A modo de síntesis, afirmamos que el objetivo principal de la presente investigación es aportar, a través de la hipótesis de discontinuidad, una salida posible al obstáculo epistemológico que ha llevado el paradigma freudiano y que implica, por un lado, un cambio en el acuerdo deontológico sobre los principios que rigen la cura psicoanalítica y, por el otro, una decisión ética al respecto por parte del psicoanalista en la dirección de la misma. En este sentido, la herramienta conceptual que introduciremos para la solución de este problema y que resulta un aporte novedoso, es la hipótesis de discontinuidad, ya que su establecimiento resulta imprescindible para relanzar la teoría propuesta por J. Lacan en su espíritu científico con la exigencia de una rigurosidad metodológica a los fines de producir cambios radicales en la posición subjetiva del analizante con respecto a su síntoma.

La introducción de los tres registros de J. Lacan al campo psicoanalítico requiere de una revisión de las teorías del conocimiento científico y de sus metodologías, o sea, el estudio de las fuentes epistemológicas que rigen el estatuto del objeto de estudio. Desde estas coordenadas analizaremos algunas referencias de la concepción de paradigma en las obras de dos filósofos de la ciencia, por un lado, Thomas Kuhn[5] en su tratado *La Estructura de las Revoluciones Científicas* (1969) y, por el otro, Giorgio Agamben[6] en su libro *Signatura Rerum, Sobre el Método* (2008). Tomando apoyo en estos autores podemos considerar que la introducción en la teoría psicoanalítica de los tres registros por J. Lacan podría interpretarse como las bases de un paradigma innovador cuyos lineamientos teóricos y su orientación en la cura psicoanalítica son opuestos al paradigma de continuidad freudo-lacaniano[7].

[5] Kuhn T., (1969) *Estructura de las revoluciones científicas*, Buenos Aires, Fondo de Cultura Económica.

[6] Agamben Giorgio, (2009) *Signatura rerum, Sobre el Método*, Buenos Aires, Adriana Hidalgo editora.

[7] Como veremos más adelante la corriente freudo-lacaniana o simplemente lacaniana es la denominación genérica del paradigma dominante del Psicoanálisis

T. Kuhn consideraba que el surgimiento de un nuevo paradigma en cualquier disciplina científica producía un movimiento subversivo de los modos de conocimiento y en las concepciones científicas hasta el momento, es decir, producía una caída del paradigma anterior. El autor establecía que para ser aceptada como paradigma científico, una teoría debe parecer mejor que sus competidoras, pero no tiene por qué explicar todos los hechos a los que se enfrenta y de hecho nunca lo hace (Kuhn, p. 68).

Por otra parte, la hipótesis de discontinuidad permite esclarecer los aspectos subversivos e innovadores en el saber psicoanalítico del modelo de los tres registros tal como lo propone J. Lacan y, en consecuencia, relanzar el programa teórico de la disciplina psicoanalítica hacia múltiples vías de investigación dentro el campo de las ciencias conjeturales[8]. Estas propuestas ofrecen una salida posible al estancamiento en las investigaciones, tanto en la teoría como en la clínica, que el paradigma anterior conlleva.

Es así como instalar la novedad de la discontinuidad entre los desarrollos teóricos de S. Freud y J. Lacan tiene como fin último evitar la caída libre o la deriva de la disciplina psicoanalítica que lleva a perder sistemáticamente los atributos formales de los conceptos fundamentales de la misma y, de esa manera, se la expone a ser reabsorbida ideológicamente por viejas concepciones empíricas, subjetivistas y humanistas

contemporáneo, que se crea después del fallecimiento de J. Lacan en el año 1981. Si bien esta denominación encierra un conjunto diverso de posiciones teóricas individuales, asociaciones y escuelas de estudios en Psicoanálisis, su referente principal es la Asociación Mundial de Psicoanálisis (AMP) cuyo presidente es el psicoanalista francés Jacques-Alain Miller. Estas orientaciones psicoanalíticas se apoyan en un paradigma que se fundamenta en el principio de continuidad tanto en la teoría como en la dirección de la cura psicoanalítica entre los desarrollos de S. Freud y de J. Lacan.

[8] J. Lacan propuso incluir a la teoría psicoanalítica dentro de la definición genérica de las ciencias conjeturales. Dice al respecto: "pienso que este es el verdadero nombre que de aquí en más habría que ponerle a cierto grupo de ciencias que por lo común designamos con el término de ciencias humanas. No es que sea este un término inadecuado, pues en verdad, en la coyuntura, se trata de la acción humana. Partiré de las nociones fundamentales de la otra esfera de las ciencias, de las ciencias exactas, cuyo desarrollo, en su expansión moderna, no se remonta mucho más allá que el de las ciencias conjeturales. Las primeras han ocultado, eclipsado en cierto modo a las segundas, pero ambas son inseparables" (Lacan, 1954, 219). En el diccionario de la Real Academia Española, conjetura significa suposición, hipótesis o afirmación que, al no haber sido probada pero tampoco refutada se concibe como cierta.

de la ciencia. Intentaremos explicitar que el paradigma freudiano lleva indefectiblemente una orientación de sus investigaciones hacia los principios teóricos y modelos de la Biología y la Neurociencia, destino que, por su parte, fue advertido por el propio S. Freud quien admitía, por un lado, a la Fisiología y la Biología como vías regias para el porvenir del psicoanálisis y, por el otro, que su propuesta ética, en cuanto a la dirección de la cura, se convierta en una oferta de adaptabilidad normativa con apoyatura en principios morales. En consecuencia, consideramos que estas derivaciones que se desprenden del modelo teórico de la segunda tópica freudiana producen un obstáculo epistemológico en la producción de nuevos constructos teóricos y en la respuesta al malestar subjetivo particularizado.

Con el propósito de fijar las líneas que subyacen al presente trabajo estableceremos tres puntos de partida que funcionarán como un marco conceptual a los fines de evitar desviarnos en el camino emprendido:

1. Las teorías de S. Freud y de J. Lacan son diferenciables y las direcciones de la cura que se desprenden de ellas son opuestas.
2. En términos concretos entendemos que para S. Freud en Psicoanálisis se trata de un rodeo de la satisfacción pulsional respecto de la realidad. Para J. Lacan se trata, en cambio, de un acto creador y realizador del sujeto en torno al "objeto a".
3. Del mismo modo, sostenemos que, el Psicoanálisis no coincide con una fenomenología ni con la psicología. Por estas razones, requiere de la formalización matematizada, de la lógica y la topología.

Con respecto a la situación del Psicoanálisis actual es importante recalcar que la hipótesis de discontinuidad, que deduciremos a partir de estudio del material bibliográfico, es contraria a la concepción general, histórica y universalmente aceptada en la mayoría de las sociedades psicoanalíticas dominantes. En efecto, tanto la Asociación Mundial de Psicoanálisis (AMP) como la Escuela de Orientación Lacaniana (EOL) y la Asociación Psicoanalítica Latinoamericana (APL) sostienen como axioma fundamental la continuidad tanto teórica como práctica de ambos autores. Admiten, sin objeciones, el modelo de "aparato psíquico" freudiano, la suposición de un individuo dotado de un inconsciente singular, la escisión del Yo en un "Ello" que alberga pulsiones de vida y de muerte cuyas fuentes son biológicas, una "psique" repartida en tres instancias

-Yo, Superyó y Ello- y, finalmente, un "goce" –satisfacción pulsional- de carácter individual e inefable. En este sentido, la corriente psicoanalítica que sustenta el paradigma de continuidad freudo-lacaniana entiende el llamado "Retorno a Freud" propuesto por J. Lacan a sus seguidores como un "volver a las fuentes" cuyo efecto es anular el carácter innovador de la teoría de este último.

El Psicoanálisis como disciplina ha sido creado por el neurólogo vienés S. Freud (1858-1939) a fines del siglo XIX quien sistematizó, por primera vez, el estudio del inconsciente liberándolo de sus concepciones tradicionales románticas sobre "las profundidades del alma" y "los arquetipos inconscientes" con las que se venía describiendo. La construcción de un modelo teórico de "aparato psíquico" constituido por neuronas y energía cuyos fundamentos son anatómicos y biológicos y el pasaje a una concepción vitalista de lo inconsciente tensionado por las pulsiones de vida y de muerte han funcionado como un sistema de pensamiento profundamente arraigado en la teoría psicoanalítica contemporánea. En este aspecto S. Freud estaba profundamente arraigado a las investigaciones en fisiología, neurología y en física energética clásica. En efecto, considero que, en cuanto al modo de construir sus ideas, S. Freud ha procedido como un verdadero clínico, en el sentido que su teoría fue consecuente con el espíritu científico positivista que partía de la observación minuciosa de las pacientes, en su mayoría neurosis histéricas, que decidían iniciar un tratamiento psicoanalítico para calmar sus síntomas corporales luego de las fracasadas intervenciones médicas. La empresa ha tenido y sigue teniendo éxito en la actualidad ya que desde entonces se ha conformado una concepción general del funcionamiento de la psique humana muy arraigada en el imaginario social, dicho de otra forma, la mayoría de las personas albergan una concepción de la "mente" dividida por una instancia racional consciente y objetiva y una instancia de emociones y fantasías inconscientes.

Si bien es claro que el descubrimiento freudiano ha marcado un punto de no retorno en el modo de concebir al sujeto a partir del descentramiento de la "Consciencia" y el "Yo" de su función reguladora e integradora por la determinación de lo "Inconsciente" y del "Ello" de los fenómenos psíquicos en el individuo direccionando su investigación en los conflictos con la sexualidad y la muerte, ha vuelto, en sus últimos escritos, a unificar las fuerzas en un aparato cerrado sobre sí mismo que lo separa del mundo exterior. Algunos de sus discípulos han continuado con esta "evolución" del aparato ubicando en el gobierno del mismo al soberano "Yo" del individuo.

Por su parte, el psiquiatra y psicoanalista francés Jacques Lacan (1901-1981) inicia sus estudios psicoanalíticos en el año 1953 con el dictado de sus seminarios realizando un trabajo sin precedentes en la disciplina de lectura crítica y sistemática de la obra de S. Freud. A parir de sus desarrollos el inconsciente ha dejado de ser malinterpretado como un yo profundo y el Psicoanálisis como una técnica de normalización, de adecuación con la realidad. En efecto, su tesis fundamental del inconsciente estructurado como un lenguaje llevó a una subversión total de las concepciones freudianas. Para J. Lacan el inconsciente es un saber en acto que se funda sobre un saber no sabido, en un medio decir, en tanto que división constituyente entre el sujeto y el Otro/*Autre* y esto a partir del orden significante, simbólico, irreductible a toda significación trascendental. Como lo veremos en el desarrollo de la investigación, la introducción de los conceptos de significante y de letra localizada en una escritura que se ordena en tres registros: Simbólico, Imaginario y Real, es el aporte innovador de J. Lacan el que ha producido a la teoría psicoanalítica una ruptura con la teoría freudiana instalando así una modalidad rigurosa de lectura y escritura sobre los conceptos fundamentales del Psicoanálisis.

Las principales corrientes psicoanalíticas que surgieron del "tronco común"[9] del padre del Psicoanálisis, han continuado con ciertos desarrollos teóricos a partir de los conceptos que el propio S. Freud elaboró. En función de lo expresado, desde estas raíces fundadoras han tomado la posta las llamadas corrientes *post-freudianas*[10], continuadoras de la teoría freudiana. Entre las principales están los desarrollos sobre el Yo y

[9] J. Lacan utiliza la metáfora del tronco del árbol de la ciencia para designar los desarrollos teóricos de su fundador S. Freud, en los términos del padre del psicoanálisis. En *El Seminario, Libro 11, Los Cuatro Conceptos Fundamentales del Psicoanálisis*, en la Clase llamada *La Excomunión*: "No hay ninguna necesidad de que el árbol de la ciencia tenga un solo *tronco*. No pienso que tenga muchos. Hay tal vez, según el modelo del primer capítulo del Génesis, dos diferentes; y no es que dé mucha importancia a ese mito más o menos signado por el oscurantismo pero ¿por qué no aspirar a que el psicoanálisis nos ilumine al respecto?" (Lacan, 1964: 16)

[10] El término post-freudiano alude a una continuación de los desarrollos teóricos freudianos por discípulos de S. Freud, que han tomado y desarrollado conceptos que este último ha dejado inconcluso. El término, post-freudiano no se refiere a su ubicación temporal (posterior) con respecto a la teoría freudiana, sino a una continuación de la línea teórica de su autor principal.

sus mecanismos de defensa fundados por la psicoanalista Anna Freud[11] y la escuela inglesa cuya figura principal es la doctora Melanie Klein[12] quien acuñó el concepto de pulsión de muerte freudiano para el desarrollo de su teoría psicoanalítica. Por otro lado, la corriente psicoanalítica llamada "lacaniana"[13] surge entre los discípulos de la primera fila de los seminarios dictados por J. Lacan. Muchos de ellos son representantes de la Asociación Mundial de Psicoanálisis cuya presidencia está ocupada por Jacques Alain Miller. Los lacanianos, seguidores de J. Lacan, plantean un programa de investigación sustentado en referencias directas a algunos conceptos freudianos y el retorno a dicha fuente. Esto ha conducido al mismo J. Lacan a considerar su fracaso en la enseñanza y a disolver su escuela, ya que no pudo transmitir lo que consideramos a nuestro entender el carácter creador e innovador de su teoría psicoanalítica. En la actualidad, la sociedad psicoanalítica internacional llamada Apertura para Otro Lacan (APOLa) con sede en Buenos Aires desarrolla desde el año 2010 un programa de investigación cuyos principios rectores son la primacía del significante, la in-mixión del sujeto y el *Autre*/Otro[14] y la implementación en la dirección de la cura del campo del lenguaje y la

[11] Anna Freud (1895-1982) autora de la obra principal *El Yo y los Mecanismos de Defensa*, retomaba la noción de defensa para convertirla en el pivote de una concepción del Psicoanálisis ya no centrada en el Ello, sino en la adaptación posible a la realidad. Su obra tuvo un enorme éxito en los Estados Unidos, siendo muy cercano a las posiciones de la *Ego Psychology*.

[12] El enfoque de Melanie Klein (1882-1960) basado en el psicoanálisis de niños está hecho en gran medida desde el ángulo del desarrollo del yo en relación con los objetos. Describe dos posiciones, como momentos dados en la existencia del sujeto, en un estadio preciso del desarrollo: una fase temprana antes del cuarto mes de edad llamada posición esquizo-paranoide, y afirma que esta forma parte del desarrollo normal y constituye la base de la enfermedad esquizoide y esquizofrénica del adulto. Luego aparece en la línea de tiempo, la posición depresiva del niño al superar las ansiedades persecutorias del objeto malo. En esta fase existe una síntesis del objeto entre los aspectos amados y odiados dando origen a los sentimientos de duelo y culpa que implican progresos vitales en la vida emocional e intelectual del niño.

[13] Reservaremos el uso del adjetivo "lacaniano/a" exclusivamente para aludir a cuestiones relativas al movimiento psicoanalítico de tal orientación. Utilizaremos, en cambio, "de J. Lacan" para referirnos a textos, ideas, teorías, conceptos, etc., sostenidos por el propio J. Lacan. Desde esta perspectiva una teoría lacaniana puede ser distinta, y a veces, opuesta a la teoría propuesta por J. Lacan.

[14] La fórmula "Otro/*Autre*" tal como es escrita en francés y en español deriva de la diferencia conceptual, tal como lo hace J. Lacan, entre el *"Autre"* -identificado en las fórmulas con la letra A- como campo del lenguaje y tesoro de significantes, y el Otro, como aquel o aquella persona o institución que encarna y trasmite el mensaje inconsciente.

función de la palabra en la base del tratamiento del sufrimiento humano. El presente trabajo de investigación tiene sus antecedentes en este programa, y plantea, al igual que ellos, el problema de hacer avanzar la teoría legada por J. Lacan, tal como sucede en los avances de la ciencia en general, es decir, a partir de plantear diferencias con teorías previas.

Debido a la magnitud y la complejidad de las obras de ambos autores, nos cerniremos en el estudio de los sistemas teóricos y referenciales que subyacen al modelo de la segunda tópica freudiana "Yo, Superyó y Ello" y los registros lacanianos, "Simbólico, Imaginario y Real". Es decir, no tomaremos ambos modelos de manera biunívoca sino que los tensaremos a partir del análisis diferencial del nudo conceptual que los comprende y que, al ser cotejados, conforman dos campos teóricos y clínicos opuestos. Al final de este recorrido intentaremos dar una respuesta a la pregunta formulada por J. Lacan en el Seminario de Caracas, a saber: "Aquí está: mis tres no son los suyos. Mis tres son lo Simbólico, lo Real y lo Imaginario (...) Eso les di yo a los míos. Se los di para que supieran orientarse en la práctica. Pero ¿se orientan mejor que con la tópica legada por Freud a los suyos? (Lacan, 1980, p. 7)

En resumen, el planteo de una oposición entre ambas corrientes principales del Psicoanálisis tiene, al menos, dos consecuencias que serán analizadas en el desarrollo del presente estudio: por un lado, que la mencionada oposición planteada le devuelve a cada autor lo que le es propio y original en su teoría y en la construcción de un sistema de pensamiento coherente; y, por el otro, las consecuencias que ello implica en la dirección de la cura. En este punto, me adelanto a afirmar que una experiencia psicoanalítica que tiene como meta neutralizar las pulsiones de muerte que alberga el individuo y reforzar al Yo frente a las demandas del Ello, del Superyó y de la realidad es absolutamente contraria a la priorización del campo de Otro/*Autre*, a la determinación simbólica del sujeto, al establecimiento de un sujeto lógico-matemático relacionado con el sujeto de la ciencia, tal como lo propone J. Lacan.

Con el propósito de facilitar la lectura de la investigación implementaremos algunos objetivos que, como caminos conceptuales, se desprenden de los modelos analizados. Estos conceptos crearán un marco teórico a través del cual llegaremos a demostrar la hipótesis central de este escrito. Estableceré, en consecuencia, el objetivo general y los objetivos especificos subsidiarios, y adecuaremos la metodología en virtud de la temática a investigar.

El establecimiento de diferencias teóricas tanto como de sus fuentes referenciales es un recurso importante que nos permite estudiar los caminos del pensamiento y los paradigmas que se han puesto en juego para la construcción de sus teorías. De este modo nos acercamos a los principios epistemológicos que lo sustentaron como los principales referentes del Psicoanálisis. La epistemología se pregunta cómo conocemos y cómo podemos fundamentar nuestro conocimiento y, quizá, la ontología misma del conocer. Cuando hablamos del estatuto epistemológico de una disciplina o investigación nos estamos refiriendo a la justificación racional de sus métodos y sus saberes. La identidad epistemológica de una investigación la determina la pregunta fundamental que guía a la misma, aquello que los escolásticos llamaban el objeto formal de la disciplina.

A partir de estas cuestiones epistemológicas, y a modo de testimonio sobre nuestra posición en la presente investigación, citaremos un fragmento del epistemólogo de las ciencias Canguilhem George en su libro *Lo Normal y lo Patológico* del año 1966 con relación a la investigación histórica de autores importantes en descubrimientos científicos y a su apelación al concepto en sí de "precursor" en materia investigativa:

> En rigor, si existieran precursores la historia de las ciencias perdería todo su sentido, porque la propia ciencia solo en apariencia tendría dimensión histórica. (…) Un precursor sería un pensador, investigador que habría recorrido antaño un trecho de camino cubierto por otro más recientemente. La complacencia en buscar, encontrar y celebrar precursores es el síntoma más claro de la incapacidad para la crítica epistemológica. *Antes de poner en serie dos recorridos sobre un camino es conveniente cerciorarse primero de que efectivamente se trata del mismo camino* (el subrayado es nuestro). (p. 13)

Tal como el autor lo expresa, establecer continuidades y precursores sobre una teoría es un modo de sostener una cierta dificultad de los investigadores para extraer lo innovador de su investigación. La propuesta de nuestra investigación, en este sentido, no parte de un retorno a la fuente como recurso necesario para dar continuidad a ambas teorías psicoanalíticas desarrolladas por S. Freud y J. Lacan, sino hacer avanzar la propuesta de J. Lacan a partir de un camino distinto de aquel emprendido por su antecesor S. Freud. Para ello, al decir de Canguilhem, es lógicamente necesario cerciorarse de que sean dos caminos distintos –y no dos recorridos distintos de un solo camino- para poder hacer avanzar la teoría innovadora.

Una vez establecido el marco introductorio resulta necesario argumentar la hipótesis de oposición entre ambas teorías trazando los caminos adecuados que la investigación científica lo requiera. Por ende mi trabajo siguiente es construir una red sólida de argumentos que avale mi hipótesis de trabajo. En este sentido nos dirigiremos a la fuente escrita, esto es, a las citas de S. Freud y J. Lacan, a fin de deducir, a partir de ellas, diferencias en sus fundamentos epistemológicos. El recurso de extraer las citas de su fuente, seriarlas y ponerlas en tensión a propósito de sus diferencias tiene como objeto construir una red coherente que permita dar una idea o conclusión lógicamente válida al tema de investigación, que, por lo demás, es, a mi entender, el único camino posible para evitar las interpretaciones aisladas subjetivas que no se desprendan del armado de dicha red.

Consideramos que los caminos para hallar diferencias entre estos autores son múltiples, pero en el presente trabajo de investigación me decidiré por uno, a saber: el análisis en la obra de S. Freud de las tres instancias del aparato psíquico de su segunda tópica {Yo, Ello y Superyó} y los tres registros creados por J. Lacan {Simbólico, Imaginario y Real}. En este sentido, la hipótesis de oposición epistemológica entre ambos autores será deducida del análisis de las teorías que subyacen a tales modelos teniendo en cuenta, asimismo, el marco referencial en el que se hallan inmersas.

Antes de avanzar con la investigación resulta importante aclarar un aspecto del mismo: la investigación no se orienta en comparar ambos "tres" tomados como modelos (registros/instancias) sino deducir de ellos las diferencias teóricas y epistemológicas que los sustentan. En este orden de ideas consideramos ineludible, en el análisis de las diferencias de ambos *tres* (instancias freudianas y registros lacanianos), realizar un recorrido lógico sobre dos conceptos antitéticos: Sujeto/Individuo, representación/ significante e inconsciente según S. Freud y según J. Lacan; conceptos que aparecerán enfrentados entre sí a partir de los modelos estudiados.

Por ello, los objetivos específicos de la presente investigación conformarán un cuadro en donde los conceptos estarán polarizados y enfrentados en sus diferencias, como por ejemplo: sujeto vs in-dividuo, representación vs significante, etc. En este sentido, el armado de un índice temático y su carácter orgánico nos permite recorrer el camino de nuestra investigación articulando los puntos necesarios que logren dar una respuesta a su hipótesis principal. Comenzaré por describir, en ambos autores, el concepto de inconsciente, entendido este como un supuesto necesario para la formación de la teoría psicoanalítica. Posteriormente, seguiré con dos conceptos que conllevan diferencias radicales y que conforman los elementos de construcción primordial de los aparatos psíquicos freudianos y de los tres registros lacanianos; estos son, respectivamente, huella mnémica y representación, por un lado; y significante y letra, por el otro. Al final de estos desarrollos, trabajaré ambos "tres" analizando sus fuentes referenciales, sus consecuencias con respecto a otros conceptos psicoanalíticos fundamentales, tales como narcicismo, pulsión, compulsión a la repetición, y, en forma somera, las implicancias en la orientación de la cura que estos "tres" producen en la práctica psicoanalítica.

III. Metodología de la investigación

Tanto S. Freud como J. Lacan se caracterizaron por sistematizar los avances teóricos que iban logrando, esfuerzo que se visualiza, particularmente, en determinados textos. Una lectura metodológica de este tipo de producciones nos permitirá inferir cuáles han sido las decisiones metodológicas y las posiciones teóricas tomadas por sus autores vinculadas al recorte del problema: sus hipótesis, como así también, el sistema de relaciones que entrama a los conceptos, sus referencias y sus contextos. En este sentido, nuestra investigación tiene como eje metodológico el análisis y la comparación de contenidos conceptuales en las obras de S. Freud y de J. Lacan en relación con los modelos de las tres instancias de la segunda tópica y de los tres registros, respectivamente. Los conceptos fundamentales de la teoría psicoanalítica seleccionados en este trabajo se dispondrán en una tabla comparativa de doble entrada a los fines de demostrar y verificar con ello sus diferencias y, al mismo tiempo, el conjunto articulado de los mismos serán analizados desde una lógica estructural, es decir, cada concepto estará definido en función de su relación con otros conceptos, con el propósito de hacer surgir una red de diferencias que brinde respuestas válidas y verificables a la hipótesis en cuestión. El método utilizado supone, entonces, leer en los textos de S. Freud y de J. Lacan consultados las formas de problematización, los tipos de hipótesis que formulan, las correspondientes modelizaciones del objeto de investigación, el entramado de relaciones que entraña la complejidad del objeto y las formas de operacionalización de los conceptos psicoanalíticos. En virtud de lo formulado, la metodología del presente trabajo tiene un primer paso que consiste en revisar la documentación escrita de ambos psicoanalistas en sus publicaciones oficiales que se relacionan con la temática de nuestra investigación. En el caso de J. Lacan tomaremos algunos textos desde el inicio formal de su enseñanza en el mes de agosto del año 1953 hasta el año 1966, años en que se recopilaron y se publicaron sus trabajos en los *Escritos I y II*. Nos circunscribiremos al material escrito en el idioma español de la octava edición de la editorial *Siglo XXI* y en francés, a la primera edición original de 1966 de la editorial *Seuil*. Así también, tomaremos algunas clases de sus *Seminarios* dictados durante el período de 1954 a 1972, Libro 1 al 18 de la editorial española *Paidós* en sus ediciones corregidas por J. A. Miller. Tales textos oficiales serán cotejados por el material en francés de la página web *staferla.free.fr*, en especial cuando existan diferencias sustanciales con la versión editada oficialmente. En este sitio figuran todos los seminarios de J. Lacan editados, a partir de los registros magnetofónicos, en versiones más completas. Cabe señalar que la presente investigación abarca hasta el año 1966 debido a que J. Lacan introduce y continúa su enseñanza con la teoría de los nudos borromeos, construcción que no es objeto de este análisis. En lo que respecta a la obra de S. Freud se analizarán algunos textos -en función de los desarrollos de su segunda tópica-, de la colección de *Obras Completas* en español, de la editorial oficial *Amorrortu Editores*. Asimismo nos serviremos de referencias de otros autores de la literatura psicoanalítica como de otras disciplinas con el objeto de agregar otras interpretaciones a las citas que se han incluido en este escrito. Todas ellas serán cotejadas tanto en el idioma español como en su lengua originaria. Algunos conceptos de S. Freud los escribiremos en el idioma original, alemán, y nos serviremos para sus posibles traducciones del diccionario español-alemán *Langenscheidts Handwörterbuch*, edición 1998. Del mismo modo haremos otro tanto con las citas y palabras de J. Lacan que serán cotejadas en su traducción con el diccionario de la lengua francesa *Le Petit-Robert*. Nos apoyaremos, por otra parte, en programas de búsqueda informática de términos en la obra de ambos autores que son de uso frecuente en la investigación de fuentes escritas.

IV. Desarrollo de ambas teorías

IV.1 Sujeto de Jacques Lacan e In-dividuo de Sigmund Freud

En el año 1953, en la apertura de los seminarios anuales en el hospital *Saint Anne* de París, J. Lacan inicia el ciclo de su enseñanza con la conferencia *Le Symbolique, l´ Imaginaire et le Réel*. Dicha comunicación científica, tal como fue denominada por él, fue destinada a introducir su creación, esto es, los llamados tres registros, planteándose con ellos una suerte de introducción a una nueva orientación en la teoría y en la praxis del Psicoanálisis. Si bien es al final de su obra, en el contexto del Congreso Mundial de Psicoanálisis llevado a cabo en Caracas (1980) que J. Lacan los presenta por primera vez como su creación, es también allí el lugar donde los confronta con las tres instancias freudianas exhortando al público psicoanalista a tomar una decisión con respecto al modelo teórico a seguir en sus prácticas. En este orden de ideas, cabría preguntarse: ¿por qué esperó hasta el final de su obra para hacer explícita su oposición teórica a la teoría freudiana? Asimismo ¿por qué introducir una nueva orientación con sus tres registros si ya existía el modelo freudiano de la segunda tópica? ¿Cuál es la orientación y en qué dirección la plantea? La respuesta a la primera pregunta no está en este momento a mi alcance pero puedo llegar a vislumbrar el rechazo de sus seguidores si al comienzo de su enseñanza haría explicita su oposición, ¿se imaginan qué podría suceder? Con respecto a las demás preguntas las iremos desarrollando a medida que vayamos analizando los conceptos fundamentales de nuestro interés de la teoría en ambos autores y despejar allí sus diferencias. A modo de anticipación, podemos conjeturar que nuestra investigación nos conducirá a demostrar la sustitución del paradigma individual y biológico de la teoría freudiana por otro que parta de lo simbólico y del campo del Autre/Otro. En este sentido la introducción del término discontinuidad nos ayudará en dos aspectos; por un lado, como herramienta o pauta metodológica en la investigación que permite dar una nueva orientación a la teoría y, por el otro, como elemento paradigmático sustituir el paradigma de continuidad entre la teoría freudiana y la propuesta de J. Lacan. En este orden de ideas nos aproximaremos a la propuesta de J. Lacan de fundar un psicoanálisis *"al revés"* de la propuesta por S. Freud y sus seguidores lacanianos, lo que significa la confrontación de tres registros muy distintos, que son los registros esenciales de la realidad humana, que se llaman: lo Simbólico, lo Imaginario y lo Real (SIR). Con dicha referencia a la realidad humana podemos decir que la misma depende de la modalidad de anudamiento de los tres registros, hecho importante que reemplaza la concepción dualista de S. Freud que se halla en la base de todos sus desarrollos teóricos, tales como: la consciencia y lo inconsciente, pulsiones sexuales y pulsiones de autoconservación, pulsión de vida y pulsión de muerte, principio de realidad -que se apoya en la percepción-conciencia-, y principio de placer que tiende hacia la alucinación. En contraposición a este dualismo freudiano J. Lacan plantea tres registros que toman su existencia anudados y que se despliegan únicamente en la experiencia psicoanalítica. Se hace hincapié en esto porque los registros y sus anudamientos surgen de un modo específico a partir de la lectura que hace el psicoanalista en el marco de su teoría previa, construyéndose desde esta perspectiva lo particular de cada experiencia analítica. Desde estas ideas considero que J. Lacan inicia sus primeros seminarios con el llamado "retorno a Freud" con el objetivo de devolver lo que es de Freud a Freud, dicho de otra forma, resituar lo originario de su descubrimiento. No obstante esto, mi investigación nos permite afirmar que la propuesta del autor de un "retorno a Freud" toma su sentido en dos movimientos que son imprescindibles en toda investigación teórica, a saber: por un lado, retornar a los textos freudianos para conferirle su valor y su lugar originario en la teoría psicoanalítica; y, por el otro, establecer, al mismo tiempo, a propósito de ellos, una nueva teorización que avance por sí misma y que, partiendo de su originalidad, se desprenda de sus raíces y habilite nuevos desarrollos con sus respectivos modelos teóricos o "programas de investigación"[15] tal como sucede en muchas disciplinas

---

[15] Lakatos Imre (1922-1974) economista y epistemólogo alemán, discípulo de Karl Popper, establecía en su libro, *Historia de la Ciencia y su Reconstrucciones Racionales*, un método de investigación llamado "Programa de Investigación", que está conformado por un centro firme de ideas o teorías convencionalmente aceptado (y por una decisión irrefutable) y con una heurística positiva que defina problemas, esboce la construcción de un cinturón de hipótesis auxiliares, prevea anomalías y las transforme en ejemplos victoriosos, todo ello según un plan preconcebido.

científicas. En este sentido, J. Lacan plantea en su escrito *El Seminario sobre La Carta Robada,* en el apartado de la *Presentación de la continuación* su programa de investigación, lo siguiente: "El programa que se traza para nosotros es entonces saber cómo un lenguaje formal determina al sujeto" (Lacan, 1955: 52). En esta perspectiva consideramos que este programa se apoya sobre bases fundacionales teóricas y referenciales opuestas al programa de investigación freudiano. Tales seminarios, previos a esta conferencia, por ende, previo a la introducción de los tres registros, se enfocaron en el análisis de los casos clínicos emblemáticos analizados por S. Freud, a saber: el pequeño Hans, el caso del hombre de las ratas, el caso del hombre de los lobos y el caso del Presidente de la Corte, Schreber. Es decir, que previamente a dictar aquella *Conferencia Científica,* J. Lacan trabajó durante tres años sobre los historiales clínicos de S. Freud y dedujo que era necesario tomar otra dirección con respecto a la teorización freudiana y esto lo hace a través de la introducción de sus tres registros. Dado este avance en sus investigaciones, J. Lacan se ve impulsado a interrogar la experiencia psicoanalítica y la orientación en el estudio de la misma aplicándoles una clave de lectura específica: una clave estructural, lógico-matemática. A propósito del camino recorrido inicia su conferencia y su enseñanza en 1953, en los meses previos a su redacción del *Informe de Roma* sobre *Función y Campo de la palabra y del lenguaje en psicoanálisis,* con una comunicación científica que inscribe estrechamente la teoría psicoanalítica a los fundamentos de una ciencia; y, acto seguido, establece el marco y el instrumento con los que operaría el psicoanálisis propuesto por él. El marco o campo se construye a partir de la estructura del lenguaje y el instrumento o la función, con palabra y habla. En función de lo planteado por J. Lacan, el psicoanálisis toma un nuevo camino que no puede ser concebido desde otro fundamento y naturaleza que no sean los del significante en oposición a cualquier sustancialismo biológico. Por lo tanto, podríamos decir que los interrogantes inaugurales de su enseñanza giraron en torno a las siguientes formulaciones: ¿qué es esa experiencia singular entre todas que aportará a estos sujetos transformaciones tan profundas? ¿Qué son esas transformaciones y cuál es su resorte? ¿Qué es la experiencia, la esencia y el intercambio de la palabra? Volviendo al inicio de estas ideas, resulta necesario definir qué tipo de sujeto se desprende del modelo de los tres registros y si es que lo tiene, qué localización tendría, o sea, cuál es la localización del sujeto inconsciente, fundamento de la teoría psicoanalítica.

IV.1.1. Sujeto de Lacan

Como lo he planteado en el apartado anterior, la introducción en la teoría psicoanalítica de los tres registros supone la posibilidad de un nuevo enfoque en la cuestión primordial de la constitución de la realidad en el sujeto humano. Con la creación de los mismos, J. Lacan propone una auténtica subversión del concepto sujeto, que puede ser entendido como una puesta "al revés"[16] de todos los conceptos freudianos. La teoría del sujeto de J. Lacan es muy extensa e implicaría un estudio que excedería el marco del presente trabajo. No obstante podemos afirmar que existe una concepción específica de sujeto para el autor. Por un lado, es un sujeto vinculado a un saber y, por el otro, un sujeto cuya estructura es lingüística.

En el caso del sujeto en su relación con el saber, efectúa una división que excede las fronteras del individuo, al mismo tiempo que establece la predominancia del orden Simbólico en la constitución del ser hablante. En este sentido por su constitución simbólica J. Lacan plantea una división del sujeto, aquella entre saber y verdad. Una división que es constituyente del sujeto y que es originaria a la estructura del lenguaje. Sin embargo, se trata de una división que conlleva a la convergencia de ambos términos y no a una separación ineliminable. De ahí que el autor define al inconsciente como un saber no sabido en una relación topológica de banda de Moebius. A partir de estos enunciados, el Sujeto de J. Lacan es definido a lo largo de su obra en forma innovadora como un asunto, tema o hipótesis, ya sea en una teoría o en un discurso, en oposición a la concepción de los psicoanalistas lacanianos que identifican al sujeto

---

[16] J. Lacan en la clase 20 de *El Seminario*, Libro 17, *El Reverso del Psicoanálisis*, propone tomar al revés los conceptos fundamentales del psicoanálisis propuesto por S. Freud. Al revés, no supone un envés sino una inversión, o sea, poner todo patas para arriba. Extraemos la cita: "El psicoanálisis *al revés*, creí que debía titular este seminario. No crean que este título le deba nada a la actualidad, que se cree en situación de poner bastantes cosas patas arriba. Solo daré una prueba de ello. En un texto fechado en 1966, en concreto una de esas introducciones que hice en el momento de la recopilación de mis escritos y que los escanden, texto titulado De nuestros antecedentes, caracterizo en la página 68 lo que ha constituido mi discurso como volver a tomar digo, *el proyecto freudiano al revés*. (el subrayado es nuestro)." (Lacan, 1969: 233).

con el in-dividuo[17] freudiano, identificación que se pone de manifiesto en el modelo presentado por S. Freud en su segunda tópica (Yo, Superyó y Ello), cuyas referencias se hallan implícitas y explícitas a partir de su desarrollo de los esquemas y modelos. El sujeto tal como se desprende de los desarrollos de J. Lacan tiene una localización o tópica precisa: es discursiva, esto es, el sujeto del inconsciente se localiza en el algoritmo saussureano -tomado y reelaborado de la teoría lingüística proveniente de Ferdinand de Saussure en 1921- entre significante y significado. Este algoritmo se encuentra explicitado en el escrito del año 1957 *La instancia de la letra en el inconsciente, o la razón desde Freud*: "Se trata pues de definir la tópica de ese inconsciente. Digo que es la misma que define el algoritmo S/s, significante sobre significado (...)" (Lacan, 1957, p. 481).

De este modo al definir la tópica del inconsciente con el algoritmo saussureano se pone en evidencia la maniobra de J. Lacan de sustituir el "modelo del huevo" con sus instancias por el modelo de la lingüística, en otros términos, por un modelo discursivo en donde existen diferentes operatorias (metáforas y metonimias) en el inconsciente. El significante se encuentra, por tanto, alojado en un enunciado verbal o escrito y separado del significado por una barrera resistente a la significación. El primero, el significante, es la unidad de la estructura del lenguaje carente de significado por sí mismo; el segundo, el significado, está articulado a las significaciones sociales y culturales.

Asimismo surge en el mencionado escrito, otra cita que remarca en forma precisa la estructura de significante del inconsciente, señalando, al mismo tiempo, su diferencia con el inconsciente freudiano: "Desde el origen se desconoció el papel constituyente del significante en el estatuto que Freud fijaba para el inconsciente de buenas a primeras y bajo los modos formales más precisos" (Lacan, 1957, p. 479-480).

En este "desde el origen" J. Lacan incluye al propio S. Freud en su desconocimiento del papel constituyente del significante en el inconsciente[18]. Es decir, coloca significantes, en lugar de huellas mnémicas, en el inconsciente logrando con ello el vaciamiento de contenido.

[17] S. Freud utiliza la fórmula de "in-dividuo" en su texto *El Yo y el Ello*, del año 1923. Como veremos en el desarrollo de la presente tesis, dicha palabra partida por un guion es verdaderamente una fórmula que hace referencia, por una parte, a la división interna del aparato psíquico (Yo, Superyó y Ello) tal como lo propone en la segunda tópica inaugurada a partir del texto mencionado; y, por otra parte, presenta su nuevo modelo de aparato en consonancia con su giro biologicista.

[18] En la obra de S. Freud, aparece únicamente el término conciencia-inconciencia

El primer modelo teórico desarrollado por S. Freud es el que tiene la forma de un peine, cuyas instancias se ordenan de la siguiente manera: "Percepción-Inconscinete-Conciencia", es presentado a la comunidad psicoanalítica con las obras *La Interpretación de los Sueños, El Chiste y su relación con el Inconsciente y Psicopatología de la Vida Cotidiana* entre los años 1900 al 1905. Con anterioridad, en un intercambio epistolar con su amigo y colega el Dr. Flíess, *La Carta 52* (Freud, 1898, p. 324) S. Freud describe un "aparato psíquico" compuesto por huellas ordenadas en un marco temporal evolutivo entre el polo perceptivo y la conciencia, esto es: primero, *las huellas de la percepción o signos perceptivos,* los *Wahrneh-mungszeichen* y luego las *huellas mnémicas* insusceptibles de conciencia y las cercanas a la conciencia. Dichas huellas mnémicas representan inscripciones de las vivencias infantiles, primero por simultaneidad y luego por analogía. Es a partir de estructura, que funciona como un

---

como sustantivo y adjetivo, por ejemplo: pensamientos inconscientes, afectos inconscientes o lo inconsciente, la conciencia respectivamente. En cambio para J. Lacan ambos términos, sustantivos y adjetivos, aparecen de manera intercambiables tanto inconsciente como inconsciente. Su uso principal es definido como una instancia, función o sistema ético, a saber, con relación a una cualidad perceptiva de tener conocimiento de sí mismo y de algo.

En el lenguaje vulgar ambas formas de escritura no son intercambiables ya que denotan diferentes significados. La *Real Academia Española* dice al respecto: "Los términos *conciencia y consciencia* no son intercambiables en todos los contextos. En sentido moral, como 'capacidad de distinguir entre el bien y el mal', solo se usa la forma *conciencia: «Mi conciencia fue la más cruel de mis jueces... ¡nunca me perdonó!»*; con este sentido forma parte de numerosas locuciones: como *tener mala conciencia, remorderle* [a alguien] *la conciencia, no tener conciencia* ('no tener escrúpulos'), *tener cargo de conciencia,* etc. Con el sentido general de 'percepción o conocimiento', se usan ambas formas, aunque normalmente se prefiere la grafía más simple: *«Tengo conciencia de mis limitaciones».*

2. El adjetivo correspondiente, en todos los casos, es *consciente,* y su antónimo, *inconsciente.* No son correctas las formas *conciente* ni *inconsciente.* El adjetivo *consciente* se construye con el verbo *estar* cuando significa 'que no se ha perdido el conocimiento': *«Su vida no corre peligro y está consciente, según el parte médico»*; y con el verbo *ser* cuando significa 'saber algo o tener conciencia de ello': *«Rivas [...] es consciente* DE *que en la cita olímpica estarán los mejores»*; no obstante, en el español americano no es infrecuente, en este caso, el uso de *estar: «Está consciente de que tendrá que trabajar duro».* Como se ve por los ejemplos, la preposición *de* que introduce el complemento de este adjetivo no debe omitirse cuando lo que sigue es una oración precedida de la conjunción *que.*

3. El verbo correspondiente (hacer que [alguien] sea consciente de algo) es *concienciar* (no *concienzar*), y se acentúa como *anunciar: "Se conciencia a los padres del estado de su hijo";* en América se usa también la forma *concientizar: "¡Aquí necesitamos gente como ustedes para concientizar al pueblo!".* Los sustantivos son, respectivamente, *con-cienciación y concientización."*

sistema de inscripciones que conforman una memoria por fuera del sistema perceptivo-consciencia, donde S. Freud localiza al sujeto del inconsciente. En el apartado *El olvido de los sueños*, incluido en el libro *La interpretación de los sueños* del año 1901, S. Freud expresa claramente que en el inconsciente existen pensamientos desconocidos para la persona, llamados pensamientos oníricos o latentes: "En verdad no es fácil concebir toda la riqueza de ilaciones de pensamientos inconscientes que pugnan por expresarse (...)" (Freud, 1901, p. 517).   Posteriormente, este primer modelo teórico encontró un obstáculo en la práctica clínica con sus pacientes. En efecto ciertos fenómenos clínicos, tales como la reacción terapéutica negativa y la repetición de síntomas en la neurosis traumática, lo obligaron a plantear un nuevo modelo teórico a los fines de poder dar cuenta de la causa de tales resistencias a la curación. El modelo de la segunda tópica, que comienza a elaborarse con los trabajos metapsicológicos del año 1914 y con los textos *Más Allá del Principio del Placer y El Yo y el Ello*, de 1919 y 1923, divide el nuevo aparato psíquico en un "Ello" como instancia del inconsciente, esto es, como el lugar o reservorio de las huellas mnémicas, conjunto de inscripciones de la historia del individuo y de la especie, y más cercano al "Yo" se encuentra un sector del "Ello", que es el inconsciente propiamente dicho, una parte del mismo diferenciada y dinámica que se relaciona con el mecanismo de la represión de la neurosis, el llamado inconsciente reprimido. De este modo S. Freud presenta el modelo de su segunda tópica, cuyo modelo figurativo es el "huevo" del aparato psíquico.

En una posición opuesta, J. Lacan establece, solidario al modelo discursivo del inconsciente, en forma innovadora que en el inconsciente hay *letras* –y no pensamientos-, tal como versa el título de su mayor trabajo sobre este tema, *La instancia de la letra en el inconsciente o la razón desde Freud* (el subrayado es nuestro). Este escrito define a la letra como un significante localizado en las frases o dichos que se identifican en la repetición discursiva de los analizantes, como aquello que insiste en la cadena de significantes y localiza al sujeto. En este sentido, establece que en el inconsciente hay letras y no representaciones apoyadas en huellas mnémicas, y esta disquisición abre profundas diferencias en la interpretación del psicoanalista, ya que modificando la posición de las letras en el discurso inconsciente se produce un efecto de creación de sentido, una historia distinta, desarticulando de este modo el automatismo de repetición que se halla detrás del síntoma. Esta forma de concebir el inconsciente como una escritura exige una temporalidad circular, lo que se conoce como bucle o línea cerrada de Jordan y un tiempo verbal particular, que es el futuro anterior, al estilo de un habiendo sido. Se trata, pues, de otra lógica con respecto a la teoría freudiana: apoyada en un modelo de aparato psíquico construido por huellas inconscientes, la interpretación del psicoanalista, en el marco de la transferencia, supondría la modificación de ciertas huellas, "las huellas susceptibles de conciencia" que llevaría a modificar el sentido de esa vivencia y con ello lograr cierta aceptación por parte del analizante de su historia. En cambio, para J Lacan, se trata de letras lo que constituye al inconsciente y la sustitución de una de ellas cambia radicalmente la estructura del conjunto, esto se traduciría en una desaparición definitiva de la repetición sintomática. De esta manera se pone en evidencia una concepción del sujeto que se fundamenta en lo que J. Lacan define en el escrito *La Instancia de la Letra en el Inconsciente o la Razón desde Freud*: "el significante está en el origen del inconsciente", con lo cual, lo que sucede en el inconsciente es producto de la articulación de los significantes en juego y estos significantes entran en juego en la medida en que se habla. En este sentido el sujeto para J. Lacan es el producto de un corte del texto clínico de un caso a partir de la interpretación del psicoanalista. Es en la medida en que habla que introduce al Otro como lugar de la palabra, entendido como conjunto de significantes, para poder construir un sujeto impersonal e inconsciente, una lógica, que permita intervenir en la cura del síntoma neurótico. Por lo tanto, si decimos que el síntoma neurótico es el significante del sujeto es a nivel del significante donde debemos partir y, en este punto, ya no se sabe quién habla, en el hecho de que no podremos saber si el origen de lo que se dice, está en el analizante o en el psicoanalista.

Por lo tanto, podemos observar, a propósito del fragmento citado del mencionado capítulo, que J. Lacan deja en evidencia su diferencia con S. Freud cuestionando la concepción de un individuo que detenta un "aparato psíquico" construido sobre la base de "huella mnémica". Al utilizar el término huella deja claramente establecido que la misma es el producto de vivencias que se imprimieron en nuestro psiquismo como marcas indelebles, y que en un análisis hará desaparecer la represión que recae sobre ellas ya que son representaciones cargadas de energía y de contenido penoso. Lo reprimido es la fuente dinámica y tópica del inconsciente propiamente dicho y la técnica psicoanalítica basada en la asociación libre intenta, con el apoyo del fenómeno de la transferencia, sortear las resistencias del analizante. Por tales motivos, J. Lacan decide utilizar el concepto de "censura" y no de "represión" en la base de los síntomas neuróticos, haciendo hincapié con ello que la censura ataca el contenido de un texto hecho de letras y palabras, en cambio, la represión es un concepto que da cuenta de una dinámica de fuerzas o energías que se oponen entre sí, una que empuja hacia la conciencia las representaciones penosas que proviene de las huellas mnémicas inconscientes y otra en dirección contraria que la frena.

En este orden de ideas podemos decir que para J. Lacan las formaciones del inconsciente y su relación con el significante es el efecto -en un sentido completamente nuevo- del inconsciente, en el sujeto, de la articulación de significantes en una cadena de significantes. Significante que, como tal, no remite a nada en sí mismo sino en relación con su articulación con otro significante. Es desde ese lugar donde se crea al objeto, un objeto que se llena de contenido a partir de la diacronía y la sincronía de la articulación significante.

Por otra parte, a partir de dicha concepción del "inconsciente estructurado como un lenguaje"[19] -que conviene señalar no abandona en toda su obra- J. Lacan trabaja y reflexiona sobre otra división del Sujeto, ligada a la dimensión de un saber, -como conjunto articulado de significantes-, y su relación con el papel constituyente que el significante presenta en el discurso inconsciente, a saber: la articulación entre saber y verdad. Esta división se contrapone de manera radical con la diferencia establecida por S. Freud entre las tópicas Yo, Superyó y Ello, tal como lo representa el modelo del huevo con el que figura el aparato psíquico en su segunda tópica. En esta perspectiva podría considerarse que las huellas inconscientes reprimidas forman la parte de verdad individual y última del sujeto freudiano, entendiéndose a este último como un individuo que posee un saber inconsciente al que no tiene acceso y es la fuente de su ser. En cambio, la división del sujeto entre saber y verdad está ubicada, para J.

---

[19] La fórmula del inconsciente estructurado como un lenguaje es la tesis fundamental de J. Lacan, y a partir de esta fórmula subvierte todos los conceptos fundamentales del Psicoanálisis tal como son definidos por S. Freud. En *El Seminario*, Libro 20, *Aún*, clase 2, dice: "(...) el inconsciente estructurado como un lenguaje, sépase: esta fórmula cambia totalmente la función del sujeto como existente. El sujeto no es el que piensa". (Lacan, 1972, p. 165)

Lacan, en el discurso mismo, específicamente en el campo del Otro (*Autre*), como lugar de la palabra, en el sentido de que la verdad es un producto de la intersubjetividad, es decir, en el *entre*[20], en ese tercer espacio que se establece entre el sujeto y el Otro. Desde el *Autre*/Otro el sujeto recibe su propio mensaje de verdad, siendo esto una subversión radical que J. Lacan propone -una vez más- sobre el inconsciente al definirlo como *"un saber no sabido"* que se ubica en el campo del Otro (*Autre*), con lo cual ya no se trataría de lo más profundo e íntimo del individuo como garantía de verdad, sino de los efectos de un discurso que se crea y recrea en el campo de dicha *"intersubjetividad radical"*[21] como única fuente de verdad. El mensaje inconsciente ya no proviene del individuo, tal como lo propone S. Freud, sino del *Autre*/Otro. En este sentido, citando a J. Lacan, "la verdad del sujeto está dicha a medio decir", haciendo alusión a que la verdad se ubica en el "entre", entre el Sujeto y el Otro, siendo estos tres elementos los que componen la intersubjetividad radical a partir de la articulación del significante. Con relación a este orden de ideas, J. Lacan subvierte todos los conceptos freudianos a partir de introducir una clave de lectura para todos ellos, que es la clave del *Autre*/Otro, por ejemplo, en el escrito metapsicológico de 1914 *Introducción del narcisismo*, donde S. Freud introduce el concepto de narcisismo para explicar una etapa importante en el desarrollo del Yo a partir de las evoluciones de la pulsión sexual y del Yo. En este escrito, describe un narcisismo primario producto de las identificaciones parentales, acuñando la frase: "His majesty the baby"[22] (Freud, 1915, p. 88); y un narcisismo secundario ligado a la pérdida del objeto y la vuelta de la libido al Yo. Para este autor el narcisismo es una etapa primordial en la constitución del Yo, la libido inconsciente toma como objeto al propio Yo, su primer objeto de amor. En cambio, para J. Lacan, el narcicismo no proviene del Yo sino del Otro, nace del narcisis-

[20] J. Lacan acuña un tercer elemento de la intersubjetividad, entre el Yo y el otro, es el "entre" connotando el campo del lenguaje y de la palabra, como campo del sujeto.

[21] J. Lacan define a la intersubjetividad radical como aquella que se instaura entre el Sujeto y el Otro/*Autre*, donde surge el reconocimiento simbólico como mensaje inconsciente cuyo vector de orientación es del Otro/*Autre* al Sujeto (A →S) tal como lo expresa su Esquema L.

[22] Según una nota al pie de página del texto *Introducción del Narcisismo*, S. Freud hace referencia a una pintura de la época eduardiana que llevaba el título "Su Majestad el Yo" (His Majesty the Baby) aludiendo al narcisismo: "Enfermedad, muerte, renuncia al goce, restricción de la voluntad propia no han de tener vigencia para el niño, las leyes de la naturaleza y de la sociedad han de cesar ante él."

mo del Otro, es producto de la cadena significante del Otro (*Autre*) en la articulación del registro Imaginario con el registro Simbólico; y, por este motivo, la problemática del narcisismo, del amor propio, lo estudia con un experimento óptico, como veremos más adelante, llamado el "ramillete de flores invertidas".

Finalmente es importante traer una cita de J. Lacan donde advierte las dificultades que conlleva encarnar al sujeto en un individuo. En el escrito *La Ciencia y la Verdad*, de 1965, manifiesta: "Sea como sea, establezco que toda tentativa, o incluso tentación en que la teoría corriente no cesa de reincidir, de encarnar más allá del sujeto, es errancia, siempre fecunda en error, y como tal, equivocada. Así encarnarlo en el hombre, el cual regresa con ello al niño" (p. 816).

A estas alturas de nuestro desarrollo sobre la estructura del sujeto del inconsciente como conjunto articulado de significantes que se localizan como letras nos surge un nuevo interrogante. ¿Qué especificidad le otorga J. Lacan al significante que lo diferencia del significante de la Lingüística?

Es necesario, seguir avanzando en la investigación, para poder responder la pregunta.

IV.1.2 *La Ciencia y la Verdad*

El título de este capítulo corresponde a un texto de J. Lacan de 1965 llamado *La ciencia y la verdad*, en el cual trabaja la necesidad de introducir al Psicoanálisis, como disciplina, en las exigencias de la ciencia. El texto puede ser leído como un tratado de epistemología y psicoanálisis por su modo particular de abordar la cuestión del conocimiento en la ciencia. Es así como en dicho escrito menciona: "No he dado ahora el paso que se refiere a la vocación de ciencia del psicoanálisis" (Lacan, 1966, p. 820). Con el término vocación hace referencia a desplazar el límite del Psicoanálisis dentro del campo de la ciencia. La clave es que J. Lacan apela a la rigurosidad de la ciencia, a su metodología, como único camino de hallar la verdad del síntoma, desde una perspectiva lógico-matemática. Sin embargo, cabe hacernos la pregunta, ¿de qué ciencia se trata, teniendo en cuenta que ya S. Freud definía al Psicoanálisis como una joven ciencia natural?

Para J. Lacan, el Psicoanálisis como otras disciplinas científicas (el primero en referencia a la inscripción de la relación sexual) operan con un punto de imposibilidad, o sea, un real definido como un no saber por dónde apunta el saber pero que al mismo tiempo lo señala. A partir de este punto de imposible, el saber que descubre el Psicoanálisis como aquel de la ciencia, tiene la vocación de desplazar el límite, la frontera de lo real, -este último tomado como un imposible- y la realidad a través de la intervención de lo simbólico ya sea como orden y función. En este sentido, el sujeto que propone la ciencia moderna es aquel inaugurado por el "cogito"[23] cartesiano, el que rechaza todo saber y pretende por ello cierta atadura en el ser. La ciencia tiene como meta la exactitud de sus teorías, el establecimiento de ideas claras y distintas, de ahí que la verdad sea sustituida por el método científico. De esta manera J. Lacan establece que la ciencia tiene como correlato un sujeto que es el sujeto de la ciencia, pero es un correlato antinómico ya que esta se caracteriza por el fracaso de su esfuerzo por suturar la hiancia del sujeto. Asimismo plantea que el Psicoanálisis opera con el sujeto de la ciencia a los fines de restaurar la verdad que la ciencia forcluye en el seno de su saber. Dicho de otro modo, el Psicoanálisis se propone hacer converger el saber de la ciencia con la verdad del sujeto, lo que J. Lacan llama el drama subjetivo del sujeto. Es justamente por su no querer saber nada de la verdad como causa que el autor atribuye a la ciencia su prodigiosa fecundidad en relación con la exactitud de sus teorías.

Como dijimos, a partir de estos enunciados J. Lacan establece una innovadora división del sujeto que es aquella entre verdad y saber, división que se apoya en la hipótesis del surgimiento del Psicoanálisis como un modo de responder ante el sufrimiento humano efecto del discurso de la ciencia, como lo establece en varios puntos en *La Ciencia y la Verdad*:

> Por eso era importante promover primero, y como un hecho que debe distinguirse de la cuestión de saber si el psicoanálisis es una ciencia (si su campo es científico), ese hecho es precisamente que su praxis no implica otro sujeto sino el de la ciencia. (1966, p. 820)

J. Lacan ha trabajado extensamente la relación entre Psicoanálisis y ciencia, en particular el surgimiento del primero como una respuesta (entre otras) al malestar producido por el discurso científico. En este

---

[23] El "cogito" es la primera proposición de certeza de René Descartes (1596-1650), "cogito ergo sum", pienso, luego existo. Dicha proposición indica la introducción del sujeto en la Filosofía y la certeza de un sujeto pensante, base del racionalismo occidental, paradigma inaugural de la ciencia. Tales fundamentos filosóficos, de un sujeto que duda y al mismo tiempo que tiene la certeza de que piensa, es la fundamentación de cualquier clase de conocimiento.

sentido, podemos resumir, que la sociedad moderna que es aquella definida, entre otras cosas, por los efectos de ciencia tiene como correlato la producción de un sujeto particular que es el sujeto de la ciencia. Dicho de otra forma, existe un efecto de la modalidad con que la ciencia opera con el saber, que es el sujeto de la ciencia y es este mismo sujeto con el cual opera el psicoanálisis. Pero tal sujeto, dice J. Lacan, es antinómico a ella misma; ¿qué significa esto? que a diferencia del sujeto de la ciencia el sujeto del Psicoanálisis es un sujeto dividido entre el saber y la verdad en cambio la ciencia apunta a un sujeto unificado que rechaza la verdad en el seno de su saber. Por ejemplo: muchos pacientes que acuden a un psicoanalista son el resultado de un malestar o sufrimiento psíquico que hasta el momento la ciencia en sus diferentes disciplinas no ha logrado curar, definidos en el lenguaje vulgar, como "problemas emocionales". Esto no es nuevo, ya que no debemos olvidar que los desarrollos teóricos de S. Freud parten de la observación y análisis de los historiales clínicos de pacientes histéricas que han sido refractarios a las intervenciones médicas, como por ejemplo, los casos de parálisis histérica. Lo que no se circunscribía dentro del marco de la anatomía y la patología escapaba al saber médico. Sin embargo, como veremos más adelante, S. Freud no abandona su concepción biologicista en sus desarrollos teóricos volviendo a introducir en el campo de la ciencia empírica los casos clínicos por él analizados. Si bien su deseo lo impulsó en la búsqueda de un saber o sentido oculto en el sufrimiento de las pacientes histéricas, no ha logrado impulsar sus investigaciones fuera del campo psico-neurológico, del correlato "psíquico" del funcionamiento neuronal. En el texto *Dos Artículos de Enciclopedia: Psicoanálisis y Teoría de la Libido*, S. Freud expresa su designio de adherir su teoría psicoanalítica a los principios y métodos de la ciencia. Extraigo una cita al respecto:

> Carácter del Psicoanálisis como ciencia empírica: el Psicoanálisis no es un sistema como los filosóficos que parten de algunos conceptos básicos definidos con precisión y procuran apresar con ello el universo todo y tras lo cual ya no resta espacio para nuevos descubrimiento. Más bien adhiere a los hechos de su campo de trabajo, procura resolver los problemas de la observación, sigue tanteando en la experiencia (...). Lo mismo que la química o la física, soporta que sus conceptos máximos no sean claros, que sus premisas sean provisorias, y espera del trabajo futuro su mayor precisión. (1923, p. 249)

En esta cita podemos visualizar la posición epistemológica de S. Freud desde la cual construye su teoría, a saber, unos de los pilares de sus desarrollos conceptuales provienen de la observación de hechos clínicos en forma minuciosa, el análisis de los indicios presentes en los pacientes más allá de las palabras y, por medio del análisis de dichos datos obtenidos, va construyendo su teoría que va de lo particular de cada caso a una teoría más abarcadora y explicativa, al igual que los desarrollos hipotético-inductivos de las ciencias empíricas. Podemos decir, a partir de estas consideraciones que, en función de sus diferentes objetos y metodologías, las ciencias de la naturaleza que aplican la explicación causal y subsumen lo particular a lo universal se oponen a las ciencias de la cultura -por ejemplo, la historia- que promueven una hermenéutica en tanto instrumentan la comprensión e interpretación, aprehendiendo el objeto en su particularidad. Es el llamado modelo hipotético-deductivo. En este sentido, S. Freud siempre consideró al Psicoanálisis como una ciencia natural con el carácter de la ciencia empírica.

Entonces, decimos, de acuerdo con lo enunciado previamente, que existe un discurso psicoanalítico tal como lo especifica J. Lacan sustentado en el saber científico y que el sujeto entendido, entre otras acepciones, como hipótesis, vendría a ofrecer allí, una apertura, una hiancia[24], desde donde proviene el mensaje de verdad. Tal como se expresa en esta otra cita del escrito *La Ciencia y la Verdad*: "Hay que *reducir hasta ese grado* lo que me permitirán ustedes inducir por una imagen como la apertura del sujeto en el psicoanálisis, para captar lo que recibe en él de la verdad" (El subrayado es nuestro), (Lacan, 1966, p. 820-821). "Reducir hasta ese grado" alude al sujeto de la ciencia, es decir, convertir al individuo que padece de síntomas y consulta a un psicoanalista en un sujeto equiparable al sujeto de la ciencia, en el sentido de convertir al sujeto del inconsciente en una hipótesis tal como es definido el sujeto de la ciencia. En este sentido el sujeto de J. Lacan es equiparable al sujeto de la ciencia en un único y específico punto: el sujeto es una hipótesis. Es una hipótesis singular, por lo tanto una construcción lógica de un caso, que permita operar sobre el sufrimiento de quien puede y quiere saber sobre la verdad de su padecimiento. Esta maniobra es una condición necesaria para sentar las

---

[24] Hiancia traduce el término francés "beance", que significa "agujero o abertura grande", en este sentido el sujeto se constituye a partir de un agujero en el ser, a saber, en una falta en ser.

bases del Psicoanálisis, "nuestra ciencia"[25], en los procedimientos de una ciencia, transformar al sujeto del inconsciente en una apertura, brecha, "hiancia" en el saber, por efecto del significante, desde donde recibimos en él la verdad.

En la cita siguiente J. Lacan especifica que "nuestra ciencia" nace a partir del rechazo de la verdad por parte de la ciencia y que es desde esa expulsión de la verdad en el campo científico donde el Psicoanálisis construye sus teorías:

> Lo abordaré por la observación extraña de que la fecundidad prodigiosa de *nuestra ciencia* debe interrogarse en su relación con ese aspecto en el que se sostendría la ciencia: *que de la verdad como causa no querría-saber-nada* (el subrayado es nuestro). (1966, p. 822)

Por consiguiente, en la teoría propuesta por S. Freud, el supuesto del inconsciente está en la base de los fenómenos que se observan en la clínica, y, la división del aparato psíquico en el individuo es una condición necesaria para el desarrollo de su teoría y la praxis del Psicoanálisis como una respuesta específica al malestar producido por el discurso de la ciencia.

En este orden de ideas, en *El Seminario*, Libro 13, *El objeto del Psicoanálisis*, clase 1, J. Lacan exhorta a los psicoanalistas a tener presente una nueva división del sujeto tal como él lo propone:

> Los psicoanalistas, que serían entonces aquellos a quienes de una manera electiva trataría de apuntar por mi discurso. El punto que les he dado cita hoy, por ser aquel donde los dejé el año pasado: el de la división del sujeto *entre verdad y saber*, es para ellos un punto familiar (el subrayado es nuestro). (1966, p. 257)

---

[25] J. Lacan denomina, en varios puntos de su obra, al Psicoanálisis propuesto por él "nuestra ciencia" para situar sus avances teóricos a la altura de los desarrollos de la ciencia moderna. El puente de concordancia de ambas ciencias es el concepto de Sujeto. Para J. Lacan como para la ciencia moderna, el sujeto es una hipótesis; y este se apoya, por un lado, con la introducción de los "matemas," definidos como fórmulas, esquemas y grafos tal como opera en la matemática, lógica y la física, cuya estructura es de significante; y, por el otro, con la introducción en su obra de los tres registros RSI. En *El Seminario, Libro 10, La Angustia* (1962), clase 3, dice: "(...) conviene no confundir ese objeto del deseo con aquel que define la epistemología como advenimiento de cierto objeto científicamente definido, como advenimiento del objeto que es el objeto de *nuestra ciencia*, específicamente definido por cierto descubrimiento de la eficacia de la operación significante como tal (el subrayado es nuestro), (p. 48). El objeto para J. Lacan de nuestra ciencia, con la cual opera el Psicoanálisis es el "objeto a".

En *La Ciencia y la Verdad*, J. Lacan apunta al problema de la doble inscripción en el aparato psíquico freudiano (preconsciente e inconsciente) que el propio S. Freud advierte en sus trabajos metapsicológicos de su primera tópica, principalmente en el capítulo VII del trabajo *La interpretación de los sueños* (Freud, 1901) y de la *Carta 52* (Freud, 1898), y en la división del in-dividuo de su segunda tópica (Yo, Superyó y Ello), desarrollado en el texto *El Yo y el Ello* (Freud, 1923). Se trata de los cambios sufridos en las inscripciones-cosa inconscientes una vez que pasaron a representaciones-palabras en la medida en que es levantada la represión que recae sobre ellos. Las preguntas son ¿Cuáles serían los cambios en las representaciones-cosa una vez que pasan a representaciones-palabra? ¿Dejan de ser una inscripción inconsciente o permanecen allí con un cambio en su estado o valor? En este punto S. Freud no ha podido responder a estas preguntas, las dejó de lado, no avanzó por ese camino al crear su segunda tópica. En efecto, al introducir el "Ello", subsumió lo inconsciente, el inconsciente propiamente dicho, dinámico y producto de la represión en un inconsciente estático, ligado a las huellas primitivas, a la memoria inconsciente, fruto del doble influjo de la herencia y las vivencias sexuales infantiles (Complejo de Edipo).

En este punto J. Lacan sale del obstáculo que conlleva dicho problema proponiendo, por su parte, otro tipo de división que, como veremos más adelante, está fundada por la estructura del significante, ubicando a la verdad del sujeto en el campo del Otro. Esta es una verdadera sustitución del concepto huella mnémica, base material del inconsciente freudiano, por la estructura del significante. En el mismo escrito J. Lacan utiliza para ejemplificar tal sustitución y la división entre, por un lado, el campo del Otro y el *Autre* y, por el otro, entre el Otro y el sujeto, la metáfora de la plancha de imprimir:

> No es sólo en la teoría donde se plantea la cuestión de la doble inscripción, para haber provocado la perplejidad en que mis alumnos Laplanche y Leclaire habrían podido leer *en su propia escisión* en la manera de abordar el problema su solución. No es en todo caso de tipo gestaltista, ni debe buscarse en el plato donde la cabeza de Napoleón se inscribe en el árbol. Está simplemente en el hecho de que *la inscripción no muerde el mismo lado del pergamino, viniendo de la plancha de imprimir de la verdad o de la del saber* (el subrayado es nuestro). (1966, p. 821)

A consecuencia de la estructura significante en el campo del Otro/*Autre* la verdad no proviene de la huella inconsciente, entendida como última referencia, sino de los efectos de la articulación de significantes que en el acto psicoanalítico serán convertidos en letra para poder ser leídos. Del mismo modo el síntoma de cuya estructura significante se trata, no proviene del sujeto sino del *Autre*, en el sentido de tesoro de significantes. Podemos resumir, de este modo, que el problema de la doble inscripción en el aparato psíquico es algo que S. Freud no ha resuelto según los caminos que conducían sus teorizaciones, y que J. Lacan lo resuelve de otra manera, sustituyendo las inscripciones del aparato por los conceptos de letra y significante en la determinación del sujeto del inconsciente. Tal como aparece en la siguiente cita en la clase 7, de *El Seminario*, Libro 9, *La identificación*:

> Es ése entonces un problema que el texto deja abierto (el problema de la doble inscripción en el aparato psíquico). Querría de manera introductoria, sugerirles lo siguiente: si debemos considerar que el inconsciente es ese lugar del sujeto donde *eso habla*, llegamos ahora a abordar este punto en el que podemos decir que algo, sin que el sujeto lo sepa, está profundamente modificado por los efectos de retroacción del significante implicados en la palabra (el subrayado es nuestro). (Lacan, 1961-1962, p. 219)

Una de las maniobras más subversivas de J. Lacan es la sustitución del "Ello" freudiano, del Ello piensa -ya que admite que hay pensamientos inconscientes- por el "eso habla", en el doble sentido de esta proposición: de impersonal: nadie habla en persona, esto es, en ninguno de los pronombres personales, y, en el sentido de palabra (*parole*)[26] en lugar de pensamientos. Entonces, si el inconsciente es ese lugar del sujeto donde "eso habla" es por la retroacción del significante dentro del campo de la palabra donde adquiere sentido. El término palabra, "*parole*" en francés, es traducida como palabra, habla y discurso; J. Lacan la utiliza específicamente como habla, es decir, como acto de enunciación. Por otra parte, los significantes provienen del campo del Otro (*Autre*) como conjunto de significantes, llamado "tesoro", siendo este el campo donde se crea el

---

[26] En la obra de J. Lacan, hay que estar advertido de ciertas diferencias entre "parole" y "mot". En efecto, el autor utiliza el término francés "parole" como acto de habla, enunciación y discurso. En cambio, utiliza el término de la lengua "mot", para definir a la palabra en sí misma en su materialidad y en el orden de un objeto. Del mismo modo, que la lengua francesa define el Yo como persona presente en el enunciado, "moi" del "je", yo de la enunciación, es decir, de aquel que habla.

sujeto. Subrayamos al respecto que por medio del acto del habla en su materialidad significante el sujeto y el Otro se encuentran en "*inmixión*", o sea, topológicamente hablando, sin espacio delimitado entre ellos. Desde este orden de ideas, la pregunta sobre el inconsciente "¿Quién habla?", deberá ser sustituida por esta otra: ¿Desde dónde se habla? Se habla desde el lugar del *Autre*/Otro y el sujeto sería un supuesto saber de él, o sea, un hablar de él.   En *El Seminario,* Libro 13, titulado *El objeto del psicoanálisis,* clase 2 del veinte de abril de 1966 ratifica nuevamente la división del sujeto del Psicoanálisis propuesta por él: "Incluso para llamar a las cosas por su nombre, y lo que precisamente pude decir y adelantar de lo concerniente al sujeto en la medida en que se divide entre verdad y saber". (Lacan, 1965, p. 258)

III.1.3. El in-dividuo de Freud

Como vimos en el apartado anterior J. Lacan propone una concepción específica de sujeto que lo inaugura en su teoría, cuyo carácter principal es un sujeto determinado por la palabra (*parole*) y localizado en el "entre" de la dupla significante. Ahora bien, como lo demostraremos en lo que sigue, el paradigma de continuidad freudo-lacaniano equipara punto por punto el concepto de "in-dividuo" tal como S. Freud lo explicita en el escrito *El Yo y el Ello* en su modelo del huevo o saco con contenido con el sujeto de J. Lacan. A lo largo del apartado intentaré localizar los puntos de conexión de ambos modelos siguiendo los lineamentos del paradigma de continuidad de. S. Freud, en su escrito *El Yo y el Ello*, dice lo siguiente:

> El in-dividuo es un Ello psíquico, no conocido {no discernido} e inconsciente, sobre el cual como una superficie se asienta el Yo desarrollado desde el sistema Percepción como si fuera su núcleo. (1923, p. 26)

Así es presentado el modelo de aparato psíquico, el in-dividuo, por S. Freud y que al igual que el sujeto del inconsciente lacaniano es el resultado de las determinaciones inconscientes que tienen como base inscripciones-representaciones, impulsos o deseos inconciliables para la conciencia, por ende, para el Yo, y que tales inscripciones se alojan en un espacio ajeno a ella dentro del aparato cuya fuente de estímulos pulsionales se halla en el cuerpo. Es a causa de estas determinaciones que S. Freud define un modelo teórico sobre la base de la anatomía y la fisiología neuronal. El denominado "aparato psíquico", dividido en tres sistemas o tópicas: "Yo, Superyó y Ello", restringiendo el funcionamiento de la memoria inconsciente e individual al Ello.   En el mismo trabajo S. Freud presenta su necesaria suposición teórica sobre las características de dicho aparato. Citamos:

> *La diferenciación de lo psíquico en consciente e inconsciente es la premisa básica*, y la única que le da la posibilidad de comprender, de subordinar a la ciencia, los tan frecuentes como importantes procesos patológicos de la vida anímica (...) El psicoanálisis no puede situar en la conciencia la esencia de lo psíquico, sino que se ve obligado a considerar la conciencia como una cualidad de lo psíquico que puede añadirse a otras cualidades o faltar (el subrayado es nuestro). (1923, p. 15)

Si bien, con anterioridad a él hubo médicos y psicólogos que hablaron de la doble conciencia o de un estado subconsciente ajeno a ella, ninguno efectuó la sistematización que hizo S. Freud en torno a la noción de inconsciente. Subrayemos su aporte, la división de un aparato psíquico (*Spaltung*) entre consciente e inconsciente es el único modo de operar dentro del campo de la ciencia, no obstante localizar a este último dentro del individuo. En efecto, sistematizó dos modelos teóricos de aparato psíquico con una lógica de funcionamiento similar a una máquina que daba respuesta en forma específica a la problemática del sufrimiento psíquico, como así también, respondía en forma más general en todos sus puntos al paradigma psico-físico: biológico, individual y evolucionista del hombre, como ser hablante.   El modelo teórico de la segunda tópica basado en la noción de in-dividuo freudiano tiene una correlación estrecha con el sujeto cartesiano. La concepción filosófica de sujeto de René Descartes se refiere al sujeto agente, centrado en el sintagma *cogito ergo sum*: "Pienso luego existo". El filósofo parte de la duda hiperbólica para llegar a su certeza máxima: existe un sujeto que piensa y es el fundamento (*subiectum*) de la ciencia moderna. Del mismo modo, S. Freud parte de la duda de sus pacientes con respecto al recuerdo del sueño: "si el sujeto duda de lo que ha soñado, es ahí donde deben buscarse los pensamientos inconscientes reprimidos" (1901, p. 309).

En este sentido la concepción freudiana del inconsciente, si bien remplaza la noción de sujeto cartesiano entendida como un "Yo-pienso" por la introducción de un "Ello piensa", es decir que produce un descentramiento del pensamiento, ya no del Yo sino del Ello, como lo demuestra el texto *El Yo y el Ello*, S. Freud no sale de su necesaria referencia a la persona o al "in-dividuo" a la hora de sus puntuaciones teóricas, ya que vuelve a introducir en el individuo este "Ello piensa"; y es por eso que podemos concluir, por el momento, en que el sujeto del inconsciente tal como es explicado a partir de un modelo de "aparato psíquico" dividido en instancias consciente e inconsciente es, en última instancia, un in-dividuo dotado de pensamientos inconscientes que tienen un soporte orgánico en las huellas mnémicas dentro del cerebro. Por tales consideraciones es necesario puntualizar que el "in-dividuo" de S. Freud es un constructo teórico que reúne, por una lado, la fuerza biológica de las pulsiones corporales que como fuente de energía pone en movimiento, pero por otro lado es un aparato psíquico que registra el paso de la energía en una red de inscripciones neuronales que funcionan como una memoria inconsciente de las vivencias acaecidas en la vida infantil de las personas. Como veremos más adelante, en contraposición a estos desarrollos, J. Lacan introduce la concepción "Eso habla", "*ça parle*", en el lugar del "Ello piensa", dando a entender la materialidad o la estofa de lenguaje y palabra del inconsciente en sus vertientes de enunciación y significante. Las teorizaciones sobre grafos en J. Lacan tratan de dar cuenta de un inconsciente discursivo.

Cabe recordar, tal como lo hemos establecido, que S. Freud no utiliza el término Sujeto en su obra ya que sus fuentes epistémicas por medio de las cuales teorizó y construyó sus modelos de aparato psíquico hacen necesaria la utilización del concepto de in-dividuo como base o soporte material de dicho aparato. Es por este motivo que el concepto de in-dividuo es diametralmente opuesto al concepto de sujeto de J. Lacan ya que por un lado carece de contenido, de huellas mnémicas, es decir, hay allí un agujero; y, por otro lado, no se reduce a una persona sino al conjunto de significantes que lo representan. Tal como lo define el autor en su escrito, *Posición del Inconsciente en el Congreso de Bonneval*: "El registro del significante se instituye por el hecho de que un significante representa a un sujeto para otro significante. Es la estructura, sueño, lapsus y rasgo de ingenio, de todas las formaciones del inconsciente.". (Lacan, 1960 [1964], p. 321)

Si bien el "in-dividuo" como sujeto del inconsciente se caracteriza por no tener una convergencia unívoca consigo mismo por presentar una escisión a partir de la represión, se habla, más bien, de una persona cuyo aparato psíquico se halla dividido por dos instancias que presionan mutuamente. Uno de los problemas de este modelo es que la espacialidad que utiliza para construirlo está tomada de las coordenadas euclidianas de espacio-tiempo en tres dimensiones. En este sentido, se podría decir que S. Freud era newtoniano, a partir de operar con cuerpos en reposo y en movimientos movidos por la fuerza gravitacional. Las personas son consideradas como cuerpos tridimensionales que entran en relación con otros cuerpos en constante interacción. En cambio| los modelos de inconsciente creados por J. Lacan a partir del discurso y del lenguaje son de dos dimensiones, en otras palabras, son superficies topológicas no tangibles. Es por esta estructura de palabra y de lenguaje en una espacialidad de dos dimensiones, topológicamente hablando, que la estructura del inconsciente y del sujeto se encuentra excéntrica a toda referencia a sí misma. En resumen, ambos modelos teóricos plantean diferencias epistémicas y de paradigmas, contrapunto esencial que iremos desarrollando a lo largo del presente estudio. Por otro lado el sujeto de J. Lacan no tiene ninguna equivalencia con el sujeto propuesto por la sociología o la filosofía, porque para estas disciplinas el sujeto es asimilable al cogito cartesiano, que se apoya en el sintagma "Yo pienso" como ente racional y auto-conciente, tanto en una conciencia individual como colectiva. Agregamos, paralelamente, que J. Lacan ha trabajado el concepto de Sujeto en Psicoanálisis desde la perspectiva ontológica y epistemológica, haciendo una articulación histórica y estructuralista. De ahí que su concepción de sujeto se encuentra atravesada por el auge del estructuralismo a mediados del siglo pasado principalmente en Francia.

Entonces, podemos considerar que para J. Lacan el Sujeto se encuentra determinado por el lenguaje -y este parece ser el punto principal- y se presenta, por tal motivo, con una barra que es estructural a la función misma del significante, dicho de otra manera, aparece un sujeto barrado (S) en su doble acepción etimológica de *vedado* y *embargado*. Tanto la una como la otra denotan la *determinación del sujeto por el significante* (el subrayado es nuestro), citamos al respecto otro fragmento de *La Ciencia y la Verdad*:

> En una palabra, volveremos a encontrar aquí al sujeto del significante tal como lo articulamos el año pasado. Transportado por el significante en su relación con el otro significante, debe distinguírsele severamente tanto del individuo biológico como de toda evolución psicológica subsumible como sujeto de la comprensión. (1966, p. 831)

En esta cita el autor deja en claro que el orden simbólico (*Autre*: A) entendido como tesoro de significantes, es una idea absolutamente innovadora, es, por decir así, una creación exnihilo. Representa un paradigma cuyo fundamento se encuentra en una vereda opuesta a la teoría freudiana que supone un "desarrollo" del aparato psíquico acorde a la evolución madurativa de la persona, es decir, desde el principio el cuerpo como un real, luego la aparición de un imaginario y por último la adquisición del lenguaje, lo simbólico, que no hace más que nombrar lo que había y al nombrarlo lo transforma. En este sentido, J. Lacan propone un modelo teórico no evolutivo, un modelo del tipo big-bang de la física relativista y cuántica, en la aparición sincrónica del orden simbólico y la causalidad del sujeto. En una conferencia en la Facultad de Medicina en Burdeos en el año 1967, un año después de la publicación de los *Escritos*, J. Lacan establece las coordenadas de su enseñanza. La conferencia se denomina *Lugar, origen y fin de mi enseñanza*, dice al respecto:

> Al principio no está el origen, está el "lugar". Lugar es un término que utilizo a menudo, porque a menudo hay referencias al lugar en el campo en el cual se celebran mis discursos. Para orientarse en este campo, conviene disponer de lo que se llama en otros ámbitos una *topología* y tener una idea de cómo está construido el soporte sobre el que se inscribe lo que está en juego (1967, p. 14).

Extraemos al respecto dos citas de *El Seminario*, libro 10, inédito, llamado *La Angustia* donde articula la división entre el sujeto (S) y el Otro (A):

> A partir de ese Otro originario como lugar del significante, de este "S" todavía no existente y que se debe situar como determinado por el significante, bajo la forma de esas dos columnas que –como ustedes saben- son las mismas que aquellas con las que se puede escribir el aparato de la división.[27] (1962-1963, p. 17)

Ese *Autre*/Otro originario, lugar de los significantes, que determina al sujeto barrado (S) puede escribirse de la siguiente manera en forma de dos columnas:

$$\textit{Autre}/\text{Otro} \longrightarrow \text{\$}$$
$$\text{(Tesoro de Significantes)} \longrightarrow \text{(Sujeto barrado)}$$

---

[27] Lacan, J, 1962. *El Seminario* Libro 10, *La Angustia*. Inédito. Versión digital del sitio web: Https:// www.staferla.free.

Deducimos de esta cita al menos dos ideas: la primera, la división de la que trata J. Lacan es entre Sujeto (S) y el Otro (A) y no de un aparato psíquico dividido en tres instancias, Yo, Superyó y Ello como lo desarrolla S. Freud en su segunda tópica; la segunda idea, estaría dada por la determinación del Sujeto por el significante, y de allí la barra del mismo, ya que no hay un significante que defina al sujeto más que en función de otro significante. En consecuencia, el Sujeto es, para J. Lacan, el resultado de lo que acontece entre un significante y el otro, dentro de una relación intersubjetiva radical: Sujeto y Otro; y, como veremos más adelante, el objeto que se deduce de esta relación como efecto de la operatoria con significantes, es el "objeto a"[28].

El advenimiento del sujeto del inconsciente, por lo tanto, queda vedado por la barra que produce el significante, esto da lugar a un sujeto vedado, inaccesible, como el Otro -a lo que la lengua simboliza por medio de la palabra vedado- al campo del significante. En este caso podríamos pensar que no existe para el sujeto un término que alude a sí mismo, tal como se suele decir en la lengua cuando se menciona un atributo al sujeto (yo soy), ya que en este yo soy, las significaciones del mismo provienen del Otro a través del tú eres. Por ejemplo: "tú eres mi esposa" por lo tanto desde ese lugar me viene el significado de lo que soy, un esposo u otro significado, un amante, un padre, etc. Resumiendo, mi lugar para con el otro proviene de la significación del Otro, o sea, de la articulación de los significantes en juego en el campo del *Autre*/Otro que asigna a cada *partenaire* un significado. Es lo que J. Lacan, toma de la frase del poeta Arthur Rimbaud, "el yo es otro", tanto en su ontología como de los atributos, ya que el discurso –el significante- se apoya en la negación del ser. Este sujeto del inconsciente, es importante señalarlo, es para J. Lacan un efecto de la *inmersión del retoño del hombre en el lenguaje* (el subrayado es nuestro). Por eso se lo debe distinguir del individuo biológico como del sujeto de la comprensión asentado en el Yo. Tampoco se trata del Yo

---

[28] J. Lacan introduce en su obra su creación tal como él lo presenta, llamado "objeto a", tratándose de un objeto ficcional que se opone a su concepto específico de Sujeto. En el texto, *Obertura de esta recopilación*, J. Lacan anticipa en sentido estricto su objeto haciendo alusión a un cuento de Edgar Alan Poe sobre, *la carta robada*: "Porque desciframos aquí en la ficción de Poe, tan potente en el sentido matemático del término, esa división en la que el sujeto se verifica por atravesarlo un objeto sin que se penetren por nada, división que está en el principio de lo que se eleva al final de esta compilación bajo el nombre de *objeto a* (léase: a minúscula) (l subrayado es nuestro) (1966, p. 22).

freudiano (opuesto al Superyó y al Ello), ni del yo de la gramática. A modo de ilustración introducimos una tabla con las dos columnas tal como J. Lacan propone en *El Seminario*, Libro 10, *La Angustia* (1962) donde figura la división entre el sujeto (S) y el Otro (A):

Cuadro 1

Otro (A) (verdad)	Sujeto (S) (mentira)
$\cancel{S}$ (S barrado)	$\cancel{A}$ (Otro barrado)
objeto a	
el lado del otro	el mío

Barra de división

Notemos en el cuadro, que del lado del Otro, el sujeto aparece barrado, esto significa que en el conjunto de significantes del Otro (tesoro) falta el significante que representa y nombra al sujeto; del lado del Sujeto, aparece el *Autre*/Otro barrado, ya que la falta de un significante que nombre al sujeto produce, al mismo tiempo, una falta o una incompletud en el conjunto de significantes, de ahí la definición de tesoro, ya que este último a diferencia de la batería, es incompleto. Asimismo, el objeto "a" aparece del lado del *Autre*/Otro, queriendo decir con ello que el "objeto a" es una creación de la operatoria significante y por ende vacío de contenido por sí mismo.

IV.2 Teoría de la representación en Freud y del significante de Lacan

Antes de comenzar por analizar el aparato simbólico del inconsciente, su hermenéutica con respecto a las concepciones de la teoría representacional y la teoría lingüística del significante, resulta necesario detenernos en la concepción de instinto como centro de referencia del sentido. A modo de introducción citaremos un fragmento de una conferencia dictada por J. Lacan en la Universidad de Columbia *Conferences et entretiens dans des universités nord-americains* del año 1975, en la que se hace referencia al concepto de instinto, siendo taxativo con su formulación que desarrollaremos en este apartado:

> El inconsciente, imaginamos que es algo como un instinto, pero no es cierto. Carecemos totalmente de instinto, y la manera con la cual reaccionamos está ligada no a un instinto, sino a cierto saber vehiculizado no tanto por palabras como por lo que yo llamo significantes. (p. 12)

Veamos qué quiere decir y cómo opera un saber vehiculizado por el significante en oposición a la operatoria que se desprende de la representación. Subrayamos, en principio, que J. Lacan utiliza significantes en lugar de palabras al decir que el principio de la diferencia está establecido en que el saber si es vehiculizado por palabras lo es más aún por el significante. Entonces, por lo expresado, es importante preguntarse: ¿por qué introduce, J. Lacan, su concepción de significante en la teoría psicoanalítica y no toma y reelabora lo ya desarrollado por S. Freud con el término de representación, en su lengua, la Vorstellung? En pos de encontrar una respuesta al planteo, debemos partir por el concepto psicoanalítico de representación que, como dijimos, es la base de la hermenéutica freudiana. De ahí que resulta necesario analizar los soportes materiales de la representación, esto es, los conceptos de huella mnémica, transcripción y energía -teniendo en cuenta su materialidad y el modelo dentro del cual se articulan- desarrollados por S. Freud ligados al concepto de representación y sobre la concepción específica del significante que J. Lacan extrae -y al mismo tiempo diferencia- del significante proveniente de la teoría lingüística, principalmente de la Lingüística estructural. En El Seminario, Libro 1, llamado Los Escritos Técnicos de Freud (Lacan, 1955) y, principalmente, El Seminario, Libro 2, llamado El Yo en la teoría de Freud y en la Técnica Psicoanalítica (Lacan, 1956) J. Lacan toma conceptos de la Óptica, una rama importante de la física moderna, para explicar la transformación o el metabolismo de las imágenes en relación con sus objetos. El modelo óptico es introducido tempranamente en la obra del autor con el objeto de desarrollar un momento originario en la formación del Yo y del ideal del Yo, llamado estadio del espejo y que sustituye el concepto de narcisismo introducido por S. Freud.   El modelo óptico, como veremos, se aparta de la explicación energética proveniente de la física clásica newtoniana utilizada por S. Freud para aplicarla al funcionamiento de su modelo de aparato psíquico de la primera tópica. Modelo teórico que es, al mismo tiempo, coherente con los avances de investigación experimental en fisiología de la Escuela de Física, del Dr. Hermann von Helmholz. En este sentido, S. Freud intenta alinear su experiencia con los desarrollos de la ciencia empírica y experimental y construye un modelo de aparato psíquico que contiene, en forma de red neuronal, huellas mnémicas que funcionan como unidades caracterizadas por una representación y su concomitante que es el afecto. Advertimos que dicho modelo se localiza en una persona, por lo que decimos que es una construcción que prescinde del Otro, enteramente individual, como son las vivencias para cada individuo.

Por tanto, las huellas mnémicas se componen de dos elementos y conforman una unidad indeleble del aparato psíquico. Cada huella está conformada de la siguiente manera:

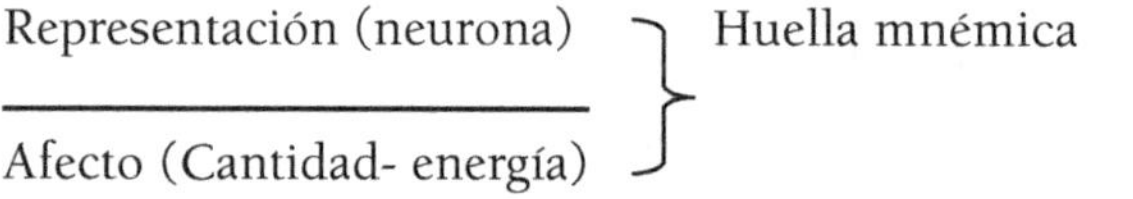

La parte que corresponde al afecto es trabajada por S. Freud a partir de la metáfora energética, metáfora que, por su parte, se encuentra vinculada estrechamente a las concepciones de anatomía y fisiología, siendo esta última el marco referencial para la construcción de los modelos de aparato psíquico utilizados por S. Freud.   En el texto Proyecto de una Psicología para Neurólogos del año 1895 y editado en 1950, S. Freud, en el apartado introductorio, advierte sobre el propósito de su investigación:

> El propósito de este proyecto es brindar una psicología de ciencia natural, a saber, presentar procesos psíquicos como estados cuantitativamente

comandados de unas partes materiales comprobables, y hacerlo de modo que esos procesos se vuelvan intuibles y exentos de contradicción.

El proyecto contiene dos ideas rectoras: concebir lo que diferencia la actividad de reposo como una cantidad (Q) sometida a la ley general del movimiento y suponer como partículas materiales las neuronas. (p. 339)

La cita nos demuestra que los desarrollos teóricos de S. Freud tienen dos fuentes referenciales: una, la observación experimental de los procesos naturales fisiológicos; y la otra, los conceptos provenientes de la física clásica newtoniana de materia (cuerpos) en reposo y en movimiento, atraídos por una fuerza (fuerza de gravedad) que pone en relación los cuerpos entre sí, los cuerpos en el espacio tridimensional. De ahí que el concepto de representación le es solidario como imágenes intuibles de tales procesos físicos internos al individuo; esto supone la presencia de un real biológico concomitante al juego de representaciones.

En la clase "La Tópica de lo Imaginario" de *El Seminario*, Libro 1, *Los Escritos Técnicos de Freud* (1953-1954), J. Lacan cita extensamente a S. Freud, en particular, sobre la forma correcta de interpretar el aparato psíquico por él graficado, tal como aparece en su texto *La Interpretación de los Sueños*. Dice al respecto:

> Es como un microscopio compuesto, un aparato fotográfico, o algo así. La tópica o localidad psíquica corresponderá entonces a un lugar *en el interior* de este aparato, en el que surge uno de los grados preliminares de la imagen. Estos lugares son puntos ideales; esto es, puntos en los que no se halla situado ningún elemento concreto del aparato (el subrayado es nuestro) (1901, p. 530).

Es importante señalar que tanto S. Freud como J. Lacan tomaron dos modelos ópticos distintos para dar una descripción aproximada de sus tres (Inconsciente-Consciente-Pre-consciente, Simbólico-Imaginario-Real). Por el lado de S. Freud, este establece una analogía entre el aparato psíquico y el instrumento óptico, el microscopio o la cámara fotográfica, ubicando *en su interior* las instancias virtuales. He aquí un modelo óptico reducido:

Gráfico 1:

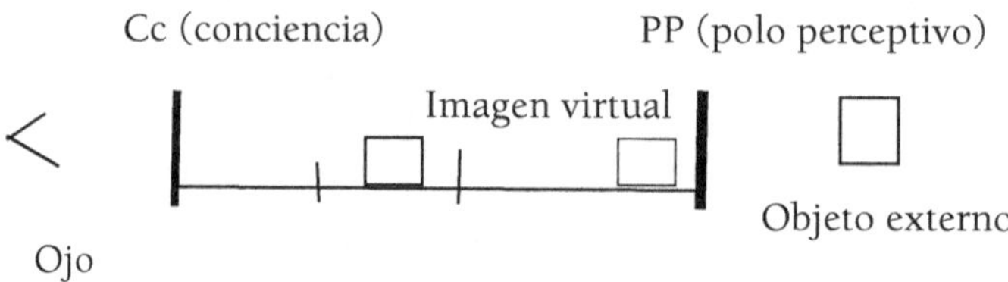

Modelo teórico del microscopio óptico

Como vemos, este modelo está compuesto por dos elementos constituyentes: el objeto externo, dentro del campo perceptivo y que representa la realidad, y el objeto interno dentro del aparato psíquico, representado por una imagen virtual. En este sentido S. Freud se apoya en una concepción dual, realidad-representación, en la construcción de su modelo teórico, hecho que contrasta con los desarrollos de J. Lacan. Por otra parte, J. Lacan explica la relación de sus tres registros utilizando un modelo distinto y más complejo de la Óptica para dar cuenta de la interrelación de los registros Imaginario y Simbólico y su relación con los objetos virtuales y reales. Es así como toma un experimento óptico mucho más complejo que el modelo freudiano del microscopio llamado "Experiencia del ramillete de flores invertido". El mismo trata de la construcción de un sistema o campo óptico sobre la base de dos espejos, uno plano y otro cóncavo, y que a partir de ahí se configuran los objetos reales e imágenes virtuales y reales. En el dinamismo de dicho campo ubica al **yo**, el **otro**, el **sujeto** y el **Otro** que trazan o incurvan un campo como elementos que se articulan. A diferencia del modelo del microscopio freudiano, este modelo carece de espacios virtuales y de una interioridad, está construido sobre la base de trazados o articulaciones de elementos que toman su sentido en función del otro, y que en su funcionamiento dibujan un campo. El término "trazo" es utilizado por J. Lacan en el sentido de una **escritura algebraica** en donde cada letra representa un concepto y, en función de ocupar un lugar con respecto a otra letra, conforman una fórmula teórica compleja. A diferencia de este uso específico que J. Lacan le asigna al término "trazo", S. Freud utiliza, por su parte, el concepto de "huella" para remitir, por un lado, a la impronta directa que la experiencia con un objeto deja en el aparato psíquico de las personas; y, por el otro, al empleo del término "retrasncripción" para los remodelamientos que las mismas sufren por el paso del tiempo. En este sentido, el término "retranscripción" es traducido al alemán como *"transkript o übertragung"*, cuyos significados son respectivamente: representación, escritura y desplazamiento, transferencia, traslado; es decir, sobre la primera huella inmodificable de la vivencia, el aparato psíquico, con el tiempo, produce nuevas marcas o representaciones de las mismas. Los elementos del experimento óptico del ramillete de flores invertido consisten en un campo óptico real conformado por un espejo cóncavo y un espejo plano. El objeto reflejado es un florero sobre una caja y un ramo de flores ubicado debajo del florero en el mismo punto y opuesto a este. Hay además una fuente lumínica que con sus reflejos ordena el campo de imágenes:

Gráfico 2: Modelo óptico del ramillete invertido[29]

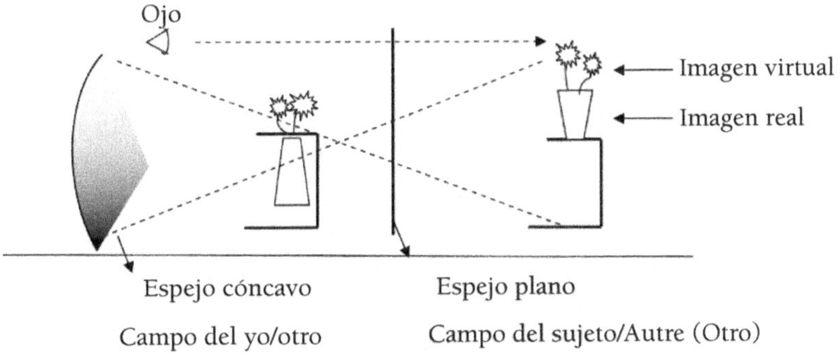

Con el experimento del ramillete de flores invertido se crean dos tipos de imágenes: la imagen virtual del florero que se encuentra en un punto a igual distancia pero opuesto al objeto real, florero, reflejado en un espejo plano; y una imagen real de las flores, que se encuentra en el mismo punto donde se halla el objeto real proveniente del reflejo de un espejo cóncavo. Dicha imagen real (florero) aparece dentro del campo en forma invertida alojando a las flores que es, al mismo tiempo, una imagen virtual.

J. Lacan toma a este experimento óptico para ubicar el campo de los registros, deduciendo por la interrelación de los mismos al Sujeto y al Otro (*Autre*). En este sentido el registro Real se encuentra escondido de la vista del observador (Sujeto) y aparece como una imagen real en el campo del Otro (registro Simbólico). Es importante advertir que el objeto real, natural, no aparece a la vista más que como una imagen real. Es por esto por

[29] Modelo tomado y modificado de la obra de J. Lacan.

lo que J. Lacan define a lo real como aquello que es imposible de inscribir. Las flores aparecen como una imagen virtual (registro Imaginario) en un montaje con la imagen real. El orden simbólico está ubicado en el espejo que crea y reúne dichos registros; en este sentido podemos observar que es en el campo del Otro donde ubicamos los tres registros. Este experimento óptico que da cuenta del anudamiento de los tres registros a partir del orden simbólico está en contraposición al modelo del microscopio de S. Freud que intenta explicar las tres instancias Yo, Superyó y Ello como instancias de la vida anímica de la persona, instancias que ubica dentro del mismo instrumento. Asimismo, el modelo da cuenta de la aparición del sujeto –y por ende la desaparición del individuo– en el mismo acto que se componen las imágenes, virtual y real, a partir de la introducción del espejo plano, representante del campo del *Autre*/Otro.

Posteriormente J. Lacan abandona el modelo óptico para continuar con elaboraciones formales, tales como esquemas y grafos, cuyas estructuras están caracterizadas por elementos y leyes de articulación entre los mismos provenientes del campo de la Lógica y la Matemática, especialmente de la Topología descriptiva. Su primera incursión sobre estos campos provenientes de la matemáticas es el "Esquema L", llamado así por el nombre Lambda, letra griega, con el cual, como dijimos, sustituye el modelo de las instancias del aparato psíquico freudiano para trazar en un esquema construido por una serie de elementos y relaciones entre sí los conceptos psicoanalíticos fundamentales, esto es, Sujeto, Yo, otro y el Autre/Otro. Este esquema, solidario a su teoría, introduce en forma novedosa el *campo del otro*, dividido a su vez por el campo del *otro* –con minúscula– como el semejante, y el *Autre*/Otro –con mayúscula– como lugar de la palabra, lugar desde el cual el sujeto recibe su mensaje inconsciente en forma invertida. Se establece así, entre el yo y el otro, un lugar tercero exclusivamente simbólico, llamado el Otro/*Autre*. El Otro (O) del cual J. Lacan realiza, por otra parte, una diferencia sutil con este "*Autre*" (A), a saber: el Otro como aquel que encarna el lugar (*Autre*) del orden simbólico, la fuente de nuestra existencia como Sujeto. Este lugar del Otro es traducido al francés como *place* que es portador de la lengua materna, de modo que puede ser encarnado por cualquier individuo; no el *Autre*, traducido como *lieu*, el lugar virtual en el orden simbólico, lo que más tarde J. Lacan desarrolla como tesoro de significantes y "lalangue", este último como condensación del concepto lengua materna.

En la clase 5, de *El Seminario,* Libro 3, *Las Psicosis,* del año 1955, J. Lacan introduce su esquema con la siguiente cita:

> Ensayemos al menos aquí de estructurar correctamente el modo en el cual nos movemos en nuestra experiencia, en tanto que él está estructurado, incurvado en la perspectiva de la palabra, y por tanto, la palabra allí es central. (p. 78)

En este sentido, J. Lacan establece que el campo del Psicoanálisis es el lenguaje y su operatoria o función es a través de la palabra. Es necesario aclarar que el término "palabra" tiene al menos dos acepciones en la lengua francesa y que el autor hace uso para localizar al sujeto del inconsciente. En efecto "palabra" es traducida al francés como *"parole"* y *"mot"*; *parole* en sus dos significados –las más utilizadas por J. Lacan– son, por un lado: acto de habla y enunciación; y por el otro: discurso, enunciados y dichos; en cambio utiliza *mot* para designar a la palabra como elemento concreto del lenguaje. Entonces, según esta cita, la experiencia psicoanalítica se incurva, "se traza", como el tirado de las líneas de un dibujo, en y con la palabra en su doble acepción de enunciación y dicho. Esta vertiente discursiva entre enunciado y enunciación para localizar al sujeto del inconsciente es trabajada por el autor en teoría de grafos.

En consecuencia, el material con el cual opera el psicoanalista, tal como él lo especifica, es la palabra en tanto significante en sus dos vertientes de enunciación (más allá de quién habla) y de dichos, frases y enunciados. Por otro lado, el trazo del esquema en el cual nos movemos configura nuestra experiencia psicoanalítica, dicho de otro modo sin dicho trazado no habría tal experiencia ni tampoco sensaciones, dolores corporales, ansiedad, etc. Estos son tomados en su única referencia que es la palabra en tanto que es desplegada en un discurso. En el mismo texto el autor afirma:

> A esta exigencia responde mi pequeño cuadrado, que va del Sujeto al otro, y en cierto modo de lo simbólico a lo real, sujeto, yo, cuerpo, y en sentido inverso, hacia el Otro con mayúscula de la intersubjetividad, el Otro que no aprehenden en tanto es sujeto, es decir, en tanto puede mentir (...). (Lacan, 1956-1957, p. 78)

Entonces, J. Lacan delimita una subjetividad mínima que comprende una relación de al menos cuatro elementos: Yo-otro-Otro-Sujeto, y esto deja caer la intersubjetividad imaginaria que se juega entre dos elementos: el Yo y el otro, que se enuncia como tú. Estos cuatro elementos constituyen, según J. Lacan, la "intersubjetividad radical", el orden simbólico por excelencia. El eje Yo-Otro corresponde el eje simbólico, que comprende, en una dirección inversa, al Sujeto y al *Autre*. Se establece así una división de la siguiente manera:

$$\frac{Otro}{Autre} \quad \frac{Yo}{Sujeto}$$

Asimismo notamos en la cita que el Sujeto no se aprehende sino en tanto el Otro puede mentir, en el sentido de, por ejemplo: tú me dices esto para hacerme creer otra cosa, por ende, hacer pasar una mentira por medio de una verdad, señalando con esto el verdadero registro de lo simbólico, cuya estructura está compuesta de significantes. En este sentido, podemos decir que es por su estructura de significante que la palabra opera en la dimensión verdad-mentira. Luego nos dice: "No es un sistema del mundo, es un sistema de orientación de nuestra experiencia: ella se estructura así, y en su seno podemos situar las diversas manifestaciones fenoménicas con que nos encontramos" (Lacan, 1956-1957, p. 78)

J. Lacan introduce con dicho esquema un sistema o estructura por el cual podemos leer e interpretar las manifestaciones fenoménicas del encuentro entre la persona que viene a nuestra consulta y el psicoanalista, este último definido como aquel que ocupa el lugar del Otro; y, más importante aún, establece por medio de esta estructura que la experiencia psicoanalítica se traza o incurva por la función de la palabra, como habla y discurso dentro del campo del lenguaje. En este orden de ideas podemos afirmar que existen dos consecuencias que se desprenden del esquema: la primera es que sin dicha orientación no habría experiencia analítica, esto es, la experiencia es determinada por este sistema y, la segunda es que no es un sistema del mundo entendido como un universal presente en todas las personas más allá del campo que lo determina, es decir, el campo del Psicoanálisis, tal como son deducidas las instancias freudiana Yo, Superyó y Ello en el individuo.

En contraposición a estas concepciones de formalización teórica previa a toda experiencia, podemos afirmar que la fuente epistemológica freudiana está basada en un modelo científico: el modelo empirista-naturalista que tiene como principio rector la observación neutra de los hechos y la experiencia, y luego se hace una lectura o teorización de los fenómenos observados en bruto a fin de establecer una teoría explicativa. Estas concepciones son puestas de manifiesto en un texto de S. Freud, *Las Nuevas Conferencias en Psicoanálisis*, de 1932:

> Es que se trata real y efectivamente de concepciones, vale decir, de introducir las representaciones abstractas correctas, cuya aplicación a la materia bruta de la observación hace nacer en ella orden y transparencia. (p. 75)

Con lo cual, primero la observación del material en bruto y luego las representaciones y conjeturas. Esto sitúa su episteme exactamente al revés de lo planteado por J. Lacan, ya que para este último primero está la hipótesis, o sea, el sujeto y la teoría para poder construir una experiencia. No hay observación sin teoría o hipótesis previa.

En síntesis, volviendo a uno de los párrafos citados con anterioridad, J. Lacan traza un "cuadrado" con los elementos mencionados; Yo, otro, Sujeto y Otro y realiza con ellos una maniobra que lo convierte en el "Esquema L" articulando en este período de su enseñanza el registro Simbólico y el registro Imaginario en la experiencia analítica.

Gráfico 3:

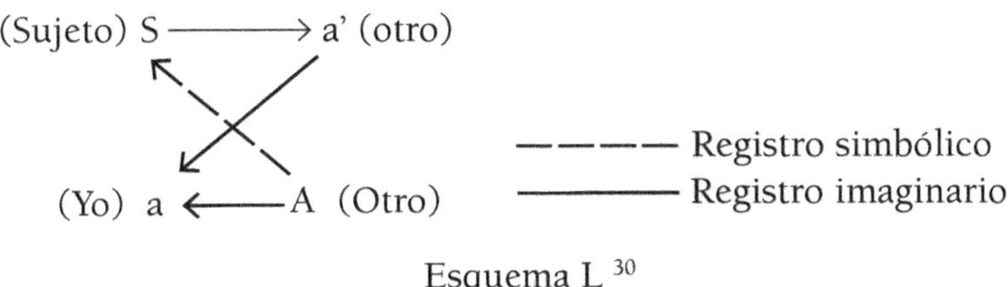

Esquema L [30]

Al presentar el "Esquema L" J. Lacan nos dice que hay un vector entrecortado que va del Otro (*Autre*) al Sujeto, y que es llamado "registro Simbólico", y otro trazo o vector entero que tiene una dirección o sentido y que su punto de partida está en el otro como semejante y termina en el Yo (a), es el "registro Imaginario". El cuerpo está incluido en este registro. Por otra parte, si bien no aparece vectorizado el "registro Real", el mismo se deduce de la articulación de los otros dos registros. Esta es una de las razones por la cual J. Lacan define, en este período de la enseñanza, a lo

---

[30] Esquema tomado de J. Lacan y modificado por el autor.

Real como "aquello que no cesa de no inscribirse", estando determinado por la intersección del registro Simbólico con el registro Imaginario, o dicho de otra manera, no hay un Real por fuera de ambas escrituras. Esto podría ser ejemplificado de la siguiente manera: en la teoría euclidiana las paralelas no se cruzan, por lo tanto el registro Real estaría ubicado en la imposibilidad de entrecruzamiento de las paralelas. Pero si se está en la teoría topológica, al contrario, las paralelas sí se cruzan, y lo Real estaría en la imposibilidad de existencia de paralelas. Entonces, el Otro (A) es el lugar determinante del Yo y del Sujeto; el Yo, por su parte, está en el lugar de ser determinado por el Otro –como se dijo–, y por el otro (a).

Como dijimos, el vector que va del otro (semejante) al Yo, $(\overrightarrow{a'\,a})$ es el vector del "registro Imaginario", descubriéndose así una concepción opuesta a la teoría del narcisismo propuesta por S. Freud, tal como se desprende del escrito metapsicológico *Introducción del Narcisismo* del año 1915. Allí, el autor, ubica al Yo como centro o fuente de libido narcisista, del cual parte –a modo de una ameba con sus pseudópodos– prolongaciones en sentido hacia el otro, en cambio, en el "Esquema L" el vector del registro Imaginario tiene un sentido inverso. Es así como para J. Lacan el núcleo del Yo está en el otro/Otro, y desde ahí parten sus determinaciones imaginarias y simbólicas. A saber, el Yo se construye a partir del otro imaginario y el Otro simbólico, por ello J. Lacan, "parafraseando a Arthur Rimbaud", toma su sentencia: *Je est un autre*, "el yo es otro". El autor, tiene una teoría específica sobre el amor propio y sus vicisitudes que sustituye la teoría del narcisismo de S. Freud, ésta última basada en la relación del Yo con el Yo ideal y con el ideal del Yo, que se llama "estadio del espejo"; esta teoría tiene como punto de partida el campo del Autre/ Otro en los registros Simbólico, Imaginario y Real.

En resumen, el "Esquema L" es introducido por J. Lacan en los inicios de su obra para dar cuenta de la primacía del campo del otro/Otro en la determinación del sujeto. Tanto el Yo como el sujeto parten del otro/Otro como eje de referencia, dicho de otro modo, el centro de nuestro yo está en el otro, tal como lo demuestra el sentido del vector en el esquema. En este sentido puede verse que en el "Esquema L" existen dos puntos y dos lugares virtuales (en la lengua francesa hay una disquisición sutil entre los términos *lieu/place*: lieu traducido como sitio o lugar virtual, simbólico; y place, como lugar real). Los dos lugares, *lieu*, son: el *Autre* (Otro) y el Sujeto; en cambio los dos puntos, place, son el a' (otro, semejante) y el a (Yo). El A (Otro) no solo representa y encarna al otro sujeto que por su posición de alteridad radical, en el hecho mismo de ser desconocido por el Yo, motiva que se lo llame el *Autre* (tesoro de significantes), que es capaz, a su vez, de reconocer al Yo a nivel simbólico, o sea, de recibir su propio mensaje en forma invertida y que es el inconsciente, sino también, la estructura legal en general, el armazón fundamental de las relaciones intersubjetivas. El Sujeto es establecido, en este sentido, como un lugar por el cual se recibe un mensaje que proviene del Otro, en forma invertida, ya que viene del Otro y no del sujeto. Lo elaborado hasta aquí puede ser resumido en el siguiente cuadro:

Cuadro 2:

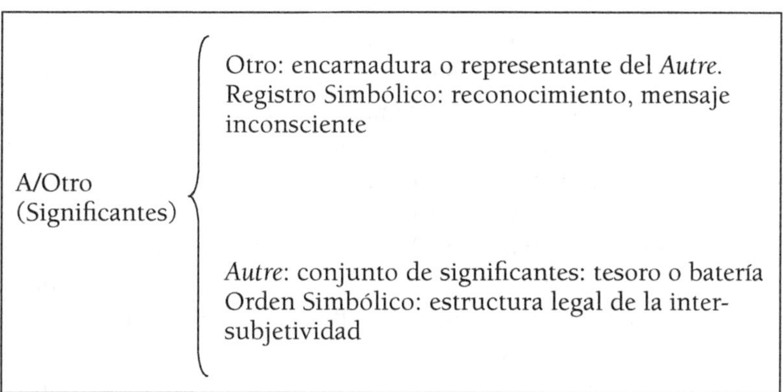

Por otro lado, en referencia a la concepción del *Autre*/Otro radical como lugar de significantes, se da lugar a una de las versiones del sujeto barrado (S) en el siguiente sentido: siempre hay un más allá de lo que uno dice con lo que dice, como también puede decirse algo a través de una omisión o una elipsis en el discurso. En este sentido J. Lacan tiene una teoría específica al respecto vinculada a la operatoria del significante y que es aquella de que el "Sujeto puede fingir", o sea, no podremos saber sobre la verdad o la mentira de un dicho ya que el significante por estructura proporciona cierta ambigüedad en lo que se dice. Por ejemplo, como hablantes-seres una persona puede fingir afirmando una verdad y viceversa, puede hacer pasar una verdad diciendo una mentira. En el escrito *Subversión del Sujeto y Dialéctica del Deseo en el Inconsciente*, el autor lo explica con relación al comportamiento de ciertos animales de la siguiente manera:

> Pero un animal *no finge fingir*. No produce huellas cuyo engaño consistiría en hacerse pasar por falsas siendo las verdaderas, es decir las que darían la buena pista. Como tampoco borra sus huellas, lo cual sería ya para él hacerse sujeto del significante. Todo esto no ha sido articulado sino de manera confusa por filósofos sin embargo profesionales. Pero es claro que la palabra no comienza sino con el paso de la ficción al orden del significante y que el significante exige otro lugar –el lugar del Otro, el Otro testigo, el testigo Otro que cualquiera de los participantes– para que la palabra que soporta pueda mentir, o sea plantearse como verdad (el subrayado es nuestro). (1960, p. 768)

Esta cita es clave porque contiene una idea novedosa de J. Lacan sobre la diferencia en el comportamiento animal, de ciertas sociedades de animales y el hombre, este último entendido como "hablante-ser", a partir de la proposición "no finge fingir" que es específico del hombre, ya que por un lado, produce huellas cuyo engaño es hacerlas pasar como falsas siendo las verdaderas y por el otro, borra las huellas que produce para despistar al Otro, y es esto lo que lo convierte en sujeto. Esta teoría etológica propuesta por el autor es una crítica al aparato psíquico freudiano que basa su funcionamiento en la inscripción de huellas mnémicas que funcionan como marcas indelebles, testimonio de las vivencias tempranas de las personas. El significante, en su ambigüedad en el campo del *Autre* es la causa del "finge fingir" del sujeto. El lugar del *Autre*/Otro es el garante de la verdad del Sujeto por medio del paso de la palabra al orden del significante. En este punto J. Lacan menciona a la palabra como portadora de la ficción, entendida esta como portadora de un sentido arraigado en el registro imaginario.

Siguiendo este orden de ideas, ya en el Seminario *Libro 1, Los Escritos Técnicos de Freud* de 1955, el autor mencionado comienza a desarrollar la cuestión del lenguaje y su naturaleza tomando para esto las *Memorias de San Agustín*. En su clase 20, dice lo siguiente:

> *El Sujeto localiza admirablemente el fundamento de la dialéctica de la verdad que está en el corazón mismo del descubrimiento analítico.* Nos dice que nos encontramos en situaciones muy paradójicas frente a las palabras que oímos: no sabemos si son o no verdaderas, si adherir o no a su verdad, si

refutarlas o aceptarlas, o bien dudar de ellas. Y sin embargo, la significación de todo lo que se emite se sitúa en relación con la verdad. (El subrayado es nuestro). (p. 357)

La localización del Sujeto es la razón o el principio básico para que la dimensión de la verdad tenga lugar y sea la operatoria originaria del descubrimiento analítico. En este orden de ideas, podemos concluir en que la suposición de un inconsciente en la base de la teoría psicoanalítica está en relación con una significación que se le niega o se le oculta al sujeto. Sin embargo, las vías por las cuales se llega a esa verdad son distintas tanto para S. Freud como para J. Lacan: el primero plantea que la verdad se encuentra en las huellas inconscientes del Ello, como marcas indelebles de la historia vital de un sujeto; y para el segundo, en las relaciones del lenguaje, en sus tres registros: palabra, significante y letra, en un trazado que va del Yo al otro y del Otro al Sujeto con sus respectivos entrecruzamientos.

Entonces, a partir de estas concepciones J. Lacan despliega en una línea o trazado la relación de dichos elementos o conceptos (Yo, otro, Sujeto y Otro) para poder situar allí los registros Simbólico e Imaginario, y luego, a través de una maniobra de plegado sobre el trazo, construye el "Esquema L" de características *topológicas* (el subrayado es nuestro). La Topología es una rama de las Matemáticas que trabaja con figuras no geométricas, o sea, sin un sistema de medición espacial. Utiliza términos tales como continuidad y proximidad en sus figuras. Una variante de estudio de la Topología llamada "de Grupo" define a la estructura como la interrelación de al menos cuatro elementos (significantes) que tienen como propiedad que cada uno de ellos es analizable en función de sus relaciones con los otros tres.

A partir de estas concepciones matemáticas J. Lacan trabaja el concepto de estructura en consonancia con los aportes provenientes de la Antropología estructural de Lévi-Strauss y de la Lingüística estructural rusa de Jakobson Roman. Un autor importante que ha trabajado estas nociones en la corriente filosófica estructuralista es Jacques Derrida quien en una de sus conferencias del año 1966, dictada en la Universidad de Baltimore (en la cual estuvo presente J. Lacan), llamada *La estructura, el signo y el juego en el discurso de las ciencias humanas*, describía a la estructura a partir de cuatro características definitorias:

1. No tiene un origen, o sea, es anti-ontológica.[31]
2. No tiene un propósito o fin.
3. No tiene un sentido o contenido.
4. Carece de centro o núcleo de referencia.

A propósito de esta definición de estructura, establece una estructura de cuatro elementos relacionados a través de vectores orientados, a saber:

$$\text{Es (S)} \longrightarrow \text{otro (a')} \longrightarrow \text{yo (a)} \longleftarrow \text{Otro (\textit{Autre})}$$

En el vector ($\overrightarrow{A, a}$): el Otro (*Autre*) se dirige al yo, y esto indica que, si bien lo imaginario es fechado en los primeros meses de vida y la función de la palabra se inicia en un tiempo posterior, desde la perspectiva estructural –definida por J. Lacan– lo simbólico en tanto que "orden" tiene una posición de antecedente lógico con respecto a lo imaginario; y en tanto que "registro", tal como veremos en el próximo capítulo, lo simbólico se origina al mismo tiempo que los otros dos registros. Es allí, entonces, que J. Lacan establece la relación del Otro (*Autre*) con el S (sujeto) como el escenario del inconsciente, el registro Simbólico –lo que S. Freud definía como "la otra escena[32]"– en interrelación entre el escenario consciente del otro y el yo, registro Imaginario. En resumen construye dos vectores: el vector imaginario que va del otro al yo y el vector simbólico que va del Otro (*Autre*) al sujeto.   Notamos, al mismo tiempo, que J. Lacan llama al "Esquema L" como su "pequeño cuadrado", en donde en esta primera etapa de su elaboración teórica de los tres registros elimina del mismo dos aristas transformándolo en un esquema bidimensional, es

---

[31] J. Lacan plantea en una de sus Conferencias *Quizás en Vincennes* publicada en la revista *Ornicar* en el año 1975, que la teoría psicoanalítica, aparte de recibir aportes propios de otras disciplinas tales como la Lingüística, la Lógica, la Topología y la Filosofía, le devuelve a ellas otros conceptos que nacen de elaboraciones propias para que "tengan ocasión de renovarse", por ejemplo: a la Lingüística le propone el término "Lalengua"; a la Filosofía le propone una "antifilosofía", como aquella que se opone al discurso universitario y a la suposición "educativa" en la historia de las ideas, en este sentido, propone la excentricidad del Yo como fuente de conocimiento; a la Lógica le propone la lógica de lo real y, a la Topología el concepto de metonimia.

[32] En *La Interpretación de los Sueños*, (1900) capítulo 6, punto D, *El cuidado de la representatividad*, S. Freud marca un tercer factor que, junto a la condensación y al desplazamiento, contribuye a la desfiguración onírica: la puesta en imágenes y es esto lo que llama "la otra escena" con respecto de la escenas del Yo consciente y el mundo. En este orden de ideas, podemos pensar que la otra escena, es el lugar de las producciones del sueño, de las fantasías y de los síntomas de las neurosis.

decir, lo convierte en un trazo que desplegado conforma un bucle con la forma de un ocho interior en donde la línea da una vuelta sobre sí misma pasando por encima o por debajo sin producirse choque en el cruce. En este sentido, el vector de lo simbólico se convierte insensiblemente en el vector imaginario, eliminando así la barrera resistente al paso del mensaje proveniente del Otro (en la teoría freudiana esto se llama resistencia en el análisis), como así también, borra el límite entre el Otro y el sujeto. Finalmente, J. Lacan establece que el Sujeto es, por un lado, una parte interesada del Esquema L, esto es, un elemento del trazado y, por el otro, es aquello que se estructura en el esquema L, en el "entre" de la relación de sus elementos, es lo que se traza de este cuaternario particular de cada caso.

Gráfico 4:

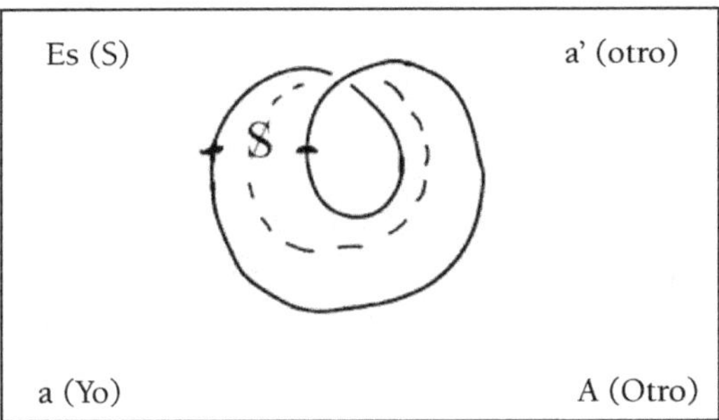

Escritura topológica del sujeto, según J. Lacan

Finalmente en este esquema a modo de una escritura topológica, J. Lacan intenta dar cuenta de la ubicación del sujeto del inconsciente que lo diferencia del Yo, en un sistema de interrelaciones con las figuras del otro y el Otro, que representan al otro como semejante y al Otro como lugar de la palabra. Como vemos al unir los vectores se trata de un bucle, un rizo, lo que en Topología correspondería a la figura de un ocho interior. Asimismo, establece un sistema de vectores del cual hay uno de ellos que está trazado con una línea quebrada, el que va del Otro al Sujeto, es el vector de lo Simbólico, vector interrumpido por el vector Imaginario que proviene de la relación entre el otro y el Yo. En este sentido, es importante señalar que la duplicidad del Yo, en su relación con el otro, se puede verificar en la clínica, por ejemplo, cuando un paciente habla de sí mismo reprochándose por sus actos y deja traslucir, al mismo tiempo, que está dirigiendo su reproche al otro. Por otro lado, advertimos, a esta altura de su elaboración teórica que J. Lacan no ubica al registro Real dentro del Esquema L, tercer registro que anuda al sujeto, ya que lo define como aquello que permanece siempre en el mismo lugar, lo que no posee alteridad, es decir, es aquello que no habla, por ello, si bien está por fuera del trazado del Esquema L, implícitamente lo incluye como lo que no tiene alteridad. En el escrito de la edición oficial en francés llamado *Position del Inconsciente, au Congrés de Bonneval*, dice lo siguiente con relación al registro Real:

> Dans un champ d'objets, aucune relation n'est concevable qui engendre l'aliénation, sinon celle du signifiant. Prenons pour origine cette donnée qu'aucun sujet n'a de raison d'apparaître dans le réel, sauf à ce qu'il y existe des êtres parlants.

> Un sujet ne s'y impose que de ce qu'il y ait dans ce monde des signifiants qui ne veulent rien dire et qui sont à déchiffrer.[33] (1960-1964, pp. 205)

El registro Real tiene existencia en la medida que existen seres que hablan, afirmando que no existe un registro Real fuera de la determinación por el significante, y que la única enajenación posible no es la de los objetos que persigue nuestro deseo sino aquella producto de la operación del significante. A partir de esta operatoria el registro Real es un registro discursivo y no algo tangible y tridimensional por fuera de este. Por lo tanto, entre Sujeto y Otro está la palabra en sus tres pisos que se presentan anudados:

---

[33] Traducción Nuestra: En un campo de objetos, no es concebible ninguna relación que engendre la enajenación, si no es la del significante. Tenemos por origen el dato de que ningún sujeto tiene razón para aparecer en lo real, salvo que existan allí seres hablantes.
Un sujeto solo se impone en este por la circunstancia de que hayan en el mundo significantes que no quieren decir nada y que han de descifrarse

Gráfico 5

Registros anudados y su relación con la estructura del lenguaje

Es a partir de esto, en el anudamiento de los tres registros en la estructura del lenguaje, donde J. Lacan ubica el término "alienación" en sus dos acepciones: por un lado, el Sujeto depende de lo que surge entre dos significantes, es por ello que el sujeto se ubica en el "entre", en ese espacio ambiguo, en ese agujero donde surge la creación metafórica; y, por el otro, la acepción de alienación la define de la siguiente manera:

> Ce n'est donc pas que cette opération prenne son départ dans l'Autre, qui la fait qualifier d'*aliénation*. Que l'Autre soit pour le sujet le lieu de sa cause signifiante, ne fait ici que motiver la raison pourquoi nul sujet ne peut être cause de soi.[34] (p. 207)

En este sentido, la alienación define la determinación del sujeto en el campo de significantes del *Autre*, así como ningún sujeto puede ser causa de sí. Sobre esta estructura fundamental se apoya la otra función descripta por J. Lacan que es la "separación". La separación es el efecto de la operatoria de la metáfora paterna sobre el conjunto de significantes que determinan al sujeto; si esta metáfora opera se produce un rescate del sujeto del borramiento metonímico del significante que implica la introducción del campo del *Autre*. Esto puede ser dicho de otra manera: hay un borramiento del sujeto producto de la metonimia de los significantes en juego y la metáfora paterna, si es que opera, produce un rescate del sujeto a través de aislar un conjunto de significantes en el campo del Otro.

---

[34] Traducción nuestra: No es pues que esta operación tome su punto de partida en el Otro lo que hace que se la califique de *enajenación*. Que el Otro sea para el sujeto el lugar de su causa significante no hace aquí sino motivar la razón por la que ningún sujeto puede ser causa de sí (el subrayado es nuestro).

Es por esto por lo que el sujeto del inconsciente permanece excéntrico al Yo, siendo la razón por la cual la identidad aludida al Yo no proviene de otra cosa, de las emergencias imaginarias, que de la operatoria del significante, por ende, simbólica. En este sentido, el registro del significante se instituye por el hecho de que un significante representa a un sujeto para otro significante, y esto es la estructura, sueño, lapsus, chiste y de todas las formaciones del inconsciente. De modo que J. Lacan respecto a la división del sujeto, entre sujeto y el Otro (*Autre*), coloca una función utilizada en lógica matemática que es el llamado *vel*[35]. Este *vel* representa las funciones de alienación y separación al Otro (*Autre*) y establece la relación estricta entre sujeto y el significante, en el alcance de que el inconsciente no tiene sentido sino en el campo del Otro (*Autre*), en su articulación con los significantes en juego.

En la clase 5 de *El Seminario,* Libro 2, *El Yo en la Teoría de Freud y la Técnica Psicoanalítica,* dice lo siguiente en consonancia a lo trabajado precedentemente:

> Dicho esquema coloca al sistema percepción-consciencia allí donde debe estar, o sea en el centro de la recepción del yo en el otro, porque toda la referencia imaginaria del ser humano está centrada en la imagen del semejante. (...) Pues bien, eso es la resistencia: la función imaginaria del yo como tal. A ella está sometida el paso o el no paso de lo que tiene que transmitirse como tal en la situación analítica. Pues bien, si algo resulta evidente es que en el fenómeno único constituido por la relación inter-humana, hay dos dimensiones diferentes, aunque sin cesar se aúnen lo imaginario y lo simbólico. En cierto modo ambas se entrecruzan. (1955, p. 341)

La serie de vectores introducidos por J. Lacan en el "Esquema L" contrasta de manera radical con los desarrollos teóricos propuestos por S. Freud, en particular, los de la segunda tópica ya que se apoyan en un modelo de estructura imaginaria, el huevo o saco con contenido con una membrana percipiente, modelo cuyas referencias provienen de concepciones de la biología, fisiología y de la física clásica, en especial, del estudio de lo viviente, de los tejidos con su respuesta a estímulos y la metáfora energética que admite cuerpos dotados de energía, respectivamente, como

---

[35] *Vel,* conjunción disyuntiva que sirve para nombrar dos o más cosas dejando libre la elección o conjetura, porque designa una diferencia fundamentada en la opinión, mientras que *aut* denota una diferencia que estriba en la naturaleza misma de las cosas.

solemos entender, profundamente arraigados a concepciones naturalista y vitalista del psiquismo. En definitiva, son las leyes generales del movimiento las que rigen el aparato psíquico freudiano, lo que se denomina el newtonismo de S. Freud. Estas son las referencias principales con las cuales desarrolla su teoría y construye un modelo de aparato psíquico con los términos y principios de las ciencias naturales, como la teoría evolucionista de Charles Darwin y el modelo fisiológico del arco reflejo (excitación, conducción y reacción).

A partir de estas ideas podemos establecer que S. Freud ha dado cuenta de una firme posición epistemológica de tipo naturalista empirista basada en la elaboración conceptual de observaciones asépticas realizadas sobre fenómenos biológicos y fisiológicos. Estos fundamentos epistemológicos, fuentes de su elaboración teórica, tienen una gran impronta en S. Freud, quien se abocó al estudio de las afasias y en la investigación fisiológica y su correlato físico; y, además, se mostró firmemente vinculado a la Escuela Científica de Medicina de mediados del siglo XIX, la llamada Escuela Médica de Hermann von Helmholtz fundada en 1848.

En la biografía oficial de S. Freud de Ernest Jones, *Vida y Obra de S. Freud*, el autor menciona el lema fundamental de esta escuela científica cuyo saber se apoyaba firmemente en los avances en física y química como ejemplos de ciencia natural.

> No existen en el organismo otras fuerzas activas que las fuerzas físicas y químicas corrientes. En aquellos casos que, por el momento no pueden ser explicados por estas fuerzas, se debe buscar de hallar la forma o la vía específica de la acción de estas últimas, mediante el método físico-matemático, o bien suponer la existencia de nuevas fuerzas, iguales en dignidad a las fuerzas físico-químicas inherentes a la materia, y reductibles a la fuerza de atracción y repulsión. (Jones, 1954, p. 223)

Veamos si este lema que funda la escuela científica de Helmholtz se encuentra en los fundamentos teóricos de S. Freud. En los escritos metapsicológicos que inauguraron su "segunda tópica": *Introducción del Narcisismo* del año 1915; *Pulsiones y Destinos de Pulsión* de 1919; *Más Allá del Principio de Placer* de 1919 y *El Yo y el Ello* de 1923, el autor da cuenta de un cambio, un giro, en la dirección que le imponía a su teoría, dejando más en evidencia que la misma no podía apartarse de la anatomía, la fisiología y la biología, siendo tales disciplinas científicas unas metas inconmovibles en su programa de investigación psicoanalítica.

De hecho se puede deducir que, si bien S. Freud no era un biólogo ni un físico, sus referencias a estas disciplinas científicas eran a partir de los conceptos de energía vital y el modelo de vesícula rodeada de una membrana percipiente. Veamos la siguiente cita de la *31° Conferencia de Introducción al Psicoanálisis:*

> Por más celo que pongamos en defender la independencia de la psicología frente a cualquier otra ciencia aquí se está a la saga del inconmovible hecho biológico de que el individuo vivo sirve a dos propósitos: a su propia conservación y la de la especie. (1932, p. 88)

Iluminado por las investigaciones en biología, fisiología y, en particular sobre su afirmación de que el Psicoanálisis debería ser una ciencia natural de pleno derecho, S. Freud escribe un texto *Proyecto de una Psicología para Neurólogo* en 1895 que prometía ser para su época algo revelador y que, paradójicamente, fue desacreditado por el propio autor, quien se rehusó a publicarlo si no hasta muchos años después, llegando a la luz en el año 1951. En los desarrollos teóricos de dicho texto construye un modelo de aparato psíquico con base a concepciones anatomo-fisiológicas cuyo paradigma neurofisiológico es el modelo del arco reflejo neuronal. El modelo teórico-experimental del arco reflejo es utilizado por S. Freud principalmente en sus primeras investigaciones sobre el funcionamiento del aparato psíquico, no obstante, como veremos más adelante, no abandona hasta el final de su obra. Este modelo neuronal pone de manifiesto su fuerte adherencia a las concepciones psicofísicas propuestas por el físico y fisiólogo Gustav Fechner, fundador del paradigma psicofísico, que establecía la unificación del funcionamiento de la mente con el funcionamiento del cuerpo, adhesión que permitió al creador del Psicoanálisis brindar las bases a sus concepciones teóricas. Fechner fue uno de los primeros físicos en cuantificar la energía psíquica, a partir de estudios sobre la sensación y la percepción de determinadas magnitudes de estímulos físicos.

Una cita del historiador y epistemólogo Paul Bercherie en su libro *Génesis de los Conceptos Freudianos* ratifica nuestras conclusiones:

> El organismo es considerado como un sistema físico en equilibrio que tiende a conservar ese estado, es decir a la constancia de su potencial energético. El reflejo es el modelo de esa regulación asumida por el sistema nervioso: la energía recibida del mundo exterior en el polo sensible,

abierto a las fuerzas del ambiente, se descarga en el polo motor, en virtud de la acción del sistema muscular. (1996: 168)

El resultado de tales referencias era, para S. Freud, la fuente de una fuerte convicción de que los hechos psíquicos inconscientes son de la misma naturaleza que los hechos físicos y, en consecuencia, podían expresarse con el mismo lenguaje, dicho de otra manera, en el lenguaje de la cantidad, de la medida y de las leyes físicas de la energía. Estas concepciones fueron en este sentido decisivas en su propósito de alinear sus investigaciones en el campo del Psicoanálisis a las de las ciencias de la naturaleza. En este orden de ideas, el modelo del arco reflejo, tal como lo desarrolla en el *Proyecto de una Psicología para Neurólogo*, de fuertes características imaginarias, se destaca porque su construcción requiere de un sistema ordenado de neuronas desde el polo perceptivo hasta la conciencia. Neuronas que sufren transformaciones a raíz de la circulación de una "cantidad" (se escribe con la letra Q). Dicha cantidad, Q, es un "quantum"[36], o sea, un valor, que proviene de concepciones de la electromecánica, en especial está asociado al concepto de corriente; y es en el Capítulo VII, de la *Interpretación de los Sueños*, donde S. Freud asimila dicha cantidad al concepto de energía. En este sentido podemos decir que S. Freud utiliza una metáfora energética para denominar al concomitante o complemento de la representación, es decir, el afecto. La metáfora energética representa los conceptos físicos de fuerza y trabajo en una máquina de vapor (máquina que utiliza la energía calórica para producir un trabajo) con los cuales describe el funcionamiento del aparato psíquico. Este supone una analogía con el modelo energético de la termodinámica, que tiene su origen o fuente en el cuerpo entendido como una máquina y que produce una exigencia de trabajo en el aparato psíquico. Es a partir de estas concepciones físicas que S. Freud introduce el concepto fundamental del Psicoanálisis que es la "Pulsión". Por otra parte, ponemos especial atención al término *metáfora* ya que, en última instancia, el concepto de energía resulta ser en los avances científicos actuales sobre Física un gran interrogante en cuanto a su naturaleza. Por ello adherimos a las distintas concepciones con las que el físico matemático, premio Nobel en Física, Richards Feynman, define a la energía como

[36] En física, el término cuanto o cuantio (del latín **quantum**, plural quanta, que significa «cantidad») denota en la física tanto el valor mínimo que puede tomar una determinada magnitud en un sistema físico, como la mínima variación posible de este parámetro al pasar de un estado discreto a otro.

un concepto abstracto matemático, esto es, un concepto representado por una constante numérica, teniendo en cuenta el primer principio de la termodinámica en el cual se afirma que la energía es constante, no se conserva ni se destruye. Lo expresa así:

> Es importante darse cuenta de que en la física actual no tenemos un conocimiento de qué es la energía. No tenemos una imagen en la que la energía aparezca en pequeñas gotas de un tamaño definido. Sin embargo, existen fórmulas para calcular cierta *magnitud numérica*[37] (el subrayado es nuestro) (Feynman, 2009, p. 174),

Volvamos al aparato psíquico freudiano tal como lo entiende J. Lacan. En la clase V, de *El Seminario*, Libro dos, *El Yo en la Teoría de Freud y en la Técnica del Psicoanálisis*, describe el aparato psíquico freudiano de la siguiente manera:

> Si el psiquismo tiene un sentido, si hay una realidad llamada realidad psíquica, o, en otros términos, si hay seres vivos, esto es en la medida en que existe una organización interna que tiende hasta cierto punto a oponerse al paso libre e ilimitado de las fuerzas y descargas energéticas como las que podemos suponer, de una manera puramente teórica, entrecruzándose en una realidad inanimada. Hay un recinto cerrado en el interior en el cual se mantiene un determinado equilibrio, por efecto de un mecanismo ahora llamado homeostasis, el cual amortigua, atempera la irrupción de las cantidades de energía provenientes del mundo exterior. (1954, p. 127)

Con relación a este punto consideramos importante señalar que si bien S. Freud no ha utilizado el concepto de energía en ningún momento de la elaboración de su *Proyecto de una Psicología para Neurólogo*, sí, en cambio, ha utilizado términos tales como, "investidura y corriente" provenientes ambos de concepciones electro-fisiológicas, sin dejar de mencionar los fenómenos descritos como "resistencia y conducción neuronal".

A propósito de estas referencias teóricas, sostenemos que J. Lacan se interesó por las determinaciones que estas fórmulas lógico-matemáticas tienen sobre la energía y que son para él las mismas que determinan los fenómenos del inconsciente, dejando de lado toda concepción fisiológica y energética en la base del inconsciente freudiano. En efecto, al

---

[37] Feynman R., define que la energía es una magnitud numérica constante, término que alude a un ente abstracto y estrictamente algebraico.

considerar que el inconsciente es un "saber no sabido"[38] por el sujeto, el autor plantea que la estructura del inconsciente es un saber que está estructurado como un lenguaje. No debemos olvidar sobre este punto que la corriente epistemológica dominante de mediados del siglo XVIII hasta principios del siglo XIX, que comprende la física newtoniana y el empirismo científico, se apoya en el paradigma de la relación o el pasaje de lo orgánico a lo psíquico y viceversa ha constituido una de las fuentes referenciales del *Proyecto de una Psicología para Neurólogo* de S. Freud y que dicho paradigma se extiende hasta la actualidad encontrándose presente en algunos modelos de investigación en neurociencias y en una plena solidaridad con la corriente freudo-lacaniana de la Asociación Mundial de Psicoanálisis.

Tomemos como ejemplo el texto *El Error de Descartes*, de 1986, del investigador y profesor de Neurociencia de la Universidad de Southern California, Antonio Damasio, quien, a propósito de realizar una crítica a las ciencias modernas inauguradas por el privilegio de la razón cartesiana por sobre el paradigma de la separación entre mente y cuerpo, establece lo siguiente:

> Creer que las operaciones más refinadas de la mente están separadas de la estructura y del funcionamiento del organismo biológico es un error, porque cerebro y cuerpo constituyen un organismo indisociable integrado por circuitos reguladores bioquímicos y neurales que se relacionan con el ambiente como un conjunto, y la actividad mental surge de esta interacción. Creo que, en relación con el cerebro, el cuerpo proporciona algo más que el mero soporte y la simple modulación: proporciona una materia básica para las representaciones mentales. (2016, p. 14)

Han pasado más de dos siglos desde que el propio S. Freud proyectara en el texto *Más Allá del Principio de Placer* que el destino que le depararía al Psicoanálisis en el futuro estaría condicionado por los avances de la Biología y la Medicina sobre los procesos químicos y hormonales del individuo para poder explicar y demostrar la hipótesis de que la pulsión es "orgánica y biológica"[39]:

---

[38] En la clase 20 de *El Seminario*, Libro 20, *Aun*, 1973, J. Lacan define la estructura del inconsciente: "El análisis vino a anunciarnos que hay saber que no se sabe, un saber que tiene su soporte en el significante como tal.

[39] En el texto metapsicológico *Pulsiones y sus Destino*, 1915, S. Freud, define a la pulsión a partir de dos características esenciales: una, orgánica, porque su fuente se

> Por otro lado, advirtamos bien que la incerteza de nuestra especulación se vio aumentada por la necesidad de tomar préstamos a la ciencia biológica. La biología es verdaderamente un reino de posibilidades ilimitadas; tenemos que esperar de ella los esclarecimientos más sorprendentes y no podemos columbrar las respuestas que decenios más adelante dará a los interrogantes que le planteamos. (1919, p. 58)

En resumen, entendemos que S. Freud se ha mantenido fiel a su propósito de equiparar el funcionamiento de su aparato psíquico al modelo neurofisiológico construido sobre la base de unidades "neuronas" y de una "cantidad" fluyente. Este correlato neuro-psíquico ha sido el paradigma principal que ha dado lugar a su modelo teórico de las tres instancias, Yo-Superyó y Ello, para dar cuenta de los efectos de sentido en el campo del inconsciente, esto es, el tamiz teórico por el cual ha podido interpretar la experiencia psicoanalítica. En efecto, se trata del paso de una cantidad (Q) que produce una serie de "transformaciones" de las "barreras-contacto" de las neuronas más o menos duraderas en cada uno de los subsistemas. Estas barreras, resistentes al paso de energía, son para este modelo, el correlato psicológico y dinámico de la represión en la base de los fenómenos neuróticos, vale decir: el paso de una representación inconsciente inconciliable a una representación-palabra preconsciente. En función de este modelo de "aparato psíquico", construido sobre la base de paradigmas y referencias provenientes de la física clásica, S. Freud ha descripto un sistema o aparato orgánico que inscribe las vivencias a través de una red de huellas-representaciones que las categorizó como Vivencias Primarias de Satisfacción y Vivencias Primarias de Dolor. Las mencionadas transcripciones o huellas sufren transformaciones en el sentido de recibir una carga energética por desplazamiento desde otras transcripciones, conformándose así unos circuitos o redes de neuronas que conllevan una mayor o menor resistencia al paso de energía, creándose lo que S. Freud describe como circuitos "facilitados" donde se reproducen ciertas imágenes y no otras. Es importante subrayar al respecto que, por el hecho de que hay una barrera resistente al paso que separa los pensamientos inconscientes, las representaciones-cosa de las representaciones-palabra, estas últimas provenientes de las percepciones de palabras oídas de los otros, explica un modelo de psiquismo primitivo, pre-verbal en la base

---

encuentra en los órganos del cuerpo; la otra, biológica porque está relacionada con la sustancia viva y la respuesta a estímulos que la caracteriza.

del inconsciente freudiano.   En una de las cartas, *Carta N° 52,* que S. Freud le escribe a su colega y amigo W. Fliess –cuya importancia estriba en ser un testimonio de las ideas que lo dominaban en la construcción de los futuros modelos de aparato psíquico– esboza su primer modelo a partir de referencias neurológicas y psicológicas de la teoría de la representación. La "Vorstellung", la representación, comienza a ocupar un lugar trascendental en el campo de la hermenéutica del síntoma psicoanalítico, siendo el modelo semiótico prevaleciente en el contexto científico de fines del siglo XIX. En el primer párrafo de dicha carta, expresa lo siguiente:

> Tú sabes que trabajo con el supuesto de que nuestro mecanismo psíquico se ha generado por estratificación sucesiva, pues de tiempo en tiempo el material preexistente de *huellas mnémicas* experimenta un reordenamiento según nuevos nexos, una re transcripción {*Umschrift*}. (...) Lo esencialmente nuevo en mi teoría es, entonces, la tesis de que la memoria no preexiste de manera simple, sino múltiple, está registrada en diversas variedades de *signos* (el subrayado es nuestro), (1896, p. 274).

El término "huella mnémica", remite a una modalidad de inscripción en la memoria de acontecimientos determinados cuyo principio es de índole neurofisiológico. Es traducido del alemán "Erinnerungsrest", que significa pista memorable, resto, recuerdo; y en francés, "trace mnésique", trazo, marca. Estas huellas se disponen en sucesivas estratificaciones, ordenadas de manera cronológica, "modelo del peine", trazando las diversas re-transcripciones [*transkripte*]. Si bien, las huellas mnémicas[40] sufren un reordenamiento según nuevos nexos, las primeras huellas siguen siendo la marca ineliminable del objeto, en el sentido de un testimonio fiel de las vivencias con el mismo. Tal como se disponen las huellas en el aparato, el modelo aquí presentado se apoya en una concepción naturalista del individuo de características evolutivas que va de lo primitivo a lo más reciente. Las vivencias imprimen en nuestro psiquismo unas marcas o huellas de los objetos durante el periodo infantil que se agregan a otras

---

[40] En el *Diccionario de Psicoanálisis* de Laplanche Jean y Pontalis Jean dice lo siguiente en relación con el concepto de huella mnémica: "El concepto psicofisiológico de huella mnémica, en los textos metapsicológicos, implica una concepción de la memoria que S. Freud nunca expresó en forma global. Recordemos las exigencias de principio que se hallan subyacentes al hecho de que Freud tomase el término de huella mnémica: propone situar la memoria dentro de una tópica y explicar su funcionamiento en términos económicos, un acontecimiento determinado inscrito en diferentes sistemas mnémicos".

huellas, esta vez, arquetípicas de nuestros antepasados conformando así el reservorio de nuestro inconsciente. La capacidad de producir dichas inscripciones duraderas es proporcional al monto de energía que inviste en el aparato psíquico y rompe las barreras de contacto inter-neuronal, produciéndose con ello un complejo representacional traumático (teoría primaria del trauma). El modelo teórico supuesto es el siguiente:

$$P +++ \text{———} Ps +++ \text{———} Ic ++ \text{———} Prc ++ \text{———} Ccia+++$$
$$I \qquad\qquad II \qquad\qquad III$$

Refiere que existirían al menos tres "transcripciones" de las huellas mnémicas: I, II, III.

P: neuronas donde se generan las percepciones a que se anuda la Conciencia, pero que en sí no conservan huella alguna de lo acontecido. Es que memoria y conciencia se excluyen entre sí. Esto explica que en el sistema Percepción-Conciencia existan las llamadas neuronas pasaderas, ya que no retienen la investidura energética de otras neuronas, produciéndose una descarga completa de la misma sin dejar huella alguna, a diferencia de las neuronas no pasaderas del sistema inconsciente, que retiene pequeños montos subliminales de investidura necesarias para la fijación de la representación (memoria).

Ps: Signos de Percepción. Es la primera "transcripción" de las percepciones por completo insusceptible de conciencia y articulada según una asociación de simultaneidad.

Los signos de percepción del objeto están asociados al carácter complejo y circunstancial de una vivencia que incluyen los sonidos, el olfato y el tacto en forma simultánea. Es en este punto que S. Freud construye su modelo de aparato psíquico a partir de inscripciones y re-transcripciones del objeto primordial al que llama signos.

En contraposición a este punto J. Lacan establece una diferencia total al sustituir el concepto de signo como elemento estructural del aparato psíquico freudiano, por el de significante. Sucintamente diremos que el signo es definido por J. Lacan como "algo para alguien",[41] en el sentido

---

[41] En el escrito *Posición del Inconsciente en el Congreso de Bonneval*, 1960-1964, J. Lacan dice al respecto: "Los signos son plurivalentes: representan sin duda algo para alguien: pero de ese alguien el estatuto es incierto, lo mismo que el del lenguaje pretendido de ciertos animales, lenguaje de signos que no admite la metáfora ni engendra la metonimia. Ese alguien, en última instancia, puede ser el universo en cuanto que en

de que el significado de un signo es siempre referido a alguien que lo interpreta, cuyo estatuto de centro o referente puede ser otorgado por una persona o una institución, concepto que profundizaremos en el próximo capítulo. En cambio, al introducir el significante en el funcionamiento del inconsciente da cuenta de que por sí mismo el significante no significa nada, existe en oposición a otro significante, tal como lo define J. Lacan: "Le registre du signifiant s`institue de ce qu`un signifiant représente un sujet pour un autre signifiant"[42] (1964, p. 206).

Ic: Inconsciente. Es la segunda transcripción ordenada según otros nexos tal vez causales. Las huellas inconscientes quizá correspondan a recuerdos de conceptos, de igual modo inasequibles a la consciencia.

Prc: Preconsciente. Es la tercera retranscripción ligada a representación-palabra que corresponde a nuestro yo oficial. Desde este Prc, las investiduras energéticas devienen conscientes, de acuerdo con ciertas reglas, y por cierto que esta consciencia, este pensar secundario, es de efecto posterior {*nachtraglich*} en el orden del tiempo, probablemente anudado a la reanimación alucinatoria de representaciones-palabras. Es importante subrayar que en un extremo de dicho modelo se encuentran las neuronas-percepción y que en el otro extremo se halla la consciencia. Entre ambos se encuentran las inscripciones inconscientes, o sea, el sistema de memoria. Esta distribución temporal y espacial otorga a la percepción el carácter de anterior e inconsciente dentro del sistema de inscripciones. El sistema perceptivo no contiene inscripciones, dato que confirma que casi todo el aparato psíquico freudiano es inconsciente desde el punto de vista descriptivo, reservando a la consciencia un extremo carente de inscripciones. Por tanto, podemos afirmar que la composición elemental del aparato psíquico freudiano se encuentra conformada por artículos y articulados (leyes); tales elementos o artículos son las huellas mnémicas, representaciones, a saber, marcas en el interior del aparato psíquico de sucesos fundamentales en la vida. Los articulados, o sea, las leyes dinámicas del aparato, se apoyan en la existencia de un desplazamiento de energía en un desplazamiento lineal y múltiple por simultaneidad, este último puede ser por azar o por su contenido. En este orden de ideas, el modelo es, en conjunto, una metáfora que vincula el acto psíquico al

---

él circula, nos dicen, información. Todo centro donde esta se totaliza puede tomarse por alguien, pero no por un sujeto". (Lacan, 1960:1964, p. 799)

[42] "El registro del significante se instituye por el hecho de que un significante representa a un sujeto para otro significante" (traducción nuestra).

modelo universal del acto reflejo, base de los modelos de aparato psíquico freudianos: el modelo de sucesión de las inscripciones, el modelo de red neuronal y finalmente, el modelo del huevo, todos modelos unidimensionales y tridimensionales cuyos soportes son anatómicos y fisiológicos en donde la energía circula por redes neuronales facilitadas y se detiene, se fija o cristaliza "fijación[43]" por las resistencias. En resumidas cuentas, es evidente que S. Freud utiliza conceptos tales como huella mnémica, investiduras, transcripción de lo acontecido, representación, alucinación y un ordenamiento temporal de las transcripciones, tomados todos ellos de referencias teóricas provenientes de la física clásica newtoniana y de la teoría de la representación, de profunda influencia de la Escuela de Helmholzt, del idealismo y pesimismo filosófico de A. Schopenhauer y de la teoría representacional de Joanes Herbart. Estas fuentes filosóficas serán analizadas en el siguiente capítulo.

IV.2.1 Representación (vorstellung) y huella mnémica a partir de Freud

El término multívoco representación o *vorstellung* es un concepto clave en la teoría freudiana. En principio por dos razones: por un lado, S. Freud construyó, desde los inicios de sus desarrollos teóricos, un modelo teórico de aparato psíquico sobre la base de un núcleo de representaciones inconciliables para el Yo que fueron arrastrados al inconsciente fruto de la represión y, por otro lado da cuenta, como veremos más adelante, de su débil adherencia a los desarrollos de la lingüística de su época. En efecto, como él dice, le ha llegado a sus manos una publicación sobre Lingüística pre-estructural alemana, de fines del siglo XIX, en especial los trabajos de los lingüistas Carl Abel y Hans Sperber. Si bien los menciona en varios escritos suyos, en ningún momento realiza un estudio profundo sobre la vinculación estrecha existente entre el inconsciente como sistema y la estructura del lenguaje. Su acercamiento a la lingüística podemos situarlo en un texto de 1910, de A. Abel, *Sobre el sentido antitético de las palabras primitivas*[44] allí S. Freud hace referencia a Abel como el trabajo que le

---

[43] S. Freud describe la libido como una energía, energía sexual, que puede encontrase en dos estados dentro del aparato psíquico: fluyente y en reposo. A partir de cierta resistencia, la libido queda detenida o fijada dentro del sistema inconsciente, estableciéndose así puntos de fijación conocidos como fases del desarrollo sexual: fase oral, anal-sádica y genital.

[44] En dicho texto, S. Freud dice al respecto: "la accidental lectura de un trabajo del lingüista Carl Abel, publicado en 1884 como folleto separado y al año siguiente in-

permitió entender el concepto de representación a partir del uso, por parte del sueño, de aquellas palabras primitivas que encierran significados opuestos. Sin embargo, su recorrido se apoyó sobre el origen evolutivo, es decir genealógico de las palabras para poder introducirse en la función de representación de las cosas. Ha dejado de lado, en este sentido, los estudios florecientes que surgieron en su época sobre lingüística estructural, principalmente los seminarios de Ferdinand de Saussure.

A partir de ese breve recorrido, continúa posteriormente con la serie de textos metapsicológicos del año 1915, donde el autor realiza un trabajo más profundo sobre el concepto de representación, tomando distintos usos del término. Analicemos, pues, el camino realizado sobre el concepto.

En el trabajo metapsicológico *La Represión* la palabra "Vorstellung" es utilizada como representación o idea, siendo definida como aquello que del objeto viene a inscribirse en los sistemas mnémicos y en donde se propagará de signo en signo, en una constante coordinación con otros y desligados de toda cualidad sensorial, tal como lo expresa en la siguiente cita:

> Ahora bien, la observación clínica nos constriñe a descomponer lo que hasta aquí concebimos como unitario (pulsión), pues nos muestra que junto a la representación {*Vorstellung*} interviene algo diverso, algo que representa {*räpresentieren*} a la pulsión. (...) Para este otro elemento de la agencia representante psíquica ha adquirido carta de ciudadanía el nombre de afecto {*affekt*}. (1915, p. 147)

Según esta cita, la "pulsión", como un concepto nuclear de la metapsicología freudiana, tiene dos componentes: la representación "vorstellung" y el afecto "affekt". Este último es definido como el representante "räpresentieren" de la pulsión, dicho de otro modo, un concomitante fundamental de la representación que no puede más que ser representado en el inconsciente por "cantidades" que invisten a la misma. El aumento de la investidura o cantidad por encima de cierto umbral es percibido como dolor y es el motivo principal que lleva a la descarga de ese monto, y viceversa, su descarga es percibida como placer. Toda la diferencia estriba aquí: que las representaciones son, en lo esencial, investiduras de huellas mnémicas, mientras que los afectos y sentimientos corresponden

---

cluido entre los Ensayos de Lingüística de ese autor, me permitió entender esa rara inclinación del trabajo del sueño a prescindir la negación y a expresar cosas opuestas por medio del mismo recurso figurativo". (Freud, 1915, p. 147)

a procesos de descarga cuyas manifestaciones finales son percibidas como sensaciones. En suma, investidura y su concomitante, el afecto, junto a la representación son los elementos constitutivos, los signos, con los cuales componen el aparato psíquico freudiano. Los signos, son entendidos como unidades en su doble composición. Son entes individuales cerrados en sí mismos que componen, a modo de una red neuronal, el sistema de memoria inconsciente. En este sentido, el signo freudiano contrasta con la estructura de significante propuesto por J. Lacan para el inconsciente, cuya característica principal es la covariancia, con lo cual, cada significante adquiere un nuevo valor en función de su relación con otro significante. Este punto lo desarrollaremos en el próximo capítulo. Con relación a la representación se desprende de sus escritos que S. Freud utiliza para el componente representativo de la pulsión dos usos contrapuestos en su modelo de pulsión. El primero, identificado en su lengua original con el término "repräsentant", representante, corresponde a un concepto proveniente del lenguaje jurídico, como aquel que sustituye y representa –toma el lugar– del sujeto en los actos jurídicos. Tal como este autor lo explicita en su trabajo metapsicológico titulado *Lo Inconsciente*: "la pulsión nunca puede pasar a ser objeto de la conciencia; solo puede serlo la representación que es su representante" (1915, p. 173).   En función del recorrido realizado hasta el momento sobre el inconsciente freudiano podemos afirmar que el mismo está constituido por una unidad doble inseparable: por un lado: la representación, el representante ideativo del componente energético de la pulsión, cuya fuente es orgánica y se localiza en el cuerpo, principalmente en las zonas erógenas; y por el otro: el afecto, que corresponde al quantum de energía de la pulsión que se presenta en dos modalidades, en reposo y en movimiento. Al decir de S. Freud en el escrito *Pulsiones y Destinos de Pulsión*: "(...) para la pulsión lo absolutamente decisivo es su origen en la fuente somática, dentro de la vida anímica no nos es conocida de otro modo que por sus metas" (1915, p. 119). El segundo uso que aparece en sus textos, con una dirección opuesta al primero, se encuentra relacionado con la idea vertida anteriormente que es la palabra "repräsentanz" como agencia representante, una forma más abstracta que "repräsentant" que indica que en el inconsciente existe un complejo de representaciones, una agencia "Vorstellungskomplex" de representaciones ligadas a la pulsión, tal como lo explicita en la siguiente cita: "La agencia representante {*repräsentanz*} de pulsión es una representación o un grupo de representaciones investidas desde la pulsión con un determinado monto de energía psíquica (libido, interés)" (Freud, 1915, p. 146). Es evidente que en todos estos usos de la palabra *vorstellung* confluyen en un final común, esto es, que el contenido del inconsciente está construido para S. Freud, sobre la base de una red de representaciones e investiduras que se asientan en huellas mnémicas. Más adelante veremos cómo S. Freud utiliza para esta forma el concepto de "pensamientos inconscientes", *Gedanken*, siendo esta la estructura última del sistema inconsciente. Entonces, las representaciones inconscientes se hallan ordenadas en forma de fantasías o guiones imaginarios a los cuales se fija la pulsión y con las que no tienen ningún lazo connatural sino contingente con la misma. Se tratan, pues, de huellas mnémicas que, como marcas o inscripciones, podrán o no ser activadas según sus vías de facilitación y que, por ello, se abren en caminos o redes. Hay en este aparato psíquico una intencionalidad o sentido que mantiene activadas ciertas redes de huellas y no otras, y es lo que S. Freud teoriza con el concepto de resistencia y facilitación. Asimismo, se desprende que las huellas funcionan como signos cerrados, unidades inmodificables que se asocian con otras formando una red neuronal.   Este modelo teórico de aparato psíquico construido a partir de dos elementos solidarios, representación y afecto, plantea al propio autor un problema teórico que debe enfrentar con el uso del concepto de representación, produciéndole un obstáculo importante en sus desarrollos. S. Freud se ve obligado a sortear de este modo el callejón sin salida que conlleva la problemática de la representación y su necesaria referencia biunívoca con el objeto representado. En efecto, consideró que un aparato construido de esa manera lleva una verdad inamovible que recae en la experiencia particular de cada individuo y, por consiguiente, resulta refractario a toda creación de significación en la interpretación analítica. La representación y, más aún, el afecto, es el testimonio realístico del trauma de las pacientes. Esto ha sido detectado por el propio autor en la clínica de la neurosis histérica, "las histéricas sufren de reminiscencias"[45], en el sentido de sufrir de recuerdos encubridores y falseados con respecto a las vivencias traumáticas.

---

[45] Fue uno de los primeros descubrimientos de S. Freud, en el apartado "El Olvido de los Sueños" de la obra *La Interpretación de los Sueños*, 1901, dice: "la histérica sufre de reminiscencias, sufre por un saber que se le escapa, sometido a represión, localizado en el cuerpo, que no responde a las aspiraciones del Yo oficial, manifiesto

En el escrito metapsicológico *La Represión* de 1915, el autor encuentra el atajo para sortear dicho obstáculo teórico haciendo explícita la siguiente proposición: "la pulsión es el representante representativo en el inconsciente de las vivencias primarias de satisfacción" (Freud, 1915: 147) que dan a entender que el "representante-representativo" no representa nada, ya que por definición la pulsión como estímulo somático es muda, no tiene un objeto definido. Sin embargo, puede leerse que el representante de la pulsión es, en definitiva, una representación desde la cual se fija la pulsión, y que dicha representación, como representante de la pulsión (*repräsentant*) en el inconsciente de las vivencias primarias se asienta, y esto es importante, sobre huellas inscriptas que conforman un aparato psíquico, que si bien las mismas no representan más que algo muy parcial del objeto –en el sentido de representar algo abierto– no deja de apoyarse en la idea de representación como huella o marca del objeto perdido. En este sentido, las huellas son el testimonio real de las vivencias, más allá de que las representaciones sufran, de tanto en tanto, transformaciones a partir de nuevas huellas. Por tanto, el representante-representativo, no solo es el contenido del inconsciente, sino su constitución misma. Por otra parte, la construcción de un modelo de aparato psíquico sobre la base de representaciones localizadas (tópicas) dentro de un sistema de conexiones neuronales, en paralelo con los sistemas fisiológicos y biológicos, se encuentra convergente con un paradigma científico de ciertas escuelas de fines del siglo XIX y principios del siglo XX –a las que S. Freud adhirió– cuyos postulados teóricos se apoyan en la observación experimental de los fenómenos fisiológicos y físico-químicos del organismo viviente y en el paralelismo psico-físico de las entidades psicológicas. En un trabajo publicado en la revista "*El Rey está desnudo*" de la Sociedad Psicoanalítica Apertura para Otro Lacan (A.P.O.La) de la psicoanalista María Inés Sarraillet, cuyo título es *El concepto de energía en la teoría de Freud y de Lacan* (2012), analiza el uso del término de energía en la obra del autor, tal como lo hemos desarrollado, estableciendo lo siguiente:

> El discurso científico sobre la energía en Freud que va de la física a la biología y a la medicina se instaura entonces a partir de que hay máquinas como el motor de vapor y es necesario hacer cuentas sobre los costos de producción y el gasto de energía. (2012, pp. 31-33)

---

como una ausencia de continuidad entre sus representaciones, como una laguna mnémica, que el Psicoanálisis ha de rellenar". (Freud, 1901, p. 327)

Consideramos que, al igual que la autora, la noción de un aparato psíquico construido a partir del concepto de energía proviene de un discurso científico hegemónico de dicha época, que es el discurso de la máquina de vapor y la producción. Discurso al que S. Freud adhería firmemente al plantear que el funcionamiento de la maquinaria o aparato parte de una fuente de energía en el cuerpo y que esfuerza al mismo a un trabajo constante, siendo necesario un principio regulador para mantener una cierta homeostasis entre los estímulos que ingresan y su elaboración dentro de ella. Es el llamado "Principio de Placer" que, según S. Freud, gobierna el funcionamiento del aparato psíquico y se apoya en un postulado más abarcador y originario que es la ley de Gravedad que rige el movimiento de los cuerpos en el espacio.

Los escritos de la llamada "segunda tópica" que pueden fecharse a partir del año 1920, comprenden principalmente el texto *El Yo y el Ello* de 1923 y sus antecedentes: *Más allá del Principio del Placer*, de 1919, *El Concepto de Inconsciente en Psicoanálisis* de 1912, los trabajos "metapsicológicos"[46] de 1915 y su artículo posterior, como la 31° Nueva Conferencia de Psicoanálisis, *La Descomposición de la Personalidad Psíquica* de 1932. Estos trabajos componen el corpus teórico donde desarrolla plenamente su segundo modelo de aparato psíquico, modelo que sostiene hasta el final de su obra a partir de fuentes referenciales provenientes de la fisiología, biología, física clásica y filosofía alemana, principalmente las obras de los filósofos Arthur Schopenhauer y Johann Herbart, dejando de lado, como dijimos, los desarrollos de la Lingüística estructural. En lo que sigue, intentaremos mostrar este giro "biologicista" de S. Freud en sus desarrollos teóricos: En el Apartado I, de *El Yo y el Ello* S. Freud comienza con una introducción que enlaza la primera tópica con la segunda, es decir, el modelo de las tres instancias: Inconsciente, Preconsciente y Consciente con el del Yo, Superyó y Ello; analizaremos en dicho texto una serie de citas relacionadas:

---

[46] El célebre epistemólogo de la ciencia, K. Popper, establecía un criterio de demarcación en cuanto a lo que es ciencia y no-ciencia, en base a su teoría falsacionista de las teorías científicas. Realizó, con ello, una crítica al psicoanálisis. Decía que los psicoanalistas no éramos "honestos científicamente hablando". Con respecto al criterio de demarcación entre ciencia (interna, reconstruida racionalmente) y no-ciencia (llamada metafísica, en el caso nuestro, metapsicología), decía que esta última podría ser influyente, externamente, pero ha de ser condenada como pseudociencia solo si se considera ciencia a sí misma.

> Tenemos dicho que la conciencia es la superficie del aparato anímico, vale decir, la hemos adscrito, en calidad de función, a un sistema que espacialmente es el primero contando desde el mundo exterior. (...) Por lo pronto, son cc {conscientes} todas las percepciones que nos vienen de afuera (percepciones sensoriales); y de adentro, lo que llamamos sensaciones y sentimientos. Ahora bien, ¿qué ocurre con aquellos otros procesos que acaso podemos reunir –de modo tosco e inexacto– bajo el título de procesos de pensamientos? ¿Son ellos los que, consumándose en algún lugar del interior del aparato como desplazamientos de energía anímica en el camino hacia la acción, advienen a la superficie que hace nacer la conciencia, o es la conciencia que va hacia ellos? Esta es una dificultad de la representación espacial o tópica del aparato anímico. (1923, p. 21)

Tal como lo hemos desarrollado precedentemente el modelo de aparato psíquico de su segunda tópica se apoya en una concepción científica proveniente de la física clásica a partir de las nociones de materia y energía, elementos constituyentes de los cuerpos. El modelo por excelencia utilizado por S. Freud es el del huevo, figura que, como sabemos, representa a lo largo de la historia de la humanidad al ser humano como un ente individual que se relaciona con otros individuos, o sea, como pelotitas que chocan entre sí, fiel al paradigma físico atómico. Este órgano o aparato anímico consta de una superficie o cáscara que corresponde al sistema percepción-consciencia y que encierra un centro o núcleo que representa al Inconsciente y al Ello. Este último contiene representaciones de la historia vital del individuo que conforman el carozo o el núcleo de nuestro ser, es lo que S. Freud traduce en su libro *La Interpretación de los Sueños* como el "*Kern unseres wesen*": el núcleo de nuestro ser. Es pertinente señalar, en este sentido, que si bien el aparato anímico de la segunda tópica está compuesto por tres sistemas "Yo, Superyó y Ello", estos se fundan en una concepción dual de su sistema teórico: la división de lo inconsciente y la consciencia, proceso primario y proceso secundario, principio de placer y principio de realidad. Del mismo modo sucede con el primer modelo de las tres instancias "Inconsciente-Preconsciente y Consciencia". Esto confirma el pasaje de una concepción dual a una ternaria en la construcción de su aparato psíquico, hecho que contrasta a la concepción estructural cuaternaria de los tres registros de J. Lacan.

Este orden de ideas demuestra una posición radicalmente opuesta de la teoría de J. Lacan con relación al modelo freudiano de características imaginarias, cuya ontología recae en el ser de carne y hueso. En efecto, J. Lacan desarrolla, a partir del concepto específico de sujeto, una ontología distinta que se apoya en conceptos provenientes de la matemática y de la lógica, asimilando una estructura cuaternaria del sujeto del inconsciente con referencias estrictamente simbólicas. Al decir del filósofo contemporáneo Alain Badiou, en el ensayo *Filosofía y Psicoanálisis*, la ontología propuesta por J. Lacan es matemática:

> Digamos al pasar que Lacan no dudaba en decir que la ontología era más bien una vergüenza[47]. Una vergüenza del sentido o los sentidos, una vergüenza familiarmente filosófica. No obstante, "ontología" no es para mí sino otro de los nombres de la matemática. (2013, p. 18).

En consonancia con esta ontología carente de contenido y ser, el autor utiliza una figura topológica que es el toro cuya forma podría representarse como una cubierta de auto en cuyo centro hay un agujero para dar cuenta de una espacialidad y una temporalidad que carece de la distinción dentro/fuera, pasado/futuro. La introducción del toro plantea, a diferencia del huevo, de una manera subversiva, que en el núcleo de nuestro ser no hay contenido (representaciones) sino un agujero, por ende, una falta en ser. Es a partir de este vacío que J. Lacan fundamenta su teoría sobre el concepto de falta-en-ser, con coordenadas matemáticas y lingüísticas, con el objetivo final de plantear un sujeto determinado por el significante en su relación con otro significante.

Por otro lado, podemos afirmar que el modelo del huevo propuesto por S. Freud como representación del individuo no logra superar los obstáculos que habría encontrado en su primera tópica, por ejemplo, el problema de la doble inscripción, entendiéndose este último entre la inscripción inconsciente y la preconsciente. El trasfondo de este obstáculo es explicado de la siguiente manera: si una representación o pensamiento inconsciente pasa al sistema preconsciente ¿pierde o no su antigua inscripción?, dicho de otra forma, ¿se convierte en otra inscripción nueva o cambia su modalidad conservando la originaria inscripción inconsciente? Asimismo esta dificultad teórica tiene como consecuencia otro obstáculo en su explicación, en este caso, sobre el origen del Superyó: el Superyó es definido en su segunda tópica como una instancia del aparato psíquico

---

[47] En francés, juego de palabra entre "honte" (vergüenza) y ontología, "honteología", neologismo lacaniano que enuncia lo siguiente: El "Yo" no es un ser, es un supuesto a lo que habla, soledad que deja la huella de una ruptura del ser.

que contiene los precipitados identificatorios de la relación de objeto con nuestras figuras parentales, y, a partir del Superyó de nuestros padres, las identificaciones con nuestros antecesores, o sea, con nuestra ontogenia e incluso nuestra filogenia. Es en este sentido que surgen los interrogantes: ¿sobre qué material se ubican las inscripciones inconscientes de generaciones, más allá de nuestros padres?, ¿la biología y el alumbramiento del descubrimiento del ADN serán el destino de tales inscripciones para S. Freud? Tal como el autor iba encontrando obstáculos en el avance de su teoría en la medida en que se introducía por las vías oscuras de una hermenéutica del inconsciente, decidió abandonar el campo del lenguaje y de la palabra para dar un giro en sus desarrollos incursionando en una segunda tópica con la idea de huellas localizadas en el cuerpo, siendo estas las marcas imborrables de nuestros antepasados

En el mismo texto de 1923, S. Freud expresa:

> Ya en otro lugar, adopté el supuesto de que la diferencia efectiva entre una representación (un pensamiento) Icc y una Prcc consiste en que la primera se consuma en algún material que permanece no conocido, mientras que en el caso de la segunda (la Prcc) se añade la conexión con representación-palabra. Por tanto, la pregunta ¿Cómo algo deviene consciente?; ¿Cómo algo deviene preconsciente? La respuesta sería: por conexión con la correspondiente representación-palabra. (...) Esta representación-palabra son restos mnémicos; una vez fueron percepciones y, como todos los restos mnémicos, pueden devenir de nuevo.

> Esto nos parece vislumbrar una nueva intelección: solo puede devenir consciente lo que ya una vez fue percepción consciente. (...) Concebimos los restos mnémicos como contenidos en sistemas inmediatamente contiguos al sistema P-Cc, por lo cual sus investiduras fácilmente pueden transmitirse hacia adelante, viniendo desde adentro, a los elementos de este último sistema. (1923, p. 22)

Aquí S. Freud asocia los restos mnémicos del objeto con el de contenido, es decir, con representaciones en el orden de lo cualitativo que se apoyan en un conjunto de inscripciones –sistemas– con una localización, inmediatamente contigua al sistema *P-Cc*. Por otro lado, al decir "solo deviene consciente lo que una vez fue percibido de forma consciente", está diciendo que lo primero es la percepción del mundo exterior, lo que viene de afuera del aparato, esas primeras imágenes, sensaciones corporales, sonidos, base del Principio de Realidad en oposición al Principio de Placer: "Los restos de palabra provienen, en lo esencial, de percepciones acústicas, a través de lo cual es dado un particular origen sensorial, para el sistema Prcc. En el inconsciente hay representaciones o pensamientos inconscientes" (1923, p. 23).   Es claro que para S. Freud hay pensamientos o representaciones inconscientes que se apoyan sobre las huellas del objeto, y que allende a este sistema se halla el sistema Percepción-Conciencia con las representaciones-palabras que también provienen de restos de palabras oídas. Por lo tanto, existe un aparato psíquico cuya representación espacial está constituida por dos estratos: uno profundo, inconsciente, conformado por pensamientos, y otro superficial, que lo envuelve, conformado por representación-palabra. Entonces, a partir de esto, queda claro que hay pensamientos inconscientes que se alojan en los circuitos neuronales y que conforman una red firme de circuitos facilitados. El asunto es definir, de acuerdo con el recorrido que ha hecho de la representación ¿qué son los pensamientos inconscientes, la *Gedanken* freudiana? ¿Qué materialidad le corresponde?

En continuación con lo anteriormente elaborado, en el escrito metapsicológico llamado *Pulsiones y sus Destinos* de 1915, S. Freud introduce el concepto de Pulsión (en alemán, *Trieb*) definiéndola allí como la fuerza que pone a trabajar al aparato psíquico. Es definida como un concepto fronterizo entre lo somático y lo psíquico: son fuerzas (pulsiones sexuales) que imponen al aparato una exigencia de trabajo (en alemán, lo define como *Drang*) y que en su recorrido, dentro del aparato, producen cambios en las huellas o inscripciones. Para este autor, la Pulsión es el representante psíquico de los estímulos que provienen del interior del cuerpo y alcanzan al alma.

Sobre los conceptos de pulsión y representación podemos establecer que S. Freud parte de dos referencias importantes: una, es lo desarrollado por el filósofo alemán Arthur Schopenhauer (1788-1860) en su obra *El Mundo como Voluntad y Representación*, de 1819, equiparando a la voluntad, en alemán "wille", como la fuerza innominada de la pulsión y su resultado: la representación. La otra, es lo desarrollado por un filósofo, psicólogo y pedagogo alemán de principios del siglo XIX, Johann Friedrich Herbart (1776-1841), reconocido en el ambiente científico por sus trabajos en teoría de la representación. Este autor no solamente le aporta a S. Freud su idea de representación, sino que junto a ella se encuentran, entre otras,

91

nociones tales como la de conflicto, yo, conciencia, inconsciente, deseo, represión, que serán posteriormente reformuladas en el contexto teórico del psicoanálisis.

Veamos la siguiente cita de Schopenhauer:

> La voluntad (*wille*) es el último e irreductible fundamento del ser, la fuente de todos los fenómenos, la causa ínsita y eficiente en cada uno de ellos, suscitadora de todo el mundo visible y de toda la vida –pues es la voluntad de vivir–. (1819, p. 42)

Para el filósofo no eran el intelecto y el conocimiento lo primario y dominante, sino la voluntad, y a ella servía el intelecto, a saber, el Yo es un ciervo de esta fuerza, de este instinto de vivir absoluto e inmotivado. Notemos que se trata de una fuerza como causa eficiente de todos los fenómenos, todo lo contrario a lo que propone J. Lacan con la introducción del orden simbólico y la estructura significante en la base de tales fenómenos. En efecto para Schopenhauer la representación en oposición a la voluntad (*wille*) es un "algo para alguien". Existen en esta fórmula dos elementos a considerar: por un lado, el "algo", la cosa del mundo, definida como "voluntad" por el autor que puede ser representada parcialmente por la "representación", con lo cual, entre el elemento representado –objeto– y la representación donde existe una referencia bi-unívoca; y, por el otro, el "alguien", la representación tiene siempre una referencia definida de antemano y representa algo para otro, ese alguien puede ser una persona, una sociedad o un centro de información, que siempre está dirigido a otro. El acento recae en ese alguien, que puede ser una persona o una significación general. A modo de ejemplo extraeremos dos fragmentos del texto mencionado con el objeto de poder demostrar la influencia que el pensamiento schopenhauareano ha tenido en los desarrollos teóricos de S. Freud:

> La esencia del mundo es voluntad. El mundo contemplado desde dentro de sí mismo y nuestra vida es voluntad. *La voluntad es lo íntimo del ser, el núcleo de cada individuo e igualmente de todo.* Se manifiesta en toda fuerza ciega natural y también en la conducta del hombre. La voluntad no es el espíritu, ni moralidad ni razón histórica. *El mundo es nuestra representación.* (1819, p. 45)

> Entretanto, ahora, en este primer libro, *lo consideramos todo únicamente como representación, como objeto para el sujeto*: y al igual que todos los demás objetos reales, también el propio cuerpo, del que parte en cada cual la intuición del mundo, lo contemplamos exclusivamente desde el lado de la cognoscibilidad, desde el cual no es más que una representación (El subrayado es nuestro). (Schopenhauer, 1918, p. 47)

Si bien para S. Freud como para A. Schopenhauer en el mundo –como en el interior del individuo– albergan dualidades: Inconsciente y Consciente, Yo y Ello, Pulsiones de vida y Pulsiones de muerte, Voluntad y Representación, que se contraponen y luchan para mantener un equilibrio, son concebidas realmente como dualidades, y no dualismo, ya que las mismas no son dos realidades distintas sino dos caras complementarias e inseparables de un mismo ser: el mundo.   Con respecto a las ideas de Herbart, nos limitaremos a proporcionar un ejemplo proveniente del campo de la psicología, en el cual se pone de manifiesto la influencia ejercida sobre S. Freud en la construcción de su aparato anímico. Extraigo una cita del texto *Sobre el Lado Oscuro de la Pedagogía* de 1812:

> [...] cada cosa debe ser una, y resulta que, en cambio, percibimos una multiplicidad de cualidades de ella; se afirman lazos de causa a efecto entre los acontecimientos, y solo se percibe una sucesión; se afirma la unidad del yo, y solo se capta una multiplicidad de representaciones. (Herbart, 1989, p. 76)

Herbart postula una doble cara entre lo dado y lo pensado como real, una identidad, aunque parcial, de causa y efecto entre los acontecimientos, siendo lo pensado una red múltiple de representaciones sobre lo real, entendido este como mundo sensible. Asimismo, cada cosa debe ser una, en el sentido que, detrás de la multiplicidad de representaciones, se encuentra la unidad de la cosa como un todo y, al mismo tiempo, en oposición a la unidad del yo, este definido como multiplicidad de representaciones. Es sorprendente hallar que la cosa en sí, la unidad de todas las cosas, lo uno y lo múltiple es la fuente ontológica que S. Freud le asigna al sujeto del inconsciente: la "wille" es equiparable a la pulsión y la representación a los pensamientos inconscientes. Esta cuestión del uno, es desarrollada principalmente en su escrito *Lo Inconsciente* del año 1915, como identidad de percepción.

A partir de estas fuentes filosóficas volvamos a S. Freud con otra cita del texto *El Yo y el Ello*:

> Hay una *percepción externa cuyo vínculo con el yo es totalmente evidente*. La *percepción interna* proporciona sensaciones de procesos que vienen de estratos más diversos, y por cierto también de los *más profundos*, del aparato anímico. Son mal conocidos, aunque podemos considerar como su mejor paradigma a los de la serie placer-displacer.
>
> Los restos mnémicos ópticos –de las cosas del mundo– son el material concreto (*Konkret*) de lo pensado el que deviene consciente. Por tanto, el pensar en imágenes es solo un muy imperfecto devenir consciente. Además, de algún modo, está más próximo a los procesos inconscientes que el pensar en palabras, y sin duda alguna es más antiguo que este, tanto ontogenética cuanto filogenéticamente (el subrayado es nuestro). (1923, p. 23)

Desde estas coordenadas se puede pensar al aparto psíquico, tal como lo explicita la cita, como una unidad reflexiva entre la percepción externa y la conciencia que da lugar al mundo exterior, así como también una conciencia al contacto del mundo interior, las profundidades del cuerpo, siendo esta su división principal. Los restos mnémicos de lo vivido (restos de lo visto, oído, olfateado y tocado) se presentan en forma simultánea en cada vivencia con el objeto, se inscriben como huellas en el inconsciente. Asimismo son primitivas, en el sentido de lo pre-verbal en el modelo evolutivo del aparato psíquico. Y más adelante afirma:

> El papel de las representaciones-palabras se vuelve ahora enteramente claro. Por su mediación, los procesos internos de pensamiento son convertidos en percepción. Es como si hubiera quedado evidenciada la proposición: *Todo saber proviene de la percepción externa* (el subrayado es nuestro). (p. 25)

La unión con representaciones-palabras transforman a las huellas en percepción, esto es, la palabra hablada y oída. En este sentido la palabra viene después en la línea temporal, luego de las primeras huellas y es, a partir de esta estructura temporal, donde todo saber se apoya en procesos de pensamientos internos y que en algún tiempo mítico provinieron de la representación-palabra percibida. S. Freud afirma: "A raíz de una sobreinvestidura del pensar, los pensamientos devienen percibidos real y efectivamente (*wirklich*) –como de afuera–, y por eso se los tiene como verdaderos" (p. 25).

En este orden de ideas se desprende un paralelismo y una adecuación punto a punto entre el modelo aparato psíquico de la segunda tópica y el individuo entendido como unidad neurofisiológica, en su relación con ambos mundos, interno y externo. El mundo de las profundidades corresponde a la subjetividad, a la "realidad psíquica" y el mundo externo, a la realidad objetiva. El saber sobre estos procesos internos, el proceso de subjetivación, está relacionado con la auto-reflexión por parte del Yo oficial, consciente sobre sí mismo. Sobre este paradigma biológico e individual, la practica psicoanalítica freudiana ha delimitado claramente la dirección de la cura; en efecto, para S. Freud la cura psicoanalítica tiene como objetivo llevar al analizante a asumir cierta responsabilidad frente al síntoma, a conocerse a sí mismo, ampliando el registro de su conciencia sobre sí; el analizante en colaboración con el analista se introduce en eso que somos y en eso en lo que estamos constituidos. Como lo decía el propio S. Freud, "la meta es hacer consciente lo inconsciente".

Sin embargo, considero que esta dirección o meta de la cura trae aparejado dos problemas: por un lado, con el concepto de responsabilidad subjetiva del individuo, es decir la responsabilidad que tiene frente a su sufrimiento. Tal como se desprende del modelo teórico de aparato psíquico, la verdad se funda en una concepción de lo que somos, dicho en otros términos, en nuestras inscripciones o huellas inconscientes que portamos y que son los testimonios de nuestras vivencias. Como consecuencia de estas marcas indelebles no lograremos más que modificar su sentido o valor con lo cual no nos queda más que el individuo se responsabilice de su historia, por ende, "tomar conciencia", para comenzar a modificar sus síntomas. Por otro lado, se deduce una consecuencia, no menos importante que lo anterior, con el concepto de realidad, que es la equiparación de este concepto con lo percibido, es decir, con todo lo que viene de afuera del aparato, ya sea del exterior como del interior de nuestro cuerpo. De este modo son las vivencias y las percepciones, más allá de la palabra, los únicos signos de la realidad. Realidad objetiva y realidad subjetiva están separadas y claramente delimitadas, En este sentido, el campo del inconsciente se convierte en la realidad psíquica del individuo, el campo de las fantasías subordinadas al Principio del Placer y es allí donde aloja la verdad del sujeto. En cambio, la referencia del Principio de Realidad freudiano se ubica a nivel de la percepción, tal como lo patentiza el enunciado corriente: hay que ver para creer. En suma, podemos afirmar que S. Freud establece una división del sujeto: por un lado, las inscripciones y las representaciones inconscientes como garantes de la verdad a partir de las vivencias singulares de cada persona, estas representaciones están gobernadas por el principio de placer-displacer y es lo que se llama proceso primario y, por otro lado, las percepciones conscientes, apoyadas en representaciones palabras, gobernadas por el principio de realidad, esto es, definido como proceso secundario.

Esta posición teórica es contraria a la propuesta de J. Lacan, ya que establece en forma novedosa a partir de la introducción del encadenamiento de los tres registros RSI, que el inconsciente, como registro Simbólico, recae y tiene sus efectos sobre el sistema Percepción-Consciencia, es decir, afecta la realidad, borra así el Principio de Realidad freudiano y la diferencia entre realidad psíquica, subjetiva y realidad objetiva. La topología del toro y de la banda de Moebius son los elementos estructurales de la espacialidad inconsciente.

Como sabemos J. Lacan plantea una subversión de estos conceptos a partir de la introducción del gran *Autre*/Otro en la constitución del sujeto inconsciente en consonancia con la concepción de estructura y de combinatoria matemática, fuente del anudamiento de los tres registros.

IV.2.2 *Sujeto del Inconsciente. La "otra escena". Núcleo de Nuestro Ser:* (Kern unseres wisen)

En este capítulo explicitaré algunas ideas sobre la concepción de inconsciente que se desprende de los modelos estudiados intentando aproximarme a su estructura, esto es, a su identidad ontológica.

Es sabido que S. Freud realiza un desplazamiento tópico y dinámico del inconsciente, necesario para la construcción de su segunda tópica, sustituyendo el inconsciente dinámico producto de la represión y su modelo cronológico, "el modelo del peine", de la primera tópica por un sistema primordial e inefable que es el "Ello". El "Ello" se constituye como una de las fuentes de atracción del Yo, una fuerza de atracción que proviene de lo biológico, de las fuentes pulsionales del cuerpo que impactan en lo psíquico, de este modo el autor se aleja del sentido oculto de lo inconsciente en el sueño y en el síntoma psicoanalítico, es lo que se denomina la hermenéutica del Psicoanálisis de sus primeros escritos, para acercarse a una concepción biológica y energética del aparato psíquico. Así pues, abandona el camino de la interpretación del sentido y del deseo inconsciente para iniciar el camino hacia la energética y el funcionamiento del aparato "psíquico". Tal como lo iremos desarrollando en lo sucesivo, las referencias que utiliza para la construcción de este nuevo modelo teórico son las ideas provenientes, por un lado, de la tesis sobre el "Ello" realizada por uno de sus amigos, Georg Groddeck,[48] en su libro *El Libro del Ello*; y, por el otro, los desarrollos de Gustav. Fechner[49] con respecto a lo "otro psíquico". Ambas referencias aparecen mencionadas en el escrito *El Yo y el Ello* y *La Interpretación de los Sueños*, respectivamente:

> Lo que llamamos nuestro yo se comporta en la vida de manera esencialmente pasiva, y, según su expresión somos vividos por poderes ignotos, ingobernables. (...) Propongo dar razón de ella llamando "yo" a la esencia que parte del sistema Perceptivo (P) y que es primero prec, y "ello", en cambio, según el uso de Groddeck, a lo *otro psíquico* en que aquel se continúa y que se comporta como inconsciente (el subrayado es nuestro). (1923, p. 25)

> Entre todas las observaciones sobre la teoría del soñar que pueden hallarse en la bibliografía, quiero destacar una que merece ser retomada. El gran Gustav Fechner expresa, a propósito de algunas elucidaciones que consagra al sueño, la conjetura de que *el escenario de los sueños es otro que el de la vida de representaciones de la vigilia*. Ningún otro supuesto permi-

---

[48] Georg Groddeck (médico, 1866-1934) ha trabajado extensamente sobre la determinación psíquica de las enfermedades psicosomáticas. Mantenía con S. Freud un importante intercambio epistolar. En una de sus cartas menciona su concepción del Ello: "Es aquello por lo cual somos soñados, el agente que nos envía mensajes a los cuales prestamos o no prestamos atención, que entendemos o que permanecen oscuros para nosotros".

[49] Gustav Theodor Fechner (filósofo y físico, 1801-1887) Fechner tomó como punto de partida para describir la otra escena sus elaboraciones en Psicofísica, principalmente el principio de conservación de la energía. La **energía** existe en el universo bajo dos aspectos -potencial y actual- y su **cantidad**, en cualquier sistema cerrado, **es constante**. Fechner sostuvo que la "actividad psicofísica" es uno de los variados aspectos de la energía universal. Todo ser humano está dotado de cierta cantidad de energía física, de la cual una parte puede ser transformada en energía psicofísica. El sistema nervioso es el sitio donde esta transformación, cuyo mecanismo es desconocido, se produce. La energía potencial puede devenir en energía psicofísica de dos maneras: por el efecto de estímulos internos ("psicofísica interna") o bajo el efecto de estímulos externos ("psicofísica externa").

tiría conceptualizar las peculiaridades de la vida anímica (el subrayado es nuestro). (1901, p. 529)

Desde estas dos fuentes de referencias S. Freud intenta delimitar dentro de su modelo de aparato psíquico una instancia, la otra escena, que tiene una eficacia causal en los síntomas de la neurosis y que el individuo desconoce, diferenciándose así de las concepciones metafísicas de la época que supone al "Ello" como una entidad que trasciende a la persona y nos gobierna desde lugares ignotos. O sea, intenta dar a este "Ello" un estatuto racional y coherente; crear un sistema estrictamente económico. Reserva, entonces, para el "Ello" un lugar dominante, inmanente al funcionamiento del aparato psíquico, siendo uno de los polos de atracción del Yo, junto con el Superyó y la realidad objetiva. Produce, como resultado de su observación, una subversión del pensamiento, un descentramiento del Yo como causa eficiente de los pensamientos y de sus acciones, ubicando en el "Ello" la red de pensamientos inconscientes (en alemán: la *Gedanken*).

Apoyado sobre las concepciones de energía psicofísica y de fuerza de G. Fechner en la base del funcionamiento del aparato psíquico, S. Freud desarrolla, al principio de su teorización, un dispositivo terapéutico acorde a la dinámica del mismo. En efecto, ensayó, con el propósito de lograr acceder a ese "otro escenario" de las representaciones edípicas infantiles, una técnica de sugestión hipnótica, en el cual intentaba remover las representaciones inconscientes displacenteras provocando un estado de hipnosis. Con el método hipnótico intentaba sortear la resistencia de las pacientes a rememorar y alcanzar, de este modo, el núcleo representacional patológico escindido causante del síntoma. Si bien, una vez despierta la paciente, desaparecía el síntoma ya que se ha modificado el comando desde lo inconsciente, este retornaba al poco tiempo, ya sea como el mismo o como otro, aquejando nuevamente a la paciente. En este experimento halló que el fenómeno clínico de la repetición constituía un elemento importante de la resistencia del síntoma histérico, hecho que llevó abandonar la hipnosis para implementar otra técnica, la llamada "Asociación libre-Atención flotante"; esta vez, apoyándose en otro fenómeno específico de la relación entre paciente y psicoanalista, llamada transferencia. Esta se apoya en la idea de que la "otra escena", el complejo representacional reprimido, impacta a modo de acto (en alemán *agieren*,[50] actúa) en el psicoanalista, al cual por su posición favorable, logra modificar el significado de dichas representaciones. Es interesante notar que este otro escenario, llamado así al inconsciente, si bien es un otro que la vida de representaciones conscientes, este no explica de qué está formado ese otro escenario. En este sentido se hace patente en la obra del autor que esta "otra escena" está asociada al modelo psico-fisiológico del aparato psíquico del individuo, explicado como un campo energético asociado a un complejo de representaciones inconscientes cuyo soporte son las huellas mnémicas dentro del aparato psíquico. En resumen, se muestra que S. Freud recurre a una concepción energética para explicar el funcionamiento de la "otra escena", del sujeto del inconsciente.

A comienzo del siglo XX S. Freud escribe su obra principal sobre teoría psicoanalítica dedicada exclusivamente al estudio del sueño con el propósito de otorgarle un estatuto científico y un lugar primordial de la vida anímica de los hombres. Su tesis principal consistía en atribuir al sueño una intencionalidad o sentido proveniente de un sistema de memoria o aparato inconsciente ajeno a las determinaciones de la consciencia. De este modo, en el Capítulo 7 de *La Interpretación de los Sueños*, el autor plantea a partir del estudio de los mecanismos inconscientes del sueño, como veremos más abajo, un primer modelo de aparato o sistema de huellas o transcripciones ordenadas temporalmente, en otras palabras, huellas con una dirección definida a partir del desplazamiento de energía es el llamado "modelo del peine", con el cual intenta formalizar, a la altura de los conocimientos científicos –biológicos y anatómicos– de su contexto, un sistema de división del aparato anímico que funcionara como un instrumento del que se valiera para representar las operaciones psíquicas. En este sentido, S. Freud sostiene con Fechner que la escena en la que los sueños se desarrollan es distinta de aquella en la que se desenvuelve la vida de representación despierta, y que, de este modo, la idea que se

---

[50] Freud propone la palabra *agieren* para designar el mecanismo por el cual el sujeto actúa pulsiones, fantasmas y deseos. *Agieren* es un verbo intransitivo tomado del latín del verbo *ago* y que aproximadamente, se traduce al español como hacer. Lo que indica la idea de un traslado de un lugar a otro. En el alemán se integra como un culteranismo tardío con el sentido de "actuar". En la cura, los fenómenos de transferencia atestiguan esta necesidad del conflicto reprimido de actualizarse en la relación con el psicoanalista. La consideración de estos fenómenos y de los problemas técnicos que plantean a S. Freud lo condujo a completar el modelo teórico de la cura estableciendo, junto a la rememoración, la repetición transferencial.

nos ofrece es la de una localidad "psíquica". Para ilustrar eso, el autor recurre al modelo de aparato óptico. Seguidamente afirma:

> La idea que así se pone a nuestra disposición es la de una localidad psíquica. Queremos dejar por completo de lado que el aparato anímico del que aquí se trata nos es conocido también como preparado anatómico, y pondremos el mayor cuidado en no caer en la tentación de determinar esa localidad psíquica como si fuera anatómica. Nos mantenemos en el *terreno psicológico* y solo nos proponemos seguir esta sugerencia: imaginarnos el instrumento de que se valen las operaciones del alma como si fuera un microscopio compuesto, un aparato fotográfico (el subrayado es nuestro). (1901, p. 529)

La localidad psíquica corresponde, entonces, a un lugar virtual en el interior de un aparato en el que se produce uno de los estadios previos de la imagen. Asimismo, y tal como se desprende de esta cita, S. Freud ubica lo "otro psíquico" dentro del campo de la psicología, campo que si bien se aleja del dualismo mente-cuerpo, no deja de extrapolar, para la construcción de esa otra escena, referencias anatómicas-fisiológicas. Lo cierto es que el modelo de aparato psíquico de la segunda tópica es análogo tanto en su disposición como en su funcionamiento a lo que se llama una vesícula u ameba, esto es, la mínima unidad viviente.

Por otra parte, define a esto "otro psíquico", como un "instrumento" necesario para la teoría psicoanalítica en este sentido: la premisa fundamental es la suposición de un inconsciente en la determinación de nuestras formaciones psíquicas que hayan un sentido, de este postulado parte el desarrollo de su teoría y el aparato psíquico constituye un modelo del mismo. Entonces, podemos decir que el aparato es un modo de localizar dentro del individuo el inconsciente, como la representación de nuestras operaciones anímicas. Es a partir de estas ideas que S. Freud expresa que el Psicoanálisis como práctica debe mantenerse dentro del terreno de la psicología y lo hace a través de conceptos tales como pensamiento y representación. En este punto, nuevamente, a pesar de que el autor se divorcia de los conceptos provenientes de la psicología al adscribir al "otro psíquico" como una serie de pensamientos inconscientes ajenos al Yo, vuelve sobre sus pasos dejando en claro que estos pensamientos no son solo una propiedad del individuo en su singularidad sino que se apoya en la representación para poder dar cuenta de la materialidad de estos pensamientos. En este sentido establece que este "otro psíquico" del inconsciente es algo individual, singular y que tiene estructura de pensamiento, concepciones que marcan una diferencia radical con el modelo estructural de los tres registros propuesto por J. Lacan construidos a partir de significantes de la Lingüística y en una espacialidad topológica de inmixión con el campo del Autre/Otro.

Por añadidura, recordemos el contexto por el que S. Freud desarrollaba su red conceptual con respecto a las ciencias naturales y a la filosofía alemana y, en particular, su posición como investigador al respecto al momento de la construcción de su teoría, en íntima relación con tales discursos. Entre ellos, mencionemos, su relación con la obra del filósofo alemán, Arthur Schopenhauer; citamos el texto *La Supremacía de la Voluntad* en relación con las coordenadas espaciales dentro/fuera en el modelo del "huevo" del aparato psíquico de la segunda tópica:

> La inteligencia ve luz en el mundo exterior, pero en el interior existe nuestra sombra: no hay faros que iluminen nuestro fuero interno. (...) La forma más general y esencial de nuestro entendimiento es el principio de causalidad y, gracias a él, que siempre se encuentra dentro de nuestro espíritu, podemos observar el mundo como a un conjunto armonioso. (2000, p. 61)

En resumen, podemos adelantarnos a decir que el aparato psíquico freudiano, el instrumento óptico, representa un espacio intermedio entre la realidad y el individuo, el campo de las ficciones, de los pensamientos inconscientes. Asimismo establecimos que estas fuentes filosóficas y psicológicas surgen, por otra parte, de un paradigma teológico antropológico naturalista que divide el mundo en naturaleza y cultura, siendo esta última un campo constituido por representaciones que funcionan como velos de lo real subterráneo y desconocido para el hombre. Voluntad y representación, tal como es repartido el mundo para Shopenhauer. El principio que rige el sistema teológico comprende al hombre como centro del universo, como fuente de toda creación y medida. En este orden de ideas consideramos que el modelo figurativo del huevo es la máxima expresión de la firme adherencia de S. Freud al paradigma de la física clásica, el paradigma newtoniano, que parte de la representación espacial de un cuerpo tridimensional que respeta la condición de una superficie perceptiva capaz de orientarse tanto hacia el exterior como hacia el interior y un interior o profundidad que opera como centro de nuestro ser. Sin embargo, advertimos que esta doble inscripción percepción-consciencia e inconsciente, el modelo del huevo con el cual representa la espacialidad de lo inconsciente conlleva un obstáculo lógico en su función de representar al in-dividuo psíquico ya que dicha división resulta imposible de establecerse en rigor a una geometría euclidiana, en virtud de que las sensaciones y sentimientos que provienen del cuerpo son traducidos por el yo como si fueran percepciones externas, por lo tanto, un interior que es percibido como exterior. Estas ideas nos llevan a preguntarnos lo siguiente ¿para qué necesita S. Freud tener una representación tópica de su modelo de aparato psíquico? ¿Por qué tiene que tiene que adscribir un aparato con elementos provenientes de la biología para el funcionamiento del inconsciente? Una de las respuestas posibles recae sobre su posición científica ante cierta línea de avance en las ciencias naturales y experimentales, ya que para que el Psicoanálisis fuera reconocido en el campo de la ciencia natural debía argumentar sus hallazgos, en la experiencia analítica, con los presupuestos básicos de la ciencia empírica tal como era estipulado por la comunidad científica de su referencia. El naturalismo de S. Freud lo obligaba a tensionar sus desarrollos teóricos más abstractos hacia el campo de las ciencias naturales de raíces positivistas para ser aceptado por la comunidad científica de su época. No obstante esto, parece que el autor incurrió en un error metodológico al confundir experimento, desde el punto de vista científico, de experiencia. El primero, tiene como base una teoría que guía y regula lo observado; en cambio, en el segundo la teoría surge a posteriori de la experiencia obtenida, que es singular e impredecible en sus efectos. Por consiguiente, para el paradigma de continuidad, la teoría es el producto de una experiencia enteramente individual que solo puede comprenderla quien haya atravesado un psicoanálisis personal.

La cita siguiente ratifica a modo de síntesis lo expresado precedentemente. La cita que seleccionamos proviene del Apartado E, de *La Interpretación de los Sueños* que dice:

> Lo nuevo que nos enseña el análisis de las formaciones psicopatológicas y ya su primer eslabón, el sueño, consiste en que *lo inconsciente –por ende, lo psíquico–* ocurre como función de dos sistemas separados y eso ya sucede *dentro* de la vida normal del alma. (...) Lo inconsciente existe por tanto de dos modos que no hallamos todavía separados por los psicólogos. (Freud, 1901, p. 602)

Tal como lo describe el autor, el inconsciente existe en función de la relación íntima pero ajena entre dos sistemas (lo Inconsciente y el Preconsciente) dentro del alma. Si bien en esta cita parece poner el acento en la función entre ambos sistemas, en el aspecto dinámico del inconsciente, no deja de identificar al mismo con lo psíquico, como si se tratara de una parte de sí mismo. Esta vuelta hacia la noción de lo psíquico pone en evidencia una vez más que S. Freud no logra salir de la concepción individualista del inconsciente. Con el término de "función" hace depender la dinámica del aparato psíquico a una función situada en la barrera o resistencia inter-neuronal, llamada defensa, y es con relación a ella que se instalan las dos instancias. Según este modelo podría interpretarse que el síntoma neurótico es el efecto de la relación entre ambos sistemas y no tanto de las características o contenidos de cada uno de ellos. No obstante esto, la defensa es activada por el contenido penoso de las representaciones inconscientes para la instancia percepción-conciencia. De lo analizado hasta el momento, podemos concluir que la introducción del "Ello" en la teoría, la llamada segunda tópica, como un sistema inconsciente dentro de la "psiquis" reintroduce –luego de haberse distanciado en la primera tópica– concepciones biológicas y neuro-fisiológicas a la teoría distanciándose de los desarrollos innovadores de sus primeras incursiones sobre la psicopatología de la vida cotidiana. En este sentido parecería que S. Freud, que al principio se presentaba ante la sociedad médica como el creador de una teoría subversiva anti-positivista, llevando al límite una hermenéutica del sueño como la casa del inconsciente, vuelve a partir del "Ello" sobre sus pasos, manteniéndose fiel a los principios científicos biológicos y físicos newtonianos que lo forjaron. Esto contrasta, como veremos más adelante, con la propuesta teórica de J. Lacan al sustituir el "Ello" freudiano por el concepto de "cadena significante", por dos razones: por un lado, introduce el concepto de significante a la teoría psicoanalítica con todo lo que ello implica; y por el otro, reemplaza el modelo tridimensional del huevo "psíquico" por un modelo topológico de cadena que tiene su lugar en el campo del Otro (*Autre*). Con relación a lo otro psíquico, la "otra escena" extraemos, por último, una cita de J. Lacan en *El Seminario*, Libro 5, *Las Formaciones del Inconsciente*, clase VI, donde establece una diferencia absoluta con respecto a su predecesor en las elaboraciones del concepto de cadena:

> Al fin de cuentas, henos aquí nuevamente confrontados con que *un sujeto piensa en nosotros*, piensa según unas leyes que encontramos que son, propiamente hablando, las mismas que las leyes de la organización de la

> *cadena significante*, que este significante en acción que se llama *en nosotros* el inconsciente, y designado como tal por Freud, y de tal modo vuelto original, separado de todo lo que es *juego de la tendencia*, que Freud, bajo mil formas, nos repite que se trata de *otra escena* psíquica (el subrayado es nuestro). (1957-1958, p. 271)

Es importante señalar que, tal como se desprenden de algunas citas seleccionadas por nosotros, aparecen ciertos obstáculos que el propio J. Lacan ha dejado a sus lectores y que son difíciles de sortear sin una lectura crítica de sus textos. Se observa un estilo retórico particular ya que, por un lado, utiliza en la mayoría de sus trabajos y seminarios el recurso de revalorizar los conceptos tal como son propuestos por S. Freud para restituir el carácter innovador de su teoría –como es el caso del concepto de inconsciente–; y, por el otro lado –y esto es lo importante– para fundar sus diferencias. En este sentido, uno comprende en una lectura superficial de los textos analizados que la estructura del contenido es similar ("quieren decir lo mismo", un "Lacan freudiano") pero vemos que les cambia ciertas palabras e introduce otras con las cuales cambia el sentido, para decirlo de otra manera: decir algo parecido no es decir lo mismo. De ahí que nuestra tarea es, en cambio, desterrar del olvido un J. Lacan propiamente dicho, esto es, hacer explícita su teoría innovadora. Por ejemplo, en esta última cita, J. Lacan introduce el concepto de sujeto a diferencia del de in-dividuo dotado de un aparato psíquico, las instancias freudianas Yo, Superyó y Ello y el concepto de cadena significante con respecto a los pensamientos inconscientes, términos que S. Freud no ha utilizado en toda su obra ni tampoco encontramos entre ellos una homología en su definición. Podemos decir, en consecuencia, que J. Lacan ha interpretado a S. Freud y, para salir de dicho problema metodológico y hacerlo avanzar en su innovadora teoría, resulta imprescindible recurrir con rigor metodológico a la letra, es decir, a las citas de ambos autores y sus referencias para poder hilar con ellas una argumentación sólida de las diferencias teóricas. En síntesis, para este último autor, la otra escena son pensamientos inconscientes y no significantes vehiculizados en un discurso como lo establece en un párrafo posterior de la misma clase:

> El término, la dimensión del pensamiento, no tiene absolutamente nada que ver con la importancia del discurso desplazado; es más, cuanto más coherente y consistente es dicho discurso, tanto más parece prestarse a todas las formas de la ausencia de lo que puede ser razonablemente de-

finido como una pregunta planteada por el sujeto a su existencia como sujeto. (p. 110)

En este sentido queda claro que el inconsciente tiene una estructura compatible con un discurso, en el sentido de palabra, significante y letra en movimiento, y que dicha estructura abre-habilita la pregunta por el sujeto, aquella pregunta por la cual se formula la demanda de Psicoanálisis: tú me dices esto, pero ¿qué es lo que me quieres decir? Esto contrasta con la pregunta, de acuerdo con la teoría freudiana apoyada en pensamientos inconscientes, tú me dices esto, pero ¿qué es lo que piensas? Por su parte, S. Freud parece ratificar su teoría en sus desarrollos posteriores con relación al *"Ello"* y a la *"otra escena"* en su necesaria vinculación con el Yo. En la siguiente cita de la *31°, Nueva Conferencia de Introducción al Psicoanálisis*, cuyo título es *La Escisión de la Personalidad Psíquica* del año 1932, afirma sobre el *"Ello"* entendido como un otro psíquico:

> Este pronombre impersonal parece particularmente adecuado para expresar el principal carácter de esta provincia anímica, su ajenidad respecto del yo. Superyó, Yo y Ello son ahora los tres reinos, ámbitos, provincias, en que descomponemos el aparato anímico de la persona [...]. (1932, p. 67)

Este pensamiento, posterior en su obra, tiene un origen en los trabajos metapsicológicos del año 1915, principalmente los desarrollos en el texto de 1923: *El Yo y el Ello*. Allí S. Freud desarrolla su concepción de individuo en solidaridad con el giro biologicista que le imprime a la llamada segunda tópica: "Un in-dividuo (*individuum*) es ahora para nosotros un *ello psíquico*, no conocido {no discernido} e inconsciente, sobre el cual, como una superficie, se asienta el yo, desarrollado desde el sistema P como si fuera su núcleo" (el subrayado es nuestro) (Freud, 1923, p. 26). Según sus palabras, fue Friedrich Nietszche (1844-1900)[51] quien dio nombre a estos pensamientos que provienen de otro lugar y que piensa en nosotros sin darnos cuenta, se trata para el filósofo de un "eso piensa" en nosotros.

Solidaria a su adhesión a la filosófica alemana (Schopenhauer-Nietszche) S. Freud desarrolla un concepto central en su obra que atraviesa

---

[51] Cabe apuntar que gran parte del mérito de S. Freud fue deshacerse (o disfrazar) del sesgo filosófico y humanista con el que se había formulado tempranamente la existencia de lo inconsciente (Schopenhauer y Nietzsche) y dotarlo, más bien, de un lenguaje psicologista afín con la ciencia de la época y lograr así "hacer entrar" al Psicoanálisis en el "seguro camino de la ciencia" y ser declarado "método clínico" por el tribunal de la cultura que en ese momento no era sino la intelectualidad vienesa.

sus elaboraciones teóricas desde el principio hasta sus últimos escritos que es el concepto de "núcleo de nuestro ser" (*kern unseres wesen*). Este concepto, que como veremos más adelante tiene una raíz antropológica, es puesto en primer plano para dar cuenta del inconsciente como esencia del ser. Antes de analizar este concepto resulta necesario detenernos para señalar lo siguiente: en sus desarrollos teóricos, S. Freud utiliza el término "individuo" en una oportunidad y lo escribe separando la palabra por un guion, "in-dividuo", con el prefijo "*in*" que tiene varias connotaciones; una de ellas es aquella que denota un lugar "dentro" del individuo, seguido de la terminación "*dividum*" que remite a su vez a "división" pudiendo leerse como división interna acorde a las divisiones o sistemas de su aparato psíquico en tres tópicas. Como dijimos, este aparato se asienta en una analogía entre mente-cuerpo, cuyo fundamento epistemológico es la concepción naturalista del hombre. Necesariamente, esto supone establecer coordenadas euclidianas para dicha división espacial dentro/fuera en la construcción de su aparato psíquico, siendo estas coordenadas que J. Lacan sustituye con sus grafos, esquemas y registros, todos provenientes de la Topología, dado que en esta área de conocimiento no se utilizan tales coordenadas espaciales.

Podemos adelantarnos en este punto afirmando que a partir de la concepción del núcleo de nuestro ser, S. Freud da cuenta de los argumentos fundamentales de su concepción ontológica del ser, una ontología reducida al ser como ente natural, por ende, de naturaleza biológica e individual. A propósito de lo esgrimido por S. Freud citaremos la primera de sus referencias sobre el núcleo de nuestro ser en el capítulo VII del texto *La Interpretación de los Sueños*: "A consecuencia de este advenimiento tardío de los procesos secundarios el núcleo de nuestro ser, que consiste en mociones de deseos inconscientes, permanece inaprehensible y no inhibible para el preconsciente" (1901, p. 593).

El concepto de "núcleo de nuestro ser", cuya traducción al alemán es *Kern unseres wesen*, pone de manifiesto una ontología distinta a la de J. Lacan. En efecto, S. Freud utiliza este término en varios puntos de su obra: Capítulo VII de la *Interpretación de los sueños*, para asignar una localización al "Ello" como el centro o la esencia de nuestro ser, definiéndolo como un núcleo desconocido e ignoto, origen de nuestro ser, referencia última de la verdad sobre el sujeto. En este sentido el sujeto del Psicoanálisis –el sujeto del inconsciente– es para S. Freud el in-dividuo, tal como lo define en el escrito "*El Yo y el Ello*". Esta ontología freudiana es subvertida por J. Lacan al plantear una anti-ontológica en un doble sentido: por un lado, ubica en el centro un agujero, un centro vacío de contenido; y, por el otro, en consonancia al concepto de elipse y su doble foco, establece una ausencia de núcleo, o sea, un descentramiento del sujeto con respecto al ser del ente como lo veremos más adelante. En este sentido, el núcleo de nuestro ser está localizado en el campo del *Autre/ Otro* y no en el individuo.

Por su parte, como se desprende de esta segunda referencia, S. Freud no abandona hasta el final de su obra esta concepción ontológica del ser, siendo taxativo en lo concerniente al contenido del inconsciente. Citamos su trabajo póstumo *Esquema del Psicoanálisis* de 1938, donde vuelve a localizar el núcleo de nuestro ser en el "Ello":

> El núcleo de nuestro ser está constituido, pues, por el oscuro *Ello*, que no comercia directamente con el mundo exterior y, además, solo es asequible a nuestra noticia por mediación a otra instancia (yo). Dentro del *Ello* ejercen su acción eficiente las *pulsiones* orgánicas, ellas mismas compuestas de dos fuerzas primordiales (Eros y destrucción) en variables proporciones y diferenciadas entre sí por su referencia a órganos y sistemas de órganos (El subrayado es nuestro). (p. 199)

Es importante señalar que la concepción de existencia de un núcleo esencial en el ser, instalado en las profundidades de nuestras almas, es tomada por S. Freud –como lo hemos señalado más arriba– para sustentar todos los modelos explicativos de aparato psíquico en su teoría, y que está en línea con el modelo emblemático del *huevo*, de índole estrictamente imaginaria, en donde los elementos que la conforman se ordenan a partir de un centro desde el cual parten sus determinaciones. Esta concepción biológica contrasta en forma radical con aquella propuesta por J. Lacan cuyo modelo es una estructura en forma de anillo o toro –desde el punto de vista topológico– que conforman inter-penetrados una cadena de significantes de características simbólicas. Cada eslabón o toro se caracteriza, como lo hemos establecido previamente, por presentar en su centro un agujero, o sea, posee una falta de contenido en el centro que es leída como una falta de esencia o de ser. El primer modelo utilizado es el *toro* con la forma de un salvavidas con un agujero en su centro. Si realizamos un corte longitudinal de ambas figuras, huevo y anillo, obtendremos las siguientes figuras en el plano:

Gráfico 6: Modelos de la ciencia

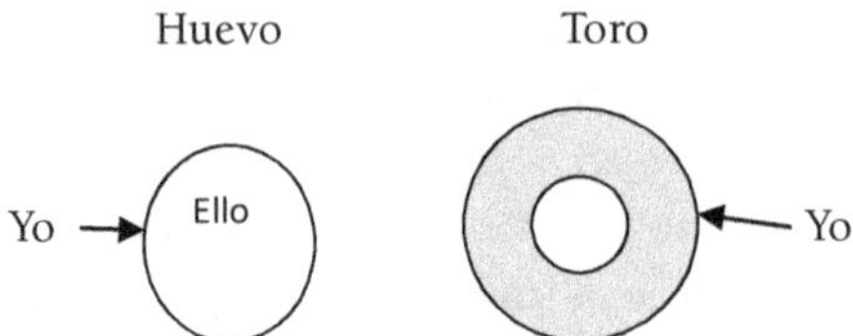

A continuación extraemos otra cita del texto principal de S. Freud, *El Yo y el Ello*, que da cuenta de la concepción evolucionista en la base de su modelo de aparato psíquico: "Es fácil inteligir que el yo es la parte del ello alterada por la influencia directa del mundo exterior, con mediación de P-Cc: por así decir, es una continuación de la diferenciación de superficies" (1923, p. 27).

La conciencia-percepción es, desde el punto de vista evolutivo, en la especie humana lo más desarrollado y lo último adquirido en la escala biológica de la especie. Este sistema es solidario con las teorías evolutivas antropológicas, en particular la proveniente de Charles Darwin. En este sentido la conciencia-percepción es el órgano especializado enfrentado a los estímulos que provienen del interior del in-dividuo como del mundo exterior. Este órgano especializado es el correlato anatomo-fisiológico del Yo y es el soporte del llamado "Principio de Realidad", principio que representa el punto de contacto directo con la realidad objetiva, tal como lo desarrolla S. Freud en la siguiente cita:

> Además del influjo del sistema P, otro factor parece ejercer una acción eficaz sobre la génesis del yo y su separación del ello. Es el cuerpo propio, del cual es visto como un objeto otro. El yo es sobre todo una esencia-cuerpo; no es solo una esencia-superficie, sino, él mismo, una proyección de una superficie. (p. 27)

En esta última cita se demuestra que el "Yo" freudiano es una proyección en un plano de la superficie de un cuerpo tridimensional, tal como lo sostiene S. Freud: "el Yo es ante todo un Yo cuerpo". Esta concepción freudiana del yo como un cuerpo es solidaria a la concepción de individuo como ente material cuya sustancia es tridimensional. Es así como el "Yo" definido como yo-cuerpo, es la sede de nuestra experiencia que ha adquirido un lugar de relevancia como centro del cual parten proyecciones hacia el mundo exterior. Estas concepciones se apoyan en el paradigma antropocéntrico que contrasta con el modelo matemático y topológico de superficie propuesto por J. Lacan de estructura bidimensional, es decir, el ente es abstracto e intangible.   Por otro lado, esta idea de cuerpo como sustancia tridimensional es solidaria con aquellas referencias existencialistas, en particular con el movimiento de investigación de la metafísica ligado a poderes no conocidos, ignotos, que desde el interior de nuestras almas ejercen una gran influencia en nuestras vidas. S. Freud no se aparta de tales concepciones (de un interior desconocido, "un ombligo del sueño" como él decía) en la construcción de su aparato psíquico a pesar de haberse alineado a los avances de la biología, la fisiología y la física. Un ombligo inefable de la sustancia biológica que se opone como veremos en el próximo capítulo a la concepción de J. Lacan de que la lógica es el ombligo del sujeto. Del mismo modo S. Freud define a las pulsiones como una fuerza biológica que desde nuestro cuerpo incide en el aparato psíquico.

Por tanto, podemos afirmar que los fundamentos epistemológicos antropocéntricos de S. Freud, el darwinismo freudiano, son de raigambre naturalista y evolucionista, y son las fuentes de conocimiento teórico para la construcción de un modelo de aparato psíquico de características evolutivas cuya ontología se encuentra en la sustancia viva a partir de la inscripción de las primeras vivencias de satisfacción y de dolor, llamadas huellas mnémicas. Es, por consiguiente, un aparato desarrollado a partir de la relación originaria con el objeto, relación de causalidad cuyas determinaciones provienen de las contingencias vivenciadas con él mismo dentro de un marco primordial de desamparo propio de la condición del nacer.

En este sentido podemos deducir que S. Freud, a pesar de haber dado un lugar innovador a su teoría del inconsciente con los trabajos de la primera tópica –*La Interpretación de los Sueños, El Chiste* y la *Psicopatología de la Vida Cotidiana*– de los cuales deduce la intencionalidad del deseo inconsciente con relación a los equívocos del lenguaje, ha dado un giro –ha vuelto a su punto de partida– a una teoría más conservadora y vitalista acorde a su concepción médica y biológica, volviendo a priorizar las vivencias y el cuerpo como fuente de las pulsiones. Un ejemplo claro de este movimiento es su analogía del aparato psíquico de su segunda tópica con el modelo rudimentario de una vesícula o una ameba con pseudópodos que en contacto con estímulos provenientes del mundo exterior desarrolla un sistema de percepción en la superficie y un aparato de registro de memoria en su interior construido sobre la base de huellas inscriptas. Asimismo, el modelo conformado por representaciones o huellas del objeto es un ejemplo del paralelismo psico-fisiológico que ratifica, al mismo tiempo, la idea de que en el origen está el objeto en esa relación estructural con el Otro materno. En dicha construcción el in-dividuo se estructura como ser viviente, rodeado y limitado por una membrana percipiente –metáfora de la ameba y sus pseudópodos– que toma muestras del mundo exterior que serían las huellas de lo experimentado. Desde esta perspectiva, el *Ello* freudiano, formado por "pensamientos inconscientes", está orientado al sentido temporal y espacial lineal de un recorrer huellas ya inscriptas, de las cuales las primeras desde el punto de vista temporal son insusceptibles de conciencia.   En su escrito póstumo *Esquema del Psicoanálisis* de 1938, S. Freud da testimonio de su posición epistemológica tal como lo hemos planteado en la presente investigación. Cabe aclarar que fue una reconstrucción de un escrito inconcluso producido meses antes de su muerte en el año 1939, período importante desde el punto de vista histórico discursivo ya que ocurrieron avances ya consolidados en el desarrollo de diversas áreas científicas, entre ellas el apogeo de la física moderna, con sus ramas cuántica y relativista, avances que el propio S. Freud no desconocía. A pesar de esto, escribía:

> Hemos llegado a tomar noticia de este aparato psíquico por el estudio del desarrollo individual del ser humano. Llamamos *Ello* a la más antigua de estas provincias o instancias anímicas.

> Bajo el influjo del mundo exterior real-objetivo que nos circunda, una parte del ello ha experimentado un desarrollo particular; originariamente un estrato cortical dotado de los órganos de percepción de estímulos y de los dispositivos para la protección frente a ellos, se ha establecido una organización que en lo sucesivo media entre el ello y el mundo exterior. A este distrito de la vida anímica le damos el nombre de yo. (1938 [1940], pp. 143-144)

IV.2.3 *Significante de la Lingüística y del Psicoanálisis a partir de Lacan. La "lingüistería"*

Si bien el concepto de "cadena" es tomado por J. Lacan de la Lingüística de Ferdinand de Saussure (Ginebra, 1912) es a partir de la obra de Roman Jakobson (Rusia, 1956) que plantea la concepción estructural cuaternaria de la misma comenzando con el estudio del fonema. El lingüista ginebrino propuso que los signos lingüísticos se disponen en un marco espacio-temporal formando una cadena que tiene dos propiedades: unidimensional y unidireccional. La propiedad unidimensional corresponde a la línea temporal, lineal, en el agrupamiento de los signos, y la propiedad unidireccional corresponde a la dirección por el cual deben ser leídos, en el sentido de una única dirección, primero uno, luego otro, luego otro y así sucesivamente (s1, s2, s3). En cambio para J. Lacan las cadenas de significantes se disponen en dos dimensiones que se explayan en un espacio topológico que consiste en la interpenetración de un anillo a otro anillo como eslabones de una cadena, así como lo define J. Lacan en el escrito *La Instancia de la Letra en el Inconsciente o la Razón desde Freud*, del año 1957:

> Avec la seconde propriété du signifiant de se composer selon les lois d`un ordre fermé, s`affirme la nécessité du substrat topologique dont le terme de chaîne signifiante dont j`use d`ordinaire donne une approximation : anneaux dont le collier *se scelle* dans l'anneau d`un autre collier fait d`anneaux[52] (el subrayado es nuestro). (p. 259)

Anillos o eslabones cuyo collar se sella o se cierra con los anillos de otra cadena, esa es la dimensión del inconsciente. Cada anillo se construye, se sella, a partir del anudamiento con otros anillos, esto quiere decir que no son unidades cerradas sobre sí mismo en interacción con otras unidades. En verdad, para ser más específicos, cada anillo se sella con otro anillo a partir del entrecruzamiento con un tercer anillo. En otras palabras, sin este tercer anillo los otros dos no se anudarían. Esto tiene una consecuencia: dos anillos no forman cadena, es decir, dos significantes no forman cadena, se requiere de un tercer significante para construirla, y es por esto por lo que el concepto de inconsciente estructurado a partir de una cadena de significantes es distinto de aquel que propone S. Freud con su noción de *"otra escena"* cuyo modelo se caracteriza por una serie lineal de representaciones o huellas mnémicas que conforman una segunda instancia con respecto a la percepción-consciencia. La otra escena plantea, de este modo, una dinámica del psiquismo entre dos sistemas. Asimismo, la in-

---

[52] Traducción nuestra: "Con la segunda propiedad del significante de componerse según las leyes de un orden cerrado, se afirma la necesidad del substrato topológico del que da una aproximación el término de cadena significante que yo utilizo ordinariamente: anillos cuyo collar se sella en el anillo de otro collar hecho de anillos".

troducción del concepto de cadena está en plena consonancia con su tesis: *el inconsciente estructurado como un lenguaje* (el subrayado es nuestro). Comencemos, entonces, por el significante lingüístico y deslindémoslo del significante tal como lo específica J. Lacan.

La primera propiedad del significante es aquella que define en *El Seminario*, Libro 3, *Las Psicosis*, Capítulo XIV. J.: "Nuestro punto de partida, el punto al que siempre volvemos, pues siempre estaremos en el punto de partida, es que todo verdadero significante es, en tanto tal, un significante que no significa nada" (1955-1956, p. 264). Tal como hemos afirmado con anterioridad, el punto de partida del inconsciente, y por ende del Psicoanálisis, es el concepto de significante y no de pensamientos o representaciones como lo propone su antecesor en sus desarrollos teóricos. Como consecuencia de esto –lo analizaremos más adelante– el concepto de inconsciente especificado por J. Lacan es distinto del propuesto por S. Freud, no es ya un lugar con contenido sino una función, esto es, una operatoria vinculada a la interpretación del psicoanalista, o sea, un inconsciente que se pone en acto a partir de una interpretación, cuyo contenido es creado ex nihilo, y no un ente ignorado que llevamos en nosotros y que debemos reconocer como la esencia de nuestro ser. Según lo afirmado por J. Lacan, una de las características del significante definida como aquello que no significa nada por sí mismo se opone a la arbitrariedad del signo lingüístico de la teoría lingüística que hace referencia a la solidaridad entre el significante y el significado. Ferdinand de Saussure define al signo lingüístico como una unidad compuesta por dos elementos, a saber: la imagen acústica y el concepto, o sea, el significante y el significado, en íntima unión. Una de las características más importantes de este signo lingüístico es la arbitrariedad que lo describe de la siguiente manera: nada indica que exista una relación natural, sino más bien convencional entre ambos elementos constitutivos del signo. El autor toma como ejemplo dos términos de lenguas distintas: "böf" y "oks"; ambos se refieren a la misma cosa, en este sentido, a la res o vaca. La idea (significado) de este animal no tiene nada que ver con los significantes utilizados b-ö-f y o-k-s para construir el signo, sin embargo, por más que se escriban en forma diferente representan una misma cosa exterior al signo, hacen referencia a una realidad exterior extralingüística, garante de la adecuación del signo con la realidad representada. En otras palabras, más allá de los términos utilizados y de los diferentes usos, sabemos a qué se refieren, en este caso, a un animal. Sin embargo, al decir del lingüista francés E. Benveniste[53] –en línea a la concepción de significante de J. Lacan– la arbitrariedad del signo saussureano no deja de poner de manifiesto una referencia natural del signo con el objeto representado. Dicho de otra forma, el vínculo que une el significante y al significado en el signo es convencional, no así, el vínculo existente entre cada signo y aquello representado que es necesario. J. Lacan va más lejos de estas definiciones y propone, en cambio, la no arbitrariedad del lazo entre significante y significado poniendo como ejemplo los equívocos que se producen en cada lengua. En este sentido el significante, definido por este autor, tiene una estructura básica: por sí mismo no significa nada y, a diferencia del signo saussureano, no tiene una asociación directa con ningún significado, es decir, no hay significado que no provenga del juego del significante, al menos, del inter-juego de dos significantes, en su necesario alojamiento dentro de enunciados. La introducción de la dupla significante rompe con la referencia uno a uno del significante y el significado. De hecho para el autor, el significado es conceptualmente distinto de la significación: el primero se define como el producto de los significados o valores socio-culturales de la época en que se producen, esto es, es el conjunto de sentidos que forman el presente de cada persona y el segundo, es una creación de sentido que proviene estrictamente de la articulación de un significante con otros significantes presentes en la estructura. Es en parte, por esto, que la significación está relacionada con el concepto específico de sujeto. En este punto, podemos afirmar que la segunda propiedad del significante es, entonces, su unión insoslayable a la estructura, o sea que el significante no existe solo en la naturaleza, está articulado con otros en una relación de tipo co-variante. El término co-variancia quiere decir que al afectarse un significante o elemento de la estructura cambia el resto, o sea, los significantes y las leyes que la gobiernan, es decir, cambia la estructura. Es una estructura en donde sus elementos se oponen entre sí y su articulación se desarrolla sobre dos ejes, la metonimia o desplazamiento y la metáfora o sustitución

---

[53] Benveniste Émile (1902-1976) lingüista francés post-saussureano, entiende que el significado de un signo, en una lengua determinada, no se puede pensar independientemente del significante. Sin embargo. al considerarse "arbitrario" el vínculo entre el significante y el significado supone una referencia a la realidad concreta. Para este autor, la relación entre significante y significado es necesario pero no arbitrario: "el concepto (significado) es por fuerza idéntico en mi consciencia al conjunto fónico (significantes) cuando pienso en el animal. Los dos juntos han sido impresos en mi espíritu, juntos se evocan en todas mis circunstancias". (Benveniste, 2010, pp. 49-51)

entre los significantes en juego en la cadena. Extraemos un párrafo del escrito de J. Lacan *De una Cuestión Preliminar a todo Tratamiento Posible de la Psicosis* de 1961, en donde establece la relación entre cadena significante, automatismo de repetición y la estructura del inconsciente:

> La concepción de la cadena significante, en cuanto que una vez inaugurada por la simbolización primordial (que el juego: *Fort! Da!* Sacado a luz por Freud en el origen del automatismo de repetición, hace manifiesta), esta cadena se desarrolla según los enlaces lógicos cuyo enchufe en lo que ha de significarse, a saber el ser del ente, se ejerce por los efectos de significante, descritos por nosotros como metáfora y como metonimia. (p. 550)

Como lo veremos más adelante, el establecimiento de una cadena significante como lugar del inconsciente tiene dos consecuencias importantes en el edificio teórico: por un lado el deslizamiento metonímico del significante, los carriles del deseo –según lo expresa J. Lacan– y la repetición o insistencia de la cadena, que explica el automatismo de repetición en la base de los fenómenos clínicos de la neurosis. Notemos, al respecto que J. Lacan deja caer con estas conceptualizaciones las nociones freudianas de compulsión, pulsión de muerte y energía pulsional somática como exigencia de trabajo del aparato psíquico. Sin embargo, lo más subversivo aún de esta cita es que plantea desde el punto de vista de la filosofía clásica una ontología del ser distinta de la teoría freudiana. Esta se apoya en la noción de individuo como referente del ser, en cambio, para J. Lacan el ser del ente es estrictamente simbólico, dicho de otra manera, su significación proviene del juego de significantes en su doble articulación, metonímica y metafórica. Entonces, podemos definir que las dos características definitorias del significante propuestas habilita de entrada otra lógica para pensar la relación: lenguaje-sujeto-objeto, en su participación en el campo de la ciencia a partir de establecer que tanto el sujeto como el objeto son creaciones ex nihilo de la operatoria del significante. En este sentido, la significación, a saber el ser del ente –el objeto– deviene por retroacción a partir de la articulación del segundo con el primer significante. Dice J. Lacan: "la simbolización primordial, o sea, el momento cero del lenguaje", comienza con la dupla significante (S1 – S2) y es a partir de ahí que se origina el automatismo de repetición, como una máquina que opera con la articulación de un significante a otro significante. Es así como el ser del ente no es algo que provenga de la naturaleza ni de sí mismo, sino de la articulación y, específicamente, de la retroacción significante en esta dupla simbólica primordial. En el artículo *Lo simbólico de J. Lacan o el "ciclón devorante*, del psicoanalista argentino Alfredo Eidelsztein, publicado en la revista de Psicoanálisis "El Rey está Desnudo" de la Asociación de Psicoanálisis para Otro Lacan (A.P.O.La), vol. 4, afirma:

> Desde el comienzo mismo de la elaboración por parte de Lacan de lo Simbólico, será este registro lo que anuda a los otros dos, ya que de hecho aporta la función del nudo. ¿Cómo? A partir de la operatoria significante. Cada significante existirá en el seno de una relación al menos dual, que se puede plantear como la del S_1 y del S_2, que fundan un tiempo reversivo y un espacio combinatorio circular; ambos constituidos por la relación significante en forma de bucle o línea cerrada, que en topología se designa "línea cerrada de Jordan". (2010, p. 17)

Eidelsztein da cuenta en la cita del fundamento epistemológico de J. Lacan que se desprende en el escrito *La Instancia de la Letra en el Inconsciente o la Razón desde Freud,* del año 1957, explicita taxativamente su posición al contraponer al *Ello* freudiano su propia teoría del significante, y, desde ahí, subvierte todos los conceptos fundamentales del Psicoanálisis, tal como se verifica en la siguiente cita: "Notre titre fait entendre qu'au-delà de cette parole, c'est toute la structure du langage que l'expérience psychanalytique découvre dans l'inconscient".[54] (p. 251)

Con relación a "Nuestro título", J. Lacan hace alusión al título de su escrito y a su posición epistemológica en su investigación: "La instancia de la letra en el inconsciente". Esto quiere decir que en el inconsciente freudiano definido como una instancia más allá de la palabra, que se manifiesta por una fuerza o compulsión a repetición de la sustancia viva, el autor ubica la estructura del lenguaje y no las huellas mnémicas, y es por este sentido que el inconsciente debe ser subvertido en forma total al modo –y con ello todos los conceptos fundamentales del psicoanálisis freudiano– de un lenguaje: "Pour la raison premier que le langage avec sa structure *préexiste* à l'entrée qu'y fait chaque sujet à un momento de son développement mental".[55] (p. 252)

---

[54] Traducción nuestra: "Nuestro título da a entender que más allá de la palabra, es toda la estructura del lenguaje lo que la experiencia psicoanalítica descubre en el inconsciente.

[55] Traducción nuestra: "Por la razón primera de que el lenguaje con su estructura

Con el término "pre-existe", J. Lacan hace mención a que el inconsciente está estructurado como un lenguaje, esto es, de letras y significantes y que esta estructura existe en el sujeto humano antes de su advenimiento como ser corporal, desterrando la idea de una evolución en el tiempo en donde en el origen está la vivencia y la huella respectiva en la sustancia viva y que luego, con la aparición de la palabra, en el desarrollo madurativo se va cercando lo inefable de la pulsión. Es importante señalar que en el escrito *Fonction et champ de la parole et du langaje en Psychanalyse*, en el idioma francés de la edición oficial *Seuil*, encontramos la palabra "*parole*", una palabra ambigua, al menos en su significado, ya que presenta tres acepciones diferentes: palabra, habla y discurso. En el título hace hincapié en las acepciones de habla y discurso y lo que quiere decir es que más allá del habla y del discurso está la estructura del lenguaje. Es allí donde se radica una diferencia crucial entre ambos autores, según entendemos: lo primero que encontramos de entrada en el sujeto es la estructura (estructura del lenguaje) y no el objeto ni las huellas mnémicas del objeto perdido.

Asimismo al introducir "*parole*" como habla y discurso, introduce necesariamente el acto de habla en el campo del Otro/*Autre* y su estructura de lazo social en la construcción del inconsciente, estableciendo que todo lo que sucede en él o se juega en él está en el campo del Otro/*Autre*. Por otro lado se deduce al mismo tiempo que cuando el inconsciente habla, el "eso habla" no sabemos si sus manifestaciones provienen del analizante o del analista, hallándose él mismo localizado en el "*entre*", como un tercer lugar (*lieu*), simbólico, entre la pareja imaginaria. En la siguiente cita de su primer seminario, *El Seminario*, Libro I, *Los Escritos Técnicos de Freud*, clase XXI, J. Lacan marca otro rumbo con respecto a estas teorizaciones freudianas a partir del concepto de falta en ser y su relación con los tres registros Simbólico, Imaginario y Real:

> Ese agujero en lo real se llama, según el modo de abordarlo, el ser o la nada. Ese ser y esa nada están vinculados esencialmente al fenómeno de la palabra. La tripartición de lo simbólico, lo imaginario y lo real –categorías elementales sin las cuales nada podemos distinguir en nuestra experiencia– se sitúa en la dimensión del ser. (1953-1954, p. 393)

---

preexiste a la entrada que hace en él cada sujeto en un momento de su desarrollo mental".

Finalmente, como ya dijimos, uno de los conceptos utilizados por S. Freud en relación con las inscripciones inconscientes en su aparato psíquico, tanto en la primera como en la segunda tópica, es el de huella mnémica. La misma tiene un concomitante que es el afecto y su conjunto conforma las marcas de las primeras vivencias de placer y displacer con el objeto, es decir, es lo más singular de cada individuo, el testimonio de las vicisitudes de la relación con los otros. De ahí se sigue, a partir de la represión, de una tendencia del aparato psíquico a realizar un movimiento regresivo hacia las primeras percepciones, o sea, a alucinar. Esta descripción tópica y dinámica del aparato contrasta diametralmente con la tópica del inconsciente propuesta por J. Lacan por dos razones: por un lado, porque localiza la misma en el signo lingüístico saussureano. El signo lingüístico creado por el lingüista ginebrino, Ferdinand de Saussure, consta de tres componentes que son el significante o imagen acústica (S), el significado (s) y la barra horizontal que los separa y que corresponde el paso de la significación. El signo forma una unidad inseparable y distintiva con otros signos, funcionan en conjunto constituyendo un sistema jerarquizado llamado lenguaje; y, por otro lado, porque reemplaza el afecto, *affeck*, definido por S. Freud como algo propio e individual de cada persona –y como lo hemos mencionado previamente es el concomitante de la representación inconsciente– por el concepto de significado que, como sabemos, tiene un valor que es cultural y social, y no tanto individual.

Finalmente J. Lacan da un paso más al diferenciar el "signo lingüístico" saussureano con su definición de significante para describir al sujeto del inconsciente; en efecto, este último tiene una estructura al menos doble, entre S1 y S2 y su conjunto cerrado constituyen el campo del *Autre*. De ahí la fórmula que expresa que el significante adquiere su significado en función del conjunto de significantes al que pertenece. El cuadro siguiente grafica las diferencias entre huella mnémica, signo lingüístico y significante en la constitución del sujeto del inconsciente:

Cuadro 3: Signo lingüístico, según F. de Saussure

Freud		Lingüística (Saussure)		Lacan
Huella mnémica $\Big\{$	Representación Afecto	Signo $\Big\{$	Significado Significante	$f(S)\dfrac{1}{S}$

El término freudiano de *huella mnémica* remite, por otra parte, al aspecto dinámico del aparato psíquico que consiste en un movimiento reversible de afecto (que S. Freud asimila al movimiento de energía dentro del aparato) que es el de la progresión y la regresión, con lo cual, volver sobre las primeras huellas, las inscripciones inconscientes del objeto, a través de regresiones temporales y espaciales que se oponen al movimiento progrediente principal que va de las huellas inconscientes a la conciencia. A este autor, el concepto funcional de regresión en el aparato psíquico le trajo aparejado una gran dificultad teórica ya que este último se construye principalmente a partir de un orden cronológico de inscripciones según una dirección temporal que va de lo primitivo a lo actual, de la huella perceptiva a los pensamientos conscientes a través de las representaciones-palabras. En contraposición a estas ideas, J. Lacan plantea, a través de la teoría del significante –como veremos más adelante– dos movimientos de determinación de sentido que configuran un bucle o rizo: el que va del significante uno al significante dos y viceversa. A este último, que va del segundo significante al primero, lo llama retroacción o *aprés-coup*, dejando entrever que no existe un movimiento reversible, un volver para atrás, sino retroactivo, dicho de otro modo, que a partir del significante segundo se crea el significante primero. Esta diferencia entre representación y significante es sostenida por J. Lacan en el escrito *Réponse au Commentaire de Jean Hippolyte sur le Verneinung de Freud* y en *Subversión del Sujeto y la Dialéctica del Deseo en el Inconsciente* que citamos a continuación respectivamente:

> C'est bien ainsi en effet que se distinguent ce premier et ce second partage du dehors et du dedans qu'indiquait la phrase de Freud : *Es ist, wie man sieht, wieder eine Frage des Aussen und Innen.* «Il s'agit, comme on le voit, à nouveau d'une question du dehors et du dedans». À quel moment, en effet, cette phrase vient-elle ? – Il y a eu d'abord l'expulsion primaire,

c'est-à-dire le réel comme extérieur au sujet. Puis à l'intérieur de la re-présentation *(Vorstellung)*, constituée par la reproduction (imaginaire) de la perception première, la discrimination de la réalité comme de ce qui de l'objet de cette perception première n'est pas seulement posé comme existant par le sujet, mais peut être retrouvé à la place où il peut s'en saisir[56] (El subrayado es nuestro). (1954-1966, pp. 5-6)

Entonces, el concepto de representación es solidario a la dimensión espacial, tópica, del aparato psíquico freudiano, cuya coordenada dentro/fuera ubica al objeto afuera y la representación del mismo dentro del aparato. Por otro lado, al utilizar la representación como referente de la percepción, permite al aparato volver sobre sus huellas para apoderarse de la misma en el sentido temporal de un volver para atrás. Por tanto, la dirección espacio-temporal del aparato progrediente-regrediente y el movimiento temporal regresivo de la representación hasta las huellas perceptivas del objeto son las características principales atribuidas al concepto de representación.

En la siguiente cita, J. Lacan abona aún más su diferencia con su antecesor realizando una maniobra que consiste en tomar el concepto freudiano de representante, –traducido al alemán como *räpresentant–*, para sustituirlo con su concepto de significante tomado de la Linguística. Es así que en el escrito *Subversión del Sujeto y Dialéctica del Deseo en el Inconsciente en Freud,* J. Lacan establece: "El representante de la representación en la condición absoluta está en su lugar en el inconsciente". (Lacan, 1966: 774). Se trata, pues, de tomar el término representante como un equivalente de significante ya que denota un campo abierto a significar y no la representación como un significado cerrado que parte de una huella mnémica inconsciente. En este sentido, la maniobra de J. Lacan es diferenciar y aislar el representante de la representación, y, a partir de esta maniobra, establece que el significante es el vehículo material del inconsciente y del deseo. Con el término "condición absoluta" el autor da

---

[56] Traducción del texto consultado: "No hay otro valor que dar en efecto a la reitera-ción de la repartición del afuera y del dentro que articula la frase de Freud. Se trata, como se ve, de una cuestión del fuera y del dentro" ¿En qué momento en efecto se articula esta frase? Ha habido primero la expulsión primaria, por ende lo real como exterior al sujeto. Luego en el interior la representación *(vorstellung)* constituida por la reproducción (imaginaria) de la percepción primera, la discriminación de aquello que del objeto de esa percepción primera no es solamente planteado como existente en el sujeto, sino es que pueda volver a encontrarse en el lugar en el que puede apoderarse de ello".

cuenta del deseo inconsciente, el deseo de la histeria como repuesta a la incondicionalidad de la demanda de amor del Otro (madre), a saber, frente a lo incondicional de la demanda de amor del Otro, el niño antepone una condición, como separación, que es el deseo. En un ejemplo superficial, sería un: tú quieres esto de mí, pero yo quiero esto otro.

La cita del mencionado escrito se encuentra en relación con el texto metapsicológico de S. Freud del año 1915, llamado *Pulsiones y sus Destinos*, en el cual menciona que la pulsión es el representante representativo de la representación en el inconsciente. J. Lacan separa y extrae el término representante de la fórmula freudiana para afirmar con ello que el representante no representa nada, equiparándolo al término lingüístico de significante. Esta diferenciación entre representante/significante por un lado y la de representación/signo por el otro debe ser considerada respecto a la hipótesis de lenguaje con la que se opera y su consecuente definición sobre el referente. Si se plantea el referente (objeto) como un elemento extralingüístico, se retorna al equilibrio del significante y significado como los dos componentes que totalizan al signo. Bajo esta posición, el significante significa algo ya dado y neutro cuyo referente es el objeto, constituyendo un significado para alguien. En esta lógica surge la definición canónica de signo: "un signo es lo que representa algo para alguien" que es la base de la construcción de los modelos de aparato psíquico freudiano y que se contrapone al concepto de sujeto tal como lo ha definido J. Lacan en su fórmula "un significante representa al sujeto para otro significante" que indica que un significante representa únicamente un lugar vacío con respecto a otro significante. En el escrito *Posición del Inconsciente en el Congreso de Bonneval* y en la clase 3, de *El Seminario, Libro XII, Problemas Cruciales para el Psicoanálisis*, de 1964, lo explicita de la siguiente manera:

> Los signos son plurivalentes: *representan sin duda algo para alguien*: pero de ese alguien el estatuto es incierto, lo mismo que el del lenguaje pretendido de ciertos animales, lenguaje de signos que no admite la metáfora ni engendra la metonimia (...) Ese alguien, en última instancia, puede ser el universo en cuanto que en él circula, nos dicen, información. Todo centro donde esta se totaliza puede tomarse por alguien, pero no por un sujeto (El subrayado es nuestro). (p. 799)

> Si se ubica aquello de lo cual se trata, si se lo pone en evidencia lo que la función del significante es, y no otra cosa que el hecho, que *el significante*

representa al sujeto para otro significante. Es a partir de este descubrimiento que la ruptura del pacto, supuestamente preestablecido del significante a algo, que, estando roto, se prueba en la historia y porque es de allí que ha partido la ciencia, se prueba, que es a partir de esta ruptura –no se la enseña más que incompletamente– que puede inscribirse una ciencia. A partir del momento en que se rompe ese paralelismo del sujeto al cosmos que lo envuelve, y que hace del sujeto psicológico, microcosmos. (Lacan, 1964, 317)

En este sentido, el término "representante" adquiere otro valor en la teoría de J. Lacan ya que la idea de referente con la que opera el lenguaje se construye desde la existencia del lenguaje mismo, por lo tanto no lo precede. Por esta razón, el significante remite a otro significante y no a un significado, y de esa articulación surge como creación un significado o, en todo caso, el referente. Y así lo enuncia J. Lacan en el escrito *Réponse au Commentaire de J. Hyppolite sur le Verneinung de Freud* :

> Il n'est besoin pour le comprendre dans la théorie freudienne que d'entendre celle-ci jusqu'au bout, car si toute représentation n'y vaut que pour ce qu'elle reproduit de la perception première, cette récurrence ne peut s'arrêter à celle-ci sinon à titre mythique.[57] (p. 6-7)

Este es el asunto: toda representación vale por lo que reproduce o representa, es decir la percepción del objeto. El volver hacia atrás, hacia las primeras huellas del objeto, es lo que constituye la percepción del objeto que, en su momento se encontraba afuera del aparato psíquico. Notemos, además, que dicha referencia es mítica, en el sentido de un relato o ficción sobre una supuesta relación con el objeto en el origen de la representación. En el párrafo siguiente del mismo texto, J. Lacan plantea su posición contraria a dicha formulación: «Pour nous, nous nous contenterons de remarquer que ce n'est que par les articulations symboliques qui l'enchevêtrent à tout un monde que la perception prend son caractère de réalité »[58]. (p. 8)

---

[57] Traducción nuestra: "No se necesita para comprenderlo en la teoría freudiana más que escuchar a este hasta el fin, pues *si toda representación no vale en ella sino por lo que reproduce de la percepción primera*, esta recurrencia no puede detenerse en esta sino a título mítico" (el subrayado es nuestro).

[58] Traducción nuestra: "En cuanto a nosotros, nos contentaremos con observar que es únicamente por las *articulaciones simbólicas* que lo enmarañan con todo un mundo *como la percepción toma su carácter de realidad.*" (el subrayado es nuestro).

Por ende exactamente al revés de lo planteado por S. Freud, son las articulaciones simbólicas mismas las que determinan la realidad de la percepción. Para este último autor la realidad objetiva (*wirklichkeit*) se apoya sobre el sistema de percepción-conciencia del Yo, en cambio, las fantasías, la realidad subjetiva, tienen su fuente en el Ello.

Como veremos en el capítulo siguiente, es a partir de este desarrollo freudiano del inconsciente basado en la reproducción de las huellas perceptivas del objeto y su referencia inmediata con la realidad misma que J. Lacan sustituye –reemplaza– con la creación de los tres registros, en particular con la primacía de lo simbólico para dar cuenta de la realidad inconsciente. Maniobra que no se le escapa a la filósofa francesa contemporánea, Bárbara Cassin, referente importante en lo que respecta al estudio de la obra de J. Lacan. En su libro: *Jacques el Sofista* del año 2013, la filósofa analiza una cita de J. Lacan proveniente de una conferencia dictada en la Universidad de Yale en el año 1975:

> El término *parlêtre* inventado por él, se propone para sustituir el Inconsciente de Freud (*ello*): "apártate de ahí (el ello) para que yo me instale. Es un círculo vicioso decir que somos seres hablantes. Somos "*parlêtres*" "*hablaseres*", palabra que en francés, para sustituir al inconsciente, tiene la ventaja de producir equívoco con parlote, "cháchara" y con el hecho de que es del lenguaje de donde recibimos esa locura de que haya ser (el subrayado es nuestro). (p. 156)

J. Lacan utiliza en toda su obra el recurso semántico de los neologismos, en el sentido de la creación de un término o palabra con significaciones específicas para poder dar cuenta de los conceptos o funciones en su teoría que no se encuentra en los diccionarios oficiales de ninguna lengua. A través de ellos instituye nuevas concepciones del concepto en el campo del Psicoanálisis por la originalidad que introduce. Entre ellos existe uno de gran importancia: el término en francés "parlêtre" que resulta de la condensación de *parle*, tercera persona del presente del indicativo del verbo *parler*, y *être*, ser, en el infinitivo del verbo y como sustantivo para señalar *la primacía del habla sobre el ser*, en contraposición a la definición canónica aristotélica del hombre como ser dotado de logos, lenguaje "*être-parle*", siendo esta última la fuente ontológica del saber freudiano, ya que primero está el ser en la escala evolutiva, como sustancia biológica en cuyo cuerpo se encuentra la fuente de las pulsiones y, luego, está la palabra. De esta manera, el autor se apoya en la episteme[59] de la filosofía presocrática de Heráclito y en Platón quienes priorizaron el lenguaje por sobre la experiencia: nuestro mundo de experiencia, el mundo que percibimos a través de los sentidos es una copia, una versión degradada del mundo de las ideas. En este sentido J. Lacan agrega algo mucho más subversivo aún, a saber: no solamente la dependencia del ser respecto de la palabra, esta última entendida como habla, enunciación, en el acto de hablar, sino también, los equívocos, ambigüedades del habla, la "cháchara", el parloteo y los dichos.

Por su parte, S. Freud inmerso en las concepciones de la física clásica newtoniana, describe un elemento cuantitativo en el aparato psíquico –la *"cantidad[60]"* {Q} del escrito *Proyecto de una Psicología para Neurólogo* (Freud, 1895-1950)– al monto de afecto –el concomitante de la representación– y lo asimila al concepto de "libido", este último entendido como energía sexual a partir del escrito *Tres ensayos para una Teoría Sexual* de 1905. Posteriormente, a partir de los trabajos metapsicológicos y bajo el último dualismo pulsional –Pulsión de vida y Pulsión de muerte– subsume esta energía sexual o libido a la Pulsión de vida. Desde otra perspectiva y como resultado de la introducción del significante en la teoría J. Lacan sustituye el concepto de libido como una energía en reposo y en movimiento dentro del aparato por el concepto de "lámina" de estructura bidimensional, es decir, una superficie topológica cuyas características principales son la intangibilidad y la interpenetración. Estos elementos provenientes de la matemática son introducidos para poder dar cuenta de qué materialidad están constituidos los tres registros encadenados Simbólico, Imaginario y Real.

En el escrito *Posición del Inconsciente en el Congreso de Bonneval*, afirma lo siguiente con respecto al concepto de libido:

> Con la salvedad de su nombre que vamos a cambiar por este otro más decente de laminilla (por lo demás la palabra omelette no es más que una metástasis de la palabra francesa lamelle: lámina). Esta imagen y este mito

---

[59] Entendemos episteme, desde la Filosofía, como el conocimiento garantizado y verdadero que surge de la operación intelectual lógica y matemática que se opone a la Doxa, conocimiento basado en la opinión y la experiencia personal.

[60] La episteme aristotélica se caracterizó por definir al ente en cuanto ente, es decir, a la doctrina del ser como *energeia*, una cantidad, intrínseca a los cuerpos móviles.

nos parecen bastante apropiados para figurar tanto como para poner en su lugar lo que llamamos la libido.[61] (Lacan, 1960-1964, p. 805)

Para tratar de entender lo que significa superficie o lámina en la teoría de J. Lacan es necesario aclarar, tal como lo hemos expresado en párrafos más arriba, que los objetos matemáticos –punto, recta y superficie– son entes abstractos intangibles equivalentes a las dimensiones cero, uno y dos. Contrapunto importante entre ambos autores que lleva a orientaciones teóricas opuestas, ya que no es lo mismo una superficie bidimensional que supera los límites del cuerpo con el concepto freudiano de la libido definida como una energía que nace y se desplaza dentro del cuerpo. Ya en sus primeros escritos J. Lacan reemplazó este modelo de libido –el newtonismo freudiano– el concepto de energía desde la perspectiva de la física clásica, en especial los conceptos de la termodinámica y sus leyes primera y segunda por el concepto matemático de "equivalencia", tal como lo formula por primera vez en la Conferencia Científica *Lo Simbólico, lo Imaginario y lo Real* dictada en el año 1953:

> El término libido no hace más que expresar la reversibilidad que implica la noción de equivalencia, cierto metabolismo de las imágenes. Para pensar esta transformación se necesita un término energético. Para eso sirvió el término libido. (p. 805)

El término "equivalencia" proviene de la matemática, específicamente de la teoría de conjuntos. Aquí se trabaja con el concepto de función que es, en forma estricta, un elemento simbólico que forma parte de un campo abstracto, que es el registro Simbólico y que está vinculado, como lo veremos en el capítulo siguiente, con la estabilidad de las imágenes en la articulación de los otros dos registros, Imaginario y Real. En el escrito *La Agresividad en Psicoanálisis*, J. Lacan trabaja a partir del concepto de lámina la estructura espacial del inconsciente, tomando como ejemplo una superficie topológica: la banda de Moebius:

> Moebius que es esta suerte de *lámina* que es una banda. Pero ese salto no manifiesta ninguna otra cosa sino una exigencia del pensamiento que, para objetivar ahora el registro de las reacciones agresivas, y a falta de poder seriarlo en una *variación cuantitativa*, debe comprenderlo en una

---

[61] Lacan, J, 1960-1964. *Posición del Inconsciente. Intervención en el Congreso de Bonneval*, Escritos 2, México. Ediciones Siglo XXI, ed. 2007, p. 805.

fórmula de *equivalencia*. Así es como lo hacemos con la noción de libido (el subrayado es nuestro) (1964, p. 115).

Como vemos, el concepto de equivalencia de la matemática reemplaza al concepto de cantidad de la teoría freudiana, entendido como el monto de energía del aparato psíquico. En este sentido, el salto al que hace alusión J. Lacan es la necesidad lógica de realizar el pasaje de la teoría energética de la física clásica (referencias fundamentales en la construcción del aparato psíquico freudiano) a la matemática y a la lógica, campos utilizados por él en sus desarrollos teóricos para poder situar allí las dimensiones de los tres registros. En consecuencia los conceptos psicoanalíticos deben ser localizados –seriarlos– con otros conceptos para poder leerlos en su plena dimensión. No son conceptos aislados, están articulados en un edificio teórico de relaciones lógico-matemáticas. En este marco de conceptos, el autor desarrolla la idea de "campo"[62], o sea, las coordenadas por donde opera el Psicoanálisis como técnica y como terapéutica del malestar en la cultura. Este campo no es otra cosa que el campo lógico-matemático cuya materialidad es de palabra, significante y letra.

El filósofo contemporáneo René Guitart (2013) afirma al respecto: "El núcleo común a la matemática y el Psicoanálisis es la cuestión de la letra y la literalidad"[63] (p. 13). Se trata, pues, de escribir y leer para construir un sujeto a partir de un cálculo que permita resolver el síntoma psicoanalítico y esto es diametralmente opuesto a las concepciones freudianas que se fundamentan en una aparato psíquico interno al individuo cuya estructura es análoga a los sistemas biológicos. Es desde estas coordenadas que el trabajo de un psicoanalista está basado principalmente en descifrar, a saber, leer e interpretar la escritura inconsciente. En el escrito, "*Posición del Inconsciente en el Congreso de Bonneval*", J. Lacan dice al respecto:

> (...) el inconsciente no tiene sentido sino en el *campo* del Otro –y menos aún esto que resulta de ello: que no es el efecto de sentido el que opera

[62] En el escrito inaugural de su enseñanza, *Función y Campo de la Palabra y el Lenguaje*, J. Lacan introduce el concepto de campo en el Psicoanálisis equiparándolo a la estructura de un lenguaje: "Afirmamos por nuestra parte que la técnica no puede ser comprendida, ni por consiguiente correctamente aplicada, si se desconocen los conceptos que la fundan. Nuestra tarea será demostrar que esos conceptos no toman su pleno sentido salvo orientándose en un campo de lenguaje, sino ordenándose a la función de la palabra". (Lacan, 1966, p. 239)

[63] Guitart René (2003), Evidencia y Extrañeza. Matemática, Psicoanálisis, Descartes y Freud, Buenos Aires, Amorrortu Editores.

en la interpretación, sino la articulación en el síntoma de los *significantes* (sin ningún sentido) que se encuentran allí apresados (el subrayado es nuestro) (1966, p. 801)

Es interesante señalar de paso en esta cita que J. Lacan nos está diciendo que la interpretación en Psicoanálisis no es el resultado de un efecto de sentido sino de un modo particular de articular los significantes del campo del Otro, el campo del significante, el tesoro de los significantes (*Autre*) del Inconsciente, y es en este sitio donde opera el psicoanalista si está bien posicionado, es decir, si deja de lado las interpretaciones subjetivas de sentido y se aboca al armado de la cadena significante a partir de ciertas articulaciones lógicas para que surja la interpretación. Por otro lado, es interesante subrayar lo que J. Lacan nos advierte al inicio de la cita, "el inconsciente no tiene sentido", queriendo afirmar con ello la falta de contenido del mismo, dicho de otra forma, no se trata de huellas de acontecimientos vividos, cimientos fundacionales del aparato psíquico freudiano, sino "en el campo del Otro", esto es, sino se toma al inconsciente como estructurado como un lenguaje.

En resumen podemos afirmar que el concepto de lámina o superficie es crucial a los fines de delimitar el campo clínico del Psicoanálisis y la modalidad de intervención terapéutica. Para ello resulta importante apoyarnos en la misma conferencia inaugural de 1953, *Le Symbolique, l' Imaginaire et Le Réel,* donde J. Lacan produce una distinción radical entre la concepción de aparato psíquico freudiano –la segunda tópica– y la concepción estructural del significante que subyace a la construcción de sus tres registros, de la cual se deduce que ya no se trata de vivencias y de representaciones como marcas o huellas de la experiencia, sino de una equivalencia y por ende de una relación de puras diferencias, dejando caer el concepto de referencia bi-unívoca entre aquello representado y la representación. En la conferencia introduce el concepto de significante para revocar la idea freudiana que afirma que en la construcción del aparato anímico está de entrada el objeto perdido, fundamento de la construcción de la segunda tópica, sino está el significante, y que el objeto es creado a partir de la articulación significante. Este objeto que nace del significante es su creación –tal como lo afirma el autor– es el llamado "objeto a".

En definitiva, hallamos que la sustitución del concepto freudiano de representación por el de significante (S) de J. Lacan abre un nuevo Psicoanálisis, en otros términos, una nueva concepción teórica y una epistemología contraria a la teoría freudiana. Además, es importante señalar que la construcción de un aparato en base a representaciones o huellas mnémicas está en consonancia con la problemática de su espacialidad (tópica) y que se explica por las características propias de las representaciones, tal como lo plantea J. Lacan en esta cita compleja que, a continuación incluimos e iremos analizando por partes, y que se encuentra en *El Seminario*, Libro 12, clase 4, *Problemas Cruciales para el Psicoanálisis* del año 1964:

> El mismo esquema que aquel que les recordaba representando la superficie de Moebius que es esta suerte de *lámina* que es una banda. No pueden cerrarla más que por una superficie que se recorta ella misma, donde si no lo hace, la superficie de Moebius la atraviesa (el subrayado es nuestro). (p. 39)

El modelo topológico que propone J. Lacan para esquematizar la estructura del inconsciente en función de su constitución significante es la banda de Moebius. En una somera descripción podemos decir que esta banda es una superficie topológica de una cara y un borde. Esta banda puede ser construida a partir de una cinta cilíndrica realizando dos maniobras sobre ella: primero, se le efectúa un corte que va de un borde a otro; luego, se le hace una media vuelta sobre sí misma y unimos los bordes con pegamento, quedando una torsión. Esta media torsión la convierte en una superficie bidimensional, eliminando, a su vez, una cara y un borde; vemos entonces, que con esta maniobra se eliminan las dicotomías freudianas de superficie-profundidad y de dentro-fuera de los modelos de aparato psíquico. Continúo con el texto:

> El sumergirla en el espacio de tres dimensiones es una necesidad, pero no define la propiedad de la superficie. Aún en el espacio de tres dimensiones, falta que esta estructura tenga una cualidad privilegiada que la distinga de otra, que es esta: lo que viene a ocupar en mi esquema el contorno de esta entrada que lo especifica y hace de ello esta superficie donde las cosas no son orientables porque ellas pueden siempre pasar del anverso o del reverso. (p, 40)

Si tomamos con nuestra mano una banda de Moebius y la recorremos a lo largo de su borde con un dedo comprobaremos que el borde externo se continúa sin interrupciones con el borde interno de la banda, o sea, tiene un solo y único borde. Al mismo tiempo podemos comprobar que si deslizamos el dedo en la cara externa de la banda, esta se continúa sin atravesar borde alguno, con la cara interna. En el caso de una banda cilíndrica, por el contrario, encontramos que la misma cuenta con dos caras y dos bordes. Es decir, la estructura del inconsciente, el sujeto y el Otro son, para J. Lacan, entidades conceptuales de índole lingüístico (significante) y matemático que no tienen una delimitación espacial tal que contemple un borde que separe lo interno de lo externo, ni la profundidad de la superficie como en una figura tridimensional, sino que sus elementos son abstractos y se disponen en un espacio uni o bidimensional. La figura del huevo tal como lo propone S. Freud en el modelo de aparato psíquico de su segunda tópica tiene su fundamento en dicha figura tridimensional.

Finalmente, la última parte de la cita plantea la necesidad del agujero como "falta de centro" tal como se deduce en la figura topológica de un anillo o toro y la banda de Moebius: "Es en cada lugar de la tela que, por un simple deslizamiento, puede producirse este anillo de falta que le da su estructura topológica" (p. 41)

Gráfico 7:

Corte del anillo, media torsión y pegado de los extremos:

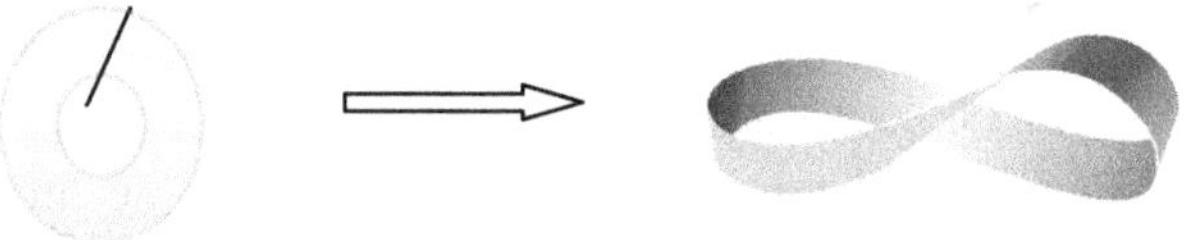

Toro o anillo   Banda de Moebius

Modelos de la Topología, transformación de un modelo a otro

Tal como lo hemos dicho desde el inicio del capítulo, el punto de partida para J. Lacan es el concepto de significante, obtenido y diferenciado, al mismo tiempo, del significante de la Lingüística Estructural. El significante especificado por J. Lacan tiene una estructura mínima de, al menos, dos significantes, estableciéndose así la pura diferencia. Estos dos significantes conforman un bucle o anillo:

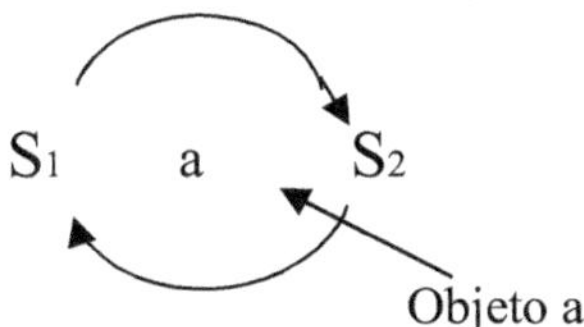

La articulación de al menos dos significantes crea el "objeto a", objeto de estructura lógica que funciona como causa del deseo. Si bien el agujero creado por la dupla significante tiene como efecto crear un resto que es el "objeto a", este es, a su vez, de estructura significante. Esto nos demuestra que el objeto para J. Lacan, al cual apunta el deseo humano no es tridimensional ni tampoco es un objeto que fue encontrado en primera instancia en la realidad, y luego, el aparato psíquico tiende a reencontrarlo o re-hallarlo; por lo tanto, no es un objeto que una vez fue hallado y después perdido irremediablemente, sino que es un objeto producto del significante, que implica una imposibilidad de escritura en cada caso que la lógica lo determina. Esto lo veremos en el último capítulo del presente estudio a partir del análisis del cuento de La Carta Robada.

Es por este sentido que el objeto causa del deseo es una creación ex nihilo de la articulación significante. A nivel discursivo, esto se demuestra en que a medida que se habla el objeto se crea. Incluso el objeto deja de ser ese mismo y se convierte en otro. En función de lo dicho, incluimos algunas citas que permiten entender lo que el autor dice sobre el significante y su estructura doble en relación con las manifestaciones del inconsciente y los síntomas en la experiencia psicoanalítica presentes en *La Ciencia y la Verdad* del año 1965:

> En una palabra, volveremos a encontrar aquí al sujeto del significante tal como lo articulamos el año pasado. Transportado por el significante en su relación con el otro significante, debe distinguírsele severamente tanto del individuo biológico como de toda evolución psicológica subsumible como sujeto de la comprensión. (p. 831)

El sujeto del inconsciente se define, según J. Lacan, a partir de lo que representa un significante para otro significante, vale decir, en esa articulación misma. Asimismo diferencia que el sujeto del significante no tiene nada que ver con el individuo biológico ni con ninguna teoría evolucionista de la psicología, eliminando por la misma articulación el efecto de comprensión que conlleva el término de representación, es decir, se suprime la relación directa entre la representación y lo representado con lo cual se entra en el ámbito del entendimiento entre personas. Noten que entre ambos significantes se encuentra un agujero de significación que corresponde al "objeto a" creado por el autor. Este "objeto a", junto al concepto específico de Sujeto, es el efecto de la articulación de significantes en la estructura.

Cuadro 4 Cadena significante, según J. Lacan.

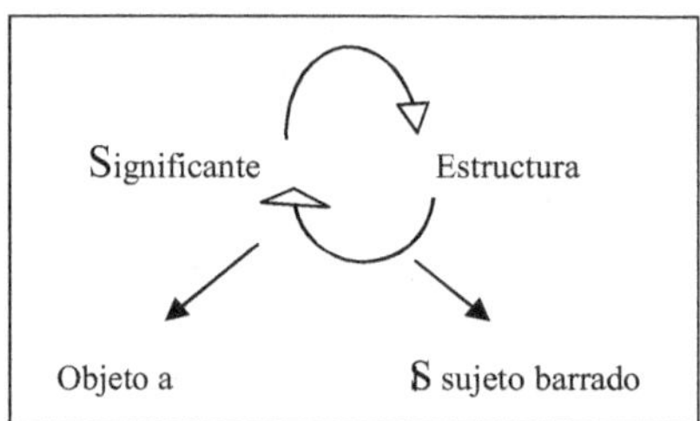

En la siguiente cita que proviene del escrito *Del Sujeto por Fin Cuestionado*, conocido como *Discurso de Roma*, J. Lacan habla sobre esta idea:

> A diferencia del signo, del humo que no va sin fuego, fuego que indica con un llamado eventualmente a apagarlo, el síntoma no se interpreta sino en el orden del significante. El significante no tiene sentido sino en su relación con otro significante. Es en esta articulación donde reside la verdad del síntoma (1966, p. 227).

J. Lacan diferencia el signo lingüístico del significante, como dijimos, a partir de la necesaria referencia del primero al significado con la referencia a otro significante del segundo. Y esto es lo más importante que debemos saber: el síntoma psicoanalítico tiene una estructura significante y su interpretación no es otra cosa que la manipulación de sus leyes de articulación. De ahí que el síntoma es un saber que se sustrae al sujeto, un saber cuya estructura es de significantes. El autor trabaja extensamente en su especificación del significante en Psicoanálisis en referencia a dos autores de la Lingüística Estructural, ellos son Ferdinand de Saussure y Roman Jakobson. Es lo que llama nuestra "lingüistería".

Como veremos en lo que sigue, si bien J. Lacan se apoya en el signo saussureano para dar cuenta del significante en la teoría psicoanalítica es en la lingüística estructural donde especifica su propia concepción. En una breve síntesis, podemos decir que Roman Jakobson fue el referente principal de la corriente lingüística estructural rusa. Ha reformulado la teoría del algoritmo saussureano al establecer, por un lado, que la unidad lingüística mínima llamada "fonema" carece de significación y que toma su valor de la articulación con otros fonemas y, por el otro, que el fonema forma parte de una estructura cuaternaria en el acto de la comunicación, a saber: el emisor, el receptor, el código y el mensaje. Para Jakobson es importante mencionar que para que haya comunicación es necesario que esté presente el receptor:

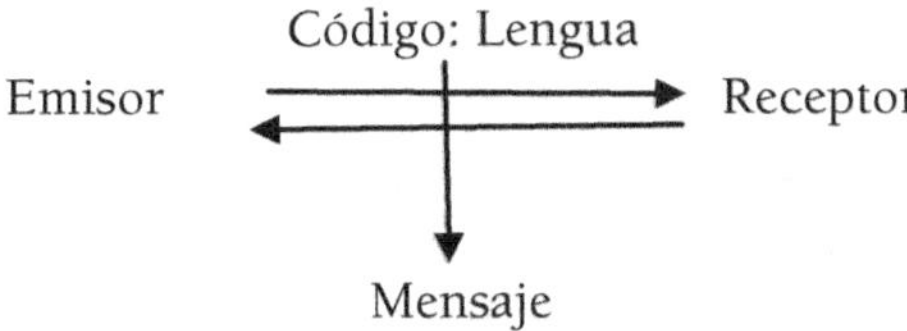

Para F. de Saussure, en cambio, el algoritmo lingüístico, está conformado por dos elementos: el significado –contenido o concepto mental– y su imagen acústica. Ambos constituyen la representación "mental" de un objeto exterior al individuo, dejando por fuera el campo del otro, esto es, al receptor. Este algoritmo o signo lingüístico es trabajado por J. Lacan en su escrito *La Instancia de la Letra en el Inconsciente, o la Razón desde Freud* de 1957, donde estudia extensamente el concepto de signo y su disposición en una cadena lineal y unidireccional. En efecto, el signo corresponde al corte o al eslabón que reúne en un solo tiempo el campo de la sintaxis y el campo del significado, este último proviene del contexto socio-cultural que engloba los significados compartidos por una comunidad de sujetos hablantes.

El signo lingüístico saussureano es el siguiente:

Gráfico 8

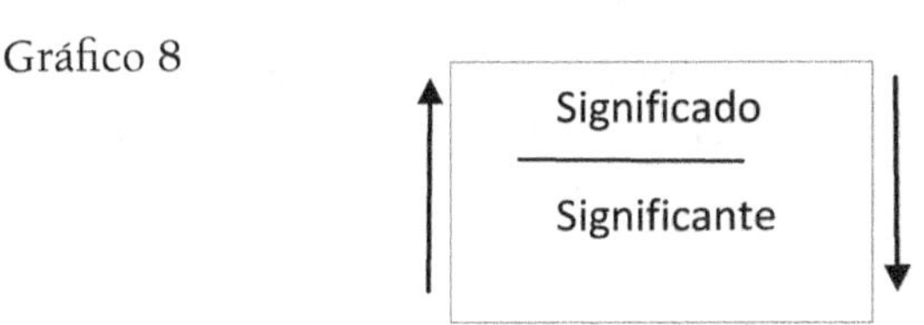

Signo lingüístico según F. de Saussure

En el mismo escrito J. Lacan efectúa una maniobra sobre el signo que consiste en girarlo 180°, estableciendo así la primacía del significante (S) sobre el significado (s) y, al mismo tiempo, creando un tercer término en el signo que es la barra de separación entre S y s, una barra resistente a la significación. En este sentido, la fórmula empleada en el escrito *La instancia de la letra en el inconsciente o la razón desde Freud* da cuenta de que el significado es el resultado de la función entre un significante y el conjunto de significantes:

$$f\,(S)\,\frac{1}{S}$$

Es importante resaltar que, a través de esta función, el autor da cuenta de la estructura lógico-matemática del significante. Posteriormente, en el mismo texto, establece que el traspaso de dicha barra resistente a la significación es a través de la articulación con otro significante de la cadena. En el mismo escrito *Instancia de la Letra en el Inconsciente o la Razón desde Freud,* construye otra fórmula al respecto, la cual se lee, el significado es funcional a la articulación de los significantes, como mínimo dos:

$$\frac{S1 \longleftrightarrow S2}{s}$$

En el discurso inaugural de las primeras Jornadas de la Asociación Mundial de Psicoanálisis en Roma, conocido como *Discurso de Roma* del año 1953 y que es transcripto en los Escritos con el título: *Del Sujeto por Fin Cuestionado*, J. Lacan plantea lo siguiente:

> El significante no tiene sentido sino en su relación con otro significante. Es en esta articulación donde reside la verdad del síntoma. El síntoma conservaba una borrosidad por representar alguna irrupción de verdad. De hecho es verdad, por estar hecho de la misma pasta de que está hecha ella, si asentamos materialistamente que *la verdad es lo que se instaura en la cadena significante* (el subrayado es nuestro). (p. 21)

En esta compleja cita J. Lacan articula síntoma, significante y verdad. Esta última tiene la misma estructura que el significante, dicho de otra forma, proviene de la articulación misma de los significantes en juego del síntoma y no de alguna referencia a hechos experimentados o de alguna huella inconsciente como testimonio de la verdad, tal como se deduce del aparato psíquico freudiano. Si somos estrictos en esto, la verdad, según esta interpretación, no se apoya en ninguna vivencia o huella pasada, sino que se construye cada vez en la medida que se ponen en juego las articulaciones significantes en una cadena. Además, hace mención a otra particularidad de la introducción del significante que es la ambigüedad propia del síntoma a con respecto al significado, en el sentido, de que la ambigüedad del síntoma psicoanalítico proviene de la opacidad o ambigüedad de la palabra tomada como significante.

En el mismo escrito J. Lacan nos aclara que su significante no tiene la misma característica que el significante de la lingüística o de la sociología. Tenemos, en este sentido: el signo lingüístico de Saussure, el significante de la lingüística estructural y el de J. Lacan. El signo saussureano conlleva en forma arbitraria una relación directa entre la imagen acústica y el significado, es una unidad individual y completa. El significante que J. Lacan propone en su teoría es, desde el año 1961, aquel definido en relación con otro significante y de esa articulación se desprende el significado, y, como ya dijimos antes, tampoco se trata de un signo biológico, tal como lo explicita en la próxima cita:

> No dudamos que se nos concederá que no puede ser sino de su valor significante; y que incluso negándose a ser estúpido para el criterio, ese humo seguiría siendo para la reducción materialista el elemento menos metafórico que todos los que podrían levantarse al debatir si lo que representa debe retomarse por el sesgo de lo biológico o de lo social. (1966, p. 333)

Si bien el contexto sociocultural del individuo establece el valor de los significantes en la teoría sociológica, en la teoría psicoanalítica propuesta por J. Lacan, el valor del significante está en relación con otros significantes en el discurso familiar, lo que se denomina la lengua materna. En este sentido el Psicoanálisis propone un nuevo lazo social que se diferencia del lazo que se funda en la sociedad y en el contexto histórico-cultural. En efecto, el sujeto particular se construye a partir de los significantes del Otro/*Autre*, en un lugar de pura oposición con otros significantes. El Otro, entendido, como la encarnadura de aquellos que fueron nuestros representantes parentales, incluidas varias generaciones. Tomemos una sesión de psicoanálisis como ejemplo, el analizante le habla al psicoanalista en su lengua materna y esta tiene poco que ver con el lenguaje social u objetivo. De ahí que el lazo social que instaura el psicoanálisis es un lazo particular con un psicoanalista y no con todos ellos, creándose así una suerte de sujeto a partir de los significantes del Otro con el que uno opera para comunicar sus deseos, conflictos y vacilaciones.

Por tanto resaltamos que una unidad significante supone un lazo con otro significante y que toma su valor por la diferencia con el resto de los significantes de la cadena, esto es, vale por su connotación negativa con respecto al resto. De este modo J. Lacan hace explícita su definición de sujeto del inconsciente como lo que un significante representa al sujeto para otro significante. Como veremos en el próximo capítulo, el conjunto de significantes se dispone en dos dimensiones: sincronía y diacronía. Por consiguiente, si el sujeto está en el conjunto de significantes, la red sincrónica de los mismos produce, en la diacronía, efectos preferenciales de repetición, es decir, la estructura sincrónica del significante favorece cierta repetición y es lo que J. Lacan denomina "automatismo de repetición". Esto se verifica en la clínica a través de la repetición por parte del analizante de ciertas frases fundamentales de las cuales el analista los sitúa o localiza como letra, dicho de otra manera, como un significante localizado, para poder ser articulado con otras letras del discurso. En este sentido, podemos afirmar que el inconsciente adviene a partir de la articulación de una dupla significante con otra dupla significante, tal como es conformada una cadena.

En su libro, *La Topología en la Clínica Psicoanalítica*, del psicoanalista argentino, Eidelsztein Alfredo, presenta un modelo de cadena de significantes, cuyos eslabones son duplas de significantes: (2012, p. 81)

Gráfico 9

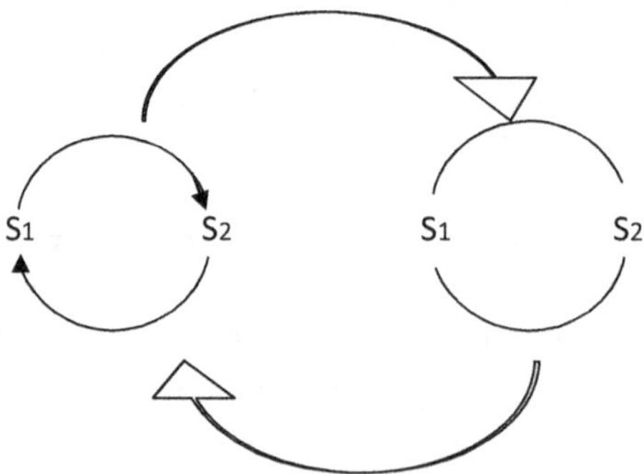

Cadena de significantes, según A. Eidelsztein

El autor de este modelo de cadena se pregunta sobre el modo en que opera o funciona el significante en el inconsciente. Como dijimos, tenemos palabra, significante y letra en la conformación del sujeto, del objeto y del inconsciente, y ahora, corresponde ubicar a la letra en la estructura del inconsciente. La siguiente cita de J. Lacan es esclarecedora al respecto de la función de la letra en el inconsciente, proviene del *Seminario, Libro 18, De un Discurso que no fuera del Semblante*, clase del dieciocho de marzo de 1971:

> Porque en fin, si uno se refiere a algunos otros escritos que han sido ahí *publiarrojados* a la basura, quizás sería preciso acordarse que no es por nada que escribí "La instancia de la letra en el inconsciente". No dije "La instancia del significante", ese querido "significante lacaniano" como se dice, como se dice cuando se quiere decir que se lo arrebaté indebidamente a Saussure. Sí, que el sueño sea un jeroglífico, dice Freud, naturalmente no es lo que me hará desistir ni siquiera por un instante de que el Inconsciente está estructurado como un lenguaje. Solo que es un lenguaje en medio del cual apareció su escrito (El subrayado es nuestro). (p. 237)

Es sumamente importante destacar que estos desarrollos sobre cadena significante y su estructura lógico-matemática dan cuenta de que en el inconsciente hay letras que conforman una escritura definidas como significantes localizados en un dicho, y para que hayan letras el psicoanalista debe realizar una operatoria de convertir los significantes que insisten en el síntoma en letras y articularlas con otras letras para poder ser leídos en transferencia. De esto se desprende que el psicoanalista no solamente da cuenta de que hay un decir en la experiencia psicoanalítica sino, más importante aún, establece una lectura que habilita la interpretación. Por tanto, conociendo la estructura de letra del inconsciente como significante localizado en un discurso, el discurso psicoanalítico puede operar con ellas y crear nuevas lógicas que permitan cancelar el síntoma y el exceso de sufrimiento que trae aparejado. De ahí que frenar la repetición del significante en el síntoma es el resorte fundamental de la demanda de análisis. Estos desarrollos del autor contrastan en forma radical, tanto en su teoría como en su praxis, con los desarrollos de S. Freud, en especial el modelo-teórico de su segunda tópica, en el cual un "aparato psíquico" es construido sobre la base de huellas o inscripciones inconscientes. No es lo mismo definir al inconsciente como un sistema de inscripción localizado en un aparato psíquico dentro de un individuo que definirlo como letra localizada en un discurso, en este sentido, podemos afirmar: el inconsciente propuesto por J. Lacan está constituido por letras ordenadas en una sintaxis dentro de un decir impersonal en la experiencia psicoanalítica. En una clase proveniente de *El Seminario*, Libro VII, *La Ética del Psicoanálisis* del año 1959, J. Lacan hace referencia a la estructura del aparato psíquico freudiano que da cuenta, una vez más, de la diferencia radical en los fundamentos epistemológicos de sus modelos:

> La primera inscripción se produce a determinada edad, que su primera aproximación lo hace colocar antes de los cuatro años. Más tarde, hasta los ocho años, más organizada, es decir organizada en recuerdos, parece constituir un inconsciente. En otras palabras, la elaboración que nos hace progresar de una significación del mundo a una palabra que puede formularse, una cadena que va del inconsciente más arcaico hasta la forma articulada de la palabra en el sujeto, *todo sucede entre cuerpo y carne* (el subrayado es nuestro). (p. 311)

Este es el "aparato psíquico" freudiano, y tal como lo expone J. Lacan, es manifiesta la diferencia de sus propios lineamientos con respecto a los desarrollos teóricos sobre el inconsciente. Un aparato que inscribe vivencias, principalmente en forma de imágenes, cuyas huellas inconscientes se producen durante los primeros años de vida del niño, y luego, con la adquisición del lenguaje oral comienzan las re-transcripciones en palabras; esto demuestra la concepción biológica y de corte evolutivo del aparato psíquico freudiano para explicar la estructura del inconsciente. Se trata, pues, de un Ello encerrado en un individuo que a través del Yo toma contacto con la realidad exterior.

Dadas estas coordenadas, y en relación con el armado de los tres registros Simbólico, Imaginario y Real, el autor avanza especificando la relación entre el registro Simbólico y el registro Real en función de la operatoria del significante. El registro Real aparece, entonces, como aquello indeterminado y borroso del síntoma analítico y, como dijimos, su desvelamiento es a través de la interpretación sobre la cadena de significantes. Es a partir de esta operatoria, que J. Lacan trabaja el concepto de "causa" que en la lengua francesa se traduce como *cause* y que a partir de un juego de palabra de homofonía lo equipara a la palabra *chose*, cosa, haciendo referencia que la causa y la cosa del sujeto son efectos del lenguaje y no algo que podamos tener en el hueco de nuestras manos o provenir de nuestras vidas. En una cita del escrito *Posición del Inconsciente en el Congreso de Bonneval*, J. Lacan desarrolla la relación entre el registro simbólico y el registro real a través del significante:

> El efecto de lenguaje es la causa introducida en el sujeto. Gracias a ese efecto no es causa de sí mismo, lleva en sí el gusano de la causa que lo hiende. Pues su causa es el significante sin el cual no habría ningún sujeto en lo real. (...) Pero ese sujeto es lo que el significante representa, y no podría representar nada sino para otro significante: a lo que se reduce por consiguiente el sujeto que escucha. (Lacan, 1966, p. 795)

Para J. Lacan el sujeto del inconsciente se encuentra hendido, dividido por efecto del lenguaje y no el "Yo" como lo plantea S. Freud con el concepto de escisión (*spaltung*) de la personalidad psíquica, la división constituyente del aparato psíquico entre el "Yo y el Ello" en un individuo. La división del sujeto tiene una causa irreductible que es el significante en su articulación con otro significante. En el último párrafo de la cita, J. Lacan hace mención a la estructura mínima de su máquina simbólica, que es la duplicidad del significante como causa del sujeto y que somete a leyes distintas los dos registros que se anudan en ella: del lado del significante, el registro Simbólico; y, del lado del significado, el Imaginario. En este sentido, el término "registro" utilizado por el autor, designa, por un lado, el lugar donde se ubica una escritura, ya sea simbólica, imaginaria o real, por ejemplo, la relación especular del yo con el otro se escribe en el registro imaginario; y, por el otro, designa, al mismo tiempo, dos encadenamientos tomados en su globalidad, Simbólico e Imaginario, suspendiendo a priori la distinción del examen de toda eventualidad de hacer que estos registros se equivalgan término por término, cualquiera que sea la amplitud en que se los detenga. Es decir que frente a un hecho discursivo, lugar del inconsciente, el registro Imaginario no se equivale punto a punto con el registro Simbólico, este último, como veremos más adelante, lo trasciende y lo ordena. De hecho, semejante equivalencia se revela infinitamente más compleja que ninguna correspondencia biunívoca, cuyo modelo solo es concebible por un sistema significante a otro sistema significante, según la definición que da de ello la teoría matemática de los grupos.

Desde esta perspectiva, si el síntoma puede leerse, es porque él mismo está ya inscrito en un proceso de escritura. En cuanto formación particular del inconsciente, no es una significación, sino una relación con una estructura significante que lo determina; y lo que es más importante, parafraseando a J. Lacan: "a lo que se reduce por consiguiente el sujeto que escucha", vale decir, dicha cadena significante es producto de la escucha y lectura del analista.

Finalmente y con el propósito de fijar los conceptos elaborados, hasta he confeccionado una tabla comparativa en la cual contrapongo las diferencias entre ambos autores y sus fundamentos teóricos en lo concerniente a los puntos trabajados hasta el momento:

Cuadro 5

	S. Freud	*J. Lacan*
Sujeto de estudio	*In-dividuo*	*Sujeto*
Libido	*Energía-Cantidad (Física clásica)*	*Equivalencia-Superficie (Matemática/Topología)*
Material	*Representación*	*Significante*
Localización del inconsciente	*Huellas mnémicas*	*Letra*
Estructura del Inconsciente	*Aparato de memoria del in-dividuo*	*Estructurado como un lenguaje (Sujeto, yo, otro, Otro)*
Espacialidad	*Tridimensional (euclidiana)*	*Bidimensional (topológica)*
Temporalidad	*Flecha del tiempo, lineal, cronológica*	*Tiempo circular, lógico.*

IV.3 Las "tres" de Sigmund Freud y los "tres" de Jacques Lacan

IV.3.1 Simbólico, Imaginario y Real (SIR) en la teoría de Lacan: revisión crítica de algunos trabajos al respecto durante el período 1953 a 1966

Antes de abocarnos al tema central de nuestra investigación es necesario delimitar una serie de conceptos en materia de investigación científica. En lenguaje de investigación científica las representaciones se denominan "Teorías" o "Modelos Teóricos". Decimos "teoría" cuando su alcance explicativo es muy amplio (abarca una gran cantidad de fenómenos) y su nivel de formalización es elevado (en general mediante fórmulas algebraicas). En cambio, el "modelo teórico" tiene un alcance menor (limitado a algunas porciones del mundo empírico) y eventualmente –aunque no necesariamente– no es tan formalizado. No obstante sus diferencias, ambos son sistemas de conceptos relacionados. En el caso de S. Freud los modelos teóricos representados en su metapsicología, los modelos de la primera tópica (Consciente, Preconsciente e Inconsciente) y de la segunda (Yo, Superyó y Ello) representan un sistema de conceptos relacionados a partir de un núcleo de conceptos y principios fundamentales. En efecto, las concepciones de energía, relaciones entre fuerzas y localizaciones tópicas dentro del individuo atraviesan ambos modelos.

En la cita siguiente, J. Lacan explicita cómo a partir de la introducción del concepto de estructura lógico-matemática sustituye tales modelos teóricos por esquemas, grafos y registros que constituyen en sí la estructura misma del discurso psicoanalítico. Lo que se desprende a simple vista de estas escrituras es una compleja red de articulaciones de conceptos donde cada uno ocupa un lugar con relación a los otros. Esta forma de teorizar es diametralmente opuesta a su antecesor.

Un testimonio claro entre la concepción de modelo teórico, tal como lo presenta S. Freud y la concepción estructural propuesta por J. Lacan se encuentra en el escrito de este último: *Observaciones sobre el informe de Daniel Lagache: "Psicoanálisis y Estructura de la Personalidad"* del año 1960. Allí el autor cuestiona profundamente la idea sustentada por Daniel Lagache sobre el concepto de modelo teórico freudiano y lo contrapone al concepto de estructura:

> Entonces, cuando Daniel Lagache parte de una elección que nos propone entre una estructura en cierto modo aparente (que implicaría la crítica de lo que el carácter descriptivo implica de natural) y una estructura de la que puede decir que está a distancia de la experiencia (puesto que se trata del "modelo teórico" que él reconoce en la metapsicología freudiana) esta antinomia descuida un modo de la estructura que no por ser tercero podría ser excluido, a saber, *los efectos de la combinatoria pura y simple del significante* (el subrayado es nuestro). (p. 619)

Cuando se describe lo natural, que podría ser para nuestra disciplina los fenómenos de la clínica psicoanalítica, hay una estructura a distancia de la experiencia, es decir, en dicha descripción no está el modelo descripto. En este sentido, el modelo teórico de aparato psíquico de la segunda tópica propuesto por S. Freud es una estructura distanciada de lo real anatómico, a pesar de confundirse con algo del funcionamiento del mismo, de una conducción nerviosa; de ahí que el funcionamiento de los sistemas (Yo, Superyó y Ello) podrían ser estudiados como funciones de órganos. En este sentido entre el objeto y el modelo habría algo natural como si fuera la cosa misma y el modelo que lo explica. Para J. Lacan, en cambio, apoyándose en uno de los principios de la Lógica clásica donde establece que "no por ser tercero es excluido" afirma que la teoría misma, el modelo teórico mismo, es la estructura del objeto, o sea, borra con ello la distancia entre el objeto y el modelo que lo representa. Es entonces la noción de estructura donde se borra la bipartición entre sujeto y objeto. Es consabido en la historia de las ciencias que los modelos teóricos constituyen la representación exacta del funcionamiento de la Naturaleza. En este sentido fue Galileo (s. XVII) el fundador de la ciencia al decir que la Naturaleza se halla inscripta en caracteres matemáticos. Continuamos con el mismo escrito:

> Pues el estructuralismo ¿es o no es lo que nos permite plantear nuestra experiencia como el campo donde "ello" habla? Si es así, "la distancia a la experiencia" de la estructura se desvanece, puesto que esta opera en ella no como modelo teórico, sino como *la máquina original que pone en ella en escena al sujeto* (El subrayado es nuestro). (p. 620)

La estructura (en este caso los registros Simbólico, Imaginario y Real) según J. Lacan no funciona como un modelo teórico exterior a la experiencia, sino como la máquina original simbólica que se introduce en lo real para que surja un sujeto. A saber, anula toda distancia entre la experiencia y el modelo descriptivo de la misma, siendo la estructura simbólica una pura y simple combinatoria de significante, y desde allí, parte el anudamiento de los tres registros. Subrayar este aspecto es muy importante en el estudio de los registros ya que ellos se introducen en la realidad misma para que surja el sujeto. Esta estructura no se confunde en ninguno de sus puntos con un plano supuestamente anatómico o fisiológico del modelo de la segunda tópica freudiana que se apoya en un corporal tridimensional de carne y hueso.

En un párrafo del texto metapsicológico de 1914, *Introducción del Narcisismo,* S. Freud testimonia sobre las características del modelo del aparato psíquico por él desarrollado que da cuenta de la relación de homología entre el modelo teórico del funcionamiento de la psiquis con el funcionamiento biológico del cuerpo, siendo para él la dirección esperada de las futuras investigaciones en Psicoanálisis:

> Precisamente porque siempre me he esforzado por mantener alejado de la psicología todo lo que le es ajeno, incluido el pensamiento biológico, quiero confesar en este lugar de manera expresa que la hipótesis de unas pulsiones sexuales y yoicas separadas, y por tanto la teoría de la libido, descansa mínimamente en bases psicológicas, y en lo esencial tiene apoyo biológico. (p. 74)

Estas diferencias epistemológicas en ambos autores, que se desprenden del modelo teórico y la estructura, –y que podrían ser tomadas como futuras fuentes de investigación en teoría psicoanalítica– explicarían las diferencias de sus respectivos programas de investigación apoyados en el paradigma biológico e individualista por el lado de S. Freud y en el paradigma lógico-matemático del lado de J. Lacan. De ahí sabemos que nuestra tesis principal: la discontinuidad entre ambas teorías, representa el elemento paradigmático que marca dos orientaciones distintas del psicoanálisis y sus respectivos campos clínicos.

Una vez introducidos en tales disquisiciones con respecto al modelo teórico freudiano y la lectura estructural de J. Lacan podemos anticiparnos en una aseveración: el estudio separado de cada uno de los registros propuestos está en función de su explicación y con la finalidad de mantener un cierto modelo –imaginario– en su transmisión. En este sentido, consideramos que no puede haber un análisis de cada registro por separado, sino en función de los otros dos ya que cada uno toma su existencia en sincronía con el resto. Por ejemplo, el estudio del registro Real no puede realizarse sin tener en cuenta su relación de determinación de los otros dos registros hacia él, como así también, –y en esto estriba lo difícil de trazar una definición a lo largo de la obra de J. Lacan–, con respecto al uso que le da a cada término en función de lo que viene trabajando; con lo cual, no tiene la misma definición el término Real a lo largo de los diversos puntos trabajados en los Seminarios y Escritos. Cada término toma un valor y adquiere un sentido nuevo de acuerdo con la articulación con otros términos en determinado contexto. Esto es solidario a la estructura de nudo de los tres registros en el sentido de que cada uno de ellos se define a partir de su enlazamiento a los otros dos. Sin embargo, el autor otorga al registro Simbólico la primacía de encadenar a los otros dos, Imaginario y Real y que el encadenamiento de los tres registro constituyen la realidad del sujeto.

El término "registro" es utilizado por J. Lacan como lugares dentro de una escritura lógica que hace de la experiencia analítica su existencia del mismo modo que el registro de una melodía en un pentagrama cuyas notas se disponen en una escritura que, situadas en diferentes lugares en una dimensión horizontal (diacrónica) y vertical (sincrónica), permite ser leída (creada) e interpretada la obra. En ambos registros la lectura e interpretación está orientada por una clave específica que es en estructura y en covariancia de sus elementos. En este aspecto podemos decir, por un lado, que esta modalidad de escritura innovadora –que el autor ha introducido ya en su teoría en el año 1953 en el marco de su *Conferencia Científica* que inaugura el dictado de sus seminarios– no ha tenido precedentes en la literatura psicoanalítica, por lo que su introducción resulta ser una verdadera creación del autor; por otro lado, y esto es importante señalar, como veremos más adelante en el presente trabajo, los tres registros en su estructura ternaria son el efecto de la función de la palabra en el marco o dispositivo psicoanalítico.

En las siguientes citas de J. Lacan, obtenidas de los tres primeros seminarios, se nos anuncia sobre el uso de los tres registros en experiencia analítica:

> Prefiero dejar, a la noción de transferencia, su totalidad empírica, señalando que es plurivalente y que interviene a la vez en varios registros: en el simbólico, en el imaginario y en el real. *Ellos no son tres campos.* Han podido apreciar que, incluso en el reino animal, es a propósito de las mismas acciones, de los mismos comportamientos, que se pueden distinguir precisamente las funciones de lo imaginario, lo simbólico y lo real debido a que las mismas no se sitúan en el mismo orden de relaciones (el subrayado es nuestro). (1953-1954, p. 167)

> A esto nos llevará este año nuestra tentativa de situar en relación con los tres registros de lo simbólico, lo imaginario y lo real, las diversas formas de la psicosis. Nos permitirá precisar en sus mecanismos últimos la función que debe darse al yo en la cura. En el límite se atisba la cuestión de la relación de objeto. (1955, p. 321)

Es de este modo que los conceptos principales de la teoría analítica: estructuras clínicas, transferencia, relación de objeto, castración, *Autre/*

Otro, etc., son articulados, por ende, escritos en un sistema de al menos tres registros, que, como lo señala J. Lacan, "arroja luz" a la confusión de planos que la teoría freudiana produce sobre los fenómenos de palabra de la experiencia analítica. En la primera cita, el autor advierte que los tres registros SIR no son "tres campos", siendo obligado para nosotros preguntarnos ¿por qué tiene que aclarar esto? y ¿a quién va dirigida dicha aclaración?

En *El Seminario*, Libro VII, *La Ética del Psicoanálisis*, clase 4, de 1959 hallamos un párrafo que responde, en parte, a estos interrogantes dejando en claro las diferencias con S. Freud:

> Toda su teoría de la memoria gira en torno a la sucesión de las *Niederschriften*, de las inscripciones. La exigencia fundamental de todo este sistema es ordenar en una concepción coherente del aparato psíquico los diversos *campos* de lo que efectivamente ve funcionar en las huellas mnémicas. En la carta 52, la *Wahrnehmung*, *es decir la impresión del mundo externo en bruto, original, primitiva, está fuera del campo que corresponde a una experiencia apreciable*, es decir efectivamente inscrita en algo que es realmente sorprendente que Freud lo exprese en el origen de su pensamiento como una *Niederschrift*, algo que se propone entonces no simplemente en términos de *Prägung* y de impresión, sino en el sentido de algo que hace *signo* y que es del orden de la *escritura* –no soy yo quien le hizo elegir ese término– (el subrayado es nuestro). (p. 341)

Hay para S. Freud dentro del aparato psíquico inscripciones que configuran un campo, el campo inconsciente, que son las huellas mnémicas de las vivencias, esto es, las impresiones del mundo externo, en bruto, original y primitiva. El asunto que debemos subrayar es que constituyen signos de la experiencia que tienen una relación directa con lo representado y no significantes. Por otro lado, manifiesta que dichas inscripciones primitivas se encuentran fuera del campo de una experiencia apreciable, por fuera de las representaciones palabras. Además, esos signos se disponen en una escritura lineal cuyas inscripciones se ordenan y sufren re-transcripciones de tiempo en tiempo. En la *Carta 52*, decía lo siguiente al respecto: "Lo esencialmente nuevo de mi teoría es, entonces, la tesis de que la menoría no preexiste de manera simple, sino múltiple, está registrada en diversas variedades de signos" (1896, p. 274).

Por otro lado, la concepción de "campo" freudiano es distinta de la de J. Lacan: el campo que describe S. Freud es el campo gravitacional de la física clásica. En cambio el de J. Lacan es el campo del Lenguaje. Hallamos en este punto una referencia importante de J. Lacan sobre teoría del campo del psicólogo alemán Kurt Lewin en los primeros años de la década de 1960. Remitimos al lector los trabajos de Lewin para poder comprender la noción de campo que utiliza J. Lacan con el objeto de explicar el funcionamiento del conjunto de significantes en el campo del lenguaje ordenados en una espacialidad topológica.

Treinta años después de la carta 52, S. Freud escribe un pequeño texto que se titula *Nota sobre la pizarra mágica* del año 1925. Lo extraordinario de este artículo es que se trata de una comunicación a propósito de un descubrimiento a partir del funcionamiento de un juguete infantil: la pizarra mágica, un bloc en donde se escribe con un lápiz sobre una superficie que posee la propiedad de borrarse repetidamente cada vez que se lo despega del fondo y, a la vez, de conservar de una manera ingeniosa lo borrado en este último. Este artefacto se adecuaba perfectamente, según el autor, como una ilustración del aparato psíquico que, en esos momentos, le pareció poder caracterizarlo como una suerte de máquina. La pizarra mágica es un artefacto de escritura constituido por tres capas: la última es una capa de cera de color oscuro sobre un cartón, sobre ella hay una hoja encerada transparente y encima otra más de celuloide que sirve de protección al estrato medio para que no se rasgue. Las dos hojas están unidas solo en su extremo superior pero pueden separarse entre ellas. Se utiliza un punzón sobre la hoja de celuloide y las inscripciones quedan grabadas en la capa de cera. Cuando se traza sobre la de celuloide, la capa de papel encerado se adhiere a la cera y se percibe la impresión; pero cuando este contacto se rompe, la escritura desaparece. Así, la capacidad de recepción es ilimitada; pero también lo es la capacidad de archivar, pues, como describe S. Freud, la desaparición o borradura de lo escrito es tan solo una ilusión. Si levantamos la lámina de celuloide y el papel encerado podemos ver cómo todo trazo ha quedado grabado en la capa de cera. No obstante, esta capa tiene un perímetro definido y una materia delimitada, así que cada trazo que se inscriba en la pizarra irá llenando el área y escribiendo encima de lo ya dibujado. Además, lo ya inscrito hará que las nuevas marcas tomen ciertos caminos, esto es, condicionará el nuevo trazo. Como vemos, la inscripción huella queda grabada desde la primera percepción por más desdibujada que permanezca en el aparato por las sucesivas sobre inscripciones, esto contrasta con la característica principal del significante que no deja huella tras de sí, se desvanecen las huellas como trazos en la arena. De ahí los tres campos del aparato psíquico freudiano: en primer lugar, los signos-percepción; en segundo, las inscripciones huellas o pensamientos inconsciente y en tercer lugar, representaciones palabras. En este sentido, J. Lacan plantea, entonces, que sus tres registros no son homólogos a los tres campos freudianos por los cuales construye su aparato psíquico: huellas mnémicas, signos (pensamiento) y representaciones palabras. Asimismo, nos dice que los registros no son planos homogéneos sino un sistema de relación formal, una escritura algebraica sin contenido alguno, y que dicha modalidad de interrelación es constituyente de la experiencia analítica, por consiguiente, hace a lo particular de la experiencia. Es un modo de lectura de los síntomas que permite salir de la confusión de planos que el aparto psíquico freudiano presenta. Un artículo relacionado que está en consonancia con nuestras consideraciones sobre las inscripciones en el aparato psíquico freudiano es la de la psicoanalista mexicana Martínez Ruiz Rosaura, que se titula: *Freud y Derrida: escritura en el aparato psíquico*[64]:

> Pero no es un azar que Freud, en los momentos decisivos de su itinerario, *recurra a modelos metafóricos que no están tomados de la lengua hablada, de las formas verbales, ni siquiera de la escritura fonética,* sino de una grafía que no está nunca sometida, como exterior y posterior, a la palabra. *Freud apela con ella a signos* que no vienen de transcribir una palabra viva y plena, presente a sí y dueña de sí. (2012, p. 78)

Avancemos con la articulación de los registros tal como lo especifica J. Lacan. En uno de sus primeros escritos *La Agresividad en Psicoanálisis*, de 1950, comienza a situar el concepto de registro como lugar o sitio donde se inscriben la serie de las identificaciones del yo con el otro y la experiencia consciente del mundo:

> La agresividad es la tendencia correlativa de un modo de identificación que llamamos narcisista y que determina la estructura formal del yo del hombre y del *registro* de entidades característico de su mundo.

> No cabe duda de que proviene de la "pasión narcisista", no bien se concibe mínimamente al yo según la noción subjetiva que promovemos aquí por estar conforme con el *registro* de nuestra experiencia; *las dificultades teóri-*

[64] Martínez Ruiz Rosaura (2012), "Freud y Derrida: escritura en el aparato psíquico". *Diánoia*. vol. LVII, no. 68. Universidad Nacional Autónoma de México.

> *cas con que tropezó Freud* nos parecen depender en efecto de ese espejismo
> de objetivación, heredado de la psicología clásica, que constituye la idea
> del sistema percepción-conciencia (el subrayado es nuestro). (p. 385)

De modo que la introducción de los registros en la experiencia psicoanalítica está relacionada con la concepción estructural de la misma, esto es, una vez que hizo aparición el orden simbólico se encadenaron los registros Simbólico, Imaginario y Real. Es un modo de escritura que prescinde de contenido y de referencias exteriores a sí misma y se sostiene en la construcción de un sujeto sujetado al campo del *Autre*/Otro; en este sentido la referencia a la historia proviene por retroacción de la articulación significante. Decir sujetado, en latín *subjectum,* es decir nada menos que el sujeto que nos interesa, con el cual operamos como psicoanalista, es aquel que proviene de la articulación de los significantes en el campo del *Autre*/Otro. En cambio, con relación a la constitución del Yo, "el nuevo acto psíquico"[65], producto de la identificación narcisista del objeto y la conformación del Yo a imagen del otro, S. Freud apela a la teoría evolutiva de la especie hombre, a la "prematuración biológica"[66] del nacimiento y que se inicia a partir del sistema percepción-consciencia del aparato psíquico con la imagen del otro semejante. Es así como introduce el concepto de narcisismo en la teoría psicoanalítica. En este punto, J. Lacan, desarrolla de manera innovadora el estadio del espejo, como modelo de explicación que prescinde del marco evolutivo y biológico. En el mismo escrito, dice:

> Esto se refiere al fundamento de esta *estructura*, o sea a la duplicidad
> que somete a leyes distintas los dos registros que se anudan en ella:
> del significante y del significado. Y la palabra *registro* designa aquí dos
> encadenamientos tomados en su globalidad, y la posición primera de su
> distinción suspende a priori del examen toda eventualidad de hacer que

---

[65] En el texto *Introducción del Narcisismo,* S. Freud menciona que el Yo se constituye como un acto psíquico nuevo por identificación al Otro materno. Conformándose así la unidad psíquica de la persona.

[66] La noción biológica de prematuración, que supone un desarrollo biológico, procedente de las concepciones desarrolladas por Bolk en la teoría de la evolución, con la idea de inscribir la especie humana en la descendencia de una mutación animal que se sustrajo a las normas cronológicas de la gestación, ha encontrado aplicación en el Psicoanálisis para recubrir la experiencia de desamparo que ubica al ser humano, insuficientemente equipado en capacidad instintiva en el momento del nacimiento, en una dependencia absoluta respecto de su medio. S. Freud ya hizo alusión a la prematuración en su correspondencia con Fliess.

estos registros se equivalgan término por término, cualquiera que sea la amplitud en que se los detenga. (De hecho semejante equivalencia se revela infinitamente más compleja que ninguna correspondencia biunívoca, *cuyo modelo sólo es concebible por un sistema significante* a otro sistema significante, según la definición que da de ello la teoría matemática de los grupos (el subrayado es nuestro). (pp. 274-279)

Es importante señalar que la introducción de los registros permitió, como decíamos, salir de la confusión a la que conducían los desarrollos teóricos freudianos, "las dificultades teóricas con que tropezó Freud". La psicología del yo, la autonomía del individuo y su concepción del mundo eran el reflejo del funcionamiento del sistema percepción-conciencia y de un sistema inconsciente de inscripciones que funcionaran, a su vez, como signos de sucesos acaecidos en su historia vital y como un sistema de escritura que sufriera cada tanto modificaciones; y es a partir de esto lo que J. Lacan diagnosticaba como confusión de planos. En efecto, la llegada de los tres registros lleva consigo la subversión de todos los conceptos de la teoría psicoanalítica freudiana, y, esto es a partir de la instauración del campo del *Autre* (Otro), es decir, la estructura significante como tercer elemento entre el sujeto y los otros, el mundo. Ya en este trabajo J. Lacan menciona el concepto de articulación o encadenamiento de los registros y ubica allí parte de la estructura. Pero lo más importante aún es la introducción de la definición de estructura de los registros como sistema de significantes que se articulan entre sí, a diferencia de las instancias freudianas (Yo-Superyó y Ello) cuya espacialidad –conforman una esfera– y cuyo contenido –representaciones– son radicalmente distintos a las propuestas por J. Lacan. De igual modo es importante señalar la equivalencia de los elementos del lenguaje con los registros, en otras palabras, en el registro imaginario del yo ubica al significado y en el registro simbólico ubica al significante. En este orden de ideas, se puede afirmar que los tres registros son el resultado de un discurso, el discurso psicoanalítico, en su "duplicidad" de enunciado y enunciación.

Tal como lo hemos desarrollado se desprende una nueva idea que abona nuestra hipótesis principal: la introducción de los tres registros y su relación causal con el significante y el concepto de estructura propuesto por J. Lacan se fundan sobre bases epistemológicas, y en particular ontológicas, opuestas a los principios que rigieron los desarrollos teóricos del modelo de las tres instancias de la segunda tópica de S. Freud, cuyos exponentes principales –los que abordaremos en forma extensa en esta investigación– son los textos *El Yo y el Ello* del año 1923 y la *31° Conferencia de Introducción al Psicoanálisis* del año 1932.

Debido a una oposición en las concepciones subyacentes a los tres registros y las tres instancias, según los autores, nos resulta imperioso a su vez realizarnos las siguientes preguntas: ¿por qué J. Lacan introduce y desarrolla la noción de los tres registros en lugar de continuar con los desarrollos de las instancias de S. Freud? Su introducción, ¿puede ser considerada como una maniobra de J. Lacan para enderezar las desviaciones producidas por los psicoanalistas post-freudianos con respecto a los desarrollos de S. Freud de su segunda tópica o es otra concepción de Psicoanálisis diametralmente opuesta que reemplaza a la de su fundador?

En este sentido podemos decir que los post-freudianos continuaron con el aspecto más biológico de la segunda tópica freudiana, tomando como eje central de sus teorías la pulsión de muerte y su correlato clínico, la pulsión de destrucción, como una fuerza orgánica inherente a la materia viviente que proviene del cuerpo y que empuja hacia lo inorgánico, y los mecanismos de defensa del Yo que luchan contra la misma para mantener la vida. Las dos citas siguientes explicitan en forma contundente el proyecto de J. Lacan de fundar un psicoanálisis sobre bases opuestas a las freudianas:

> Sea como sea, establezco que toda tentativa, o incluso tentación en que la teoría corriente no cesa de reincidir, de encarnar más allá al sujeto es errancia, siempre fecunda en error, y como tal equivocada. Por ejemplo encarnarlo en el hombre, el cual regresa con ello al niño. (1958, p. 816)

> Lo que nos califica para proceder en este camino es evidentemente nuestra experiencia de esa praxis. Lo que nos ha decidido a esto, (aquellos que nos siguen darán fe de ello) es una carencia de la teoría sumada a un número de abusos en su transmisión, que, por no carecer de peligro para la praxis misma, resultan tanto la una como los otros en una ausencia total de estatuto científico. Plantear la cuestión de las condiciones mínimas exigibles para semejante estatuto no era tal vez un punto de partida deshonesto. (1961, p. 759)

IV.3.2 Aparato psíquico: Yo, Superyó y Ello en la teoría de S. Freud. Revisión crítica de algunos trabajos relacionados con el modelo de la "segunda tópica"

IV.3.2.1 El "huevo psíquico": ¿un mito freudiano?

A fines de construir las respuestas a las preguntas formuladas en el capítulo anterior comenzaremos el presente recorrido en el análisis de los escritos *El Yo y el Ello* de S. Freud y la primera conferencia científica de J. Lacan del año 1953, *Lo Simbólico, lo Imaginario y lo Real*.

El trabajo *El Yo y el Ello* de 1923 es la obra principal de S. Freud en la cual propone un nuevo modelo que da cuenta de un cambio en la dirección de sus desarrollos teóricos, y, podemos adelantarnos a decir, hacia concepciones predominantemente vitalistas y biológicas con respecto a los primeros trabajos de la llamada primera tópica. Este texto, en conjunto con otros escritos, constituye la llamada segunda tópica freudiana. Allí comienza una nueva tesis con relación al modelo de aparato psíquico propuesto: "Nuestra tópica psíquica *provisionalmente* nada tiene que ver con la anatomía; se refiere a *regiones del aparato psíquico*, dondequiera que estén situadas *dentro del cuerpo*, y no a localidades anatómicas" (el subrayado es nuestro), (p. 127).

Con el término "provisionalmente" S. Freud deja para el futuro justificar el funcionamiento del aparato psíquico por las investigaciones anatómicas y neurológicas del cerebro. Si bien es contundente su afirmación que no tiene que ver con localizaciones anatómicas, existe, empero, un paralelismo psico-físico de este modelo con el sistema neuronal. En este sentido podemos aventurar la hipótesis de que los modelos de la "mente" de las neurociencias se muestran conformes con el modelo neuronal propuesto en su *Proyecto de Psicología para Neurólogos*. Proyecto, cuyo destino en la sombra le ha dado el propio autor durante muchos años, el despliegue a un aparato psíquico como modelo del alma humana, con elementos propios de un digno modelo neuro-anatómico del sistema nervioso central. Por ejemplo, el modelo de huevo que establece en su segunda tópica es francamente solidario a uno de los modelos de la corteza cerebral cuyas jerarquías de funciones se encuentran ordenadas en cierta espacialidad. El modelo presentado en el escrito *El Yo y el Ello* es el siguiente, el cual está esbozado en el mismo trabajo:

Gráfico 10

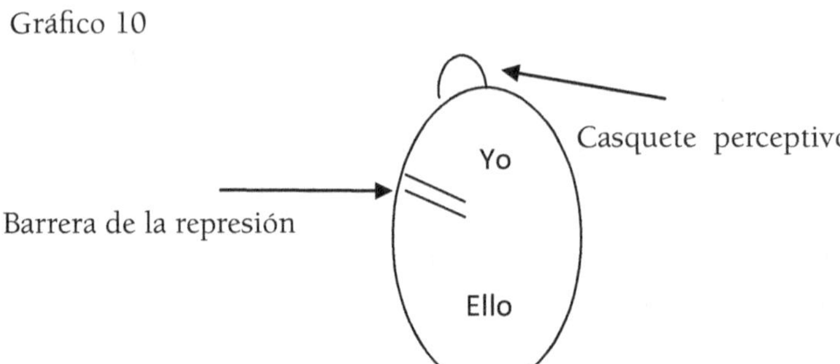

Modelo del In-dividuo psíquico, según S. Freud (modificado)

Este modelo del huevo psíquico es sostenido a lo largo de toda su obra, tal como lo manifiesta en la 31° Conferencia de psicoanálisis de 1932, llamada *La Descomposición de la Personalidad Psíquica*: "Superyó, Yo y Ello son ahora los tres reinos, ámbitos, provincias, en que descomponemos el aparato anímico de las personas" (p. 67).

Resulta curioso que en el mismo año que S. Freud presenta el modelo del huevo psíquico J. Lacan, en 1932, publica su tesis de doctorado en medicina cuyo título es *De la Psicosis Paranoica en sus Relaciones con la Personalidad* y en la cual realiza un trabajo de depuración histórica sobre el concepto de personalidad y su relación con la psicosis. En el texto se desprende que el término personalidad se encontraba en pleno desarrollo conceptual en el mismo período donde S. Freud introduce su segundo modelo tópico de aparato psíquico, con lo cual se deduce que dicho modelo es plenamente solidario al modelo médico y psicológico de aparato psíquico de fines de siglo XIX y principios del siglo XX, modelo que se mantiene vigente en la teorización sobre los conceptos psicoanalíticos desarrollados en las actuales corrientes psicoanalíticas freudo-lacanianas. Existe, de este modo, en las concepciones freudianas una asimilación del concepto de persona como un individuo que detenta un aparato psíquico.

La siguiente cita nos habla acerca de las fuentes referenciales en la construcción freudiana del aparato psíquico dividido en tres instancias: Yo, Superyó y Ello, a partir de la definición de personalidad tal como fueron desarrolladas por la psiquiatría y la psicología científica de dicha época:

> Durante el período de reacción científica contra la concepción metafísica
> de la personalidad, se empleó la palabra personalidad con el sentido de

una unidad psicológica individual o de una unidad consciente, y esto con un fin deliberado de protesta contra la creencia en la realidad metafísica y en la unidad sustancial del alma. (p. 40)

Se trata, pues, de la personalidad como reacción a la unidad sustancial del alma, una unidad autoconsciente cuyo funcionamiento neuro-anatómico tiene un correlato punto a punto con el funcionamiento del aparato psíquico. El modelo científico del alma tiene, para el discurso científico de la época, un correlato orgánico. A propósito de este marco teórico en el que S. Freud se encuentra plenamente imbuido, introduce, sobre la base de sus avances teóricos, un modelo de aparato psíquico que refleja la subversión de la unidad consciente por unos procesos de representaciones y afectos inconscientes. Enmarca estos procesos inconscientes en el interior de una estructura tridimensional con forma de huevo, en cuya superficie diferenciada se aloja el sistema percepción-consciencia. La subversión freudiana es, en este sentido, la división del aparato psíquico en dos instancias en pugna: el Yo y el Ello, que no es más que una superposición de planos con lo inconsciente y la consciencia de la primera tópica. No obstante dicha subversión este modelo supone un inconsciente singular en cada individuo.

Desde otra perspectiva, J. Lacan ya en su tesis desarrollaba otra definición de personalidad que sustituía la noción de aparato psíquico como división interna dentro de un individuo por un modelo de personalidad cuyo funcionamiento excedía los límites del individuo. Citamos el decir del autor:

> Pongamos de relieve el hecho de que, en virtud de tal conjunto de funciones, nuestra definición [de personalidad] *no se confunde* con las diversas escuelas de la psicología científica. La nuestra no se funda, en efecto, ni sobre el sentimiento de la síntesis personal, sentimiento que depende de mecanismos psico-orgánicos más estrechos, ni sobre la unidad psicológica que da la consciencia individual, ni sobre la extensión de los fenómenos de la memoria como una propiedad biológica sumamente general de los seres vivos (el subrayado es nuestro). (p.138)

IV.3.2.2 Lo Simbólico, lo Imaginario y lo Real: conferencia científica de 1953

En esta perspectiva, fiel a su concepción de personalidad que supera los límites del individuo, que no tiene nada que ver con una unidad biológica y psicológica que no hace uno, ni está cerrado sobre sí mismo, dos décadas después de su tesis J. Lacan dicta su primera conferencia inaugural y científica, *Lo Simbólico, lo Imaginario y lo Real* en el año 1953. Allí inicia su enseñanza intentando definir el registro Imaginario y su diferencia con respecto al registro Real a los fines de sustituir la concepción de individuo y su inherente división del aparato psíquico en sus tres instancias –tal como lo propone S. Freud– con la introducción de los tres registros Simbólico, Imaginario y Real. De este modo abre un camino distinto e innovador en la teoría psicoanalítica. En dicha conferencia comienza su trabajo tomando ejemplos de una de las disciplinas que más han estudiado el comportamiento imaginario y simbólico de algunas especies de animales: la Etología. Entonces dice:

> Así planteamos que un comportamiento animal puede volverse imaginario cuando su orientación hacia imágenes, y su propio valor de imagen para otro sujeto, lo vuelven capaz de desplazarse fuera del ciclo que asegura la satisfacción de una necesidad natural[67] (el subrayado es nuestro) (1953, p. 12)

Es curioso que J. Lacan extraiga a partir del funcionamiento de sociedades de animales el concepto del registro imaginario para otorgarle un significado esencialmente nuevo en esta conferencia que es el concepto de valor o significado de una imagen para un sujeto que, a su vez, depende del significado asignado por el otro, introduciendo así el campo del otro, de su prójimo, en la construcción de las imágenes como registro. Por otro lado, continúa afirmando que este es el campo de funcionamiento de los signos a partir del cual se le hace signo a otro, dicho de otra manera, produce en este una imagen que tiene un valor o significado determinado.

Ateniéndonos a esta cita, consideramos que existen dos elementos que caracterizan al registro Imaginario: por un lado el desplazamiento o equivalencia, en el sentido de tener un valor de imagen para otro sujeto; y por el otro, la referencia de dicha imagen a una satisfacción de una

---

[67] Lacan, J, 1953. Conférence Scientifique sur L'Symbolique, l'imaginaire et le réel. Http// www.staferla.fr.free, p. 12.

necesidad vital. El autor da un ejemplo tomado de la Etología que es el alisamiento de las plumas de las aves macho en el comportamiento sexual ante la hembra, su parada resulta ser ante la vista de las hembras un signo de apareamiento. Hay ciertas imágenes que son representativas de conductas, por consiguiente, se comportan como signos para el animal y ese signo es el disparador de conductas específicas –apareamiento, territorialidad– por lo tanto no hay posibilidad de equívocos en su interpretación. Existe, en este orden, una intersubjetividad imaginaria entre los miembros de una sociedad, estableciéndose una adecuación entre el signo y lo que representa, una equivalencia que no dejaría ninguna posibilidad de ambigüedad entre ambos.[68] En consecuencia, ningún animal osaría en equivocarse de interpretar dichas imágenes. Con respecto a esto J. Lacan plantea una definición novedosa de instinto que lo diferencia de aquel que estudia la Biología; por ejemplo: el hambre, la sed y el impulso de apareamiento, etc. Define al instinto como un "saber"[69] sobre el objeto, un saber del que no se tiene ningún conocimiento y lo diferencia del estímulo que proviene de la sustancia viva, como una reacción generalizada o un reflejo de la sustancia orgánica especializada para responder a dicho estímulo. Decir que el instinto es un saber vehiculizado por el significante es una concepción radicalmente novedosa ya que lo localiza dentro de un discurso y no dentro de los fenómenos biológicos. Es como decir, siguiendo la idea del autor, que no existen las necesidades sino que las mismas son sustituidas por deseos y demandas, dicho de otra manera, son hechos discursivos.

[68] El lingüista Charles Peirce definía al signo de la siguiente manera: "es algo para alguien, representa o se refiere a algo en algún aspecto o carácter. El signo se dirige a alguien; esto es, crea en la mente de una persona un signo equivalente o tal vez un signo más desarrollado. Este signo creado es lo que yo llamo el interpretante del primer signo. El signo está en lugar de algo, su objeto. Está en lugar de ese objeto, no en todos sus aspectos, sino en referencia a una suerte de idea, que se llama el fundamento del signo". (Peirce, 2002: 56)

[69] "Y de ahí que insistamos en promover que, dado o no en la observación biológica, el instinto, entre los modos de conocimiento que la naturaleza exige de lo vivo para que satisfaga sus necesidades, se define como aquel conocimiento en el que admiramos el no poder ser un saber. Pero de lo que se trata es de otra cosa, que es ciertamente un saber, pero un saber que no comporta con el menor conocimiento, en cuanto que está inscrito en un discurso del cual, a la manera del esclavo-mensajero del uso antiguo, el sujeto que lleva bajo su cabellera su codicilo que le condena a muerte no sabe ni su sentido ni su texto, ni en qué lengua está escrito, ni siquiera que lo han tatuado en su cuero cabelludo ni/o rasurado mientras dormía". (Lacan, J. *Subversión del Sujeto y Dialéctica del Deseo en el Inconsciente Freudiano*, 1966, p. 764)

Más adelante, en el mismo texto, J. Lacan establece una diferencia importante entre la conducta animal y lo específicamente humano, más allá de la presencia de algún tipo específico de lenguaje en ciertas especies de animales que está basada en la estructura de la mentira y el fingimiento, ambos enmarcados en el orden imaginario y simbólico, respectivamente. El ejemplo utilizado nuevamente por el autor, siguiendo con el comportamiento animal, es el del tero, quien con su chillido despista al depredador porque lo hace en el lugar donde no tiene escondidos los huevos, es decir, miente. A diferencia de la mentira del tero, propio de ciertas especies de animales, en el fingimiento humano resulta difícil saber si alguien dice la verdad o finge en el momento de emitir una proposición, pudiendo dar a entender una mentira diciendo la verdad, y viceversa; en el caso del tero sería algo así como emitir un chillido en el lugar donde tiene escondidos sus huevos, despistando así con su ambigüedad al depredador. El paso al fingimiento es realizado por el orden simbólico a partir de la ambigüedad del significante.

Por lo tanto, el registro Imaginario es caracterizado en la *Conferencia científica* por la equivalencia o el desplazamiento de sentido en tanto que tiene un valor de referencia para otro sujeto, pero siempre manteniendo una relación fija con lo que representa para el sujeto, en concreto en términos de J. Lacan, el signo como un "algo para alguien".[70] En este sentido es interesante subrayar que el autor ubica en esta conferencia, el comportamiento sexual del hombre en el registro Imaginario a partir de cierta imagen de coaptación recíproca y complementariedad de los sexos. No obstante eso, utiliza el término de "emparejamiento" corporal en el hombre en lugar de apareamiento animal para dar cuenta de las incidencias de lo simbólico sobre el registro Imaginario, anulando toda coaptación imaginaria y real del yo con los otros, con el prójimo. De la misma manera, en ese mismo escrito hace un paralelismo entre el registro Imaginario y el síntoma psicoanalítico en la siguiente cita:

---

[70] En el escrito, *Posición del Inconsciente en el Congreso de Bonneval*, del año 1961, J. Lacan establece una diferencia entre el concepto de signo y el concepto de significante, en función de la estructura elemental que opera en el registro Imaginario y en el registro Simbólico respectivamente: "Los signos son plurivalentes: representan sin duda algo para alguien: pero de ese alguien el estatuto es incierto, lo mismo que el del lenguaje pretendido de ciertos animales, lenguaje de signos que no admite la metáfora ni engendra la metonimia". (1961, p. 799)

> La reversibilidad misma de los trastornos neuróticos supone que la econo-
> mía de las satisfacciones implicadas sea de otro orden y esté infinitamente
> menos ligada a ritmos orgánicos fijos. Eso define la categoría conceptual
> donde se inscribe ese tipo de objetos, y que estoy codificando como lo
> Imaginario. (1953, p. 15)

El instinto animal se caracteriza, por tanto, por tener un patrón fijo
y repetitivo, o sea, por tener una fuente en la sustancia viva del cuerpo,
una necesidad y por la fijeza del objeto de satisfacción, es siempre el
mismo objeto. Esto establece una radical diferencia con el hombre, como
hablante-ser, en donde el instinto biológico está irremediablemente perdido por efecto del lenguaje siendo sustituido por la estructura del deseo
en su relación con la cultura. En este orden de ideas, toda necesidad es
atravesada a partir del surgimiento del orden simbólico, por la estructura
del lenguaje, y a partir de esto, el objeto de la necesidad se convierte en
objeto de deseo vehiculizado por el desfiladero de la palabra.

Por su parte, S. Freud sustituye el término instinto por el concepto de
Pulsión otorgándole un papel fundamental en su edificio teórico. Establece
a grandes rasgos que en el individuo operan pulsiones de autoconservación ligadas al yo del individuo y pulsiones sexuales cuya fuente es el
cuerpo. En su escrito metapsicológico *Pulsiones y sus Destinos* de 1915,
S. Freud establece una analítica pulsional al establecer que la "*Trieb*" está
compuesta por cuatro elementos constitutivos: la fuente, la fuerza, la meta
y el objeto. Las pulsiones sexuales, cuyas inscripciones se localizan en
el Ello, tienen como meta la satisfacción sexual en contraposición a las
pulsiones de autoconservación cuya meta es la satisfacción de una necesidad vital. Las fuentes o zonas erógenas se disponen alrededor de los
orificios corporales y en los sentidos, es así como describe las pulsiones
orales, anales, genitales y escópicas. La fuerza o el empuje de la pulsión,
en alemán "*Drang*", es entendida como la energía que proviene de las
zonas erógenas del cuerpo y producen una exigencia constante de trabajo
al aparato psíquico. Asimismo afirma que el objeto de la Pulsión, es decir,
el objeto de la satisfacción sexual es desplazable y, por ende, imposible
de satisfacer. Esta clase de objeto, como hemos visto, tiene un estatuto
imaginario ya que es desplazable y reversible.

Retomando la *Conferencia científica* de 1953 encontramos que J. Lacan
define el registro Real como aquello que retorna siempre al mismo lugar en
la cadena de discurso. El autor analiza, al respecto, un ejemplo tomado de

los trabajos realizados por el epistemólogo ruso A. Koyré sobre historia de la ciencia: cuando los hombres comienzan a delimitar la trayectoria exacta y regular de los planetas o la permanencia de las estrellas en el mismo lugar a simple vista, en este caso, el día sideral, el sol que sale por el este y se pone en el oeste; o sea, el mundo les aparece ordenado, siempre en el mismo lugar. Para J. Lacan, este real es definido como un producto del lenguaje en su función de objetivar las cosas que delimita asignándoles un nombre y un lugar dentro del mismo. En este sentido, plantea que la ciencia moderna comienza con la teoría de la gravedad de Isaac Newton[71] que unificó con sus fórmulas la teoría aristotélica de un mundo supralunar y uno sublunar. Newton hizo callar a los astros, dejaron de ser sede de variadas subjetivaciones en la historia de la humanidad al conferirles un poder trascendental. Del mismo modo, la teoría del "campo unificado[72]" de Albert Einstein que está resumida en la teoría de la relatividad y que consiste en que hay una fórmula que mantiene unidas todas las cosas del universo. Esta fórmula se compone de tres letras, "$e = m \cdot v^2$"; tal como lo expresa J. Lacan:

> Todo lo que entra en el campo unificado, no hablará nunca más, porque se trata de realidades reducidas al lenguaje. Creo que perciben aquí la oposición existente entre palabra y lenguaje. El hecho de que las encontramos en el mismo lugar es una de las razones por las que no hablan. (1955, p. 360)

La palabra (*parole*), diferenciada aquí del lenguaje implica, siguiendo al autor, el acto de habla como enunciación y discurso concreto, en cambio el lenguaje corresponde al sistema de signos, al conjunto de elementos y sus leyes que componen una lengua. En la función de la palabra de quien se trata es del Otro, de aquellos que encarnaron el lugar del *Autre*,

---

[71] El físico y matemático inglés Isaac Newton (1642-1727), inventor del primer telescopio de reflexión en 1668, sentó las bases de la ciencia moderna con sus descubrimientos en óptica clásica (la naturaleza de la luz blanca o luz del Sol por medio de un prisma de cristal) y la *mecánica clásica* (la formulación de las tres leyes del movimiento y la ley de la gravitación universal). Además desarrolló el *cálculo infinitesimal* en el campo de la matemática pura.

[72] En física, las fuerzas entre los objetos pueden describirse por los efectos de los "campos". El término teoría de campo unificado fue introducido por Einstein cuando intentó tratar unificadamente la gravedad y el electromagnetismo mediante una teoría de campos unificada. Previamente Maxwell había logrado en 1864 lo que denominaríamos primera teoría unificada, al formular una teoría de campo que integraba la electricidad y el magnetismo.

entendido como el lenguaje, así pues, el conjunto co-variante de significantes; es en esta articulación donde J. Lacan afirma que si la palabra funda la existencia del Otro, el verdadero otro, el lenguaje está hecho para remitirnos al otro objetivado. En consecuencia, si bien se trata de un real sin alteridad, por fuera de la función de la palabra, su estructura no deja de ser simbólica, en el sentido de un real hecho de lenguaje. En el escrito *Respuesta al Comentario de Jean Hippolyte sobre la Verneinung de Freud*, J. Lacan dice con respecto al registro real: "lo que no ha salido a la luz de lo simbólico aparece en lo real; en cuanto que es el dominio de lo que subsiste fuera de toda simbolización". (1966, p. 369)

Más adelante en su obra J. Lacan define a lo "real" de manera discursiva: "lo que no cesa de no inscribirse" y en su estructura lógica como: "imposible lógico-matemático" claramente ligado a las concepciones de la lingüística, la lógica y la matemática. En este punto se hace explícita la diferencia entre S. Freud y J. Lacan: la realidad para el primero se vincula con el sistema percepción conciencia, es decir, hay una realidad objetiva exterior al individuo y es contrapuesta a la realidad subjetiva que se localiza el funcionamiento del aparato psíquico. J. Lacan habla, en cambio, de una realidad discursiva borrando así la diferencia de realidades freudiana, estableciendo en su lugar un registro Real como efecto del discurso cuya existencia depende de la articulación con los otros dos registros: Simbólico e Imaginario.

En *El Seminario*, Libro 2, 1954-1955, cuyo título es *El Yo en la Teoría de Freud y en la Técnica Psicoanalítica*, J. Lacan avanza sobre la conceptualización del registro Imaginario contraponiéndolo con los registros Simbólico y Real, maniobra que resulta necesaria, a su vez, para delimitar el registro Imaginario. En este caso expresa lo siguiente sobre la construcción de un modelo de aparato psíquico freudiano de estructura estrictamente imaginaria:

> La suma de todas las facilitaciones, los acontecimientos, los incidentes sobrevenidos en el desarrollo del individuo constituyen *un modelo* que proporciona la medida de lo real. ¿Está ahí lo imaginario? En efecto *lo imaginario debe estar ahí*. Pero como tal, *supone un acoplamiento biológico del individuo a una imagen* de su propia especie, a las imágenes de lo que le es útil biológicamente en un medio determinado (el subrayado es nuestro). (p. 167)

Es interesante remarcar, por un lado, que los modelos teóricos freudianos funcionan por medio de lo que se llama la analogía con el propósito de representar una serie estructurada de conceptos lo más representativo posible a un real exterior que se sitúa en los mecanismos neuro-biológicos del individuo. Estos modelos sufren cambios en su alcance explicativo, por lo tanto, son provisorios y parciales en la medida que avanza la teoría que subyace. Para S. Freud, y para la corriente freudo-lacaniana consecuentemente, el modelo propuesto está por fuera de lo real proporcionando una medida aproximada del mismo en un intento de cercar simbólicamente toda experiencia real. Nadie, excepto J. Lacan, pondría en cuestión la relación entre lo real de las vivencias y experiencias del individuo, y el modelo de aparato psíquico de su segunda tópica como reflejo del mundo exterior. Esto es, los post-freudianos y lacanianos cuestionarían, a lo sumo, la justeza del modelo que lo representa. En este sentido, J. Lacan sustituye a este último por un esquema conformado por una escritura algebraica que funciona como lo Real mismo, o sea, es lo real del discurso lo que crea realidades y experiencias. En el mismo seminario critica el modelo freudiano de la siguiente manera:

> Freud no era guestaltista –no es posible atribuirle todos los méritos–, pero sí experimenta las exigencias teóricas que engendraron la construcción guestaltista. Para que el ser vivo no perezca cada vez es menester que posea cierto reflejo adecuado del mundo exterior. Lo cual equivale a decir que este esquema se basa, en realidad, en lo que más tarde será aislado con el término de homeostasis. Ya está presente aquí en la noción de un equilibrio a conservar y de una zona-moderadora, que mantiene las excitaciones en el mismo nivel y que, por consiguiente, sirve para registrar las experiencias. *Pero este esquema muestra ser insuficiente.* (p. 167)

Como vemos, J. Lacan critica en forma radical los fundamentos teóricos del modelo de aparato psíquico de la segunda tópica freudiana, el modelo tridimensional del huevo, sustituyéndolo, en su teoría, por una concepción estructuralista de la historia y del sujeto del inconsciente. Dicho de otro modo, no hay sujeto en lo real que no sea producto de la operatoria significante.

Este movimiento se opone a la advertencia que S. Freud hace a sus lectores en el capítulo VII, llamado "El Trabajo del Sueño", en el escrito sobre *La Interpretación de los Sueños*: "no deben confundir el andamiaje con el edificio teórico" (Freud, 1901, p. 347), aludiendo, ciertamente, a que el modelo, el "andamiaje", está construido como un soporte que permite tener una imagen espacial, imaginaria, de lo real del funcionamiento psíquico. Con esta aclaración, por lo tanto, el autor deja explicitado, al mismo tiempo, que su edificio teórico y su modelo explicativo se asientan sobre unos pilares incuestionables[73] que son las huellas de percepciones de vivencias, llamadas "Vivencias Primarias de Placer y Displacer", que se suceden en la infancia de las personas y se localizan en la profundidad del aparato anímico. Si bien, como hemos expresado anteriormente, las huellas mnémicas sufren transformaciones y se alejan de la percepción originaria con las sucesivas retranscripciones, el edificio teórico que sustenta este modelo de aparato psíquico está construido sobre la base de una realidad exterior, de una vivencia, entendido como la percepción de sucesos acaecidos en su infancia; en consecuencia, es un sistema que tiende hacia el re-encuentro del objeto primero, irremediablemente perdido, por lo que podría decirse, tal como S. Freud lo expresa, el aparato tiende, en un movimiento regresivo, a la alucinación reactivando a través de las investiduras energéticas las huellas mnémicas del objeto.

Sigamos, pues, con el análisis del registro Imaginario. En la clase XIX del mismo seminario, J. Lacan define a este último de dos maneras, a saber: una, basada en la relación especular entre el Yo y el otro, el semejante, cuyos pronombres gramaticales correspondientes son el yo (*moi, ego*) y el tú/nosotros (*toi-nous*). En este vínculo, dice, opera la identificación a la imagen del otro como base de la construcción imaginaria del Yo, afirma en las siguientes citas:

> Partimos de la idea que les vengo machacando desde hace tanto tiempo, de que no hay forma de aprehender cosa alguna de la dialéctica analítica si no planteamos que el yo es una construcción imaginaria. (...). Tenemos, pues, el plano del espejo, el mundo simétrico de los egos y de los otros homogéneos. De él debe distinguirse otro plano que llamaremos el muro del lenguaje. (p. 165)

La otra manera de definir el registro Imaginario es lo que el autor define como "muro del lenguaje"[74]. Como se sabe, entre el mundo simétrico de

[73] Incuestionables, ya que a pesar de los avances en los modelos de construcción de la realidad psíquica nadie duda de la experiencia de la vivencia traumática como un real que no logra simbolizarse plenamente, permaneciendo un resto inefable.

[74] La expresión "muro de lenguaje", es para el autor, opuesto a la función de la palabra. Uno de los usos de este concepto está basado en la ilusión que nos empuja

los egos y de los otros, entre el hombre y el mundo está el lenguaje en su aspecto comunicativo, es decir, a partir de nombrar, ordenar y clasificar, el lenguaje hace mundo, y es a esto a lo que apunta con el concepto de muro del lenguaje. Con el término "muro" hace referencia al aspecto de lenguaje objetivado, en el sentido de que una mesa es una mesa para todas las personas del mundo, y este lenguaje objetivado, imaginario, se interpone a modo de una barrera entre el sujeto y el Otro, que debe ser atravesada para dar lugar a la palabra, aquella palabra que se anuncia como portadora de la verdad del sujeto. En el escrito *Función y Campo de la Palabra y del Lenguaje en Psicoanálisis* diferencia el registro de la palabra, registro Simbólico, de la función imaginaria del lenguaje. Según el autor, la radical intersubjetividad, el orden simbólico por excelencia, se encuentra en el vínculo que va del Sujeto al Otro (*Autre*), registro Simbólico, siendo este último el lugar desde donde recibimos un mensaje, un reconocimiento simbólico más allá de lo conocido que proviene y se ubica en los registros Imaginario y Real.

A continuación veremos que J. Lacan plantea que lo Imaginario, por medio de su función como muro del lenguaje, ofrece una realidad verificable para todos nosotros:

> Lo imaginario cobra su falsa realidad, que sin embargo, es una realidad verificada, a partir del orden definido del lenguaje. El yo tal como lo entendemos, el otro, el semejante, todos estos imaginarios son objetos. Cierto es que no son homogéneos como lunas, constantemente corremos el riesgo de olvidarlo. Pero son efectivamente objetos, porque son nombrados como tales en un sistema organizado, que es el del muro del lenguaje. (p. 366)

Como dijimos anteriormente, el autor desde sus primeros escritos ha diferenciado el término lenguaje de palabra. El primero ligado a un sistema de signos que media la relación del yo con sus semejantes, o sea está hecho para remitirnos al otro objetivado, y tal como lo hemos dicho, es a través del lenguaje como se crea el mundo. En cambio, utiliza el término palabra, en francés "*parole*" traducido como habla y discurso, como sujeto de la enunciación, el acto mismo de quien habla, para delimitar

---

a buscar la realidad del sujeto más allá del muro del lenguaje, y es la misma por la cual el sujeto cree que su verdad está en nosotros ya dada, que la conocemos por adelantado. Dicha línea de pensamiento lo trabaja en dos de sus textos: *Función y Campo de la Palabra y el Lenguaje en Psicoanálisis* (1953) y en *El Seminario*, Libro 2, *El Yo en la Teoría de Freud y en la Técnica Psicoanalítica* (1954-1955), clase XIX.

la verdadera intersubjetividad, esto es, entre el sujeto y el Otro, que es el inconsciente. En este sentido, la palabra se funda en la existencia del *Autre/Otro*, lugar desde el cual recibimos un mensaje de reconocimiento, más allá de lo conocido. Es a partir de esto que, como lo expresa J. Lacan, una vez emitida palabra, necesariamente los sujetos dejan de ser lo que eran porque ella compromete la posición de sujeto de una persona. El autor ha formulado alrededor de esta delimitación entre lenguaje y palabra diversas interrogaciones a lo largo de su obra con relación a la problemática de la formación del psicoanalista y el concepto de transferencia en la dirección de la cura. Plantea, entre otras cosas, la importancia de no confundir los planos de las intersubjetividades y, principalmente, ha dado indicaciones precisas en la posición del psicoanalista en la transferencia. Afirma:

> Si se forman analistas es para que haya sujetos tales que en ellos el yo está ausente. Esto parece ser un ideal del análisis, ya que no hay un sujeto sin yo, un sujeto plenamente realizado, pero es esto lo que hay que intentar obtener siempre del sujeto en análisis (Lacan, 1955, p. 369).

Si tomamos en cuenta esta cita, podemos decir que el concepto de "trasferencia" en S. Freud se sustenta, entre otras cosas, en el pasaje de un acto psíquico del yo del analizante al yo del psicoanalista y viceversa. De ahí la "resistencia" como obstáculo en el psicoanálisis. En cambio, J. Lacan reemplaza el concepto freudiano de transferencia por la construcción de un sujeto, en el sentido de lograr el acto de construir un sujeto como lugar tercero entre los yoes del analizante y el psicoanalista. Es necesaria otra intersubjetividad, dice J. Lacan, que la imaginaria y es la intersubjetividad simbólica entre el sujeto y el *Autre*/Otro. Se trata de despejar un sujeto en los intervalos del discurso psicoanalítico, de ahí la indicación de despejar del registro Imaginario y Real un registro de la palabra en el marco del lenguaje. Esto se verifica en la clínica en los efectos subjetivos de las interpretaciones, insensiblemente la posición de sujeto de la persona cambia, deja de ocupar ciertos lugares con respecto al otro que ocasionan padecimiento. En síntesis, el registro Imaginario se funda desde el principio en la imagen del otro, en el semejante, en una relación especular. Dicha identificación se estructura a partir de un sistema organizado de signos que nombra, ordena y da sentido al mundo, llamado muro del lenguaje.

En la misma clase XIX de *El Seminario,* Libro 2, J. Lacan hace referencia a los dos componentes que anudan el registro Imaginario:

> Lo que por otro lado nos enseña el análisis es que el yo es una forma fundamental para la constitución de los objetos. En particular, ve bajo la forma del otro especular a aquel que por razones estructurales llamamos su semejante. La forma del otro posee la mayor relación con su yo, es superponible a este. El plano del espejo es algo perfectamente coherente con el establecimiento de ese mundo, de los egos y de los otros, homogéneos. (...) Pues eso del cual se trata de comprender, es que en el orden definido por el muro del lenguaje, de donde lo imaginario ha tomado su falsa realidad, incluso una realidad verificable. El yo y los otros, semejantes, son tratados como objetos homogéneos puesto que son nombrados como tales en un sistema organizado que es aquel del muro del lenguaje (p. 367).

Esta cita nos lleva a analizar el concepto de desarrollo libidinal freudiano repartido en estadíos o fases para explicar la evolución del aparato psíquico del niño. Para S. Freud, se verifica una fase pre-edípica anterior a los cinco a seis años de edad, que se divide en una fase oral y otra anal, que podría estar correlacionado con un pasaje de la vivencia real al mundo de la fantasía, al mundo de la imaginación. Posteriormente, y a partir de la introducción al complejo de Edipo y al complejo de Castración, el niño ingresa al orden de la Ley y al de su prohibición, con lo cual, al orden simbólico. Esta teoría de desarrollo contrasta con la teoría estructural que J. Lacan había introducido en sus primeros escritos para dar cuenta de un modo de lectura distinto de su antecesor.[75] En efecto, el estadio del espejo, introducido por él, ha desplazado la teoría evolucionista freudiana y dio lugar a una lectura estructural del Psicoanálisis a partir de la introducción del sujeto y el campo del *Autre*/Otro desde el inicio de la vida del niño. Es así como, en esta clase XIX, presenta un esquema construido a partir de un flujo de vectores que se conectan entre sí, estableciendo dos lugares (Sujeto y el Otro, *Autre*) y dos entidades (yo y el otro), es el llamado "Esquema L" (Lambda), situando el registro Imaginario (línea roja) y su relación con el registro Simbólico (línea entrecortada).

---

[75] Hay un artículo de investigación de la Dra. Napolitano Graziela, Profesor Titular de la Cátedra de Psicopatología de la Facultad de Psicología de la Universidad Nacional de La Plata, publicado en la Revista de Psicología, vol. 32, año 2008, que trabaja la oposición desarrollo versus estructural en la teoría psicoanalítica. El trabajo se titula: *Estructura y Desarrollo en la enseñanza de Lacan.*

Gráfico 11

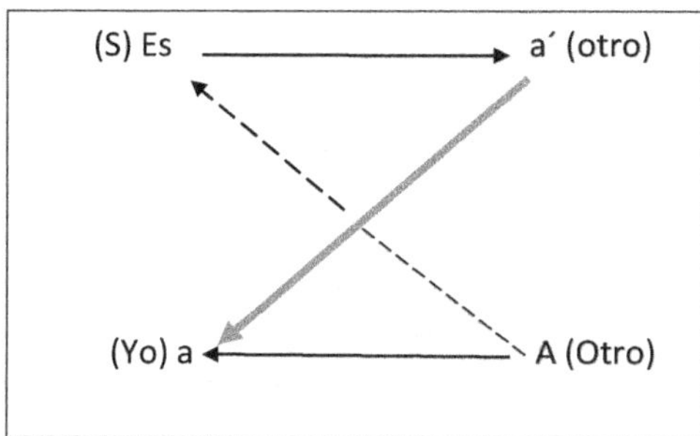

Torsión (en rojo) entre el registro Imaginario y Simbólico

Como se observa en el gráfico, el "Esquema L" es una maniobra algebraica que patentiza la estructura del inconsciente en su necesaria construcción a partir de la introducción de los otro/Otro. No se trata, tal como lo describe S. Freud, de una relación entre el Yo y el Ello dentro de los límites de un individuo psíquico, sino de la introducción del campo del Otro/Autre en una relación de "inmixión"[76] con el sujeto, relación que tiene una espacialidad específica de interpenetración topológica. Por tanto, el Esquema L, brinda una noción más compleja que es la noción de "campo" que reemplaza la noción de individuo freudiano, o sea, no solamente está compuesto por el yo y su semejante, sino que hay en juego un tercer y cuarto elemento que es el Otro como encarnadura de un *Autre* en su dimensión de significante, estructura fundamental del inconsciente. Desde estas coordenadas podemos afirmar que nuestra función como psicoanalistas debe estructurarse a partir de no confundir estos planos, dicho de otra manera, no confundir el Yo (*moi*) y el sujeto, no hacer del Yo una realidad, algo que es, como se dice, integrativo. Como se sabe, la integración es entendida como un cuerpo perfectamente circular y bello

---

[76] Término neológico creado por J. Lacan para dar cuenta de la relación del Sujeto y el Otro/*Autre*. Proviene del término inglés "immixing" que significa mezcla que indistingue los componentes. Con este término, el autor indica que nada del sujeto del inconsciente podrá ser considerado sin que se acepte que en su lugar también opera siempre el lugar del Otro; se trata, pues, de una mezcla de lugares. Este concepto al que el autor le otorga una espacialidad propia topológica, es el principio lógico fundacional de la teoría que propone y subvierte así los conceptos fundamentales del Psicoanálisis creados por S. Freud.

que puede hacer todo lo que se le ocurra, ya que siempre queda igual a sí mismo, y es eso lo que define un Yo integrado.

Por otro lado la letra "S" es el Sujeto separado del yo, es el sujeto analítico, no en su totalidad, sino en su abertura (vacío de contenido, falta en ser) producto de la operatoria significante y que J. Lacan lo utiliza como homofonía del "*Es*" (eso) para nombrar al Ello de la segunda tópica freudiana. Este Sujeto no es un individuo, no es el otro yo; es un Sujeto que de costumbre no sabe lo que dice.

En el escrito *El Yo en la Teoría de Freud y en la Técnica Psicoanalítica*, afirma: "Claro está que no es ahí donde él (Yo) se ve, esto no sucede nunca, ni siquiera al final del análisis" (p. 366), dándonos a entender que entre el Yo y el sujeto hay una ajenidad total, una excentricidad absoluta. Por otra parte, describe la alienación del Yo al otro como superponible:

> Lo que por otro lado nos enseña el análisis es que el yo es una forma fundamental para la constitución de los objetos. En particular, ve bajo la forma del otro especular a aquel que por razones que son estructurales llamamos su semejante. Esa forma del otro posee la mayor relación con su yo, es superponible a este y la escribimos a` (p. 367).

Como consecuencia de esto se deduce que nunca podremos acceder al Sujeto por nuestro autoanálisis, ya que los formaciones del inconsciente son efectos de los significantes localizados en el campo del Otro/*Autre* y es a través de la relación entre el Yo y el otro donde se manifiestan.

En el libro *Las Estructuras Clínicas a partir de Lacan*, tomo I, (2003) el psicoanalista contemporáneo argentino Alfredo Eidelsztein menciona lo siguiente en relación con el término empleado por J. Lacan "muro del lenguaje":

> La función verdadera de la palabra produciendo el efecto subjetivo entra en contradicción con otra función del lenguaje representada por las objetivaciones de discurso. En el lenguaje algo tiende a la subjetivación, la función de la palabra; pero, además, hay algo que tiende a la objetivación, lo que ya se ha denominado el muro del lenguaje. (p.102)

Tal como lo hemos desarrollado precedentemente el registro Imaginario y el registro Simbólico surgen como resultado de la operatoria del registro Simbólico. Con relación a la articulación de los registros Imaginario y Simbólico, en el escrito *Posición del inconsciente en el Congreso de Bonneval* del año 1960 y publicado en 1964 J. Lacan establece una nueva diferencia con respecto al modelo de aparato psíquico de la segunda tópica y, en especial, con el denominado factor cuantitativo o económico del mismo que rige el movimiento, es decir, la libido. Allí afirma: "Este *órgano* (libido) debe llamarse *irreal*, en el sentido en que lo irreal no es lo imaginario y precede a lo subjetivo condicionándolo por estar en contacto con lo real"[77] (el subrayado es nuestro) (p. 805)

A la libido freudiana J. Lacan la define, de acuerdo con su teoría, de dos maneras: por un lado, como un "órgano o lámina bidimensional", en el sentido topológico del término; y por el otro, la define como "irreal", o sea, no es de orden imaginario sino simbólico debido a su contacto directo con lo real. Pero hay algo más importante y es que el autor nos advierte que con el término irreal deja caer el estatuto energético de la libido como una fuerza que desde lo biológico pone en movimiento al aparato para poder cernirlo por medio de la palabra, y lo sustituye por el concepto topológico de lámina cuya estructura es estrictamente simbólica, por lo tanto no hay un más allá, presubjetivo, de la palabra.

En la clase 2 del Seminario *Los Cuatro Conceptos Fundamentales del Psicoanálisis*, dice: "el inconsciente –lo Simbólico– nos muestra la hiancia por donde el síntoma neurótico empalma con lo Real" (1961, p. 30). En el sentido de que lo simbólico, el inconsciente, es un agujero, hiancia, que carece de contenido y que pone en relación el síntoma con lo Real, este último entendido como lo imposible de ser escrito, "lo que no cesa de no inscribirse". Como consecuencia de esto, podemos decir que para la teoría de los tres registros lo Real no existiría sin la articulación de los otros dos registros: Imaginario y Simbólico, en otras palabras, no hay un Real por fuera de los otros dos registros. Esto contrasta con el modelo de huevo del aparato psíquico freudiano que se fundamenta en la construcción de un sistema de memoria que registra o inscribe las vivencias, como experiencias de la realidad en un sistema de representaciones que son representativas (representaciones-cosa) y que en cierta etapa del desarrollo del niño esas huellas se trasponen en representaciones-palabras. Por otro lado, el factor cuantitativo de estas vivencias que produce una exigencia de trabajo en el aparato psíquico es equiparado a la metáfora

---

[77] La definición que este autor da a la libido freudiana es enteramente innovadora, reemplaza su equiparación con el concepto de energía, fuerza, del aparato psíquico por un concepto matemático topológico de superficie bidimensional. Asimismo, destaca su definición como órgano, en los sentidos de instrumento y sistema dejando caer en forma necesaria su asociación a los órganos del cuerpo.

de la energía, en el sentido de una fuerza que pone en movimiento los cuerpos en reposo, tal como lo veremos más adelante. En este orden de ideas se desprende el modelo de red neuronal que S. Freud presenta en el *Proyecto de Psicología para Neurólogos* y que se encuentra en la base de las futuras descripciones del aparato psíquico de la primera tópica (modelo del peine) y de la segunda (modelo del huevo); este modelo es el siguiente:

Gráfico 12

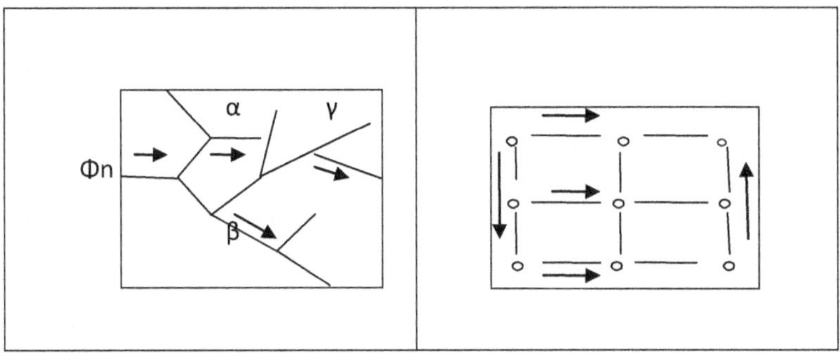

Red neuronal, según S. Freud en el *Proyecto de una Psicología para Neurólogos* (modificado)

En *El Seminario,* Libro 2, *El Yo en la Teoría de Freud y en la Técnica Psicoanalítica,* clase del dos de febrero de 1955, J. Lacan explicita una crítica a los fundamentos teóricos y epistemológicos que sustentan el modelo de aparato psíquico freudiano como un aparato de registro que constituye un reflejo del mundo, y dice al respecto:

> En resumidas cuentas, la memoria se concibe aquí como una serie de engramas, suma de series de facilitaciones, y *esta concepción revela ser enteramente insuficiente* si no introducimos en él la noción de imagen. Si se postula que una serie de facilitaciones, una secuencia de experiencias hace surgir una imagen en un aparato psíquico concebido como una simple placa sensible, es obvio que cuando la misma serie es reactivada, se reproducirá la misma imagen. Dicho de otro modo, todo estímulo tiende a producir una alucinación. *El principio fundamental del aparato psíquico es la alucinación. Esto es el proceso primario* (el subrayado es nuestro). (p. 167)

Es claro que J. Lacan advierte a sus seguidores que la construcción de un modelo de aparato psíquico basado en representaciones-cosa y representaciones-palabras acoplado al modelo neurológico del arco reflejo resulta "insuficiente" como modelo teórico del psicoanálisis. Un modelo que se presenta como individual sin tener en cuenta el campo del Otro/Autre en la determinación del sujeto inconsciente. Tomando su palabra, la escisión psíquica, la *Spaltung*, de lo inconsciente no es una división gestáltica ni recae sobre la encarnadura del individuo. Por otra parte, el modelo freudiano es un sistema que tiene como objetivo ir hacia el encuentro de la identidad perceptiva del objeto reactivando las primeras huellas mnémicas con la consiguiente reanimación alucinatoria del mismo, es decir, un efecto de regresión dentro del aparato psíquico, y que por este hecho resulta insuficiente para explicar el mecanismo subyacente de los síntomas en los pacientes que acuden a una demanda de psicoanálisis. En este sentido S. Freud acude a esta dinámica para dar cuenta del determinismo inconsciente de los síntomas neuróticos. Este movimiento de regreso a las primeras huellas dentro del aparato que lleva, necesariamente, al desencuentro con el objeto, es lo que S. Freud denomina deseo inconsciente que, en definitiva, es el deseo que se mueve alrededor de una falta de objeto, de ahí que la frustración sea inevitable; de modo que el aparato funciona a partir de esa falta de objeto, a saber, un aparato que lleva a la alucinación del objeto como sustituto del deseo. Se trata pues, del deseo como cumplimiento, tal como lo define en su obra *La Interpretación de los Sueños*, indicando con ello la frustración fundamental que pone en movimiento el aparato, de la falta de un objeto que una vez ha existido. Este modelo de "aparato psíquico" representa un ejemplo de una construcción de estructura imaginaria solidaria al paradigma físico-biológico clásico que tiene como principio la construcción de un referente imborrable sobre la base de huellas de vivencias que cada individuo experimenta en la relación con los otros, modelo que se sustenta sobre teorías más generales de la biología y la neuropsiquiatría. Es la conocida teoría del "trauma"[78], fundamento explicativo de los síntomas de

---

[78] S. Freud proponía la teoría traumática para explicar el determinismo inconsciente del síntoma. Argumentaba que no era la experiencia misma la que obraba como suceso traumático, sino el hecho de revivirlo tardíamente en forma de recuerdo después de que el individuo hubiera alcanzado la madurez sexual. Para el autor, en 1896, el trauma estaba constituido por la relación entre dos sucesos: un primer suceso que no era traumático porque había ocurrido demasiado temprano en el niño como para que este lo comprendiera; y un segundo suceso que no era traumático pero

las neurosis en los primeros desarrollos teóricos de S. Freud. La teoría del trauma psíquico la toma de su maestro el neurólogo francés Jean Marie Charcot en el año 1893, cuando –siendo discípulo y concurrente en el Hospital Salpêtriére– presenciaba en sus clases las escenas de parálisis motoras de las pacientes histéricas. Básicamente hablando podemos decir que el trauma era una manera simplista de explicar el factor cuantitativo del agente patógeno que producía un desequilibrio en el funcionamiento del aparato psíquico en el gobierno del individuo. Este agente patógeno era, en la mayoría de los casos, una afrenta sexual al niño –teoría de la seducción– que se producía, según S. Freud, en la infancia antes del desarrollo simbólico del mismo. Si bien este último tomó una dirección totalmente diferente a la de su maestro al atribuir los síntomas de la histeria traumática a fijaciones inconscientes de recuerdos dolorosos, esto es, huellas de vivencias displacenteras en el aparato psíquico en lugar de causas anatómicas – fisiológicas como solía hacer Charcot, no ha dejado de sostener el principio del trauma en el funcionamiento del aparato psíquico como un equivalente del sistema neuronal.

> Los síntomas de la histeria derivan su determinismo de ciertas vivencias de eficacia traumática que el enfermo ha tenido, como símbolos mnémicos de los cuales ellos son reproducidos en su vida psíquica. [ ] En estas vivencias estuvieron en vigor las causas eficientes de la histeria; tenemos derecho a esperar, entonces, que por el estudio de las escenas traumáticas averiguaremos qué influjos produjeron los síntomas histéricos, y de qué modo lo hicieron (Freud, 1896, p. 549).

Cabe aclarar que dicho modelo del trauma continúa siendo importante como paradigma de la investigación médica y psicológica en Neurociencias y se halla en plena solidaridad con la transmisión y la enseñanza del Psicoanálisis en sus principales centros de formación. Para la principal corriente psicoanalítica freudo-lacaniana[79] dirigida por Jacques Miller, el trauma como huella de una vivencia sexual en la temprana edad, está equiparado al concepto de un goce corporal e individual, es decir, a las impresiones, signos, en el cuerpo en su materialidad de carne y hueso,

---

que desencadenaba un recuerdo del primer suceso al que se le daba un significado traumático, y que a su vez, era reprimido.

[79] El guion que separa ambos términos connota el paradigma de continuidad de ambas teorías por lo que en lógica matemática equivaldría a una relación de inclusión mutua entre ellos.

y que más tarde funcionarían como fuente pulsional sexual –las zonas erógenas– y ponen en marcha el aparato psíquico.

En oposición a esta corriente de ideas J. Lacan planteaba, ya en su tesis en el año 1932, *De la Psicosis Paranoica en sus Relaciones con la Personalidad*, a partir de una descripción histórica y conceptual de la persona, una continuidad entre los desarrollos teóricos de la psiquiatría y de la neurología alemana y francesa de su época con las concepciones del aparato psíquico freudiano de la segunda tópica, disciplinas de las que se vale S. Freud para su teorización en el escrito *"El Yo y el Ello"* en relación con su nuevo modelo de aparato. Por ejemplo, a propósito de una definición de los sentimientos intelectuales como base de los fenómenos psicóticos, el psiquiatra francés Pierre Janet decía:

> Pero esto no debe hacer olvidar la verdadera naturaleza de los sentimientos intelectuales: hay que concebirlos como *estados afectivos inefables*, para los cuales el delirio no representa más que la explicación secundaria, a menudo forzada por el enfermo después de una perplejidad prolongada (...).

> Contrariamente a lo que se cree, esta concepción es fisiológica, es una concepción organicista del psiquismo, una concepción biológica de los trastornos mentales. La *concepción energética del aparato psíquico se expresa mediante metáforas como pérdida de la función de lo real, descenso del nivel mental* (el subrayado es nuestro). (Lacan, p. 122)

Es evidente que conceptos tales como lo inefable de la experiencia subjetiva, sus inscripciones parciales en el aparato, la energía como investidura de las representaciones y las alteraciones en el nivel de la mencionada experiencia que provienen de las investigaciones médicas y psicológicas de ciertas escuelas positivistas franco-alemanas son tomados por S. Freud para los desarrollos teóricos de su segunda tópica, todos ellos marcados por una fuerte referencia organicista, por lo tanto, sobre la base del funcionamiento de los órganos del cuerpo.

Frente a este contexto de avances en la psicogenia de los trastornos mentales por parte de la psiquiatría de principios del siglo XX, tanto en los autores alemanes como franceses, y la asimilación de tales conceptos médicos por parte de los desarrollos teóricos psicoanalíticos contemporáneos, J. Lacan realiza un salto teórico sin precedentes que inauguró una nueva epistemología[80] cuya piedra fundacional se sitúa en su conferencia

[80] La introducción de los tres registros produjo una subversión de los modos de

inaugural,[81] que él bautizó de "científica", introduciendo allí una forma novedosa de lectura sobre los conceptos psicoanalíticos freudianos y, en consecuencia, una nueva dirección de la cura analítica. En este sentido, consideramos que el mayor aporte innovador de J. Lacan en la teoría psicoanalítica consistió en introducir un nuevo modelo teórico fundamentado por los avances de la ciencia moderna, que son los tres registros Simbólico, Imaginario y Real, registros que lo acompañaron en gran parte de sus teorizaciones, para sustituir el modelo freudiano de aparato psíquico.

Retomemos nuevamente a la *Conferencia científica*. Allí J. Lacan introduce el registro Simbólico de la siguiente manera: "El elemento imaginario (un fantasma) solo posee estrictamente un valor simbólico que hemos de apreciar únicamente en función del momento del análisis en que se inserta"[82] (p. 231). Con referencia al término "en función" del momento del análisis, el autor introduce un término de la lógica y la matemática, a saber: el concepto de función tomado de la teoría de los conjuntos, en el cual se establece la pertenencia de un elemento al conjunto, o sea, a la estructura, y el valor de un elemento está en relación con su diferencia con otros elementos que integran el conjunto. Por otro lado, y esto es importante, al decir "en función del momento del análisis" se está refiriendo a que el registro Imaginario depende del registro Simbólico en la experiencia analítica, vale decir, su escritura como registro imaginario depende de la articulación de los otros dos registros Simbólico y Real. Desde estas observaciones se puede pensar que la experiencia analítica se inicia a partir de la escritura en sus tres registros de los enunciados del síntoma analítico. Al decir de J. Lacan en la misma conferencia:

> No basta que un fenómeno represente un desplazamiento, en otras palabras, se inscriba en los fenómenos imaginarios, para ser un fenómeno

---

construcción de teoría, en particular aquella que se apoya en la observación de los fenómenos psíquicos. En este sentido la nueva epistemología, entendida esta última como modo de procurar un saber sobre el objeto, se basa en la potencia objetiva de las relaciones lógico-matemáticas de los significantes concernidos en los síntomas psicoanalíticos. Es decir, que a partir de la introducción sincrónica de los tres registros, surge por retroacción, el objeto de estudio.

[81] Inaugural, en relación con el dictado de los seminarios orales. Sus trascripciones y correcciones oficiales son realizados por su yerno, Jacques Alain Miller a partir del año 1953.

[82] Lacan J. 1953. *Conférence Scientifique du Le symbolique, l'Imaginaire et le Réel.* www.staferla.fr. Free Pas tout Lacan. *Autres Écrits.* Formato PDF.

analizable. Por otro lado, que un fenómeno solo sea analizable si representa algo que no sea el mismo. (p. 210)

Agrega que se necesita de otra característica para que un fenómeno clínico sea analizable más allá del desplazamiento de significaciones imaginarias y lo describe como algo que no se representa a sí mismo. O sea, la característica que fundamenta uno de los principios del lenguaje es la *ambigüedad* del signo lingüístico: un hecho del lenguaje –por ejemplo un dicho– es un elemento que representa siempre otra cosa, hay un agujero en lo que respecta al objeto representado. Este enunciado podría ser aplicado a la experiencia analítica ya que para que una formación del inconsciente pueda ser leída, descifrada –una frase repetida, un acto fallido o un lapsus– es necesario suspender el juicio del analista sobre las mismas, con la idea *a priori* de que estas no representan nada ni tienen una significación preestablecida, sino que representan la ausencia de significado por sí misma. De este modo se realiza una lectura estructural del síntoma psicoanalítico. La significación como creación –creación de un sujeto– procede de la articulación de significantes en el marco de una estructura, y esta es otra diferencia importante con respecto a la representación en donde hay una solidaridad directa con lo representado.

En la misma conferencia sostiene:

> Toda una parte de las funciones imaginarias en el análisis no tienen otra relación con la realidad fantasmática que manifiestan que la que tiene la sílaba "po" con el vaso con formas preferentemente simples que designa: $\frac{Po}{vaso}$. En policía o poltrón, la sílaba "po" tiene evidentemente un valor distinto. (1953, p. 213)

En esta cita el autor exhorta a los psicoanalistas a reforzar la barra que separa el significante "po" con el significado, poltrón o policía, es decir, a convertir el significante de la lingüística en un significante del Psicoanálisis, este se define como el significante desprendido del significado que solo existe en oposición a otros significantes. Con lo cual, podemos conjeturar que el registro Simbólico está en relación directa con la posición del psicoanalista en la experiencia psicoanalítica a partir de realizar dicha maniobra sobre el significante.

En principio diremos que el síntoma psicoanalítico tiene una estructura discursiva y los registros SIR proceden de la lógica estructural de la misma, en otros términos, en sus dimensiones sincrónicas y diacrónicas en el conjunto de significantes en juego. Es así como la función imaginaria no tiene otra lectura que no sea de significante, esto es, adquiere un valor en la relación con el conjunto de significantes. En este sentido, lo Imaginario y lo Real son, por así decir, elementos discursivos que se ordenan a partir del orden simbólico. De este modo debe entenderse lo simbólico como letras carentes de significación por sí mismas, y su significación se pone en juego en el intercambio analítico, así se trate de síntomas reales, actos fallidos y todo lo que se inscriba en lo que encontramos y reencontramos incesantemente y que J. Lacan definió como su realidad esencial. Esta realidad esencial se sigue tratando, y se tratará siempre, como símbolos localizados y organizados en el lenguaje, especialmente en letras, que funcionan a partir de la articulación del significante y el significado, que es el equivalente de la estructura misma del lenguaje. Por esto, para el autor, en el inconsciente hay letras que se estructuran a modo de una escritura y, como veremos, esta definición contrasta en forma absoluta con el contenido de representaciones presentes en el inconsciente freudiano. Es importante aclarar, que el concepto de letra tiene un lugar primordial en la teoría de J. Lacan, como lo veremos al final de este capítulo, tanto en su función como de su despliegue en una escritura. En forma preliminar, diremos, que letra no es equiparable a las letras del alfabeto ni tiene la estructura de un significante o un fonema de la lingüística. Para el autor, la letra es una maniobra del psicoanalista sobre el discurso común que se construye en la experiencia psicoanalítica, en este sentido, una letra puede ser una frase o un gesto que se repite en el discurso del analizante y que el psicoanalista extrae para poder articularlo con otras letras.

Por otra parte, los tres registros articulados funcionan con una temporalidad circular, lo que J. Lacan define como "futuro anterior"[83], de estructura lógica y con una causalidad propia que es la "retroacción". Esta relación, como veremos más adelante, es radicalmente distinta al concepto propuesto por S. Freud de "sobredeterminación" en la causa del síntoma neurótico, entendido como "efecto a posteriori", en alemán

---

[83] La introducción del tiempo verbal futuro anterior, "el habiendo sido", por J. Lacan le ha servido para analizar diferentes cuestiones vinculadas con la teoría psicoanalítica, por ejemplo, el análisis del origen. Mediante el concepto de tiempo circular que se patentiza en el verbo futuro anterior se puede establecer la ausencia de un tiempo anterior ni lógico ni cronológico del cuerpo biológico respecto del orden simbólico, lo mismo para los conceptos de alienación respecto de la separación. En este sentido es requerido aceptar un Big Bang del lenguaje y del discurso.

"*nachtraglich*". Este término es definido en el *Diccionario de Términos Psicoanalíticos* de Jean Laplanche-Jean Pontalis como:

> Palabra utilizada frecuentemente por Freud en relación con su concepción de la temporalidad y de la causalidad psíquica: experiencias, impresiones y huellas mnémicas son modificadas ulteriormente en función de nuevas experiencias o del acceso a un nuevo grado de desarrollo. Entonces pueden adquirir, a la par que un nuevo sentido, una eficacia psíquica. (1971, p. 405)

En el aparato psíquico freudiano las huellas se disponen en conjunto en una doble inscripción separadas por la barrera de la represión: huellas inconscientes y preconcientes. Ambos conjuntos de inscripciones funcionan como sistemas separados con leyes que les son propias (Proceso primario y secundario). Las huellas mnémicas sufren de tiempo en tiempo, de una manera evolutiva, una retranscripción que vendría a ser como un cambio de estado de las representaciones. Esta concepción dinámica del aparato psíquico se denomina, en la teoría freudiana, "efectos a posteriori", cuya traducción en el alemán es el concepto de "*nachtraglch*". Este concepto está relacionado con el aporte de una significación sexual, una connotación erótica, de las primeras huellas inconscientes a partir de la irrupción de la sexualidad en la pubertad. En este punto J. Lacan establece una concepción distinta de la propuesta por su predecesor. Para él la retroacción, el "aprés-coup", es una función específica del lenguaje, en particular del significante en la determinación de la significación. Así como el significante primero (S1) determina al significante segundo (S2), este último tiene la misma eficacia de determinar al primer significante, tal como se esquematiza: el (S2) da existencia al (S1). Este determinismo entre significantes es distinto a la "sobredeterminación" freudiana, ya que el (S1) no existiría sin la existencia del (S2); en cambio para S. Freud existirían una primera marca o huella ineliminable –que funcionaría como un signo– y las transcripciones posteriores, que lo único que hacen es cambiar su valor y adscriben otro sentido sin modificar la esencia de la representación primera que es la que comanda el aparato. La dupla significante se esquematiza así:

Gráfico 13:

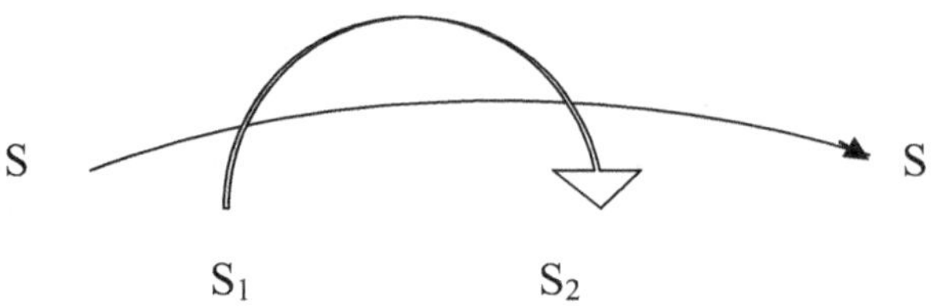

Bucle de significantes, captura de una dupla significante en la cadena

A partir de esta "célula elemental[84]" –término acuñado por J. Lacan en el escrito *Subversión del Sujeto y Dialéctica del Deseo en el Inconsciente*– conformada por al menos dos significantes en oposición, se construye una estructura temporal y causal en "aprés-coup", en retroacción, desde la cual el autor, como veremos más adelante, hace surgir sus tres registros como un sistema articulado en una cadena en la cual cada registro pierde su identidad en sí misma y funciona, como tal, en sincronía con los otros dos. El paso siguiente, en las elaboraciones del autor, es la conformación de la cadena significante a partir de la célula elemental; para ello es necesaria la articulación de un tercer significante ya que dos significantes no logran hacer cadena. Por ende, un tercer significante, un tercer registro, que anuda los otros dos. Este elemento tercero, no es por definición un significante cualquiera como los otros significantes, no es contable como los demás, ya que caeríamos indefectiblemente en la dupla significante. Este tercer significante exterior e interior al mismo tiempo del conjunto, es el significante del registro simbólico llamado también significante fálico. El significante fálico está dado por la maniobra del psicoanalista que aísla, descifra, cada uno de ellos y los pone en articulación, es el llamado por J. Lacan "paréntesis de paréntesis" de englobamientos crecientes:

---

[84] He aquí lo que podría decirse que es su célula elemental. Se articula allí lo que hemos llamado el punto de basta por el cual el significante detiene el deslizamiento, indefinido si no, de significación. Se supone que la cadena significante está soportada por el vector S.S'. (Lacan, 1966, p. 766)

Gráfico 14

$$(S1 \ (S1 \ (S1 \iff S2) \ S2 \ ) \ S2 \ )$$

Escritura de cadena de significantes

En la clase 2 de *El Seminario*, Libro 11, *Los cuatro Conceptos Fundamentales del Psicoanálisis*, J. Lacan especifica el tipo de causalidad que opera en la dupla significante y su relación con el inconsciente contraponiéndolo al inconsciente freudiano:

> La *discontinuidad* es, pues, la forma esencial en que se nos aparece en primer lugar el inconsciente como fenómeno. Ahora bien, si esta discontinuidad tiene ese carácter absoluto, inaugural, en el camino que tomó el descubrimiento de Freud, ¿habremos de colocarla –como después tendieron a hacerlo los analistas– sobre el telón de fondo de una totalidad? (...) ¿Es el *uno* anterior a la discontinuidad? No lo creo, y todo lo que he enseñado estos años tendía a cambiar el rumbo de esta exigencia de un *uno* cerrado, espejismo al que se aferra *la referencia a un psiquismo de envoltura, suerte de doble del organismo donde residiría esa falsa unidad* (el subrayado es nuestro). (1964, p. 33)

Como lo hemos dicho anteriormente, el inconsciente se manifiesta como una discontinuidad, una vacilación o un lapsus en el discurso, y es a partir de ese hecho que se supone una significación oculta para el hablante. De ahí que la discontinuidad constituye en nuestro trabajo el ejemplo paradigmático de nuestra investigación que nos indica que estamos ante la presencia de dos paradigmas contrarios en la concepción del psicoanálisis: la teoría freudiana y la propuesta por J. Lacan.

Para la teoría propuesta por S. Freud, esta significación proviene de la unidad del "Ello", de las huellas mnémicas como marcas de las vivencias del individuo. Desde esta perspectiva, la discontinuidad del síntoma neurótico se apoya en una referencia previa, una marca previa: el "Uno", garante de la verdad, que se aloja en las inscripciones inconscientes. Como vemos, en este punto, J. Lacan realiza una crítica explicita a esta concepción del psiquismo, tal como lo expresa "el espejismo de un psiquismo de envoltura", "una suerte de doble del organismo"; sin embargo, podemos decir que el punto más subversivo de su teoría consistió en plantear su propia teoría del inconsciente, elaborada a lo largo del Seminario 11, *Los cuatro Conceptos Fundamentales* en 1964, a partir de establecer que "su" inconsciente carece de toda referencia previa y que esta se construye a partir de la retroacción del significante en el campo del Otro/*Autre*. Dice al respecto en la misma clase:

> ¿Dónde está el telón de fondo? ¿Será la ausencia? Pues, no. La ruptura, la ranura, el rasgo ya de la abertura hacen surgir la ausencia –igual que el grito, que no se perfila sobre el telón de fondo del silencio sino que al contrario lo hace surgir como silencio. (p. 34)

No se trata, pues, de una unidad previa o centro de referencia, ni tampoco de la ausencia de la misma en la discontinuidad del fenómeno del inconsciente, esto es, en su contenido o la ausencia del mismo, sino de una operatoria que deja de lado esta referencia previa y que se explica por el funcionamiento de la dupla significante, es el agujero, o la hiancia que el rasgo o el trazo produce como efecto de la dupla significante: el S2 es la causa del S1, y viceversa; o sea, tomando el ejemplo de J. Lacan, es el grito que con su presencia produce el silencio de fondo, y no que el grito surge del silencio que está en el fondo. La referencia se construye a partir de un S2 que se va articulando para constituir el S1. Este es el correlato del sujeto del inconsciente y es la estructura que J. Lacan establece para el Sujeto y el *Autre*, el inconsciente a partir de la articulación sincrónica de los significantes en juego.

Por tanto, es a partir de estos desarrollos que J. Lacan define a lo Simbólico no solamente como aquello que representa otra cosa, sino, también, que lo representado es ambiguo, opaco al significado, produciéndose por obra del significante un agujero en el sentido. De ahí la pregunta formulada por J. Lacan en *El Seminario*, Libro 3 *"Las Psicosis"*: "¿Cuál es la función inicial y original, en la vida humana, de la existencia del símbolo en tanto que significante?" (Lacan, 1956, p. 308)

Es a partir de este marco, e impulsado por tal pregunta, que consideramos que el autor se apoya en la ciencia lingüística, así como en otras disciplinas,[85] para darle un estatuto de cientificidad al psicoanálisis, en especial para introducir el análisis estructural de la experiencia psicoanalítica. A raíz de su tesis principal: "El inconsciente está estructurado como un lenguaje[86]", y su consecuencia: "No se aprendió que en ese

---

[85] Como la Antropología Estructural, la Lógica, Teoría de los Juegos, la Matemática, la Topología de superficies y de nudos.

[86] Lacan, J. *La Science et la Vérité*, Écrits II. Paris. Éditions du Seuil, 2° ed, p. 233: «C'est

saber que yo defino como articulado –esta es la esencia de aquello en lo que insisto cuando digo que el inconsciente está estructurado como un lenguaje”–[87] está la causa del sujeto en lo Real. Definiendo así al inconsciente desde la perspectiva estructuralista, como un saber articulado que no se asienta en ningún sujeto sino en la cadena de significantes enlazados en una cadena. En este punto J. Lacan trabaja extensamente sobre dos líneas de investigación al respecto: por un lado, autores de referencia de la lingüística, importantes en sus respectivos desarrollos sobre Lingüística general y estructural; y, por el otro, desarrolla conceptos provenientes de la Antropología estructural, en especial los trabajos sobre el *Totemismo* de Claude Lévi-Strauss.

En el campo de la lingüística analiza los trabajos de Ferdinand de Saussure, principalmente en su *Curso de Lingüística General* (*Cours du linguistique genéralle*, 1921), donde realiza un trabajo de lectura e interpretación sobre la noción de "signo lingüístico" y el concepto de "lengua" como sistema de relaciones entre los elementos componentes del signo, como también, su articulación entre otros signos del sistema; y los trabajos en Lingüística estructural rusa por parte de Román Jakobson en el año 1954, *"Ensayos de Lingüística general"*, para trabajar el concepto de *significante* a partir del concepto fonológico de "fonema". Posteriormente, y a partir del año 1960 comienza sus estudios sobre análisis de discurso con el objeto de trabajar aspectos de la enunciación inconsciente.

El abordaje estructural de Roman Jakobson proviene del estudio de las afasias y el concepto de *fonemas* en la Fonología (rama de la Lingüística Estructural) donde se consideran las relaciones entre los fonemas, por sustitución y contigüidad, como unidades mínimas carentes de significado, unidades diferenciales más cercanas al concepto de significante dado por J. Lacan. El método estructural por él descripto se encuentra en la base del análisis del lenguaje y se resume en cuatro puntos articulados, a saber: el pasaje del estudio de fenómenos conscientes a la estructura inconsciente; el rehusamiento a tratar los términos como unidades independientes, el análisis se basa en la relación entre términos; la introducción de la noción de sistema de acuerdo con la cual cada término se define por relación con los otros y la búsqueda de leyes generales. De hecho se dice que Jakob-

---

même pourquoi l'inconscient qui le dit, le vrai sur le vrai, est structuré comme un langage » […] « Es por eso incluso por lo que el inconsciente, que dice lo verdadero sobre la verdadero, está estructurado como un lenguaje (traducción nuestra)

[87] Lacan, J. Ídem., p. 234.

son es el primer autor en introducir en sus teorizaciones el estudio de la enunciación, dicho de otra manera, la parte subjetiva del habla.

Del lado de la Antropología estructural, J. Lacan trabaja extensamente sobre un autor contemporáneo que es Claude Lévi-Strauss. Este autor realiza un análisis de la relación entre cultura y naturaleza a partir de la función del Totemismo en pueblos originarios. En el texto *El Pensamiento Salvaje* de 1962, establece que la función totémica es una estructura simbólica que funciona como un sistema de clasificación primario de la naturaleza, un ordenador lógico que se multiplica a partir de un sistema elemental de oposiciones entre sus miembros. Tomaremos una cita del texto a los fines de demostrar el aporte que dicha teoría arroja sobre los desarrollos teóricos de J. Lacan con respecto al significante y su vinculación con sus tres registros:

> El pensamiento no puede reflejar oposiciones reales sino invirtiéndolas en oposiciones imaginarias, y a cambio, tiende de este modo a realizar lo imaginario. (...) Si las oposiciones reales se invierten en oposiciones imaginarias, es necesario un plano intermedio donde se opere esta inversión: se trata del plano simbólico, el del intercambio de los signos. Lo real se halla invertido en el nivel simbólico del intercambio de los signos porque las sociedades deben intercambiar signos que son profundamente equívocos y ambivalentes. (p. 56)

El estatuto formal de lo simbólico en la teoría de Lévi-Strauss establece que lo simbólico no es una sustancia, sino un sistema formal, dinámico, de transformaciones constantes, como un sistema performativo,[88]orientado hacia polaridades naturaleza-cultura. La dialéctica de esta superestructura, en este caso del *Totemismo*, consiste, como la del lenguaje, en establecer unidades de oposición constitutivas que no pueden desempeñar este papel más que a condición de ser definidas de manera no equívoca, contrastándolas por parejas. Los signos, en este sentido, son las fichas de un juego combinatorio que consiste en permutarlas obedeciendo a reglas.

Entonces, la necesidad de J. Lacan de recurrir a estas investigaciones de la Lingüística como de la Antropología estructural la podemos reducir

---

[88] En Teoría del Discurso, definido como el estudio sistemático de la relación entre el texto y el contexto, se describen dos tipos discursos: el descriptivo y el performativo. Este último implica la realización simultánea por el hablante de la acción evocada. Por ejemplo: yo juro, en el mismo acto de decirlo aparece la acción y cambia la posición del sujeto.

a su concepción de síntoma como efecto del lenguaje cuya lectura debe apoyarse en una escritura de estructura lógico-formal. Extraemos dos citas al respecto, de *El Seminario*, Libro 3, *Las Psicosis*, clase 17:

> Habitualmente, siempre colocamos el significado en un primer plano de nuestro análisis, porque es, ciertamente, lo más seductor, y lo que, en un primer abordaje, parece ser la dimensión propia de la investigación simbólica del psicoanálisis. *Pero, desconociendo el papel mediador primordial del significante, desconociendo que el elemento guía es en realidad el significante, no solo desequilibramos la comprensión original de los fenómenos neuróticos, la interpretación misma de los sueños, sino que nos volvemos absolutamente incapaces de comprender qué sucede en las psicosis.* Si un aspecto, tardío, de la investigación analítica, el concerniente a la identificación y al simbolismo, está del lado de la metáfora, no descuidemos el otro, el de la articulación y la contigüidad, con lo que en él se esboza de inicial y de estructurante en la *noción de causalidad* (el subrayado es nuestro). (1955-1956, p. 316)

Según el autor debemos conocer el papel constituyente del significante en las estructuras clínicas (neurosis y psicosis) para comprender los fenómenos de las mismas y que la/s causa/s es/son aquella/s que se define/n a partir de las funciones metafóricas y metonímicas del significante. Con respecto al término "desequilibrar", J. Lacan hace alusión a torcer el estudio de los fenómenos citados imprimiendo otra lectura, en este caso al revés, de aquello elaborado por S. Freud y sus sucesores. En el escrito *Subversión del Sujeto y Dialéctica del Deseo en el Inconsciente Freudiano* del año 1961, J. Lacan hace referencia al término de "valor simbólico" en el síntoma analítico, es decir, la dependencia de las significaciones a la concepción económica-política de las mismas, esto es, al valor que no es sin su articulación al contexto discursivo que lo rodea. En él dice: "El reconocimiento del valor simbólico del síntoma y de todo lo que puede ser analizado" (p. 381). Esto quiere decir, que el síntoma, desde el punto de vista del Psicoanálisis tal como lo propone J. Lacan, debe ser leído entrelíneas en el marco de un discurso, el discurso psicoanalítico, dicho de otro modo, al ser de estructura simbólica debe ser interpretado para descubrir su sentido. El valor simbólico del síntoma proviene de su estructura significante, y la operatoria del psicoanalista debe ser la de aislar los significantes en juego y ponerlos en relación, esto es, articularlos con otras estructuras significantes para poder ser leído e interpretado. Con el propósito de ejemplificar estas ideas extraeremos un esquema del texto *El Grafo del Deseo* del psicoanalista Eidelsztein Alfredo en el cual figura la relación entre el sujeto y las duplas significantes de una cadena (Eidelsztein, 2205, p. 72):

Gráfico 15:

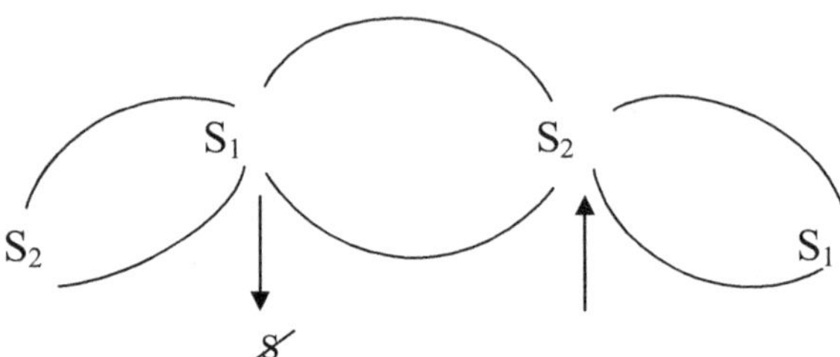

Corte del sujeto en la cadena, ubicación del Sujeto barrado (S)

Como vemos, el sujeto del inconsciente es el producto de la maniobra del psicoanalista que aísla y recorta las duplas significantes, es el sujeto barrado, cuyo matema se escribe S y es el que introduce la falta en ser, la abertura, "hiancia" en la estructura del inconsciente. En este sentido, en el escrito *Subversión del Sujeto y Dialéctica del Deseo en el Inconsciente Freudiano* J. Lacan exhorta a sus discípulos a no desviarse de estos principios éticos: "Lo que está en juego en los síntomas es la relación del síntoma con el sistema entero del lenguaje, el sistema de las significaciones de las relaciones interhumanas como tales. (Lacan, 1961, p. 381)

El síntoma desde el punto de vista psicoanalítico expresa algo estructurado y organizado como un lenguaje, como se manifiesta en –para dar un ejemplo simple– el síntoma histérico que siempre ofrece algo equivalente a una actividad sexual, pero nunca un equivalente unívoco. Al contrario, siempre es plurívoco, superpuesto y sobredeterminado. Hay en el síntoma una competencia, una superposición de símbolos tan compleja como lo es una frase poética, que vale a la vez por su tono, su estructura, sus retruécanos y sus ritmos. A saber, todo ocurre en varios planos y es del orden y del registro del lenguaje. El campo de acción del psicoanálisis es el lenguaje y de allí la construcción de la realidad humana.

En *El Seminario,* Libro 3, *Las Psicosis* (1955) J. Lacan establece que todo Psicoanálisis requiere de un tercer elemento en juego en la relación paciente-analista, tal como lo expresa en la siguiente cita: "Toda relación analizable, es decir, interpretable simbólicamente, se inscribe siempre en una relación de tres" (Lacan, 1955-1956, p. 239). La relación de "tres" indica la posición de terceridad de lo Simbólico con respecto al registro Imaginario y Real, en la articulación de los tres. Es también el tercer elemento, el Otro/*Autre*, que también se interpone entre el Sujeto y el otro imaginario tal como lo mencionamos en el "Esquema L" propuesto por J. Lacan. La terceridad genuina es lo que, de los tres términos A, B, C, cada término está relacionado con cada uno de los otros, pero con una relación que subsiste solamente en virtud de un tercer término y cada uno tiene un carácter que le pertenece si los otros, realmente, lo influencian. Dicho de otra forma, el registro Imaginario y el registro Real no son entidades separadas e independientes uno del otro, solo existen de manera particular en cada sujeto, a partir del anudamiento con el registro Simbólico que al mismo tiempo los determina. Más adelante en su obra J. Lacan establece que la articulación de los tres registros es soportada por la metáfora paterna, el significante fálico, introducido en su teoría como los Nombres-del-Padre, constituido-constituyente a partir del momento en que el deseo del niño es reenviado hacia el deseo del padre por intermedio de la madre. Es decir, el anudamiento de los otros tres registros es producto del funcionamiento de la metáfora paterna, dejando entrever que no es solamente la intervención de un padre real de carne y hueso, sino de un lugar de "terceridad" que puede ser ocupado por cualquier persona. De ahí, la metáfora que en lingüística es sinónimo de sustitución. En el encadenamiento de los tres registros el Nombre-del-Padre tiene un rol fundamental que es el de constituir el pegamento de los mismos sin formar parte de cada uno de los registros. En otras palabras, este lugar de "terceridad" quiere decir que, además de formar parte de los registros, al mismo tiempo, ocupa un lugar de exterioridad con respecto a ellos determinando su particular anudamiento a modo de un cuarto elemento. El cuarto elemento que forma parte de los tres registros y que los anuda es el orden simbólico por excelencia. Este orden simbólico es representado por el significante A (*Autre*), también llamado tesoro de significantes. Por tanto, este anudamiento por el orden simbólico es a través de la operatoria de la metáfora paterna que por vía del significante produce la extracción de lo que llamaremos "el objeto a"[89]

[89] En el escrito *La Science et la Vérité*, J. Lacan presenta su creación, "el objeto a" que

Al decir del filósofo psicoanalista Dylan Evans en su *Diccionario Introductorio de Psicoanálisis Lacaniano*: "Lacan ubica el *objeto a* en el centro de su teoría, en el lugar donde se intersectan los tres registros (el real, el simbólico y el imaginario". (2008, p. 141)

En cuanto a registro Imaginario, el autor lo define ya en *El Seminario, Libro 2, El Yo en la Teoría de Freud y en la Técnica Psicoanalítica* como una relación de a dos: "Esto significa que toda relación de dos está siempre más o menos marcada por el registro Imaginario" (1954-1955, p. 83). Como hemos visto, una de las características de este registro es la relación del Yo con su imagen y la imagen del otro, y es en este punto una relación especular entre dos imágenes. La relación imaginaria es descripta como una relación de tensión, desde el punto de vista de la filosofía hegeliana, ya que lleva a la aniquilación del otro para obtener su reconocimiento. La relación imaginaria es el campo de la agresión al otro: se trata de un "vos o yo" en la lucha por ocupar el único lugar de reconocimiento. Esta relación está construida sobre la base de la competencia por el reconocimiento. En la clase 4 de dicho seminario J. Lacan dice al respecto:

> Pero es imposible, porque aunque uno diga: yo deseo eso, aparece inmediatamente, tú deseas eso: deseo eso quiere decir: tú, otro, que eres mi unidad, deseas eso. (...) Es preciso que en el sistema condicionado por la imagen del yo intervenga el sistema simbólico para que pueda establecerse un intercambio, algo que es no conocimiento sino reconocimiento. (...) Este tercero es sin embargo lo que encontramos en el inconsciente, está en el inconsciente, por encima de ellas (entre yo-tú), en ese otro lado donde se sostiene el sistema de intercambios. (pp. 83-85)

En este sentido, la estructura mínima simbólica está constituida por una relación de al menos tres elementos. El nivel de conocimiento es imaginario y ocurre entre el yo y el tú. Sin embargo, es necesario un tercer nivel, simbólico, para el reconocimiento al decir "tú eres mi esposa"; y

es el fundamento de su teoría psicoanalítica y del estatuto científico que le impone. El símbolo "a" es uno de los primeros signos que aparece en la obra del autor y proviene del otro, del pequeño otro -a diferencia del gran Otro/*Autre*- ese otro superponible al Yo. Dice al respecto: "C`est très précisément la formule qu`il s`agit d`éviter, puisque cet *objet a* est à insérter, nous le savons déjà, dans la division du sujet par où se structure très spécialement, c`est de là qu`aujourd`hui nous sommes repartis, le champ psychanalytique". ("Es muy precisamente la fórmula que se trata de evitar, puesto que ese *objeto a* debe insertarse, ya lo sabemos, en la división del sujeto por donde se estructura muy especialmente, de eso es de donde hemos partido hoy, el campo psicoanalítico") Traducción nuestra. (1966, p. 229)

ese elemento tercero, que tiene estructura de lenguaje, es el inconsciente, es decir, es el campo del Otro (*Autre*). Como veremos en el siguiente capítulo J. Lacan asimila este tercer nivel a un sistema de intercambio simbólico reducido tal como lo describe la antropología estructural de Lévy-Strauss en las estructuras elementales de parentesco que regulan el intercambio en las sociedades. De manera específica, este tercer elemento que configura uno de los matemas más desarrollado por J. Lacan que se escribe con la letra A (*Autre*), es entendido como conjunto de significantes, el lenguaje en sí, del cual parte el reconocimiento simbólico, o sea, que desde ese lugar recibimos nuestro mensaje inconsciente. El término lugar, en francés *lieu*, que comprende el tesoro de significantes (*Autre*) debe ser diferenciado de este otro término *place*, sitio, que representa la encarnadura del primero a partir de un Otro.

El orden simbólico definido como conjunto de significantes que bordean un agujero y sus leyes de combinatoria es explicitado por J. Lacan en *El Seminario, Libro 1, Los Escritos Técnicos de Freud* en la clase 12: "El símbolo del objeto es justamente ese objeto. Cuando ya no está ahí, es el objeto encarnado en su duración, separado de él mismo y que, por eso, puede estar para ustedes de alguna manera siempre presente" (1954-1955, p. 321).

Hasta aquí podemos afirmar que para el autor, el objeto del sujeto "hablaser"[90] es de naturaleza simbólica, esto es, que el orden simbólico es anterior, desde el punto de vista lógico a toda existencia de objeto. El orden simbólico, el *Autre*, está ya desde el origen en toda experiencia con el objeto y puede ser definido de otro modo –sin caer en un intelectualismo filosófico– como la ausencia de una realidad prediscursiva. Por el contrario, para S. Freud, se trata de un ser hablante, es decir, el objeto es anterior al advenimiento del símbolo. Este ocupa el lugar del objeto perdido y es el fundamento de la construcción de su aparato anímico. El "hablaser" es definido, entonces, como aquel sujeto habitado desde el origen por el orden simbólico y todo objeto es el producto de las funciones metafórica y metonímica del lenguaje; es a partir de ahí que el objeto perdura más allá de sus cualidades sensoriales.

Consideramos que esta elaboración de J. Lacan de lo simbólico contrasta con el concepto de "afecto" dado por S. Freud en su teoría, con

---

[90] Neologismo en francés "*parlêtre*", "hablaser" de J. Lacan utilizado para describir la determinación del ser por el lenguaje, precisamente por la introducción del significante en el campo de lo humano.

el cual monta su modelo de aparato psíquico. En efecto, los materiales de su construcción son las representaciones y el afecto; ambos son los componentes de las huellas mnémicas. Desde esta perspectiva, el afecto, entendido como energía, es lo primero en la elaboración simbólica, está antes de la adquisición de la palabra, lo que vale decir que es una densidad especial que falta a toda elaboración intelectual. Se sitúa en un más allá mítico de la producción del símbolo, anterior a la formulación discursiva.

En sus trabajos metapsicológicos S. Freud equipara al afecto, que es el concomitante de la representación en el inconsciente, con una fuerza carente de cualidad, llamada libido, que pone en movimiento al aparto psíquico con el concepto de Pulsión (*Trieb*).Y en el escrito metapsicológico *Pulsiones y Destinos de Pulsión* del año 1915, S. Freud define a la pulsión como: "el concepto fronterizo de lo somático respecto de lo anímico, el representante psíquico de fuerzas somáticas" (p. 108). A modo de ilustración podemos esquematizarlo de la siguiente manera:

Gráfico 16

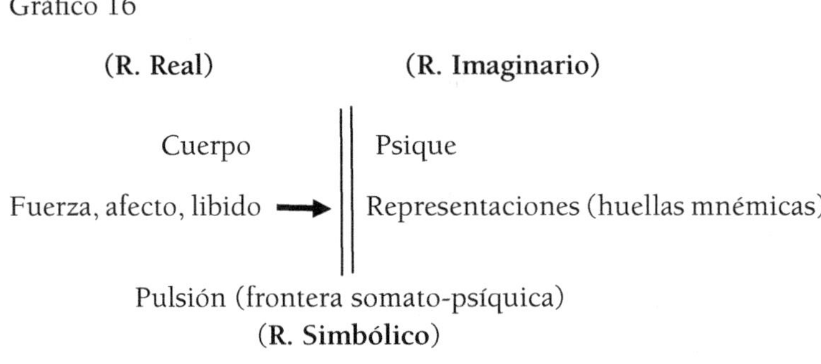

Modelo de Pulsión de S. Freud

Tal como se desprende del avance de nuestra investigación podemos concluir que el modelo freudiano de la Pulsión es el argumento principal de la corriente psicoanalítica freudo-lacaniana –que se funda en el principio de continuidad entre las teorías de ambos autores– para sustentar la equivalencia del modelo tripartito de S. Freud con los registros creados por J. Lacan. De hecho identifican en forma aislada el registro Real con el cuerpo de carne y hueso, sede del goce individual de cada uno; el registro Imaginario con el aparato psíquico, las imágenes y las representaciones;

y finalmente, equiparan el registro Simbólico con la Pulsión (Ver gráfico, los registros en color rojo).

La concepción psicofísica de S. Freud, dicho de otra manera, las descripciones de los sistemas intra-orgánicos como un modo de explicar lo que sucede dentro de individuo, demuestra la admisibilidad de la construcción biológica en la base de sus modelos de aparato psíquico. En el mismo escrito metapsicológico S. Freud define a la pulsión como de origen biológico, cuya fuente de estímulo continuo se halla en el cuerpo:

> Entonces hallamos la esencia de la pulsión en sus caracteres principales, a saber, su proveniencia de fuentes de estímulo situadas en el interior del organismo y su emergencia como fuerza constante. Es de naturaleza biológica. (1915, p.115)

En consecuencia, podemos deducir que el concepto de in-dividuo de S. Freud es concebido como una individualidad biológica, cuya conciencia está determinada por las incidencias energéticas que provienen de la relación a su organismo biológico y a la naturaleza. De ahí que la representación de la realidad, la realidad psíquica, está determinada inconscientemente por: a) el deseo sexual como efecto energético de una experiencia de satisfacción originaria y perdida; b) la pulsión como efecto energético de dichas experiencias de naturaleza biológica; y c) la libido como el concepto más general determinante de la relación del individuo con sus objetos.

De manera más rigurosa podemos decir, desde esta perspectiva, que el inconsciente freudiano no es el mismo que el que propone J. Lacan, ya que para S. Freud el sujeto del inconsciente está dentro del individuo, es un concomitante del cuerpo; en cambio, para J. Lacan el sujeto del inconsciente es el correlato lógico-matemático, por ende, impersonal y es el producido en acto, vale decir, es deducido en el marco de la experiencia psicoanalítica a partir del acto del lenguaje en la medida en que se pone en juego un discurso, el discurso psicoanalítico[91]. En otros textos

---

[91] En *El Seminario*, Libro 3, *Las Psicosis*, clase del dieciocho de abril de 1956, J. Lacan especifica el discurso analítico con respecto a otros discursos (discurso del amo, universitario y el de la histeria) tomando desarrollos teóricos provenientes de la disciplina Análisis de Discurso: "el día y la noche, el hombre y la mujer, la paz y la guerra; podría enumerar todavía otras oposiciones que no se desprenden del mundo real, pero le dan su armazón, sus ejes, su estructura, lo organizan, hacen que, en efecto, haya para el hombre una realidad, y que no se pierda en ella. La noción de realidad tal como la hacemos intervenir en el análisis, supone esa trama, esas

el autor define al sujeto del inconsciente como corte, esto es, como acto de interpretación sobre la cadena de significantes. A modo de ejemplo, citamos un fragmento de la clase XXII, de *El Seminario*, Libro 1, *Los Escritos Técnicos de Freud* del año 1953-1954:

> Pero desgraciadamente el psicoanálisis no siempre lo explica muy bien. Realiza un descubrimiento parcial que explica en términos de omnipotencia del pensamiento, de pensamiento mágico, cuando lo fundamental es en realidad la dimensión del símbolo. (p. 406)

Es preciso recordar que J. Lacan ha utilizado el término símbolo en sus primeros seminarios y que, a partir de su discurso inaugural en el Congreso de Psicoanálisis de Lenguas Romances en la ciudad de Roma, *Discurso de Roma*, y su redacción posterior en el escrito *Función y Campo de la Palabra y del Lenguaje en Psicoanálisis* en el año 1953, lo reemplaza por el término de significante con el propósito de anunciar su tesis original: el inconsciente estructurado como un lenguaje. Al orden simbólico y su papel en la experiencia psicoanalítica lo define de la siguiente manera:

> La experiencia analítica juega precisamente sobre estas funciones, estas ambigüedades, estas riquezas desde siempre implicadas en el sistema simbólico tal como lo ha constituido la tradición, a la que más que deletrear y aprender, nos incorporamos en tanto individuos. Considerando únicamente desde dicho ángulo este problema vemos que, en todo momento, esta experiencia consiste en mostrar al sujeto que dice más que lo que cree decir. (p. 407)

El sujeto, no solamente dice más de lo que tiene que decir sino que no sabe quién dice, ni menos aún, desde dónde se dice. Es a partir de estas coordenadas del orden simbólico que J. Lacan remarca en forma enfática que los tres registros y el trazado de la experiencia psicoanalítica trata de un sistema de relaciones entre elementos, y que se necesitan al menos tres para que una relación analítica sea interpretable simbólicamente. Al decir de J. Lacan en *El Seminario*, Libro 1, clase XII:

> La relación simbólica, ya lo he subrayado, es eterna. Y no simplemente porque es preciso que haya siempre efectivamente tres personas, es eterna en tanto *el símbolo* introduce un tercero, elemento de mediación, que sitúa

---

nervaduras de significantes. Esto no es nuevo. Está implícito continuamente en el discurso analítico, mas nunca aislado en cuanto tal".

a los dos personajes presentes, los hace pasar a otro plano, y los modifica (el subrayado es nuestro). (1954-1955, p. 253)

Todas estas pueden parecer tonterías, además de ser obvias. Sin embargo, es preciso decirlo y reflexionar al respecto. Ya que, en tanto *el símbolo permite esta inversión*, a saber, anula la cosa existente, abre el mundo de la negatividad, el cual constituye a la vez el discurso del sujeto humano y la realidad de su mundo en tanto humano (el subrayado es nuestro). (p. 258)

El símbolo permite una inversión, instala una *discontinuidad* (este último entendido como ejemplo paradigmático) en el registro imaginario y real: recoge de lo real e invierte en un campo discursivo, o sea, instala un sujeto como correlato diferencial del individuo, un sujeto efecto del discurso y en estrecha relación con la verdad. De ahí que J. Lacan define al sujeto en su relación con la verdad como causa.

Para el desarrollo de esta idea, J. Lacan toma el ejemplo del "fort-da" de S. Freud. Es un ejemplo paradigmático que S. Freud trae para explicar el modo en que el niño entra naturalmente al orden simbólico a través de este juego. El pequeño Hans es un niño de cinco años de edad, y el caso descripto por S. Freud, "caso Juanito", es uno de los cinco historiales clínicos analizados por él para dar cuenta de un tipo de neurosis llamada neurosis de angustia (fobia): un niño juega con un carretel de hilo vacío atado a un hilo cada vez que su madre se ausenta de la casa. Comienza a jugar con el objeto, más exactamente, lanzándolo fuera de su vista y luego trayéndolo, emitiendo ciertas *jaculatorias* "fort-da" que denotan la presencia y la ausencia del objeto, esto es, cada palabra emitida representa, según su autor, la ausencia y la presencia de la madre. Se trata pues de un objeto transformado, un objeto con función simbólica, un objeto desvitalizado que es ya un signo, es lo que J. Lacan denomina "anular a la cosa existente". Se trata, pues, de un pasaje entre una realidad que lo angustia a un juego, fantasía, simbólico con un carretel que le permite superar la frustración de la ausencia de su objeto de amor. Cuando el objeto está cerca el niño lo expulsa y cuando no está allí lo llama. Mediante estos primeros juegos, el objeto pasa, casi de modo natural, al plano del lenguaje. El símbolo emerge y se vuelve más importante que el objeto. La palabra o el concepto no es, para el ser humano, más que la palabra en su materialidad. Es la cosa misma. No es simplemente una sombra, un soplo, una ilusión virtual de la cosa, es la cosa misma.

Sin embargo, J. Lacan interpreta el "fort-da" freudiano de una manera distinta a partir de sus desarrollos sobre el estructuralismo al expresar que tanto el "fort" como el "da" toman su significado de la articulación con el otro y no del objeto representado. En este sentido, el "fort" no es un término que por sí mismo representa la presencia de la madre, sino que la representa en función de su articulación con el "da". De ahí que J. Lacan, en otros ejemplos dice que el día no representa por sí mismo la claridad y la noche la oscuridad, sino que es en función de su ligazón con el otro que toma su sentido. Este sistema de articulación de elementos es la estructura fundamental de los tres registros.

En un esquema preliminar construido por J. Lacan al final de su conferencia *Le Symbolique, l´ Imaginaire et le Réel*, del año 1953[92] se desprende de una manera elocuente un esquema de puntos y vectores que se relacionan entre sí. Tal es el concepto primordial que intenta transmitir con la introducción de los registros Simbólico, Imaginario y Real, al poner en evidencia que no son más que elementos que se definen por su articulación entre sí, dejando entrever la ausencia de identidad por sí mismos. Esto llevaría a pensar, por un lado, que lo simbólico no es nada sin la relación con los otros dos registros y así sucesivamente y, por el otro, que los tres circunscriben un agujero, a saber, no encierran un contenido.

Gráfico 17

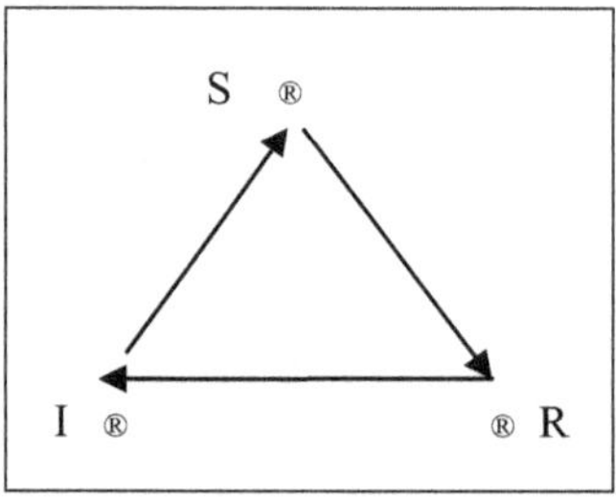

Anudamiento de los tres registros, según J. Lacan (1953)

---

[92] Cabe aclarar que la Conferencia mencionada no se encuentra en los Escritos I y II de J. Lacan, en la versión oficial de J-Alain Miller. Aparece en otro volumen muy posterior a los mismos, llamada Otros Escritos, del año 2009. Llamativamente en dicha versión de la *Conferencia* del año 1953 no aparece este esquema.

Esta versión de los tres registros, tal como lo propone J. Lacan, da cuenta de una estructura lógico-matemática del inconsciente que funciona de manera excéntrica a nuestras determinaciones conscientes. Esta concepción, como vemos, no solamente se funda sobre bases epistemológicas y teóricas opuestas a la teoría freudiana sino establece una posición ética distinta con respecto a la dirección de la cura. En este sentido, el modelo de pulsión freudiano se fundamenta sobre la concepción de un individuo psíquico, entendido esto último como la división del aparato psíquico entre una instancia inconsciente que gobierna nuestros actos, el motor del deseo, y una consciente que intenta mantener el equilibrio entre estas fuerzas anímicas y el mundo exterior.

En suma, podemos afirmar que J. Lacan intenta a través de este esquema, producir una perforación en el sentido común, en la tendencia a imaginar los tres registros como si fueran áreas o campos de sentidos, advirtiendo con ello que lo Simbólico no son las palabras, lo Imaginario no son las fantasías e imágenes y lo Real no es el cuerpo tridimensional. Es así como este esquema deja explícito que los registros RSI no son nada en sí mismos, sino que la existencia de cada uno está en relación con los otros y es en esa articulación donde el deseo, como deseo inconsciente, es la esencia de la realidad. Vale decir, el registro de lo Real no existiría sin la articulación con los registros Simbólico e Imaginario, o sea, lo Real es un real enlazado a los otros registros. A su vez, es de destacar, que ubica los tres registros como un sistema de relaciones con al menos tres propiedades: cada registro carece de consistencia, la misma es en función de los otros; carecen de jerarquía en su ordenamiento, o sea, no hay primacía de uno sobre los otros; y, la tercera, no tienen una ontología, por ende, carece de origen y de fin. Como veremos más adelante, esto no está lejos de ser una concepción estructuralista cuyos principios provienen de la Lógica y de la Matemática. Y es en este punto donde J. Lacan produce un sismo, y como consecuencia de ello imprime una dirección opuesta a la de su predecesor con respecto a los conceptos fundamentales de la teoría psicoanalítica. Esta dirección opuesta resulta más evidente a partir de la segunda tópica freudiana al introducir su modelo de aparato psíquico en el individuo (Yo, Superyó y Ello). J. Lacan realiza una maniobra de subversión total de los conceptos teóricos freudianos por él empleados. El término subversión es entendido como un cambio en la concepción misma de los conceptos psicoanalíticos. En este sentido al introducir el campo del Otro/*Autre* como lugar del inconsciente, como lugar dentro del orden simbólico, sustituye la encarnación en el individuo del sujeto del inconsciente, tal como se deduce del modelo teórico freudiano del huevo. Del mismo modo, para dar otro ejemplo, no es lo mismo que el concepto de libido freudiano sea equiparado a una energía sexual o campo energético o que el mismo sea definido como una superficie bidimensional que trasciende las dimensiones del individuo, tal como lo entiende J. Lacan. Sus orígenes, en sentido ontológico, son diferentes, uno proviene de la física clásica y la biología y el otro de la topología matemática.

Por otra parte, la introducción en la teoría psicoanalítica del campo del Otro/*Autre* se aparta de la concepción de pensamiento propia de la filosofía en particular, el "Cogito" de Descartes, definida como la presencia de un estado mental, un logos, la conciencia de un sujeto que se produce en acto al mismo tiempo que se tiene un conocimiento de sí mismo, es decir, la inevitable separación de pensar y ser consciente de estar pensando; como también de la definición de una conciencia colectiva de las sociedades tal como lo desarrolla la Sociología. En este sentido, J. Lacan establece que el sujeto y el Otro/*Autre* son determinados por el lenguaje; y es sobre esta tesis, como lo sostenemos en nuestra investigación, que desarrolla un psicoanálisis *al revés*, en otras palabras al contrario de la propuesta freudiana. En *El Seminario*, libro XVII, *El Revés del Psicoanálisis*, clase I, del año 1969 J. Lacan plantea una dirección nueva del psicoanálisis tanto en su teoría como en su práctica. Afirma al respecto:

> El psicoanálisis al revés, creí que debía titular este seminario. No crean que este título le deba nada a la actualidad, que se cree en situación de poner bastantes cosas patas arriba. Solo daré una prueba de ello. En un texto fechado en 1966, en concreto una de esas introducciones que hice en el momento de la recopilación de mis escritos y que los escanden, texto titulado De nuestros antecedentes, caracterizo en la página 68 lo que ha constituido mi discurso como *volver a tomar digo, el proyecto freudiano al revés* (el subrayado es nuestro). (p. 257)

En función de lo dicho podemos agregar que cuando J. Lacan define el registro Simbólico utiliza el método de contraposición entre otros conceptos para definir su estructura en la teoría psicoanalítica, o sea, lo define en sincronía. El análisis estructural implica un modo de lectura y ordenamiento de los elementos estudiados de acuerdo con ciertas leyes de articulación. Para ello se vale de dos de los conceptos principales de la lingüística estructural y de la sociología, estos son la definición de fonema (significante) y de significado respectivamente; y al mismo tiempo, establece con ellos una diferenciación y especificación del término significante, una concepción propia del mismo.

Realizando una búsqueda de su obra –a través de buscadores informáticos de términos en la obra de J. Lacan de uso en la investigación psicoanalítica– encontramos varias referencias asociadas al registro Simbólico, tales como: símbolo, orden y registro Simbólico. A modo de ordenar tales conceptos en la obra del autor podemos afirmar que lo simbólico se divide en: símbolo, orden y registro. A continuación haremos referencia al valor semántico/significado de cada uno de estos términos en la obra del autor.

Símbolo

En cuanto al término "símbolo" se encontraron alrededor de doscientas citas a lo largo de su obra, que dan cuenta de la importancia de introducir este concepto en su teoría. Debido a la amplitud de sus referencias sobre este término, nos cerniremos a estudiar y analizar lo trabajado en los textos que se relacionan con nuestra investigación.

Con respecto a la etimología de la palabra "símbolo" J. Lacan trabaja con un término del griego asociado a él que es el concepto antiguo de "tésera", término que define a una pieza cúbica con inscripciones que la civilización romana utilizaba como contraseña, distinción honorífica o prenda de un pacto. En el escrito *Función y Campo del Lenguaje y de la Palabra en Psicoanálisis*, de 1953 publicado en los *Escritos* I en 1966, él dice:

> Muy al contrario, el arte del analista debe ser el de suspender las certidumbres del sujeto, hasta que se consuman sus últimos espejismos. Y es en el discurso donde debe escandirse su resolución.
>
> Por vacío que aparezca ese discurso en efecto, no es así sino tomándolo en su valor facial: el que justifica la frase de Mallarmé cuando compara el uso común del lenguaje con el intercambio de una moneda cuyo anverso y cuyo reverso no muestran ya sino figuras borrosas y que se pasa de mano en mano "en silencio". Esta metáfora basta para recordarnos que la palabra, incluso en el extremo de su desgaste, conserva su valor de *tésera* (el subrayado es nuestro) (p. 244).

J. Lacan propone, entonces, enfocarnos en el discurso como marco y estructura de la experiencia psicoanalítica pero con una doble condición: la primera, deberá abstenerse de saber sobre el analizante, en el sentido de comprenderlo empáticamente o por lo que dice, consumir los espejismos de certidumbre de saber sobre el analizante; y la segunda, es tomar el discurso como una estructura lingüística en donde el valor de cada enunciado proviene de la posición que ocupa con otros enunciados. Es decir, efectuar una lectura estructural del material clínico. En este sentido, el valor de tésera es equiparable al intercambio simbólico cuya significación dependerá del contexto con otros valores en juego. De estas dos condiciones se desprende que el trabajo del psicoanalista se centra, más bien, en una lectura y en un desciframiento a partir de los impasses del saber sobre los dichos del analizante que de la escucha y la resonancia afectiva del psicoanalista. No se trata, pues, de una comunicación de inconsciente a inconsciente sino de un trabajo en común sobre el sujeto en cuestión.

La tésera era un material cuyo valor era de intercambio en la antigüedad, que tenía inscripciones que se utilizaban como contraseña, pacto o distinción honorífica. El intercambio de la tésera entre hombres implicaba un pacto simbólico que modificaba la posición subjetiva de cada uno. Desde esas referencias el autor equipara el símbolo con otro término semejante en su función: el de emblema, tal como lo define de manera clara en la siguiente cita en *Subversión del Sujeto y Dialéctica del Deseo en el Inconsciente Freudiano*: "El símbolo es primero un emblema. Son precisamente elementos que no tienen absolutamente nada que ver con la realidad. El símbolo constituye la realidad humana, donde él crea esta dimensión humana" (Lacan, 1966, p. 341).

El símbolo juega en su relación con la verdad y no tiene nada que ver con la realidad, sus efectos son del orden de la verdad o la mentira. En este punto, podemos decir que con la introducción del símbolo, como emblema y significante, el autor hace caer el concepto de conflicto psíquico en la base del dinamismo del aparato psíquico y en la consecuente división del mismo a partir de la tensión existente entre el Principio de Realidad versus el Principio de Placer, este último vinculado a las representaciones inconscientes. La relación de los símbolos es con la verdad y la mentira dentro del marco del lenguaje/discurso y no con las huellas mnémicas inconscientes como testimonio de la verdad. Se trata, pues, de un texto clínico, de una escritura construida por las dimensiones del decir y del dicho en el marco del discurso psicoanalítico. Esta sustitución es, para nosotros, una verdadera subversión, en el sentido de que toda referencia al ser, o sea, toda entificación proviene del juego de significantes, y no de la dotación de memoria y cuerpo en su sustancialidad orgánica. Desde estas coordenadas J. Lacan, más adelante en su obra, trabaja la relación sexual como un interjuego de significantes en las llamadas "tablas de la sexuación", tópico que no nos extenderemos en el presente trabajo.

Según las diferentes acepciones del *Diccionario de la Real Academia Española*, la que más se acerca al uso que J. Lacan menciona en sus trabajos es aquella que define al emblema como una figura que se usa en forma convencional para representar simbólicamente una idea o una cosa; por ejemplo: los tres círculos que sirven de emblema a los Juegos Olímpicos. En la teoría psicoanalítica propuesta por J. Lacan el emblema es, por lo tanto, un significante que en sí mismo no significa nada pero que representa al sujeto en el campo del Otro, es decir, en el campo de los otros significantes en juego, o sea, en el orden simbólico propiamente. Es un significante impar[93], a saber, si bien su materia es de significante no forma parte del conjunto sino que es un significante que los reúne al mismo tiempo. Es el denominado significante fálico.

Esta dirección emprendida por J. Lacan con respecto a la noción de símbolo se distancia de aquella teoría del símbolo propuesta por Ernest Jones. En las siguientes citas de los escritos *En Memoria de Ernest Jones, Sobre su Teoría del Simbolismo* del año 1959 y *El Seminario sobre "La Carta Robada"* del mismo año, J. Lacan realiza una crítica a la teoría del simbolismo tal como fuera concebido por Ernest Jones, discípulo y biógrafo de S. Freud, en su tesis sobre el simbolismo del sueño en el año 1932, con el objeto de explicar la función significante del símbolo. Esta crítica resulta importante porque da cuenta del inicio de una concepción distinta y opuesta en los principios que rigen la teoría propuesta por J. Lacan con respecto a la de S. Freud; tal crítica se refiere a un comentario muy fino y detallado sobre el simbolismo freudiano y el que sostiene el propio J. Lacan.

En su tesis sobre el simbolismo, Ernest Jones establece que el símbolo se desplaza desde una idea más concreta, en la que tiene su aplicación primaria, a una idea más abstracta, con la que se relaciona secundariamente. Por ejemplo, la escarapela es un símbolo patrio; en este caso escarapela sería la idea concreta y patria la idea abstracta. En los historiales clínicos

---

[93] En el transcurso de los escritos, J. Lacan va estableciendo que existen significantes que no se aparean, no son numerables, por decirlo de otro modo significantes impares que los diferencia de los otros significantes comunes. Estos son el significante fálico, el significante del *Autre* barrado, cuyo matema es s( ) y el significante del Nombre-del-Padre.

de S. Freud, en especial el caso de neurosis histérica, caso Anna O., aparecen una serie amplia de imágenes, palabras y hechos que son tomados por símbolos o representaciones de escenas o fantasías inconscientes; un ejemplo es el sueño de la paciente Anna O. que, frente al lecho muerte de su padre, sueña que uno de sus miembros se convertía en una víbora y que cada dedo eran pequeñas serpientes. S. Freud deduce a partir de este sueño que la serpiente es el símbolo, como otros tantos símbolos, del "falo", siendo este el elemento esencial del núcleo de la neurosis, el llamado Complejo de Edipo. Por tal sentido, existe entre el símbolo (serpiente) y la idea concreta (falo) una significación universal que está relacionada con el genital masculino. Por lo cual, hay entre ambos una relación connatural, una referencia a los símbolos primitivos del ser humano, que para S. Freud provienen del acervo tradicional y cultural, tal como son descriptos en la mitología, por ejemplo: el mito griego de *Perseo y la Cabeza de Medusa*[94] con el cual metaforiza la amenaza de castración que recae sobre el niño.

En relación con las "ideas concretas" inconscientes, Ernest Jones las define como ideas primarias, en pequeño número y constantes. Estas son: las ideas de sí y de los parientes consanguíneos más cercanos, los fenómenos del nacimiento, el amor y la muerte. En forma específica, para la teoría psicoanalítica freudiana solo se puede hablar de simbolismo en aquellos casos en que lo simbolizado es inconsciente, por ende, reprimido. Si bien S. Freud no adhería a la simbología cultural universal a los arquetipos de Carl Jung, tales como los símbolos constantes del sueño, afirmaba que la vía "regia para el estudio del sueño", como lo anticipara en su obra *La interpretación de los sueños* en 1901, consistía en hallar las conexiones que el símbolo tenía con los pensamientos inconscientes reprimidos, ya que

---

[94] "En toda Grecia, había un nombre que solo se decía en voz baja, con temor. Al oírlo, palidecían las mujeres, y hasta los hombres más valientes sentían que un escalofrío recorría su cuerpo. Ese nombre era Medusa, y designaba a una de las tres horribles y monstruosas hermanas llamadas las Gorgonas. Las Gorgonas eran mujeres de enormes dimensiones y salvajes apetitos. Tenían garras de bronce, alas de oro y colmillos de marfil. Medusa era la más terrible de las tres, porque Minerva (Atenea) le había cambiado sus cabellos por serpientes, dándole el poder de convertir en piedra todo lo que miraba. Este poder le había sido otorgado para su protección, ya que, a diferencia de sus hermanas, Medusa era mortal." En 1922 S. Freud escribió un pequeño texto sobre la cabeza de Medusa, titulado con ese mismo nombre (*Das Medusenhaupt*). En el texto, el cual no salió a la luz sino hasta un año después de su muerte, en 1940, analiza el simbolismo de la cabeza de Medusa relacionándolo en particular con el complejo de castración.

su sentido escapa a la conciencia del sujeto. Se trataba, pues, de llegar a los pensamientos inconscientes para liberarlos de las fijaciones infantiles edípicas. En consecuencia el símbolo tenía, para S. Freud, una función indiciaria, esto es, funcionaban como signos que señalaban la puerta de entrada para el complejo de pensamientos reprimidos. Esta concepción traumática del síntoma neurótico es solidaria a los modelos teóricos de aparato psíquico por él creado.

Como idea contraria a esta concepción del símbolo, J. Lacan efectúa una crítica y establece, al mismo, tiempo su valor de significante y de estructura en adhesión a su tesis del sujeto como efecto del lenguaje. Citamos al respecto el escrito, *El Seminario sobre "La Carta Robada"*:

> Pero como sigue refiriendo el símbolo a las ideas, entendiendo con esto los soportes concretos que se supone que le aporta el desarrollo, lo cual impide *captar su función de estructura*.(...) Así se le escapa esa función a veces tan sensible en el símbolo y el síntoma analítico, la de ser una especie de *regeneración del significante*. (...) Es que el significante es unidad por ser único, no siendo por su naturaleza sino *símbolo de una ausencia* (el subrayado es nuestro). (1966, p. 36)

Según el autor la especificación del significante es aquella que define al mismo como lo que no representa nada por sí mismo, esto es, en su naturaleza no significa nada por sí misma, sino la pura diferencia con otros significantes, y es esto lo que define el registro simbólico por excelencia. No existen para el significante referencias previas que atestigüen su presencia sino que el mismo opera, dentro del marco del discurso, por la ausencia de las mismas y a partir de la oposición a otro significante. Esta ausencia de soporte del significante, mejor dicho su soporte en forma de letra en el marco de un discurso, se contrapone a las referencias necesarias del símbolo freudiano al desarrollo neuro-psicológico del individuo como de su sentido primitivo en las sociedades, dicho de otra manera, a los determinantes psicológicos y culturales del símbolo primitivo. Por otro lado, tal como lo define en la cita, la especificación del significante como causa del síntoma permite, a partir de su análisis estructural del mismo, arrojar claridad y coherencia lógica, y al mismo tiempo, hacer un cálculo aproximado de nuestra interpretación.

En este orden de ideas, para J. Lacan, el simbolismo es definido como una metáfora por la implantación en una cadena significante de otro significante y, como significante latente, puede conectarse a otra cadena: "anillos cuyo collar se enlaza (se sella) en el anillo de otro collar hecho de anillos"[95]. Tal es la noción estructural del inconsciente. En resumen podemos decir que J. Lacan utiliza la concepción de símbolo como significante.

Por otro lado, existe en la obra de S. Freud una vinculación estrecha entre el símbolo y el "Complejo de Edipo" inconsciente, este último es entendido como una estructura transparente en sus datos, esto es, con respecto al lugar del padre, la madre y al del hijo o la hija; y, en este punto, el complejo de Edipo es considerado como el primer lazo entre la historia parental generacional y el niño, en su materialidad biológica. En cambio, podemos ver que la maniobra de J. Lacan de sustituir el símbolo por el concepto de significante tiene por efecto establecer, por sí misma, una estructura mínima, en este caso, de cuatro significantes –el significante no existe aislado– y, este cuarto elemento en juego es un significante especial ya que agrupa los otros tres de la estructura, es decir, se cuenta como significante y al mismo tiempo reúne a los otros tres; el autor lo define como significante impar, es el llamado significante fálico; este es el significante de la ley que opera en la estructura y que da origen al sujeto dividido con relación al *Autre*/Otro. De ahí proviene una de las características propias del significante que es su opacidad, con lo cual, sus efectos de significados deben ser hallados en la cadena de significantes, tal como lo demostraremos más adelante en el siguiente capítulo.

Veamos el cuadro que ejemplifica la estructura ternaria del Complejo de Edipo de S. Freud y la estructura cuaternaria propuesta por J. Lacan:

Gráfico 18

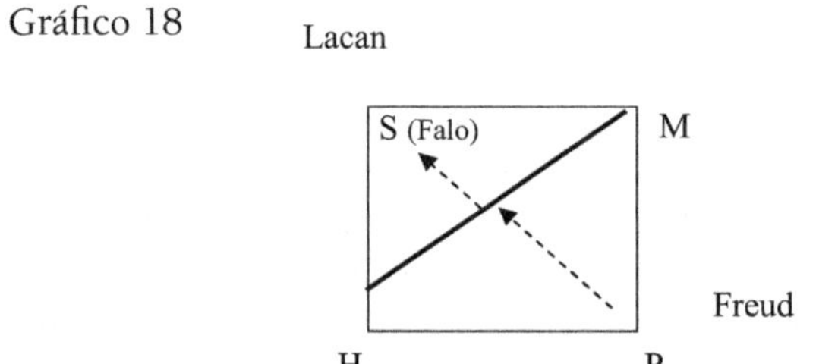

Cuadrado Simbólico e Imaginario: puntos de homologación, según
J. Lacan

---

[95] Concepción topológica del inconsciente trabajado por J. Lacan en el escrito *La Instancia de la Letra en el Inconsciente o la Razón desde Freud*, parágrafo *El Sentido de la Letra*. Pp. 347.

Este esquema llamado "nuestro cuadrado", es el prototipo del Esquema L, en efecto, se puede extrapolar el eje imaginario del Esquema L con el eje de la relación madre-hijo en una relación dual predominantemente imaginaria. Dicho eje es atravesado por el lugar del padre, eje simbólico, que opera a través de la metáfora paterna cuyo significante es el falo, representado por el vector de líneas cortadas. Para S. Freud, el hijo se encontraría en el lugar del "falo" ausente en la madre y, por estar ocupando ese lugar, se convierte en el objeto de deseo de la madre, conformando así una estructura ternaria, en cambio para J. Lacan el falo no se encuentra en ninguna de las figuras parentales, sino que es un cuarto elemento que representa la ley que ordena los otros tres términos.

Finalmente existe en los desarrollos de J. Lacan una última relación del *símbolo* con el uso del mismo como *letra*, este último definido como significante localizado en el inconsciente, tal como lo desarrollaremos más adelante en el escrito de J. Lacan *El Seminario sobre La carta Robada*. El símbolo, en este escrito, es sinónimo de letra, del mismo modo es utilizado en álgebra, en el sentido de que la letra, si bien no tiene una significación en sí misma, la tiene como un concepto en relación con otros conceptos dentro de una fórmula. Por ejemplo, el radio de una circunferencia "A" se escribe con la letra "r", esta letra por sí misma no tiene significado, su concepto surge cuando se articula a la fórmula completa:

Orden simbólico

El orden simbólico, en tanto orden humano, se caracteriza por la circunstancia de que la función simbólica interviene en todos los momentos y en todos los grados de la existencia. Dicho de otro modo, para el orden simbólico todo está relacionado. De esta manera, la totalidad en el orden simbólico se llama universo y se instituye desde un principio en su carácter universal. El orden simbólico constituye un universo en el interior del cual todo lo que es humano debe ordenarse. El matema que designa el orden simbólico es el (A). Este es pensado para cualquier sujeto hablante como su masa de palabras, o sea, su vocabulario, que se le presenta como un todo en el sentido de que no les faltan palabras para nombrar todo lo que siente y piensa. Existe una estrecha relación entre el orden simbólico y la noción de estructura y, como lo veremos en el próximo capítulo, con la concepción de significante para J. Lacan. Si bien el orden es considerado universal no es eterno, tal como se piensa, las categorías formales de la filosofía platónica, sus elementos y sus reglas de articulación cambian según el contexto histórico del momento.

En este orden de ideas, J. Lacan trae un ejemplo para diferenciar dentro del universo simbólico, definido como un conjunto de significantes en relación co-variante, los conceptos de "batería" y "tesoro" de significantes. Para él la batería es por definición completa, en cambio, el tesoro por más grande que sea siempre es parcial, es incompleto, en el sentido de que no se puede obtener todo el tesoro del mundo, porque en el mismo acto de tenerlo todo deja de ser un tesoro. Tomando un ejemplo por fuera del campo del psicoanálisis, tenemos el caso de una batería de cocina, aunque contenga cuatro o cinco elementos es suficiente para preparar todos los alimentos que uno desee. Esta disquisición realizada con respecto al orden simbólico es utilizada por el autor para definir el campo del *Autre*, entendido como conjunto de significantes no completo y finito. En efecto, compara el *Autre* con el concepto de tesoro, ya que este conjunto carece del significante que defina por sí mismo al sujeto, es lo que en el algebra lacaniano se escribe como A barrado s ($\bar{A}$).

El concepto orden simbólico como universal es elaborado por J. Lacan a partir de la teoría antropológica estructuralista de *Claude Lévi-Strauss*, y define al orden por el cual el sujeto empieza a estar determinado, no en forma gradual sino en un solo instante, en su devenir por la articulación reducida de al menos cuatro elementos en las estructuras sociales; dichos elementos llamados parentales configuran una estructura con sus reglas de alianzas específicas y están relacionados a la función del significante en la lingüística. En este sentido, podemos afirmar que el Psicoanálisis extrae la noción de estructura de la Antropología estructural y de los desarrollos de la Lingüística estructural que entran en su apogeo teórico a mediados del siglo XX.

En su obra *Antropología Estructural* de 1958, Lévi-Strauss menciona en la introducción que la concepción estructuralista proviene de los estudios provenientes de la Lingüística moderna que se inaugura a partir del concepto lingüístico de fonema. En las coordenadas propuestas por la lingüística se puede visualizar, entre otras cosas, que la introducción en la teoría psicoanalítica del concepto de significante es equiparable a la introducción del concepto de fonema en la lingüística general. Cito un párrafo del texto mencionado:

> En el estudio de los problemas del parentesco (y sin duda también en el estudio de otros problemas), el antropólogo se encuentra en una situación formalmente semejante al del lingüista fonólogo: como los fonemas, los términos de parentesco son elementos de significación; como ellos adquieren esa significación solo a condición de integrarse en sistemas. (1968, p. 32)

Como dijimos anteriormente, a propósito del lenguaje como estructura, en el escrito *La Ciencia y la Verdad* J. Lacan sostiene: "Es por eso incluso por lo que el inconsciente, que dice lo verdadero sobre lo verdadero, está estructurado como un lenguaje" (1966, p. 824). Se desprende que los elementos, fonemas/significantes, toman su lugar o significación en función de los otros elementos del conjunto, en una relación de co-varianza[96], por ende, la afectación o la sustitución de un elemento afecta los otros en forma sincrónica, es decir, produce un cambio de estructura. En este orden de ideas, podemos concluir que el orden simbólico se reduce a un conjunto de al menos cuatro elementos –de ahí su característica de ser un orden finito– que se articulan en función de leyes específicas y que dicha estructura simbólica resulta ser suficiente para el ser hablante en el acto de enunciación.

En el libro *Las Estructuras Elementales de Parentesco,* C. Lévi-Strauss establece que dichas reglas de alianza están incluidas en una red extraordinariamente rica, fastuosa, de preferencias y prohibiciones, indicaciones, mandamientos, facilitaciones, que abarcan un campo mucho más vasto que en las formas estructurales complejas. Dicho de otro modo, que cuanto más nos acercamos no al origen sino al elemento, más se imponen la estructuración, la amplitud, la intrincación del sistema propiamente significante de la nomenclatura. Este autor describe la estructura elemental del parentesco como una ley intrínseca en diversas sociedades, que regula, de manera estrictamente simbólica, la exogamia y el intercambio de mujeres. La estructura consta de la articulación de cuatro elementos articulados en oposición cada uno de ellos, es una relación de dos relaciones de oposición, tal como J. Lacan establece su red de significantes:

[96] La covarianza y la varianza son conceptos que provienen de la Estadística descriptiva. La covarianza se define por la relación entre dos o más variables puestas en combinación y en estructura.

Gráfico 19

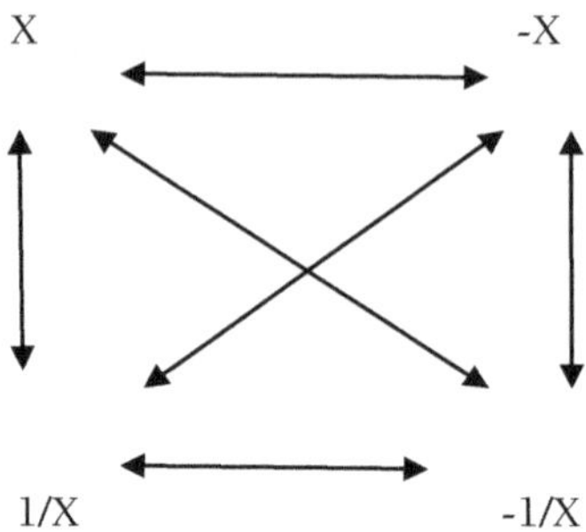

Estructura Elemental, según L. Strauss

Entonces, J. Lacan toma de la teoría antropológica-estructuralista la idea de que el orden simbólico, por cuanto se plantea siempre como un todo en el sentido de un algo que forma por sí solo un universo, y que, incluso, constituye un universo como tal, en tanto que distinto del mundo debe estar igualmente estructurado como un todo, vale decir que forma una estructura dialéctica acabada, completa. En *El Seminario*, Libro 5, *Las Formaciones del Inconsciente* del año 1958, J. Lacan dice lo siguiente sobre el universo del lenguaje:

> Únicamente en el nivel de este Otro, del Otro de la ley propiamente dicha, y una ley, insisto con ello, encarnada, puede cobrar su dimensión propia el mundo articulado. La experiencia nos muestra hasta qué punto es indispensable el trasfondo de un Otro con respecto al Otro, sin el cual no puede articularse el universo del lenguaje tal como se manifiesta, eficaz en la estructuración no solo de las necesidades sino de lo nuevo que, trato de demostrarles este año que se llama el deseo. (p. 471)

El orden simbólico como universo es el marco estructural, no solamente para la estructuración y articulación de las necesidades, con lo cual las necesidades más vitales del hombre, como el hambre y la sed, pasan a ser elementos significantes, en el sentido de, por ejemplo: qué es el hambre para una paciente anoréxica; sino que, también, es el camino o la "vía regia"[97] del deseo, es decir, no hay deseo que no se perfile en

[97] La "vía regia" es un sintagma utilizado por S. Freud en *La interpretación de los Sueños*, en el año 1901 para expresar que el camino privilegiado para llegar al inconsciente

y por la operatoria significante. Parafraseando a J. Lacan, la metonimia significante es el desfiladero del deseo inconsciente.

Asimismo, es importante señalar que la estructura significante del orden simbólico puede ser definido *per se* como un agujero simbólico ya que su movimiento de articulación genera un agujero carente de referencia. De ahí que una de las definiciones del orden simbólico sea la de agujero.

En otros de sus libros, *El Pensamiento Salvaje* de 1962, Lévi-Strauss establece su teoría del simbolismo –tal como es desarrollado por J. Lacan– a partir del estudio del Totemismo en las civilizaciones primitivas. Esta teoría del símbolo se oponía a las teorías naturalistas de fines del siglo XIX, principalmente los desarrollos de teoría evolutiva del etnólogo ingles Edward Tylor[98] que propone situar en la base del totemismo una identificación del hombre al comportamiento animal como tótem (Tylor, 1877, p. 187). Las elaboraciones de Lévi-Strauss en *El Pensamiento Salvaje* son un punto de referencia importante para la tesis de J. Lacan del significante y su relación con el inconsciente. Extraigo una cita de dicho texto:

> El simbolismo no es una relación de semejanza entre una cosa y otra, sino un conjunto de distancias diferenciales entre términos que no tienen en sí mismos ninguna significación, y cuya significación aparece en la serie de sus distancias diferenciales. (p. 27)

Para Lévi-Strauss la naturaleza proporciona significantes, tal como lo define en su obra: los "sistemas de clasificación primaria", por el hecho de que la naturaleza es un conjunto de signos para el hombre y este sistema es construido a partir de oposiciones diferenciales de signos, en el sentido de que un martillo puede ser utilizado para romper cosas duras como

---

es la interpretación de los sueños en la experiencia psicoanalítica, tal como lo ha expresado "el sueño es la casa del inconsciente". En este punto, J. Lacan, a diferencia de su predecesor, toma el mismo término pero para referirse a la operatoria significante como el camino privilegiado del inconsciente. En este caso el autor sustituye el sintagma freudiano por este otro: "el inconsciente es la mansión del dicho". Así lo expresa en la siguiente cita: "Era para mostrarles que son textos que solo se pueden apurar a la luz de las categorías que he intentado despejar en la práctica analítica, quiero decir lo simbólico, lo imaginario y lo real. Para atenernos a la primera enunció que la verdad es la *dichomansión,* la mansión del dicho". (Lacan, 1972, p. 371)

[98] Edward Tylor y Lewis Morgan fueron los referentes de la Antropología Evolutiva de fines del siglo XIX y publicaron una obra: "Acerca de un método de investigación del desarrollo de las instituciones aplicado a las leyes del matrimonio y el parentesco". Estos autores tenían una visión naturalista, evolutiva y continuista de las sociedades. Sus concepciones conforman un paradigma distinto con respecto a la antropología estructural de Franz Boas y Lévi-Strauss.

para alizar telas, o sea, tal elemento no es más que un significante para un sujeto, esto explica que el martillo como signo no tiene una relación natural con la cosa, en este caso, con una piedra, sino con otros signos que lo diferencian en su función. Esta hipótesis conduce a Lévi-Strauss a reflexionar sobre las relaciones de lo real, lo simbólico y lo imaginario, muy próxima de la que postula J. Lacan en el campo del psicoanálisis. En efecto para el antropólogo esta concepción formalista del símbolo es definido de dos maneras, por un lado: lo simbólico no es una sustancia sino un sistema formal y que no es un sistema estático sino dinámico, o sea, es un sistema de transformaciones constante orientado hacia polaridades (naturaleza/cultura); y, por el otro, lo simbólico puede desarrollar un sistema de diferencias lógicas porque deja por fuera de él un real que invierte y trasforma, en este sentido, lo simbólico está orientado hacia lo real que no deja de alcanzarlo, lo que J. Lacan define como un real que no deja de no inscribirse.

En conclusión, podemos afirmar que J. Lacan ha otorgado al símbolo un papel determinante en el "hablaser"[99] en sus dos acepciones: como orden y como registro, y esto subvierte al pretendido desarrollo psico-fisiológico del hombre, base de la teoría naturalista de S. Freud. Tal como lo afirma en el escrito *La Dirección de la Cura y los Principios de su Poder* de 1966: "Punto de inseminación de un orden simbólico que preexiste al sujeto infantil y según el cual le va a ser preciso estructurarse" (Lacan, p. 568). El orden simbólico definido como conjunto de significantes que conforman un sistema de relaciones co-variantes es la tesis fundamental de J. Lacan en relación con la doctrina del significante, y de ello resulta una especificidad en el uso de la interpretación en el Psicoanálisis como él lo propone. En este sentido, los efectos de significación no provienen de las huellas mnémicas inconscientes, marcas indelebles o puntos referenciales de la vida de un individuo, tal como lo sostiene S. Freud, sino que la significación está, para un sujeto, en relación con el sistema de oposición que se produce entre los significantes en juego. Dicho de otra forma, no hay sujeto sin la determinación del Otro/*Autre* como lugar del significante. En el mismo escrito, dice:

[99] En su último seminario, *El Seminario*, libro XXVII, *Un Otro falta*, J. Lacan reafirma –como lo ha hecho en toda su obra- la importancia del significante y su consecuencia en el hombre como hablante-ser, (*parlêtre*) dice: "Yo estoy en el trabajo del inconsciente. Lo que este me demuestra es que no hay verdad que responda del malestar sino particular a cada uno de los que llamo hablanteseres." (Lacan, 1971: 239)

> Nuestra doctrina del significante es en primer lugar una disciplina en la que se avezan aquellos a quienes formamos en los modos de efecto del significante en el advenimiento del significado, única vía para concebir que inscribiéndose en ella la interpretación pueda producir algo nuevo. (1966, p. 568)

Registro simbólico

A partir de estas elaboraciones, en *El Seminario,* Libro 5, *Las Formaciones del Inconsciente* del año 1957, J. Lacan intenta advertir y conducir a sus seguidores hacia el camino de lo que él denomina "la vía significante"[100], introduciendo con ello la concepción de lo simbólico, no ya como símbolo ni orden, sino como registro y es, en este sentido, que lo simbólico puede ser entendido como escritura.

Comienza dicho camino con un profundo cuestionamiento al problema ontológico de la entificación del sujeto del inconsciente. La ontología establece como principio que, en el origen, está el ser como ente individual cuya materia es de carne y hueso, un ser dotado de un cuerpo biológico en cuya superficie o envoltura se halla una membrana percipiente que recibe los estímulos externos y los registra en un sistema interno de huellas "huellas mnémicas" o inscripciones que se disponen en forma de estratificaciones o capas a modo de los catafilos de la cebolla, siendo estas huellas los testimonios de las vivencias a lo largo de la vida del individuo y de la especie. Esta memoria del individuo y de su especie tiene, como dijimos, un soporte anatómico que son las neuronas. Tal cuestionamiento lo lleva a criticar el problema ontológico del sujeto del inconsciente que se deduce de la obra de S. Freud en cuanto a su naturaleza y entificación. La tesis fundamental de J. Lacan es que el ser del sujeto es de naturaleza significante y es el material del anudamiento particular de los tres registros Simbólico, Imaginario y Real, tal como lo expresa en estas dos citas: una, del escrito *De una Cuestión Preliminar a todo Tratamiento Posible de la Psicosis* de 1966; y la otra, de *El Seminario,* Libro 7, *La Ética del Psicoanálisis* de 1958, Clase XVI:

---

[100] "Es por la vía significante, es por la vía del equívoco, es por la vía de la homonimia, con lo cual de la cosa más sin sentido que pueda haber, que viene a engendrar este matiz de sentido." (Lacan, 1957-1958: 35)

> Una vez inaugurada por la simbolización primordial (que el juego: *Fort!
> Da!* sacado a la luz por Freud en el origen del automatismo de repetición,
> hace manifiesta), esta cadena significante (*fort-da*) se desarrolla según los
> enlaces lógicos cuyo enchufe en lo que ha de significarse, a saber el ser
> del ente, se ejerce por los efectos de significante, descritos por nosotros
> como metáfora y como metonimia. (1966, p. 550)

> Tan solo la perspectiva de un comienzo absoluto marca el origen de la
> cadena significante como orden distinto, que aísla en su dimensión propia
> lo memorable y lo memorizado, no implicando perpetuamente el ser en
> el ente, implicación que está en el fondo del pensamiento evolucionista.
> (1958, p. 342)

Como veremos, para J. Lacan el "ser en el ente" es sustituido por su
"ser de no-ente"[101], a partir de la concepción de sujeto: "un significante
representa al sujeto para otro significante[102]"; por ende, que el sujeto
es el efecto de la articulación de al menos dos significantes en el orden
simbólico, y esto es a partir de que el orden simbólico está en el origen
del mundo. Esto se diferencia del signo freudiano, que implica algo para
alguien, una referencia hacia la cosa convencionalmente reconocida por
ese alguien que interpreta. Esto supone que las instancias simbólicas
funcionan en la sociedad desde el origen, desde el momento en que ellas
surgen como humana. Por lo dicho, podemos representarnos al orden
simbólico como un agujero en el significado del signo ya que al estar
constituido por significantes desaparece la referencia y solidaridad del
significante para con el significado. Tal como lo afirma J. Lacan: "En el
orden simbólico, los vacíos son tan significantes como los llenos; parece

---

[101] J. Lacan presenta una concepción distinta del sujeto, tal como se entiende para
la filosofía al sujeto moderno inaugurado por R. Descartes, en el sentido de un ser
cerrado consciente y trasparente consigo mismo, cuyo pensamiento es claro y distinto.
El Ser de no-ente es entendido -en su escritura con guiones- como un ser carente de
sustancia corporal y abierto al mundo en su relación originaria con el significante.
En el escrito *Subversión del Sujeto y Dialéctica del Deseo en el Inconsciente* de 1966,
lo define de la siguiente manera en relación con el significante: "Ser de no-ente, es
así como adviene Yo [Je] como sujeto que se conjuga por la doble aporía de una
subsistencia verdadera que queda abolida por su saber y de un discurso donde es la
muerte la que sostiene a la existencia." (Lacan, p. 459)

[102] Lacan, J. (1968) *El Seminario*, Libro 16, *De un otro al Otro*. Clase 4. Versión inédita
en PDF en línea: www.staferla.free.fr. Pp. 45.

efectivamente que es la hiancia de un vacío la que constituye el primer paso de todo su movimiento dialéctico"[103] (1968, p. 45).

Existe, asimismo, una equiparación entre el concepto de significante y el agujero en lo Real y la estructura del inconsciente según lo desarrolla J. Lacan. La dupla significante en su sincronía produce un agujero en lo Real, dicho de otro modo, un borramiento de la referencia al sentido, entendiéndose a esto último como aquello que nos ofrece la realidad de las cosas, y es esto lo que, también supone el inconsciente, así como lo descubrimos y teorizamos en el psicoanálisis. Al respecto, en *El Seminario*, libro VII, *La Ética del Psicoanálisis*, afirma: "Hay identidad entre el modelamiento del significante y la introducción en lo Real de una hiancia, de un agujero" (...). Lo Real es aquello que padece del significante" (Lacan, 1959, pp. 151-154).

El término "padecer" es entendido en una doble acepción: por un lado, lo Real es producto de la operatoria significante y, por el otro, es la muerte de la cosa. Es decir, que el significante en su estructura, conformando cadenas cuyos eslabones constan a su vez de dos significantes, determina la división del sujeto. Entonces para J. Lacan es importante subrayarlo: el ser es un efecto del significante a través de sus combinaciones metafóricas y metonímicas en una cadena compuesta de significantes. Es el discurso mismo la casa del ser y su correlato es el sujeto, entendido como *subjectum*, tema o asunto, esto es: lo que subyace al ser es el sujeto como hablante-ser. Esta concepción rompe con la temporalidad propia de los procesos evolutivos del modo que lo supone la ontología freudiana, en el sentido de que la función simbólica no tiene absolutamente nada que ver con una formación para-animal, con una totalidad que haría del conjunto de la humanidad una especie de gran animal, lo que se denomina un inconsciente colectivo. La temporalidad del inconsciente, estructurado como un lenguaje, es circular y su tiempo verbal es definido con el futuro anterior.

---

[103] "Hiancia" traduce el término francés de "béance", que significa abertura, brecha o agujero. También es un término técnico que se usa en medicina para mencionar la abertura de la laringe. En inglés puede traducirse como "gap". J. Lacan utiliza esta palabra para referirse a distintas nociones. Por ejemplo, la ruptura principal que hay entre el hombre y la naturaleza. Esta separación se hace evidente en el estadio del espejo, en donde la imagen especular rellena la hiancia que hay en el sujeto. Precisamente, la función de lo imaginario, es rellenar esta hiancia, así se cubre la división del sujeto por el significante. Asimismo, es utilizado en la relación del sujeto con el Otro que es enteramente producida por un proceso de hiancia, al sujeto lo constituye una hiancia.

A partir de estos conceptos podemos afirmar que la materia y la energía, componentes esenciales del concepto de Pulsión y de la construcción del aparato psíquico, tal como lo describe S. Freud, son sustituidas por el efecto de "hiancia" o agujero, que la materia significante y su relación en estructura producen. En la siguiente cita, J. Lacan explicita dicha sustitución y sus consecuencias en la teorización freudiana:

> No es vano tampoco percatarnos que en el límite, lo que se esboza para nosotros en la equivalencia articulada entre la energía y la materia, es que en un día último podría ocurrir que toda la trama de la apariencia se desgarre a partir de esa *hiancia* que introducimos en ella y se desvanezca. La introducción de ese significante modelado que es el *vaso*, es ya la noción íntegra de la creación ex nihilo (el subrayado es nuestro). (1959-1960: 151)

Es interesante subrayar que la metáfora del "vaso" como recipiente que encierra o limita un vacío en su interior, alude a su estructura de significante y letra, puesto que el vacío surge del recipiente mismo, o sea, el vacío no existe más que lo que encierra el vaso. Esta metáfora es una indicación de que a partir del significante el ser carece de contenido y el inconsciente –como efecto del significante– cumple la función de un agujero, de una "hiancia", que empalma el orden Simbólico con lo Real, este último entendido en lógica como un imposible. En la cita siguiente, de *El Seminario*, Libro I, *Los Escritos Técnicos de Freud* del año 1953-1954, J. Lacan lo explica de esta manera:

> Ese *agujero en lo real* se llama, según el modo de abordarlo, el ser o la nada. Ese ser y esa nada están vinculados esencialmente al fenómeno de la palabra. La tripartición de lo simbólico, lo imaginario y lo real –categorías elementales sin las cuales nada podemos distinguir en nuestra experiencia– se sitúa en la dimensión del ser (el subrayado es nuestro). (p. 393)

Con relación al ser y al sujeto del inconsciente, J. Lacan incursiona en la filosofía presocrática tomando dos autores que por su historia presentan dos teorías antitéticas. Toma, por un lado, a Parménides[104] con su tratado *"Poema"* en especial el apartado *Sobre La Naturaleza*; y por el otro, un

---

[104] Parménides, filósofo griego presocrático, del 515 a.C. Ha escrito el *Tratado De La Naturaleza*. En su desarrollo teórico en relación con el "Ser es y el No-Ser no es", se encontraba en oposición a la concepción del ser como devenir de Heráclito. Este último, filósofo griego presocrático del 540 a. C.

escrito de Heráclito *"Fragmentos"*. Allí podemos encontrar la problemática ontológica que subyace en la oposición entre S. Freud y J. Lacan con respecto al concepto de "in-dividuo" y "sujeto", respectivamente, idea que retomaremos más adelante. Desde estas fuentes, la teoría freudiana se sustenta sobre referencias parmideanas, en cambio, J. Lacan se apoya sobre la concepción del ser de Heráclito. Tomamos unos párrafos del pensamiento de estos presocráticos. En el apartado *Sobre La Naturaleza* de Parménides se nos dice:

> Voy a decírtelo ahora mismo, pero presta atención a mis palabras, las únicas que se ofrecen al pensamiento de entre los caminos que revisten la búsqueda. Aquella que afirma que el Ser es y el No-Ser no es, significa la vía de la persuasión –puesto que acompaña a la Verdad-, y la que dice que el No-Ser existe y que su existencia es necesaria, esta no tengo reparo en enunciártelo, resulta un camino negado para el conocimiento. Porque no podrías jamás llegar a conocer el No-Ser –cosa imposible– y ni siquiera expresarlo en palabras. Porque el pensar y el Ser son una y la misma cosa. (2007, p. 37)

Parménides aclara que es únicamente con los pensamientos –no con los sentidos– donde se puede alcanzar la verdad y que todo lo que se aparte de aquellos no puede "ser" sino error; solo lo racionalmente pensado "es", y, a la inversa, lo que es, responde rigurosamente al pensamiento: pues lo mismo es pensar y Ser. Enunciados que se perfilan en las elaboraciones del cogito cartesiano "pienso, luego existo". En este sentido, el pensar no puede ser sino pensar del ente: no hay posibilidad de alcanzar el ser sino mediante la razón. Por otro lado, establece que si bien el No-Ser tiene existencia, el mismo es imposible de ser pensado, está negado el camino de su conocimiento. En este orden de ideas, podríamos hipotetizar que S. Freud era cartesiano ya que a partir de la duda metódica situaba en el centro del sujeto a los pensamientos, en efecto, él tenía una certeza: el Ello piensa.

Como veremos en la siguiente cita, este paradigma es opuesto a las ideas de Heráclito en su tratado *Fragmentos*. Dice: "Entramos y no entramos en el mismo río, somos y no somos a la vez. La sabiduría es una sola: conocer la razón, por la cual todas las cosas son dirigidas por todas". (2007, p. 43)

Desde esta perspectiva, para Heráclito el "Ser" y el "No-Ser" son en sí, todo y una misma cosa, en el sentido de que todo fluye y nada permanece en el ser, su ser proviene del devenir entre uno y todos a la vez. La metáfora del río, "(...) somos y no somos la misma persona que se mete al mismo río dos veces", es utilizada por J. Lacan para ejemplificar los efectos del significante en la división del sujeto del inconsciente. Ahora bien, Heráclito plantea que la contradicción más profunda y que en cierto modo abarca toda contradicción y toda otra forma de unidad de los contrarios es la que se establece entre lo uno y lo múltiple y que el problema de esta oposición roza, si no la expresa plenamente, la contrariedad entre el ser y el no ser como forma dialéctica de la realidad, ya que esta recíproca implicación de los opuestos, cada uno de los cuales es con su génesis y con su muerte condición de la muerte y la génesis del otro puede configurarse también como su identidad o unidad. En este orden de ideas, son los contrarios y los diferenciales últimos, esto es, el ser y el no ser, los que en su dialéctica constituyen un movimiento temporal que se llama devenir. Teniendo en cuenta este breve recorrido sobre la concepción del ser por la filosofía presocrática, podemos conjeturar, con relación al aparato psíquico freudiano, que el significante funciona –opuesto a la representación– como la huella que se inscribe y se borra al mismo tiempo en la medida en que se pone en juego su función en la estructura.

En consonancia con los desarrollos de Heráclito, J. Lacan establece en *Subversión del Sujeto y Dialéctica del Deseo en el Inconsciente Freudiano* que se trata de un "ser de no-ente" –que para el pensamiento de Parménides correspondería a la nada, algo que tiene existencia pero es imposible de conocer–. Este "ser de no-ente" es homologado a la estructura del significante y a la concepción del sujeto para J. Lacan:

> Ser de no-ente, es así como adviene el Yo (*je*) como Sujeto (del inconsciente) que se conjuga por la doble aporía de una subsistencia verdadera que queda abolida por su saber y de un discurso donde es la muerte la que sostiene la existencia. (1966, p. 743)

Tal como lo anunciaba J. Lacan la estructura de significante del sujeto en oposición al modelo representacional del aparato psíquico freudiano trae aparejado una problemática que es la creación "exnihilo", tema que no abordaremos en la presente investigación, pero a modo de resumen podemos decir que el ser del inconsciente es un hecho discursivo que se pone en acto a partir de la intepretación psicoanalítica y que esta estructura rompe con la verdad ineludible de los hechos a partir de las vivencias del pasado, ya que la verdad se crea a partir de la articulación del significante. El sujeto del inconsciente, en este sentido, se localiza en el entrecruzamiento de una doble aporía[105]: por un lado, una subsistencia como saber no sabido y, por el otro, en un discurso donde la muerte, entendida como la negatividad de las cosas, sostiene la existencia. Ambas aporías son el efecto del significante en el discurso psicoanalítico.

Al decir de M. Heidegger en su ensayo *¿Qué significa pensar?* el ser y el no-ser son las dos orillas que traza la corriente de un río en su constante devenir, ambas orillas se constituyen al mismo tiempo y no son la una sin la otra.

De ahí que el sujeto especificado por J. Lacan surge de una "doble aporía", esta última entendida como contradicciones o paradojas irresolutas del discurso, entre un saber que no se sabe y la estructura de significante que conlleva la muerte del ser para hacer surgir al sujeto.

En un orden de ideas opuestas a las de J. Lacan, para la teoría freudiana el "ente"[106] es tomado como una sustancia orgánica cuya materialidad es corpórea, un "ser", delimitado como un individuo; y es, desde esta concepción, que J. Lacan al adjetivar al ser como "no ente" le otorga una materialidad distinta que es la del significante, por ende, discursiva. Como decíamos esta distinción es crucial en la obra de J. Lacan ya que toma un camino opuesto al de S. Freud a partir de delimitar al "ser-de-no-ente" como un *sujeto* producto del discurso, un ser que toma existencia a partir del discurso y en una relación de "*inmixión*"[107] con el *Otro/Autre*[108]; y no como lo hallamos en S. Freud que fundamenta su ser, o la esencia del mismo, en un *Ello* psíquico originario, garante de las experiencias del individuo, dicho de otro modo, en el ente cuyo soporte material es

[105] Aporía es un término de la filosofía que hace referencia a los razonamientos en los cuales surgen contradicciones irresolubles; en tales casos se representan como paradojas o dificultades lógicas.

[106] El "ente" es un concepto filosófico que se vincula con la ontología y la noción del ser o la existencia de las cosas, ya sea, animada, inanimada concreta o abstracta. El "ente" posee ser, aunque no agote todos los rasgos del mismo.

[107] In-mixión, es un concepto utilizado por J. Lacan para describir la relación del sujeto con el Otro/Autre, una relación de interpenetración, cuyo modelo topológico es la interpenetración de dos toros o anillos. Este concepto es el principio lógico fundacional de sus desarrollos teóricos ya que reordena todos los conceptos fundamentales del Psicoanálisis en una espacialidad topológica que carece de coordenadas dentro/fuera entre el Yo/Sujeto y el otro/Otro.

[108] Existe en la obra de J. Lacan una diferencia entre el Otro, como aquel que encarna el lugar del *Autre*, que puede ser una persona o una institución, del *Autre*, definido como el lugar simbólico, virtual, como par en la relación simbólica, inconsciente, entre el Sujeto y el *Autre*. Desde el *Autre* el sujeto recibe su mensaje inconsciente. En este punto recurramos al "Esquema L" propuesto por J. Lacan.

orgánico. Es interesante señalar que la introducción del concepto *Autre*, como conjunto o "tesoro" de significantes subvierte a la vez todos los conceptos freudianos que se sustentan en la idea de individuo dotado de pulsiones orgánicas cuya fuente de estímulos es corporal y es la medida de exigencia, *"drang"*[109] del aparato psíquico. En función de esto, podemos decir que para J. Lacan la pulsión proviene del campo del *Autre*/Otro, eliminando así toda referencia orgánica individual; tal como lo afirma en *El Seminario*, Libro XI, *Los Cuatro Conceptos Fundamentales del Psicoanálisis* de 1961: "ellos se imaginan que hay pulsiones, y aun cuando tienen a bien no traducir pulsión por instinto, pues no saben que las pulsiones son el eco en el cuerpo del hecho que hay un decir" (p. 319).

Se trata, pues, en la pulsión, de un hecho del decir que se articula en el campo del *Autre* y que impacta en el cuerpo y no de una pulsión orgánica que proviene del cuerpo.

Por su parte S. Freud introduce un principio básico que fundamenta todos los desarrollos teóricos y los modelos explicativos de aparato psíquico: es el llamado "Principio del Placer". Este principio se apoya a su vez en dos principios; por un lado, en un principio universal de todos los seres vivos relacionado con el funcionamiento neurofisiológico del arco reflejo, que es el "Principio de Constancia" (véase a pie de página) que afirma que el aparato psíquico tiende hacia la descarga de estímulo (energía) proveniente de las pulsiones orgánicas y que dicha descarga es percibida como placer por el polo percepción-conciencia. En consecuencia, el Principio de Placer o de Satisfacción establece que todo exceso de estímulo para el aparato psíquico es sentido como displacentero y la descarga del mismo es placentera y esto introduce necesariamente un marco de adaptación del individuo al entorno. Desde este orden de ideas, los estímulos constantes –entendido esto como provenientes del interior

---

[109] S. Freud diferencia estímulo de pulsión. Define al estímulo como una fuerza de choque momentánea que proviene *desde el afuera* aportada al tejido vivo y que es descargada también hacia fuera mediante una acción acorde al fin y se basa en el llamado *Principio de Constancia* donde el sistema nervioso se quiere conservar libre de todo estímulo, tal como el modelo neurológico del arco reflejo. En la pulsión, en cambio, el estímulo proviene *desde el interior* del propio organismo y es un esfuerzo constante, *drang* en alemán, por lo que una huida no es efectiva. Al estímulo pulsional lo llama *necesidad* y lo que la cancela es la *satisfacción* de la fuente interior del estímulo y solo puede alcanzarse mediante una modificación del mundo exterior apropiada a la meta. En este sentido, el aparato psíquico se rige por el *Principio del Placer* (regulado por sensaciones de la serie placer/displacer): el sentimiento de displacer tiene que ver con un incremento del estímulo y el del placer con su disminución.

del cuerpo y, por ende, imposible de escapar o evitar a los mismos– representan una exigencia de trabajo para el aparato psíquico que lo impulsa a realizar un *rodeo* por medio de la instancia del Yo para evitar la descarga plena que implicaría la muerte del organismo y, procurar con ello, que la misma sea acorde con los signos de realidad provenientes del mundo exterior; estas descargas son gobernadas por el "Principio de Realidad". Por otro lado, el Principio de Placer se apoya en otro principio rector, en este caso, de tipo energético que tiene como paradigma el funcionamiento de la máquina de vapor, en donde surgen conceptos tales como trabajo, exigencia, fuerza que ponen en movimiento la maquinaria psíquica.

Entonces, a partir de estas especulaciones metapsicológicas, el Principio de Placer freudiano se vincula con la idea de un centro o núcleo desde el cual parte la arquitectura y el funcionamiento del aparato psíquico. S. Freud describe en su obra a este centro ubicado en el cuerpo como "el núcleo de nuestro ser", que en el alemán es traducido por *Kern Unseres Wesen*. A este núcleo del ser le efectúa dos tratamientos bien distintos, tanto en la primera como en la segunda tópica, que son desarrollados en dos de sus trabajos que se hallan en los extremos de su producción teórica: *La Interpretación de los Sueños* y *Esquema del Psicoanálisis* de los años 1901 y 1938. En el primero de ellos establece que el núcleo de nuestro ser se encuentra en el inconsciente de la primera tópica y, en el segundo, lo ubica en el *Ello*. Las siguientes citas dan cuenta de lo dicho: en "*La Interpretación de los Sueños*" dice: "El núcleo de nuestro ser, que consiste en mociones de deseos inconscientes" (1901, p. 593); en *Esquema del Psicoanálisis* aparece más claro aún el giro biologicista de su segunda tópica: "El núcleo de nuestro ser está constituido, pues, por el oscuro Ello. Dentro del Ello ejercen su acción eficiente las pulsiones orgánicas" (1938, p. 325).

Cabe aclarar que con el término "orgánico" S. Freud alude a los órganos del cuerpo humano, a las fuentes orgánicas de las pulsiones como, también, a los procesos asociados a la vida. Por el contrario, J. Lacan, en El Seminario, *Libro 11*, *Los Cuatro Conceptos Fundamentales del Psicoanálisis* del año 1964-1965, establece que la libido es un "órgano", en un sentido diferente al empleado por su antecesor, tal como se deduce de la siguiente cita:

> Formularé, de entrada, cuál será el puntal de esta elucidación –la libido
> no es algo fluido, algo que se escapa–. No se reparte ni se acumula, como
> un magnetismo, en los centros de focalización que le ofrece el sujeto. La
> libido debe concebirse como un órgano, en los dos sentidos del término,
> órgano como parte del organismo y órgano-instrumento. (p. 194)

Es decir, para J. Lacan la libido es un órgano en el doble sentido de
la palabra: como parte de un organismo, de un conjunto finito de órganos vinculados por leyes propias de articulación entre ellos y como un
instrumento para abordar la lógica del Inconsciente, o sea anteponer la
estructura en la lectura del mismo. En dicho fragmento del texto seleccionado resulta importante saber por qué J. Lacan advierte a sus seguidores que la libido no es una energía que fluye y se acumula a la manera
de un magnetismo que atrae a los cuerpos, y al formular esta pregunta,
está implícitamente derribando la concepción energética de la libido tal
como ha sido propuesta por su antecesor, concepción que se apoya sobre
paradigmas biológicos y vitalistas que consideran al afecto o la energía
pulsional como estímulos que parten del cuerpo desde el punto de vista
orgánico.

Más adelante J. Lacan elabora desde la topología una nueva concepción de la libido como órgano que lo distancia de manera radical con el
sentido otorgado por S. Freud. Para el primero, el concepto de órgano
tiene dos sentidos, a saber: uno, asimilado a un sistema o una superficie
abstracta que va más allá de los límites de la persona tal como lo propone
en el texto *Posición del Inconsciente en el Congreso de Bonneval* de 1960:
"Con la salvedad de su nombre que vamos a cambiar por este otro más
decente de laminilla. Esta imagen nos parece bastante apropiado para
figurar tanto como para poner en su lugar lo que llamamos la libido."
(p. 453); y el otro sentido definido como instrumento o herramienta a la
medida de un operador: "Esa laminilla es órgano por ser instrumento del
organismo" (Lacan, 1960, p. 455). En este último sentido, como veremos
más adelante, J. Lacan utiliza el concepto de laminilla como una herramienta necesaria para abordar los conceptos de pulsión e inconsciente.
Para el autor, la lámina es definida como una superficie topológica de
dos dimensiones, básicamente esto quiere decir, que la superficie puede
auto penetrarse sin corte previo. Esta herramienta es extraída de otras
disciplinas tales como la lingüística y la matemática. Desde estas fuentes
referenciales y a partir de la introducción del concepto de significante y de

lámina J. Lacan construye una estructura lógico-matemática, los registros Simbólico, Imaginario y Real, que funcionan como la máquina constitutiva del discurso psicoanalítico. Por su parte, para S. Freud, el inconsciente es "ese sujeto ignorado por el Yo, desconocido por el Yo" –*der Kern Unseres Wesen*– tal como lo expresa en el capítulo de la *Traumdeutung* sobre el proceso onírico, cuyo núcleo está en el inconsciente y cuya materialidad son las huellas orgánicas de las experiencias del individuo.

En el texto *Más Allá del Principio de Placer* del año 1919, S. Freud afirma que la instancia del Yo es el centro de todas las experiencias, y está coronado por la conciencia como reflejo de las mismas; sin embargo, dicha idea es reemplazada por otra que se desprende, según sus palabras, de lo observado en el análisis de pacientes; es esa que formula que hay pensamientos inconscientes, por ende, otro escenario por fuera del Yo cognoscente, donde el sujeto piensa sin saberlo y que es, ni más ni menos, el sujeto del inconsciente. Nos detenemos en esta idea y decimos: para S. Freud el inconsciente piensa ("Ello" piensa) figurando con ello la existencia en el aparato psíquico de pensamientos inconscientes que se asientan sobre huellas mnémicas. El término aparato debe ser comprendido, desde esta óptica, como una estructura homologa a la organización cerebral, constituida por pensamientos y por leyes de asociación propias que establecen "otra escena psíquica", inconsciente, ajena al escenario del Yo. Si bien es exterior al funcionamiento del Yo, mantiene una íntima relación con él para poner en movimiento lo psíquico. En este sentido, S. Freud utiliza un término de su lengua para especificar estos pensamientos, es la *Gedanken*[110], que tienen una lógica diferente al pensamiento consciente. Pensamientos que se caracterizan por su atemporalidad y por carecer de los principios lógicos que estructuran el pensamiento consciente, por ejemplo, no opera en ellos el principio de no contradicción. Asimismo, su contenido está basado en gran parte en imágenes que reifican, a la manera de un rebús, las ideas. Posteriormente, sistematiza tales procesos y los denomina "Proceso Primario" en comparación con el "Proceso Secundario" que opera en el Yo. Las primeras huellas o marcas inconscientes funcionan dentro del aparato psíquico con la lógica del Proceso

---

[110] En el texto *Mas Allá del Principio de Placer*, S. Freud hace referencia al término *Gedanken* -que traducido al español significa idea, pensamiento- para denotar los pensamientos latentes o conjunto de representaciones inconscientes cuyos indicios son puestos de manifiesto en los fenómenos sintomáticos, tales como olvidos, actos fallidos, lapsus, sueños y en el chiste.

213

Primario, insusceptible de consciencia. Con el término *Gedanken* se hace evidente, en S. Freud, su apoyatura en la psicología y en la neurología para la descripción de lo inconsciente.

En su obra *La Interpretación de los Sueños,* S. Freud hace un paralelismo entre la tópica de lo inconsciente y el funcionamiento del aparato psíquico de la siguiente manera:

> Lo inconsciente es lo psíquico verdaderamente real, nos es tan desconocido en su naturaleza interna como lo real del mundo exterior, y nos es dado por los datos de la conciencia de manera tan incompleta como lo es el mundo exterior por las indicaciones de nuestros órganos sensoriales. (1901, p. 587)

En esta cita vemos que el autor equipara lo real del mundo interior con lo real del mundo exterior como aquello incognoscible e imposible de poder captarlo con la conciencia en el plano de lo psíquico y con los órganos sensoriales en el plano de la realidad exterior. Existiría en este sentido un real idéntico entre lo psíquico y el mundo exterior imposible de captar con la percepción-conciencia. El dualismo psíquico y el mundo exterior tal como parece ser planteado por el autor se unifica a partir de este real asimilable a lo inconsciente. Por lo tanto la maquinaria psíquica tendría un doble trabajo constante, por un lado, de mantenerse en equilibrio (Principio de Placer) con los estímulos provenientes de estos dos frentes y, por el otro, poner en palabras este real primero e inefable.

En una posición opuesta a esta teoría, J. Lacan plantea las proposiciones de que el "inconsciente habla"[111], o que el "eso habla"[112], para indicar, primero, que en el inconsciente eso habla (*ça parle*), o sea, su materialidad es de palabra, letra y significante dentro de un discurso y no de pensamientos pre-lingüísticos inconscientes y, segundo, que en eso que habla está incluido el contador y lo contado, este último, correspondería al Yo. Como vemos, estos enunciados se deducen de su tesis principal *el inconsciente está estructurado como un lenguaje* (El subrayado es nuestro). En *El Seminario,* libro XIV, *La Lógica del Fantasma,* afirma:

[111] En *El Seminario,* Libro XIV, *La Lógica del Fantasma,* clase doce de abril de 1967, J. Lacan dice: "El inconsciente habla de eso, de esos objetos por metáfora y metonimia de la sexualidad que ellos inducen." (Lacan, 1967, p. 287)

[112] En *El Seminario,* Libro XI, *Los Cuatro Conceptos Fundamentales del Psicoanálisis,* clase 22 de enero de 1964, J. Lacan dice: "(...) a nivel del inconsciente, hay algo homólogo en todos sus puntos con lo que sucede a nivel del sujeto: eso habla y eso funciona de manera tan elaborada como a nivel de lo consciente." (Lacan, 1964, p. 32)

> Si fuera necesario algo para reubicar a los extraviados en el eje del inconsciente estructurado como un lenguaje, bastaría recordar que esos objetos que ponemos en primer plano, el falo y los objetos parciales, el inconsciente no los habla (...) se encuentra que al producirlos habla de eso; dicho de otro modo, *el inconsciente habla* de eso (el subrayado es nuestro). (1967, p. 253)

En una de las conferencias dictadas por J. Lacan en las universidades norteamericanas en el año 1972, *Conferencia de Baltimore*, explicita una vez más una concepción específica de inconsciente y del "eso habla", con relación al neologismo *"lalengua"* de la manera siguiente:

> La experiencia consiste en esto, que desde el origen hay una relación con *lalengua* que merece ser llamada justificadamente materna, porque es por medio de la madre que el niño –si puede decirse– la recibe. (...) Si se puede decir que el inconsciente está estructurado como el lenguaje es por el hecho mismo de que los efectos de *lalengua*, ya allí como saber, van mucho más allá de todo lo que el ser que habla es capaz de enunciar (el subrayado es nuestro). (p. 344)

El neologismo creado por J. Lacan proviene de uno de los términos saussureanos "lalengua" (por separado) que diferencia del lenguaje como conjunto de códigos o signos que se puede encontrar en un diccionario. En este sentido, el término *"lalengua"* es para describir que no se trata del lenguaje entendido como un sistema estructurado de signos que proporciona el medio de comunicación entre los seres humanos, "el ser que habla" sino de lo más particular del acto de la palabra, aquello que habla en nosotros y que es aquel o aquello que ocupa el lugar del Otro, por eso el adjetivo materna. Estrictamente hablando, es el conjunto de significantes localizados en el campo del Otro/*Autre* que operan como letra y que conforman una escritura, dichos o frases fundamentales de la historia familiar. En *El Seminario*, Libro 18, *El Saber del Psicoanalista* del año 1968, define "lalengua" de la siguiente manera:

> (...) el campo está constituido por lo que llamé el otro día con un lapsus: *"lalengua"*. Este campo así considerado, haciendo ahí de clave de la incomprensión como tal, es precisamente lo que nos permite excluir toda psicología. La verdad en cuestión en psicoanálisis; es lo que por medio del lenguaje, entiendo por la *función de la palabra*, toca, pero en un abordaje que de ningún modo es de conocimiento, en el sentido que

tiene este término en la *constitución de un campo*, de inducción de algo que es totalmente real, aun cuando no podamos hablar de eso como de significante. Quiero decir que *no tienen otra existencia que la de significante* (el subrayado es nuestro). (p. 23)

Tal como lo hemos subrayado *"lalengua"* constituye un campo que es de palabra, en el sentido de habla y discurso, y no del lenguaje como conjunto de signos; y este campo tiene existencia a partir del significante en su estatuto de letra. Por ejemplo, el material que aporta un analizado sin la operación del psicoanalista es material significante, significante de la lingüística, pero para convertirlo en un significante, tal como lo entiende J. Lacan, se requiere de una operatoria por parte del psicoanalista, y es que a cualquiera de esos términos el psicoanalista los tome señaladamente y diga al menos: "yo eso no lo entiendo". Por ejemplo, "vengo porque estoy muy triste", devendrá en la pregunta por parte del psicoanalista: ¿qué quiere decir, para usted, muy triste?, y lo aparta de su discurso para ver con qué se articula para la construcción de un sujeto. Esa es la maniobra del psicoanalista que convierte el significante de la lingüística en un significante psicoanalítico según J. Lacan, o sea, algo que para él no significa nada y está articulado a las significaciones inconscientes familiares. Luego viene una segunda operación del psicoanalista que es pasar del significante a la letra para poder ser leído el inconsciente, dicho en otros términos, debe armar la escritura –cadena– inconsciente que insiste detrás del síntoma. Esto es explicado en la *Conferencia de Baltimore* de la siguiente manera:

> El (niño) no la aprende, hay una inclinación. Es muy sorprendente ver cómo un niño manipula muy pronto algunas cosas tan notablemente gramaticales como el uso de palabras tales como "quizás", "aún no". Seguramente él las ha escuchado, pero que no comprenda su sentido es algo que merece toda nuestra atención. (Lacan, 1972, p. 345)

Podemos avanzar, entonces, diciendo que a partir de la introducción de los conceptos de campo del *Autre*/Otro en su relación de "*inmixión*" con el sujeto y la "*lalengua*" se crea una estructura consistente, particular de cada individuo, que es el anudamiento de los tres registros. El concepto de "*inmixión*" es clave en la teoría de J. Lacan porque indica la relación del sujeto con el Otro en donde no habría punto de separación de este último con respecto al primero sino de una mezcla indisoluble en la cual no hay desmezcla posible. De ahí que el mensaje inconsciente llega desde el Otro de manera invertida. Esta *"inmixión"* obtiene su consistencia y su existencia a partir de la puesta en funcionamiento de la metáfora paterna. Asimismo, podemos afirmar que estas coordenadas teóricas crean exnihilo una experiencia psicoanalítica innovadora y distinta a la propuesta freudiana. En este sentido, extraemos una cita en donde J. Lacan expresa a modo de testimonio sobre la materialidad de su creación, esta vez en *El Seminario*, libro XXII, *R.S.I.* de 1974:

> Sin el recurso a estas consistencias diferentes –ciertamente homogéneas como tales, pero sin embargo diferentes por ser nombradas Imaginario, Simbólico y Real– no hay posibilidad de franeleo, como no hay ninguna reducción posible de las diferencias de estas consistencias a algo que se escribiría simplemente de una manera que se soporte, quiero decir, que resista a la *prueba de la matemática* (el subrayado es nuestro). (p. 348)

El franeleo es para el autor el tocar, rozar lo real, en este caso del síntoma psicoanalítico y no hay otro modo que a través del anudamiento de los tres registros cuyas derivaciones son estrictamente lógico-matemática. El registro Real aparece, entonces, como una estructura lógico-matemática producto del anudamiento de los otros dos registros.

Por tanto, del modo como lo hemos desarrollado, el registro Simbólico –en contraposición con el "Ello" freudiano– construido a partir del lenguaje y *"lalengua"*, se encuentra en una dirección opuesta con lo desarrollado por S. Freud en su segunda tópica, donde presenta su segundo modelo de aparato psíquico, en forma de un huevo en cuya superficie se encuentra el Yo y que envuelve un conjunto de inscripciones inconscientes. En las siguientes citas que corroboran nuestra idea se hallan en el texto *El Yo y el Ello*. Allí S. Freud deja explicita una concepción de aparato psíquico muy cercana a la anatomía del sistema nervioso central, y es esclarecedora de la orientación biologicista con la que ha imprimido sus desarrollos teóricos posteriores a 1915, luego de sus escritos metapsicológicos:

> Un *in-dividuo* (*individum*) es ahora para nosotros un *Ello psíquico*, no conocido {no discernido} e inconsciente, sobre el cual, como una superficie, se asienta el yo, desarrollado desde el sistema perceptivo (P) como si fuera su núcleo (el subrayado es nuestro). (1923, p. 334)

Cabe aclarar que es la única vez que S. Freud utiliza el término de *Individuo* en toda su obra escrita y publicada, separando la primera sílaba de la palabra el prefijo "in", que invita a pensar en una concepción de un interior, y "dividuo", como dividido, pudiendo ser interpretado como la presencia de una división interna en el aparato psíquico. En efecto, subrayamos que en toda su obra utiliza la concepción de individuo o sujeto en el sentido coloquial del término, en el sentido de un sujeto dividido por su inconsciente. Tal como lo hemos desarrollado en capítulos anteriores, interpretamos que el in-dividuo freudiano es diferente al sujeto de J. Lacan de estructura impersonal, no encarnado en ninguno de los niveles de la biología humana. Específicamente hablando, el sujeto de J. Lacan se sitúa en el *entre* de la articulación significante. En el mismo texto presenta un modelo de aparato psíquico cuya estructura es tridimensional a modo de un huevo.

Gráfico 20:

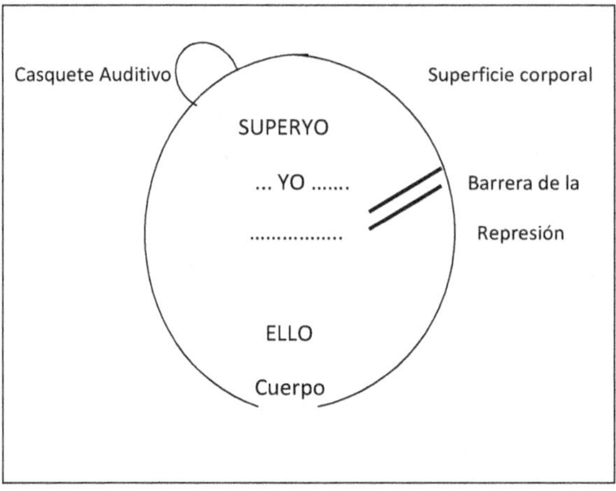

Modelo del huevo de la segunda tópica freudiana completo, según
S. Freud

El modelo del "saco fofo", tal como lo menciona J. Lacan en el seminario de Caracas, es sostenido por S. Freud hasta sus últimos desarrollos teóricos. Por ejemplo, en un texto posterior, la *31° Conferencia de Introducción al Psicoanálisis* de 1932 ratifica dicho modelo, afirmando plenamente su concepción evolucionista del aparato. En la siguiente cita explica la relación entre las vivencias y lo pasional que proviene del

"Ello", y la razón, cuya sede es el Yo, que proviene del afuera a través del Principio de Realidad:

> El papel de las representaciones-palabras se vuelve ahora enteramente claro. Por su mediación, los procesos internos de pensamiento son convertidos en percepción. Es como si se hubiera quedado evidenciada la proposición: "Todo saber proviene de la percepción externa". A raíz de una sobre investidura del pensar, los pensamientos devienen percibidos real y efectivamente (*wirklich*) –como de afuera–, y por eso se los tiene como verdaderos. (p. 228)

Como dijimos, en una dirección diametralmente opuesta, J. Lacan rechaza dicho modelo de aparato psíquico al introducir su concepción propia del inconsciente, a saber: "el inconsciente está estructurado como un lenguaje", y como resultado de dicha concepción introduce de ahí en más la operatoria del significante y los tres registros que hacen a la experiencia psicoanalítica. De ahí que en su discurso fundacional de la Sociedad Psicoanalítica Francesa, *Discurso de Roma* de 1955, cuya versión escrita se titula *Función y Campo de la Palabra y del Lenguaje en el Inconsciente Freudiano*, J. Lacan establece el marco teórico y el instrumento con el cual opera el psicoanálisis: "es en este orden (orden simbólico) donde se edifican las nociones de estructura, a falta de las cuales la visión por dentro de la neurosis y la tentativa de abordamiento de las psicosis queda detenida" (p. 264).

Resulta clara en la teoría freudiana la construcción de un aparato psíquico sobre la base de representaciones y de percepciones en el individuo, el sistema percepción-conciencia se dispone no solo hacia el exterior, hacia la realidad, sino también se coloca hacia el interior con el objeto de traducir los pensamientos inconscientes. Habría así como una simetría o reflexión entre el interior y el exterior al aparato. De este modo, el aparto psíquico freudiano resulta ser un modelo operatorio del inconsciente conforme a las concepciones evolutivas y biológicas del autor, manteniéndose fiel al cientificismo empirista de su época. De ahí que J. Lacan haya mantenido a lo largo de su enseñanza una posición crítica a este modelo del inconsciente planteando cada vez un deslinde radical entre estas concepciones y su creación, sus "tres" Simbólico, Imaginario y Real, cuya estructura es discursiva, lógica y matemática.

Ya embarcado en su concepción estructural y discursiva del inconsciente, J. Lacan introduce en el escrito *Subversión del sujeto y la Dialéctica del Deseo en el Inconsciente Freudiano* del año 1960, las coordenadas de ubicación de los tres registros en relación con el significante y el papel de la causalidad en los mismos:

> El efecto de lenguaje es la causa introducida en el sujeto. Por este efecto no es causa de sí mismo, él lleva en sí el gusano de la causa que lo hiende. (...) Pues su causa es el significante sin la cual no habría ningún sujeto en lo real. Pero ese sujeto es lo que el significante representa, y no sabría representar nada más que para otro significante: a lo que se reduce el sujeto que escucha. (p. 330)

Una de las disquisiciones fundamentales es que para J. Lacan es el lenguaje, más precisamente, el significante la causa del sujeto, de ahí que deduce que el Yo freudiano de la segunda tópica lleva en sí la causa significante que lo hiende, esto último entendido como corte entre el sujeto y el *Autre*/Otro. Esta idea deja caer la concepción evolutiva del yo del individuo a partir del Ello, sobre la base del sintagma pronunciado por S. Freud en la 31 ° Conferencia de Psicoanálisis por: "*Wo Es war, soll Ich werden*", "Donde el Ello era, Yo debo advenir", tomando a este Ello como instancia psíquica en el modelo de aparato de la segunda tópica. Habría en esta proposición una idea de un sujeto causado por sí mismo, es decir, un yo que proviene de las inscripciones inconscientes del Ello dentro del individuo. En cambio, como lo sostiene J. Lacan, el significante es la causa del sujeto entendiéndose como origen, fuente, sin el cual no habría ningún sujeto en lo Real, lo que equivaldría a decir que el sujeto no es causa de sí, esto es, cae la referencia al individuo como eje del yo digo. Esta proposición es un cambio radical que se contrapone a la teoría evolucionista y ontológica de S. Freud. En este sentido, la máquina significante, el orden simbólico, que opera de una vez –fuera de un tiempo cronológico– y, más aún, está ya antes de toda referencia al ser, o sea, en forma sincrónica determina el ser pero a partir de la hiancia o abertura del inconsciente. Del mismo modo J. Lacan establece que sin el interjuego de significantes no habría sujeto en lo Real, lo cual vendría a ser, como ejemplo, que para tal sujeto la muerte del padre no tendría el mismo significado para otro sujeto.

En *El Seminario*, Libro 2, *El Yo en la Teoría de Freud y en la Técnica Psicoanalítica* de 1954, el autor insiste ante una discusión con sus seguidores, en lo siguiente:

> Lo que aquí procuro hacer es arrancarlos de ella de una vez para siempre.
> Cuando se habla de la subjetividad la dificultad radica en no entificar al
> sujeto. (...) Este sujeto, en definitiva, no es nadie. Se trata de introducir
> una regulación simbólica, cuyo esquema tienen ustedes en la subyacencia
> matemática inconsciente de los intercambios de las estructuras elemen-
> tales. (pp. 87-89)

Es desde ese lugar, "la subyacencia matemática inconsciente", desde donde J. Lacan desarrolla sus tres registros Simbólico, Imaginario y Real a partir de la tesis inaugural en su teoría, la que propone que "el inconsciente está estructurado como un lenguaje". Asimismo es importante señalar que no se trata de la palabra y el lenguaje en el sentido de la literatura y la poesía como lo sostiene la corriente lacaniana milleriana sino de un desciframiento lógico y matemático del inconsciente a partir de la articulación del significante localizado en forma de letra.

Es importante señalar tal como lo veremos en los siguientes párrafos que J. Lacan toma de la teoría estructuralista del antropólogo Claude Lévi Strauss y en especial de su libro *El pensamiento salvaje* sobre el orden simbólico, el concepto de inconsciente y su concepción estructural del mismo. En *El Seminario*, Libro 11, *Los Cuatro Conceptos Fundamentales del Psicoanálisis* de 1964, dice lo siguiente:

> Antes de toda experiencia, antes de toda deducción individual, aun antes
> de que se inscriban en él las experiencias colectivas que se refieren solo a
> las necesidades sociales, algo organiza este campo, inscribe en él las líneas
> de fuerza iniciales. Es la función que Claude Lévi-Strauss nos presenta
> como la verdad de la función totémica y que además reduce su apariencia:
> la función clasificatoria primaria. (p. 28)

Es interesante señalar la importancia que J. Lacan le asigna a los términos de reducción y función clasificatoria primaria propuestos por Lévi-Strauss en su modelo estructural de la antropología: reducir la diversidad de los elementos de la naturaleza a algunos pocos elementos, formales, llevarlos al campo de lo simbólico es un hecho que lo obliga a utilizar tales elementos como significantes: "La naturaleza proporciona significantes –para llamarlos por su nombre–, y estos significantes organizan de manera inaugural las relaciones humanas, dan las estructuras de estas relaciones y las modelan" (Lacan, 1964, p. 28).

En el escrito *La Ciencia y La Verdad* afirmaba lo siguiente:

> La pertenencia que la obra de Claude Lévi-Strauss manifiesta a semejante estructuralismo solo se pondrá aquí en el haber de nuestra tesis contentándonos por ahora con su periferia. Sin embargo está claro que el autor hace valer tanto mejor el alcance de la clasificación natural que el salvaje introduce en el mundo, especialmente para un conocimiento de la fauna y de la flora que, como subraya él, nos sobrepasa, cuanto que puede argüir sobre cierta recuperación que se anuncia en la química, de una física de las cualidades de sabor y olor, dicho de otra manera de una correlación de los valores perceptivos con una arquitectura de moléculas a la que hemos llegado por la vía del análisis combinatorio, a saber por la matemática del significante, como en toda ciencia hasta ahora. (1966, p. 418)

Del mismo modo, en la clase 2, de *El Seminario,* Libro 2, *El Yo en la Teoría de Freud y en la Técnica psicoanalítica* de 1954, J. Lacan intenta localizar el registro Simbólico y la concepción de sujeto del inconsciente a partir del modelo estructural:

> Es importante considerar el elemento temporal que plantea todo registro de problemas que deben ser tratados paralelamente a la cuestión de la relación de lo Simbólico y lo Imaginario. Para comprenderla conviene partir de la noción estructural, y si puede decirse así, existencial, de la significación del símbolo. (p. 98)

Tal como lo expresa en la cita, una de las diferencias entre el registro Simbólico y el registro Imaginario es el elemento temporal que rige en cada uno. En el registro Imaginario, vemos que los elementos se disponen en un orden lineal, situados, por decir así, en una flecha del tiempo que viene del pasado, atraviesa el presente y se dirige al futuro. En cambio, en el registro Simbólico opera un tiempo circular, lo que J. Lacan llama "futuro anterior", que va del pasado al futuro y de este al pasado. Es así como el presente se convierte en un constante devenir. Ambas concepciones sobre el tiempo están relacionadas con el concepto de causalidad en los fenómenos del inconsciente. En efecto, el primero, el tiempo lineal, es solidario al modelo freudiano del "Ello" como un fondo de inscripciones del pasado infantil de las pulsiones del cuerpo y del determinismo psíquico; en cambio el segundo, el tiempo circular, se deduce del funcionamiento de la dupla significante, esto es, el S1 es causal del S2 como este del S1, funcionamiento que rompe con la causalidad del significante amo, del S1. En este orden de ideas podemos afirmar que la articulación del registro

Simbólico con respecto a los otros registros opera en un tiempo circular ligado a su estructura sincrónica que es descripto por J. Lacan como "ya desde antes" o "desde el origen", eliminando así la idea de un pasado determinista. El lenguaje está allí antes de toda experiencia como orden y como función simbólica que no es nada menos que la operatoria del significante y sus leyes constituyentes.

En consecuencia se podría conjeturar que S. Freud desarrolla el concepto de "regresión" temporal en el modelo de aparato psíquico de la primera tópica para dar cuenta de la función simbólica atribuida al inconsciente. La regresión, según el autor, plantea un movimiento temporal contrario a la flecha del tiempo para explicar los fenómenos de imágenes en el sueño y los síntomas de la psiconeurosis; este movimiento comprende el desplazamiento de las catéxias energéticas de las representaciones del polo motor, consciente, al polo perceptivo, inconsciente, donde se hallan las primeras huellas. El autor ejemplifica dicha regresión durante el acto de dormir, el sueño reproduce una imagen como cumplimiento de un deseo, por ejemplo, el deseo de ir al baño mientras se está dormido aparece en el sueño en una escena orinando. Del mismo modo explica los fenómenos alucinatorios de la psicosis.

En el texto *Más allá del Principio del Placer* del año 1919, afirma lo siguiente sobre el simbolismo primordial en el niño:

> La interpretación del juego resultó entonces obvia. Se entramaba con *el gran logro cultural* del niño: su renuncia pulsional (renuncia a la satisfacción pulsional) de admitir sin protesta la partida de la madre. Se resarcía, digamos, escenificando por sí mismo, con los objetos a su alcance, ese desaparecer y regresar. (p. 15)

El logro cultural, o sea, el paso de la naturaleza a la cultura, es decir, el hombre dotado de un simbolismo se inicia, según S. Freud, con la renuncia pulsional por la satisfacción sexual del niño con su objeto amoroso, esto es, la renuncia de los deseos incestuosos del niño hacia la madre. En este juego resulta claro que el arrojar el objeto (en el ejemplo: "Fort-Da") representa la partida de la madre y el traerlo de nuevo representa el regreso de la misma, acto que repetía incesantemente con el propósito de ligar el monto de displacer que le ocasionaba la ida de su madre. El juego, más aún, la jaculatoria que lo acompaña, representa la renuncia pulsional del niño hacia su objeto amoroso, una sustitución del afecto displacentero por la falta de satisfacción pulsional por lo placentero del juego. Para este autor hay un logro cultural –el paso a lo simbólico– sobre lo pulsional a través de las palabras que representan la ausencia y la presencia de la madre. Esta teoría que supone una dinámica energética, de fuerzas, en donde la pulsión proveniente del cuerpo, que pugna por su descarga en el interior del aparato psíquico produce una exigencia de trabajo al mismo de defensa para disminuir la tensión displacentera, contrasta de manera radical con la interpretación que hace J. Lacan de la pulsión, a saber: por un lado, establece que la pulsión es un montaje que se sostiene en el aire, dicho de otro modo, es una construcción puramente simbólica que no necesita de ningún sustento, menos aún de la sustancia biológica corporal; y por el otro, que es en el interjuego de ambos significantes donde resulta el simbolismo primordial, la fuente de la pulsión. De ahí que para este último, el "Fort" toma su significado a partir del "Da", y viceversa, el "Da" toma su significado a partir del "Fort", o sea, no hay una relación directa y solidaria entre el objeto y la representación en palabras, sino que el objeto resulta de la articulación de ambos significantes, por ende, primero está el lenguaje y después, el objeto.

En la siguiente cita de J. Lacan de *El Seminario*, Libro 3, *Las psicosis*, menciona su interpretación del "Fort-Da":

> Se ve cómo se produce el primer dominio: el niño anula su juguete por la desaparición. Esta repetición primitiva, esta escansión temporal hace que se mantenga la identidad del objeto tanto en la presencia como en la ausencia. Aquí tenemos el alcance exacto, la significación del símbolo en la medida en que este se refiere al objeto, a saber a lo que se llama el concepto. El símbolo del objeto es justamente ese objeto. (1955, p. 228)

Decimos, entonces, que la significación del símbolo, el "Fort-Da", es el objeto mismo, la estructura originaria, con la cual sus otras significaciones provienen de la articulación de un significante con los otros significantes del conjunto. Esta estructura opera en diacronía y en sincronía. De ahí resulta que la repetición simbólica es un sistema automático producto de la lógica significante y no el efecto de repetición de la ausencia-presencia del objeto representado. La ausencia-presencia de la madre se significa por el efecto de la articulación simbólica del "*Fort*" con el "*Da*" y viceversa. Es lo que el autor afirma en su escrito en *El Seminario*, Libro 15, *El acto psicoanalítico* del año 1967:

Ahora bien, a esta indicación quiero llevarlos, por este discurso que hago hoy lo más breve que puedo, como siempre, después de haber preparado muy seriamente para ustedes los grados, siguiendo la atención de la asamblea –o mi propio estado– me veo forzado, como en todo discurso articulado y especialmente cuando se trata del discurso sobre el discurso de la operación lógica, a tomar un atajo en el momento en que se impone; a saber, que en la forma en que ya les he indicado que se instituye *la primera división del sujeto en la función repetitiva*, se trata esencialmente de lo siguiente: *que el sujeto solo se instituye representado por un significante para otro significante (S1 y S₂)* y que es entre los dos, a nivel de la repetición primitiva que se opera esa pérdida, esa función del objeto perdido alrededor de la que gira precisamente la primera tentativa operatoria del significante, la que se instituye en la repetición fundamental (el subrayado es nuestro). (p. 261)

Es, pues, entre la articulación de ambos significantes donde se produce la pérdida del objeto y no por la ausencia física del mismo. J. Lacan propone el concepto automatismo de repetición para sustituir el concepto de compulsión a la repetición freudiana, la "*Wiederholungszwang*", para dar cuenta de la repetición significante en el funcionamiento de esta máquina donde surge la significación al sujeto; el automatismo de repetición se encuentra en la base de las formaciones del inconsciente: inhibición, síntoma y angustia de la neurosis. En suma, el autor identifica la máquina simbólica con la insistencia de la cadena significante donde surge ese automatismo que empuja a un más allá del sentido, un más allá del placer.

A modo de síntesis podemos decir, entonces, que el inconsciente freudiano tiene su localización precisa dentro del aparato psíquico de la primera tópica, son las huellas de representación-cosa que se oponen a las de representación-palabra ubicada en el preconsciente. Del mismo modo, en su segundo tópica, sitúa lo inconsciente en gran medida en el "Ello", en parte del "Yo" y en el "Superyó", este último relacionado con el ideal del Yo fuente de la represión y el sentimiento inconsciente de culpa.

Si bien en J. Lacan los conceptos no evolucionan a lo largo de su teoría sino que van cambiando en función de las articulaciones que realiza con los otros conceptos de acuerdo con la temática desarrollada, podemos señalar, sin embargo, que a partir del año 1964 presenta una teoría discursiva del inconsciente. Este aporte a la teoría psicoanalítica es solidario al auge que ha tenido la teoría de discurso a mediados del siglo XX, llevándolo a diferenciar el discurso psicoanalítico de los otros discursos dominantes: discurso amo, universitario, histérico. A partir de algunos conceptos de la teoría de discurso, J. Lacan afirma que el inconsciente se ubica en el discurso mismo, en particular en el acto de la palabra-habla en su estatuto de significante-letra, y su tópica tiene dos ubicaciones radicales en contraste con la teoría freudiana: por un lado, el inconsciente es el discurso del Otro, o sea, proviene de aquel que ocupa el lugar del *Autre*; y por el otro del campo del lenguaje, entendido como tesoro de significantes, escrito como *Autre* en el matema lacaniano. De la concepción estructural del significante y de la letra se componen, como veremos más adelante, los tres registros anudados. En resumen, en el lugar de la energía y de las huellas mnémicas freudianas, el autor ubica allí una fórmula, una estructura, cuyo matema es:

$$f\,(S)\,\frac{1}{S}\;^{113}$$

Como veremos en el próximo capítulo, esta fórmula matemática es la máquina simbólica que pone en articulación los tres registros como campos homogéneos en un anudamiento topológico de los mismos. Se lee: el significado está en función inversa de la operatoria del significante; inversa, en el sentido de una opacidad producto del significante, es decir, no establecido previamente con respecto a la combinatoria de las duplas significantes en juego. Como dijimos, esto rompe con la "sobredeterminación" de lo inconsciente en el modelo teórico freudiano.

En *Posición del Inconsciente*, de J. Lacan, cuyo escrito nace en una Conferencia en Bonneval dictada en 1960 y publicada en 1964, plantea en el título mismo el término *posición* (el subrayado es nuestro) que alude a la localización del inconsciente en relación con los modelos explicativos, tanto de la teoría freudiana como de sus seguidores postfreudianos. La propuesta del autor es deslocalizar al inconsciente –y esto es lo más relevante– fuera de las dimensiones temporales y espaciales cartesianas, dicho de otro modo, a localizar al inconsciente dentro del campo lógico-matemático. Por otro lado, el término posición, en francés: [*position*], hace referencia a una interrogación o un planteo sobre cierto sujeto o tema, en el sentido de que el inconsciente es una pregunta sobre el deseo, al

---

[113] Matema desarrollado por J. Lacan en el escrito *La Instancia de la Letra en el Inconsciente o la razón desde Freud.* Escritos I, México. Siglo XXI. p. 495.

estilo de un ¿qué quieres? En función de esta pregunta por el deseo se desprende esta otra ¿de qué dimensiones se trata cuando nos referimos al inconsciente?, el texto mencionado comienza con la siguiente frase: "Sobre el inconsciente es necesario ir a los hechos de la experiencia freudiana" (Lacan, 1961-1964, p. 790).

En esta cita el autor se acerca a las ideas formuladas por S. Freud al afirmar que en tal experiencia –freudiana y no otra– hizo existir al inconsciente desde el punto de vista psicoanalítico, principalmente en los desarrollos de la primera tópica. Esto porque S. Freud era un científico que mantenía una firme adhesión a las investigaciones de las ciencias positivistas de su época; en efecto, aceptaba que la observación de casos era la fuente principal de sus elaboraciones teóricas. Pero en el párrafo siguiente, J. Lacan hace una maniobra discursiva que pone en evidencia su posición con respecto a estos conceptos al interpretarlos de esta manera: "El inconsciente no es una especie que defina en la realidad psíquica *el círculo* de lo que no tiene el atributo (o la virtud) de la consciencia" (el subrayado es nuestro) (1964, p. 791).

Es clara la crítica de J. Lacan al modelo de aparato psíquico de la segunda tópica aduciendo que es enteramente insuficiente para explicar la subjetividad. El círculo con el cual esquematiza el aparato psíquico en la segunda tópica se construye a partir de dos operaciones: una, realiza un corte en una esfera o huevo (de estructura tridimensional) y la otra, proyecta en un plano dicho corte. Este modelo freudiano de "saco o bolsa"[114] es el correlato más elemental del ser viviente entendido como una vesícula separada del mundo exterior por una membrana. Recordemos que S. Freud teoriza sobre la construcción del aparato psíquico presentando tres modelos explicativos: el primero, que corresponde al período de su primera tópica, que abarca la conocida *Carta 52* del año 1898 y el trabajo sobre *La interpretación de los sueños* de 1901, que es el modelo llamado del "peine"; el segundo modelo corresponde al del *Proyecto de psicología para neurólogos*, en el cual grafica un sistema de neuronas con una ubicación y una funcionalidad acorde a los esquemas nerviosos del cerebro, es el modelo de las redes neuronales (Phi, Psi y Omega). El tercer y último modelo de aparato psíquico está graficado en el texto *El*

---

[114] En *El Seminario de Caracas* en 1980, J. Lacan describe al modelo de la segunda tópica freudiana como un "saco fofo" ya que resulta ser una metáfora ordinaria del modelo geométrico de la esfera y el modelo biológico de una célula como unidad elemental viviente.

Yo y el Ello, con forma de huevo o saco, que representaría una especie de "homúnculo"[115] del funcionamiento cerebral. De la continuidad de los mismos interpretamos que el autor realiza un retorno hacia modelos de explicación biológicos y fisiológicos para dar cuenta de las pulsiones sexuales y del Yo desde su segunda tópica.

En su trabajo *Más allá del Principio de Placer* de 1920, S. Freud es taxativo al explicar su modelo de aparato anímico en el ser viviente:

> Representémonos al organismo vivo en su máxima simplificación posible, como una vesícula indiferenciada de sustancia que reacciona a estímulos: entonces su superficie vuelta hacia el exterior está diferenciada por su ubicación misma, y sirve como órgano receptor de estímulos. (p. 26)

Es necesario señalar que el modelo biológico de la vesícula indiferenciada está relacionado con dos modelos que representaban dos corrientes principales del pensamiento médico y filosófico del siglo XIX: el vitalista y el mecanicista. El modelo vitalista, en oposición al modelo mecanicista, establece que los seres vivos poseen un tipo de fuerza misteriosa, elusiva e inmaterial llamada fuerza vital que proviene de las profundidades del alma. Este modelo dominó el pensamiento biológico durante varios siglos y aún pervive cuando se intenta explicar alguna actividad trascendente del alma a partir de la dualidad entre pulsión de vida y pulsión de muerte. En el modelo vitalista no hay evidencia empírica de la existencia de dicha fuerza vital y de una supuesta pulsión de vida o pulsión de muerte. Este modelo, por su parte, tiene profundas influencias en la filosofía naturalista, principalmente la filosofía de Arthur Schopenhauer por medio del concepto de "voluntad", (*wille*), entendida como la fuerza que pone en movimiento a los individuos. El modelo mecanicista[116] es un modelo contrario al vitalista. Utiliza el principio de que los seres vivos están

---

[115] J. Lacan realiza una crítica sobre la concepción psicológica y neurológica del homúnculo, dice al respecto en el escrito *Posición del Inconsciente en el Congreso de Bonneval* en 1960: "Etiquetaré la función del cogito cartesiano con el término engendro u homúnculo. Es ilustrada por la consecuencia que se produjo inevitablemente en la historia de lo que llamamos el pensamiento, y que consiste en tomar ese yo (*je*) del cogito por el homúnculo que, desde hace tiempo, se representa cada vez que se habla de psicología, o sea, cada vez que se da cuenta de la inanidad o de la discordancia psicológica mediante la presencia, dentro del hombre, del famoso hombrecillo que lo gobierna, el conductor del carro, el punto de síntesis, como se dice ahora". (p.795)

[116] El principal referente del modelo mecanicista proviene del Círculo de Viena, Ernst Mach, físico y filósofo alemán de principios del siglo XX, fundador de la teoría de las sensaciones. Establecía que la sensación es la principal fuente de la experiencia

formados por materia y energía, al igual que los seres inertes. Esto es explicable, por tanto, a partir de procesos físico-químicos. Este modelo considera al ser vivo a partir de la capacidad de reaccionar a estímulos. En este sentido los fenómenos estudiados en los seres vivos en la ciencia biológica deben ser explicados por causas enteramente naturales. S. Freud se encontraba inmerso en estos principios mecanicistas, de ahí que construye un modelo de aparato psíquico semejante a una máquina puesta en funcionamiento por una fuerza energética que proviene del cuerpo. Apoyado en tales paradigmas el autor sistematizó una serie de modelos teóricos del inconsciente con coordenadas tópicas euclidianas y funcionales a partir de la noción de carga, siendo este último asimilado al funcionamiento de huellas mnémicas cuyas trascripciones –dentro del sistema de neuronas– las llamadas representaciones inconscientes, de las cuales no somos conscientes ni de su funcionamiento ni de su contenido, ejercen un poderoso gobierno en nuestras acciones. Al mismo tiempo se observa en el modelo freudiano una línea divisoria entre lo inconsciente y la consciencia, una barrera resistente al paso de los contenidos inconscientes, dejando entrever un supuesto contenido dentro de cierto espacio y tiempo, y este relacionado a huellas inconscientes pasadas, primitivas. Esta barrera tópica y funcional se apoya sobre un concepto fundamental de la teoría freudiana que es el concepto de "Represión", responsable de la división del aparato psíquico.

A modo de conclusión podemos afirmar que este modelo de aparato psíquico que representa el funcionamiento de una máquina alimentada con energía que proviene de las pulsiones orgánicas, es solidario en S. Freud, a su posición teórica, a su firme adherencia a las concepciones científicas empiristas y naturalistas reinantes en su época: la física clásica, la biología y la antropología evolutiva que fueron las fuentes referenciales más importantes de su teoría. Establecía que la energía se encuentra en la naturaleza, en la materia, siendo el motor o la fuerza que pone en marcha la máquina creada por el hombre. En la siguiente cita del texto *Más allá del Principio de Placer* aparecen explícitos tales paradigmas epistémicos:

> Las exteriorizaciones de una compulsión a repetición que hemos descrito en las tempranas actividades de la vida anímica infantil, así como en las vivencias de la cura psicoanalítica, muestran en alto grado su carácter

---

humana. S. Freud ha tomado muchos conceptos de dicha teoría para la construcción de sus modelos teóricos.

> pulsional {*triebhaft*}, (traducido como impulsos o pasiones) y, donde se encuentran en oposición al principio de placer, demoníaco (...). Pero hasta ese momento, el aparato anímico tendría la tarea previa de dominar o ligar las *excitación*, desde luego que no en oposición al principio de placer, sino independiente de él, en parte sin tomarlo en cuenta. (1919, pp. 35-36)

> Las fuentes más proficuas de *excitación interna* son las llamadas "pulsiones" del organismo: los representantes (*repräsentant*) de todas *las fuerzas eficaces que provienen del interior del cuerpo y se transfieren al aparato anímico* (el subrayado es nuestro). (p. 37)

Por otro lado, podemos afirmar que estos modelos freudianos utilizan representaciones tópicas que se sitúan en coordenadas espacio-temporal euclidianas, ya que cuentan con categorías espaciales tales como interno-externo, profundidad-superficie y categorías temporales lineales que se verifican en la disposición de las huellas mnémicas en una sucesión que va desde lo primitivo a lo reciente. Notemos, asimismo, que el orden de las citas que hemos seleccionado dan cuenta de la construcción de una máquina, el "aparato psíquico", que metaforiza punto a punto con el modelo de la máquina de vapor de principios del siglo XVIII, que es alimentada por el calor desprendido del vapor de agua, cuya dinámica es similar a la energía sexual (pulsiones) que proviene de fuentes orgánicas, tal como lo desarrolla el autor en su segunda tópica, y que, en principio, lo ha diseñado para poder explicar los fenómenos de la clínica psicoanalítica. En este sentido se trata, pues, de una máquina que responde a las exigencias de trabajo que implica dominar esa fuerza pulsional –más allá del Principio del Placer– que es traducida como la energía proveniente de las excitaciones internas del centro del cuerpo y que imponen una demanda de trabajo al aparato psíquico para ser "domeñadas", dicho de otra forma, "poner en palabras" para ingresarlas a la órbita del Principio del Placer. Desde estas coordenadas se deduce el sentido del modelo del huevo de su segunda tópica de estructura tridimensional en cuyo centro se encuentra el Yo y el Ello en las profundidades del individuo y en cuya superficie se encuentra la barrera anti-estímulo. Podemos concluir, entonces, que el aparato psíquico es un modelo de máquina cuya estructura fue diseñada por S. Freud a partir de fuentes referenciales específicas para el abordaje psicoanalítico del padecimiento psíquico de los individuos dentro del malestar en la cultura de su época. Estas referencias epistemológicas provienen de su temprana orientación teórica hacia disciplinas científicas naturalistas tales como la física clásica newtoniana, la biología y la química, como así también, su filiación a la filosofía y la literatura alemana de Schopenhauer y de Goethe.

Con el fin de hallar las fuentes y los modos de procurar conocimiento en la teoría freudiana, el filósofo contemporáneo francés Jean-Marie Vaysse, en su texto *L`Inconscient des Modernes*, afirma: "Freud se pensaba desde el principio como un clínico, procediendo de manera inductiva a partir de hipótesis" (2003, pp. 11-12). Este autor consideraba que si bien S. Freud se pensaba a sí mismo como un clínico, sus observaciones procedían de una concepción generalizada del psiquismo de otros autores que le precedieron, privilegiando las observaciones precisas de los "detalles" del funcionamiento de este en el individuo. Los detalles que él privilegiaba procedían de lapsus o equivocaciones en las proposiciones y en las acciones utilizadas por los pacientes, detalles de los sueños narrados, olvidos de nombres, etc., que dan cuenta de una verdad ignorada por los mismos y que son el producto del conflicto fundamental de las representaciones inconscientes, fuentes de los deseos más ocultos con los signos de la realidad. Tal como lo deduciremos más adelante, J. Lacan procede, en cambio, de manera lógico-deductiva a partir de la creación de axiomas que conforman un sistema teórico que imprime una dirección diametralmente opuesta a su predecesor. En efecto, muñido de referencias provenientes de la física relativista, la lógica simbólica, la matemática, la antropología y la lingüística estructural propone su axioma principal "el inconsciente estructurado como un lenguaje" afirmando con ello: primero, que en el origen está la estructura como instrumento de inteligibilidad y orden de los fenómenos de la clínica, y segundo, que esa estructura crea una experiencia psicoanalítica propia. Es en este sentido que J. Lacan realiza una lectura estructural de los conceptos fundamentales de la teoría psicoanalítica freudiana proponiendo como estrategia una "deconstrucción"[117] de los mismos, o sea, plantea una nueva conceptualización diametralmente opuesta en su lugar, por ejemplo: establece un modelo de inconsciente de tipo topológico bidimensional –una superficie– cuya máquina significante innovadora está integrada por los tres registros, Simbólico, Imaginario y

---

[117] Utilizamos el término deconstrucción proveniente de la doctrina filosófica tal como lo propone J. Derrida, en el sentido de un intento de reorganizar de cierto modo la teoría ante un variado surtido de contradicciones y desigualdades no lógico-discursivas de todo tipo, sustituyéndolos por el desarrollo exitoso de los argumentos y su exposición sistemática.

Real. Se trata, pues, de un sistema teórico compacto que ordena y determina la clínica del caso. De este modo, deja caer la observación empírica de los fenómenos del psiquismo como base en la descripción de un "aparato psíquico" y lo sustituye por un sistema o máquina lógico-matemática que crea a partir de la función del significante, la experiencia psicoanalítica. Es por esto por lo que en sus desarrollos de conceptos psicoanalíticos se vale de esquemas, grafos y fórmulas algebraicas que se apoyan en una escritura lógico-matemático. Podemos resumir, entonces, que la máquina propuesta por J. Lacan es una función matemática y lógica compuesta por al menos cuatro significantes estructurados que, puesta en funcionamiento, crea y ordena la experiencia psicoanalítica.

En el escrito *Posición del inconsciente en el Congreso de Bonneval,* expresa la idea del inconsciente que nos propone: "El inconsciente es un concepto forjado sobre el *rastro* de lo que opera para constituir al sujeto" (el subrayado es nuestro) (Lacan, 1960-1964, p. 791). El inconsciente es para J. Lacan, un concepto que proviene del rastro de la operatoria significante en la construcción de un sujeto, y no de huellas inscriptas en el psiquismo cuya fuente energética proviene del interior del cuerpo biológico. Subrayamos con esto que la articulación del inconsciente con la constitución de un sujeto, el sujeto del psicoanálisis, relanza su teoría al campo de la investigación científica a partir de considerar al sujeto como hipótesis, tema o asunto que surge de la articulación de los significantes en juego. El inconsciente es, en este orden de ideas, una conjetura, una hipótesis, sobre el sujeto.

En este escrito el autor establece una conceptualización novedosa del inconsciente al definirlo como un "concepto" y no algo que debe buscarse en lo más recóndito de nuestro ser, sino que este surge como un rastro, en el sentido de una marca fugaz, que aparece y desaparece en forma pulsátil en los traspiés del discurso, en los impases lógicos del mismo, de lo que opera para constituir un sujeto. En este orden de ideas, el inconsciente como un rastro es necesario entenderlo por un lado, como una escritura, es decir, que funda la experiencia analítica; y por otro, como trazo, entendido como un *boucle* que en francés se traduce como círculo o anillo y en matemática es definido como línea cerrada de Jordán. En este sentido el autor toma varios modelos de la topología, entre ellos, trabaja con el modelo del toro, en especial toros interpenetrados, anillo que se sella con otro anillo, cuya característica principal es la inexistencia de un agujero, de un adentro y de un contenido interno, por ende, con un modelo de entrelazamiento. En este sentido, los tres registros aparecen anudados de tal manera que al desprenderse un anillo se desprende el resto, lo que equivaldría a decir que el sujeto es el resultado del anudamiento sincrónico de lo Simbólico, lo Imaginario y lo Real.

J. Lacan nos propone la falta de una delimitación interno-externo del trazo, con lo cual desestima los conceptos de introyección y proyección del objeto tal como lo plantea el modelo del huevo. Asimismo, es importante subrayar que el concepto de toro o anillo deja suponer una forma particular de temporalidad que es circular, a diferencia de la temporalidad del modelo de aparato psíquico freudiano que se encuentra ordenado en una temporalidad lineal y progresiva, la llamada flecha del tiempo. Finalmente, J. Lacan establece la relación de *"inmixión"* entre el Sujeto y el Otro/*Autre* que es representado por la interpenetración de dos anillos.

Los dos modelos utilizados en ambas teorías son, en oposición, los siguientes:

Gráfico 21

S. Freud	J. Lacan
Huevo Individuo	Anillos interpenetrados S $\,$ $\cancel{A}$

Modelos subyacentes del in-dividuo de S. Freud y del sujeto de J. Lacan

Entonces, tal como dijimos, para J. Lacan el inconsciente es el *trazo*, o sea es algo definido a partir de una escritura, es aquello de lo que opera para constituir el sujeto, dividido este último por efecto del lenguaje entre saber y verdad. Ahora bien, en la siguiente cita, J. Lacan advierte a los psicoanalistas sobre el error existente en el trasfondo ontológico de la teoría propuesta por S. Freud en relación con el sujeto del inconsciente. Citamos del texto *Positión de l´ Inconscient dans le Congres du Bonneval*: "Acusemos nuestra posición sobre el "equivoco" a que se prestaría "él es y él no es" de nuestra posición de partida (1960-1964, p. 332). En línea con lo mencionado en párrafos previos, el equívoco denunciado por J. Lacan estaría en relación con el rebajar o reducir los hechos lingüísticos del inconsciente a fenómenos experimentados en las sesiones analíticas. Dicho de otro modo un lapsus, un acting, un olvido, son elementos significantes que no significan nada en sí mismos, sino que su sentido adviene en su relación con otros significantes, no tienen significado, en el sentido de ser o no ser. De ahí que la lectura estructural de los mismos permite establecer una lógica causal que prescinde de su referencia ineludible al hecho real de la vivencia. Además agrega:

> El peso que damos al *lenguaje como causa del sujeto* nos obliga a precisar: la aberración que florece de rebajar el concepto primero indicado, aplicándolo a los fenómenos ad libitum bajo la especie homónima; *restaurar el concepto a partir de esos fenómenos no es pensable* (el subrayado es nuestro). (p. 333)

En esta cita J. Lacan nos quiere decir que lo inconsciente no es un concepto que se deduce a partir de los fenómenos clínicos neuróticos observados en la experiencia psicoanalítica, sino que es al revés, en el sentido de que tales fenómenos: lapsus, olvidos, fallidos, etc., solo existen y se ordenan a partir de la hipótesis previa de un inconsciente estructurado como un lenguaje en el marco de un discurso común; es lo que llama el peso del lenguaje como causa del sujeto. Esto contrasta con la metodología propuesta por S. Freud en sus historiales clínicos, de ir primero hacia la observación minuciosa se los fenómenos clínicos y establecer luego la etiología y su mecanismo psicopatológico.

Finalmente J. Lacan no solamente denuncia dicho equívoco en la sociedad psicoanalítica internacional sino que, además, da una pista de su propia definición del inconsciente con la siguiente frase: "El inconsciente es lo que decimos (...)" (1960-1964, p. 335).

Es importante destacar la maniobra que el autor realiza en esta cita al establecer que el inconsciente es lo que decimos. Este sintagma delimita, al menos, dos cosas al definir lo inconsciente: una, es lo que decimos, por ende, el material en un análisis no es ninguna de las vivencias inefables, arquetipos, ni marcas inconscientes reprimidas, ratificando con ello que los materiales con los cuales trabajamos son estrictamente hechos de discurso. En este sentido, se deduce que el material inconsciente se encuentra en el hecho mismo de la maniobra del analista de aislar o extraer en lo que decimos los significantes en juego, con sus afirmaciones, elisiones, contradicciones u otras. La segunda, el decir aparece en plural, "decimos", donde se pone en evidencia la estructura impersonal del inconsciente, también con la participación activa del psicoanalista en la construcción del inconsciente, en íntima relación con el campo del Otro/*Autre*, lo que J. Lacan llama "*inmixión*" de otredad[118]. Esta estructura impersonal del sujeto llevó al autor a ubicar el término que lo defina en el lenguaje y es el "*ne*" expletivo del idioma francés que designa al sujeto pero no lo nombra. No se trata del sujeto de la enunciación, del "shifter" o conmutador: "*je*", sino algo más impersonal aún. Es en este concepto donde J. Lacan interroga sobre la confusión y el obscurantismo que recae sobre el concepto de inconsciente en los psicoanalistas, advirtiendo que sobre el "no es" del inconsciente, no obliga en nada a pensar sobre lo opuesto a lo consciente o como si hubiera un contenido de elementos por fuera de la conciencia, tal como lo explicita en la siguiente cita de *Posición del inconsciente en el Congreso de Bonneval*:

> ¿Qué hay en común entre el inconsciente de la sensación, el inconsciente de automatismo que desarrolla el hábito, el co-consciente de la doble personalidad, las emergencias ideicas de una actividad latente que se impone como orientada en la creación del pensamiento, la telepatía que algunos quieren referir a esta última, lo pasional que nos sobrepasa en nuestro carácter, lo hereditario que se reconoce en nuestras naturalezas, el inconsciente racional finalmente o el inconsciente metafísico que implica el "acto del espíritu? (Lacan, 1960-1964, p. 336)

Es importante señalar que, a partir de esta cita, J. Lacan diagnostica un problema en el movimiento psicoanalítico postfreudiano. En la siguiente cita nos da la pista del problema que diagnostica, dice al respecto en *Posición del Inconsciente*:

[118] En una conferencia dictada en la Universidad de Baltimore, USA, en el año 1966 J. Lacan desarrolla el concepto de *inmixión* de Otredad a partir de dos proposiciones desarrolladas en su obra: por un lado, el efecto de lenguaje es la causa introducida en el sujeto. Gracias a ese efecto, no es causa de sí mismo; por el otro, la dimensión parasitaria del lenguaje, en cuanto a que el ser-hablante recibe el lenguaje desde el Otro.

> Nada en todo esto se parece, sino por confusión (...). Al no distinguir el
> inconsciente del instinto, de lo instintual –de lo arcaico o de lo primordial,
> en una ilusión decisivamente denunciada por Claude Lévi-Strauss hasta
> de lo genético de un pretendido *"desarrollo"* (el subrayado es nuestro).
> (Lacan, 1960-1964, pp. 337-339)

Si bien en esta cita –y como suele suceder en numerosos pasajes en la
obra de J. Lacan– no resulta suficientemente claro si realiza una crítica a
los fundamentos teóricos de S. Freud o a sus continuadores, consideramos que se trata nuevamente de una maniobra que al dirigir sus críticas
al postfreudismo en forma velada las realiza hacia su fuente, es decir a S.
Freud. En estas citas seleccionadas es manifiestamente notable su crítica
hacia lo que hemos señalado: las bases epistémicas de la teoría freudiana
y de sus continuadores, signándolas como evolucionistas y naturalistas
(sobre la base de un desarrollo biológico), por lo tanto, apoyadas sobre
una línea temporal que va de lo primitivo, primordial o instintual a lo más
desarrollado y sobre la idea confusa imperante entre instinto y pulsión.

Con relación a esta crítica, J. Lacan se apoya, como dijimos, en una
concepción estructuralista del inconsciente tomando como ejemplo los
desarrollos de Claude Lévi-Strauss en antropología quien propone la lectura estructural en las alianzas parentales de ciertas culturas aborígenes.
Tomaremos una cita de este autor, de su texto *Antropología Estructural*
del año 1958, del capítulo "La eficacia simbólica":

> El inconsciente deja de ser el refugio inefable de particularidades indivi-
> duales, el depositario de una historia singular que hace de cada uno de
> nosotros un ser irremplazable. El inconsciente se reduce a un término
> por el cual designamos una función: la función simbólica específicamente
> humana. El inconsciente, por el contrario, es siempre vacío. (p. 183)

Lévi-Strauss introduce la concepción *estructural* en la teoría antropológica, introducción que resulta subversiva con respecto a los desarrollos
etnológicos y antropológicos de su época ya que sustituye la dimensión
evolutiva y naturalista del aparato psíquico de los individuos de pueblos
primitivos. Como vemos en la cita separa el registro real, con el que identifica las vivencias y el refugio inefable individual de cada uno de nosotros,
del registro simbólico, asignado al inconsciente en su aspecto funcional y
sin contenido. Para el autor, entonces, la determinación simbólica para el
hombre es total, respecto de lo que los símbolos marcan en su vida nada

puede hacerse. Total en el sentido de universal, más allá de lo particular de cada sociedad e individuo.

A partir de esta perspectiva antropológica estructural, J. Lacan toma este concepto de superestructura simbólica, universal y vacía de contenido, tal como lo propone Lévi-Strauss, pero, al mismo tiempo, lo diferencia con su propio modelo de los tres registros anudados –compuesto por los registros Simbólicos, Imaginarios y Real– que reúne en un solo golpe el determinismo simbólico en todas las sociedades –universal– con lo más particular de cada individuo. Este pasaje de lo universal a lo más particular es a través de la construcción de los tres registros y, en función de lo que hemos establecido, J. Lacan utiliza un operador lógico para este pasaje que es la metáfora paterna y el deseo inconsciente. El deseo, pues, se preserva en las repeticiones y en las pulsaciones del inconsciente que interfieren en esta determinación simbólica dando lugar a lo más particular de cada caso. En este sentido, hayamos una nueva concepción de sujeto que es aquella definida por la articulación particular de los tres registros.

Posteriormente en su avance teórico, J. Lacan se aleja de las concepciones estructuralistas de Lévi-Strauss porque encuentra allí un problema que repercute en el campo clínico psicoanalítico. En efecto la lectura estructural a partir de la formalización lógico matemática borra las particularidades del sujeto, es decir, lo particular de la experiencia psicoanalítica. Teniendo en cuenta lo referido en el escrito *La Ciencia y la Verdad*, dijimos que la división constituyente del sujeto es entre saber y verdad y que el sujeto del Psicoanálisis se sitúa en una relación de convergencia entre la verdad y el saber, la particularidad de este sujeto se recupera en la construcción sincrónica de los tres registros. Siguiendo esta problemática, J. Lacan se interesa en una investigación del etnólogo francés contemporáneo, Marcel Mauss, de 1950, que ha investigado sobre el intercambio simbólico en las sociedades a través del concepto de "don". En resumen el autor encuentra que las leyes de intercambio social y las alianzas parentales se suceden sobre la base de un triple punto de observación: fisiológico, psicológico y sociológico. Hayamos en estos desarrollos la existencia de un punto de comparación entre la trilogía mausseana y la perspectiva tríadica que J. Lacan asigna a los registros Imaginario y Simbólico en el "Esquema R". Como consecuencia de este recorrido, el autor se distancia de la determinación simbólica, formal y universal, de su sistema clasificatorio primario, base de todos los hechos sociales, tal como lo propone Lévi-Strauss y se dirige hacia una causalidad particular del deseo inconsciente y su estructura de significante en la base de los tres registros Simbólico, Imaginario y Real. Deja entrever, a su vez, que sus tres registros no comprenden una explicación universal del psiquismo humano sino lo más particular de cada caso que se establece dentro del marco de la experiencia psicoanalítica. Esta perspectiva que incluye lo particular asignado a los tres registros contrasta con la universalidad del modelo teórico de la segunda tópica freudiana. En efecto, los conceptos que subyacen a tal modelo son universales y transhistóricos, por ejemplo la tópica: "Yo, Superyó y Ello" conforma un modelo de aparato psíquico presente en todos los individuos.

Entonces, su apoyo en la obra de Marcel Mauss[119] es innegable y es a partir del estudio científico del "don" en las sociedades donde encuentra asidero a su teoría. Con respecto a la cita mencionada más arriba, subrayamos la concepción específica que J. Lacan le otorga al registro Real, en el sentido de que este último no está relacionado al conjunto de huellas inefables de cada individuo tal como se desprende del modelo teórico freudiano sino a un imposible lógico-matemático producto de la operatoria del significante. En este caso, se trata de un Real particular producto de la articulación de los otros dos registros.

Una de las maneras de posicionar al sujeto instituido en los tres registros, o sea, de localizarlo en la estructura, es a través de la utilización de un esquema de vectores que representan de modo espacial la lógica relacional de los mismos. En el escrito, *De una Cuestión Preliminar para todo Tratamiento de la Psicosis* de 1966, el autor propone al respecto un esquema, el "Esquema R", modificación del "Esquema L", para dar cuenta del campo de la realidad humana fundado sobre la estructura del significante y sus tres registros. El "Esquema R" está construido sobre un plano proyectivo[120], "cross-cap", que es una figura topológica en la cual

[119] Muchos autores que investigaron sobre el origen de los tres registros lacanianos han mencionado la influencia que han tenido en la definición de los mismos las ideas del antropólogo y sociólogo francés Mauss Marcel (1872-1950), en particular su obra *Ensayos sobre el don*. En dicho tratado M. Mauss trató de abarcar las realidades en su totalidad, en especial por medio de su famosa expresión de "hecho social total" y "hombre total". Así, en su opinión, un hecho social implica siempre dimensiones económicas, religiosas o jurídicas y no puede reducirse a uno solo de esos aspectos, al mismo tiempo que escoge aprehender al ser humano en su realidad concreta, es decir, bajo el triple punto de vista fisiológico, psicológico y sociológico.

[120] En matemáticas, el plano proyectivo real es un ejemplo de una variedad bidimensional compacta no orientable; en otras palabras, una superficie unilateral. El plano

participan los siguientes elementos: imaginarios (la imagen especular, el Yo y los otros semejantes, los objetos de amor/odio), simbólicos (M o significante del objeto primordial, lengua materna, I o significante del Ideal del Yo, P o significante del Nombre-del-Padre y fi o significación fálica) y un elemento real que es el punto de imposible lógico que participa del armado del mismo.

Gráfico 22

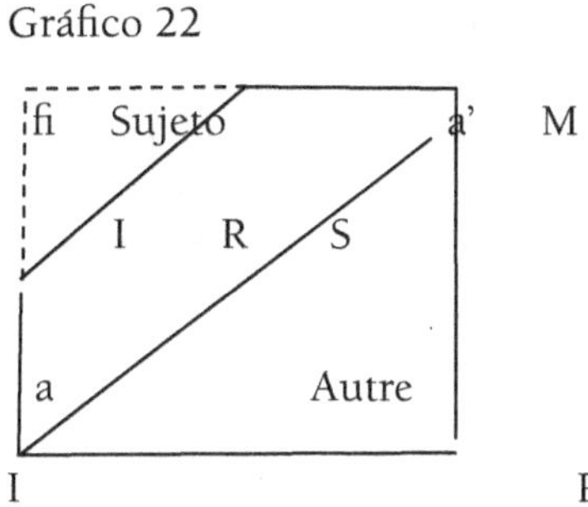

Esquema R, según J. Lacan

El "Esquema L" y su modificación, el "Esquema R", son formulaciones científicas de la relación del sujeto con el Otro (*Autre*), significando con los mismos que la condición del sujeto (neurosis o psicosis) depende de lo que tiene lugar en el A (*Autre*). El adjetivo científico está dado por su determinismo matemático y lógico de la operatoria del significante. En este sentido, A, a, a', S, I, P son signos algebraicos que operan como conceptos articulados y que por sí mismos no indican nada sino que cobran su sentido de la articulación con otros signos en el marco de una ley que los regula. En consecuencia lo que tiene lugar en el *Autre* (campo del registro Simbólico) es articulado como un discurso, el discurso inconsciente, que es para J. Lacan, el discurso del Otro (*Autre*). Notemos en el "esquema R" las líneas punteadas del registro Imaginario (fi, a y a`) y su plegamiento en el registro Simbólico (I, M, P). El campo de la realidad comprende la zona intermedia, una cinta que se pliega a sí misma y que en su línea media, conforman una banda de Moebius. La torsión de la banda transforma las dos caras de la cinta, los registros Imaginario y Simbólico, en una sola.

---

también se describe en forma topológica a través de la construcción de una banda unilateral, la banda de Moebius.

En virtud de estos recorridos teóricos analizados surge un interrogante cuya respuesta nos permitirá avanzar en nuestra investigación. A partir de la fórmula específica que J. Lacan da sobre el inconsciente en el texto *Subversión del Sujeto y Dialéctica del Deseo en el Inconsciente*, a saber, "el inconsciente es el discurso del Otro" (p. 754), cabe preguntarse: ¿Qué localización tendría el inconsciente en el encadenamiento de los tres registros? Podemos afirmar, en un principio, que la introducción de los tres registros, es un recurso necesario para dar cuenta del campo del Otro/ *Autre* en la estructuración del sujeto y del inconsciente. Por ende, si la Metáfora Paterna adviene en su función de ley, se produce una torsión en dos lugares, una división producto de la operatoria significante: por un lado, entre el Otro y el *Autre,* y por el otro, entre el Sujeto y el Yo. Sabemos, por otro lado, que J. Lacan aplica a los conceptos psicoanalíticos el modelo estructural que prescinde de categorías tales como tiempo y espacio, origen y fin y, que por ello, el sujeto del inconsciente es impersonal.

En consecuencia, tal interrogante nos conduce a establecer una oposición conceptual entre el inconsciente tal como es teorizado por S. Freud y aquel propuesto por J. Lacan; en efecto, este último establece que el inconsciente –lo mismo que el sujeto– son efectos de un modo particular de anudamiento de los tres registros que él propone como efecto de una maniobra sobre los significantes realizada por el psicoanalista en el marco de la experiencia analítica.

En cambio, los desarrollos teóricos de S. Freud sobre lo inconsciente –principalmente en su primera tópica que abarcan los primeros trabajos teóricos iniciados en 1895, tal como la *Carta 52, La interpretación de los sueños* de 1901 y, fundamentalmente, los desarrollos metapsicológicos de 1915– han delimitado un modelo descriptivo, dinámico y sistémico del inconsciente en el individuo como unidad singular. El estudio sistémico del aparato psíquico abarca las relaciones entre los diferentes sistemas como si fueran diferentes provincias que componen a la vez una unidad.

Es importante señalar al respecto que el modelo energético del aparato psíquico freudiano ha prevalecido y prevalece hoy en día en los desarrollos de la mayoría de las escuelas psicoanalíticas, incluso en la concepción que tiene la sociedad sobre el funcionamiento del psiquismo. Podemos pensar que este modelo funciona como un paradigma que continúa teniendo efectos en nuestro modo de concebir al individuo. En este sentido, en lo que respecta a los desarrollos de los tres registros propuestos por J.

Lacan consideramos que no han tenido la misma suerte en sus discípulos y menos aún en la sociedad; esto es fácilmente verificado en la actualidad ya que quedan muy pocas escuelas psicoanalíticas que enseñan la teoría lacaniana con su valor subversivo e innovador en la práctica: la idea de un nuevo psicoanálisis se diluyó dramáticamente en los conceptos freudianos. De ahí que el sintagma con el cual se identifican la mayoría de las sociedades psicoanalíticas es, a saber, *todo lacaniano es en el fondo freudo-lacaniano en su manera de concebir los conceptos psicoanalíticos* (el subrayado es nuestro).

Continuemos con lo que dice S. Freud en uno de los trabajos metapsicológicos intitulado *La Represión* del año 1915: "Es la *doctrina de la represión* de donde extraemos nuestro concepto de lo inconsciente" (el subrayado es nuestro) (p. 319). O sea, el inconsciente según lo propone el autor, proviene del concepto de represión (una fuerza que se opone a otra fuerza, la pulsional) y sobre esta concepción dinámica se estructura su proyecto de aparato psíquico a partir de la noción de conflicto psíquico entre dos instancias; es el llamado modelo dual que ha utilizado a lo largo de toda su obra, un modelo que pone en juego un conflicto entre dos fuerzas, esto es: primero, las pulsiones sexuales –perversas y polimorfas– versus las pulsiones del Yo –instancia del aparato psíquico más desarrollada producto de lo cultural a través del filtro del principio de realidad–; y, segundo, la pulsión de vida en oposición a la pulsión de muerte. Estas dualidades reflejan, en último término, una dualidad epistemológica: por un lado la física energética del inconsciente y, por el otro, la hermenéutica del mismo que plantea la problemática de la interpretación del sentido.

A partir de estos modelos duales de conflicto elabora la hipótesis de la represión (o en términos generales, la defensa) como una función psíquica ligada a una fuerza que, por un lado, mantiene alejada de la consciencia las representaciones inconciliables y, por el otro, sustituye estas últimas con la presencia de síntomas; y esto, a su vez, lo condujo a formular una hipótesis tópica y dinámica del aparato psíquico en tres instancias que sostuvo a lo largo de su obra. Desde esta perspectiva y desde el punto de vista funcional se constituye una estructura en la cual el inconsciente es un sistema que se opone a otro sistema que es el Yo. Citamos al respecto el texto de S. Freud de 1923, *El Yo y el Ello*:

> Nos hemos formulado la representación de una organización coherente de los procesos anímicos en una persona, y lo llamamos su yo. [...] es aquella instancia anímica que ejerce un control sobre todos los procesos parciales y que por la noche se va a dormir, a pesar de lo cual aplica la censura onírica. El yo es el representante (*repräsentieren*) de lo que puede llamarse razón y prudencia, *por oposición al ello, que contiene las pasiones* (el subrayado es nuestro). (pp. 18-27)

En otro de los escritos de J. Lacan llamado *Introducción al comentario de Jean Hippolyte sobre la Verneinung de Freud,* en la versión francesa de 1966, dice al respecto del Yo y su función de resistencia ante las pulsiones primitivas del Ello:

> La resistencia, decía Freud antes de la elaboración de la nueva tópica, es esencialmente un fenómeno del yo. Entendamos aquí lo que eso quiere decir. Esto nos permitirá más tarde comprender lo que se entiende de la resistencia cuando se la refiere a las otras instancias del sujeto (Lacan, 1966, p. 187).

Con respecto al concepto de resistencia S. Freud lo ha trabajado de diferentes maneras con relación a los sistemas involucrados en el aparato psíquico de la segunda tópica. Por ejemplo, las resistencias del Yo se ponen en evidencia con los mecanismos de defensa, desarrollo que el propio autor ha dejado inconcluso en su obra; las resistencias del Superyó que son responsables de la Reacción Terapéutica Negativa y del Sentimiento Inconsciente de Culpa; y, por último, la resistencia del Ello que se patentiza con la compulsión a la repetición desde el Más allá del Principio de Placer. En su trabajo *Proyecto de Psicología para Neurólogos*, S. Freud explica la resistencia del Ello y del Yo a partir de la red neuronal. Establece que la red está constituida por dos tipos de neurona: "pasaderas" e "impasaderas"; las primeras presentan un bajo umbral en las barreras de contacto interneuronal con lo cual la energía, la cantidad (Q), traspasa fácilmente al modo de todo o nada, y las segundas, impasaderas, presentan un umbral elevado en sus barreras de contacto, permitiendo el pasaje de energía en pequeñas cantidades y reteniendo un monto de la misma en cada circulación, ubicando allí la resistencia. Este segundo grupo de neuronas conforman, para el autor, la red de neuronas del Yo, en cambio, las neuronas pasaderas se encuentran en el sistema percepción consciencia y en el sistema inconsciente; de ahí se desprende una conclusión importante en el funcionamiento del aparato psíquico freudiano: aquella que establece que la percepción y la memoria se excluyen en su funcionamiento.

Se describe en la literatura psicoanalítica que S. Freud, en el curso de sus desarrollos teóricos, ha realizado un cambio en su modelo de aparato psíquico, –que en nuestra opinión parece ser una continuación de su primera tópica–, el llamado "giro del año 1920", tomando una dirección claramente biologicista del individuo psíquico esquematizado con la metáfora del huevo o saco en cuyo centro se encuentra el Yo; un yo asediado desde tres frentes: las pulsiones, cuya fuente está en el Ello; las instancias observadoras y punitorias del Superyó y la realidad del mundo exterior protegido por la barrera anti-estímulo. En este sentido, el progreso cultural del individuo estaría relacionado con el mantenimiento del equilibro y el centramiento del yo como fuente de toda experiencia y sede de la razón en el sujeto psíquico. Tal es la referencia de S. Freud en su trabajo *El Yo y el Ello*, en el apartado de los vasallajes del Yo: "Vemos a este mismo yo como una pobre cosa sometida a tres servidumbres, y que, en consecuencia sufre las amenazas de las tres clases de peligro: de parte del mundo exterior, de la libido del ello y de la severidad del superyó (p. 32).

Es a partir de este marco teórico que S. Freud establece, apoyándose en sus concepciones sobre el centramiento del Yo y de un "Ello piensa" desconocido para el individuo y determinante de los deseos inconscientes, que el objetivo principal del trabajo psicoanalítico es "hacer consciente lo inconsciente", imprimiendo, de este modo, una dirección a la cura hacia una ampliación del campo del Yo sobre el conocimiento de los pensamientos inconscientes que albergan en el paciente. Esta indicación deriva inevitablemente en otro tema vinculado que es la responsabilidad del sujeto con respecto a sus síntomas y en el principio freudiano de la transferencia: todo obstáculo en el curso del tratamiento psicoanalítico está dado principalmente por la resistencia del paciente a reconocer y, por consiguiente, responsabilizarse de su posición de sujeto. Estas ideas son explicadas en la *31° Conferencias de introducción al Psicoanálisis* en el año 1932, titulada *La descomposición de la personalidad psíquica*, al introducir una frase ligada a la filosofía socrática:

De todos modos admitiremos que los empeños terapéuticos del psicoanálisis han escogido un parecido punto de abordaje. En efecto, su propósito es fortalecer al yo, hacerlo más independiente del superyó, ensanchar su

> campo de percepción y ampliar su organización de manera que pueda apropiarse de nuevos fragmentos del ello. *Donde Ello era, Yo debo devenir* (el subrayado es nuestro). (p. 74)

En el idioma alemán el sintagma *Wo Es war, soll Ich werden* se traduce como: "donde Ello era, Yo debo advenir". Esta expresión de S. Freud pronunciada al final de su Conferencia, aparece como una sentencia final previa a la mención de ciertas prácticas psicoterapéuticas basadas en la sugestión en las cuales se les exhorta a los pacientes a dirigir su atención y su auto-percepción para introducirse en las profundidades del Ello y hallar nexos que de otro modo serían inaccesibles. En este sintagma que S. Freud toma de la filosofía socrática vinculada al "conócete a ti mismo", *donde Ello era, Yo debo advenir*, apunta a dar una dirección definida a la cura psicoanalítica habilitando una mayor coherencia del Yo en función de su mayor conocimiento sobre sus huellas inconscientes alojadas en el Ello; esto vendría a ser como si el *Yo* del analista debiera desalojar con sus interpretaciones el lugar central del *Ello* en el paciente. Sin embargo, tal dirección de la cura conlleva un error en la medida en que eso que nos propone alcanzar no es algo que pueda ser objeto de un conocimiento por parte del Yo. Es por esto por lo que J. Lacan advierte a sus seguidores del error que conlleva esta orientación de la cura con respecto a la máxima freudiana al diagnosticar una confusión, no tanto sobre el propósito alcanzado en la cura psicoanalítica, es decir, hacer consciente lo inconsciente, sino por las vías por las cuales se llega a eso. En el escrito *La instancia de la letra en el Inconsciente o la Razón desde Freud*, lo explicita de la siguiente manera y hace su diagnóstico:

> Este imperio de la *confusión* que es simplemente aquel en el cual se juega toda la ópera bufa humana merita detenernos para comprender las vías por las cuales se procede el análisis: no solamente para restaurar su orden, sino para instalar las condiciones de posibilidad de restaurar (...) *Kern unseres Wesen*, el núcleo de nuestro ser, *no es por tanto aquello que Freud nos ordena apuntar*, como tantos otros lo han hecho antes que él, con el vano refrán del "conócete a ti mismo", no es tanto eso como las vías que llevan a ello y que él nos da a revisar (el subrayado es nuestro). (1966, p. 331)

Seguidamente explicita en forma más clara el error que diagnostica en la finalidad o propósito de dicho sintagma presocrático utilizado por S. Freud:

La finalidad que propone al hombre el descubrimiento de Freud fue definida por él en el apogeo de su pensamiento en términos conmovedores: *Wo es war, soll Ich werden,* donde estuvo ello, tengo que advenir. Esa finalidad *es de reintegración y de concordancia,* diré incluso de reconciliación (*Versöhnung*) (el subrayado es nuestro). (Lacan, 1966, p.334)

La finalidad de la cura propuesta por S. Freud es, según J. Lacan, de acuerdo con la expresión socrática, de reintegración y concordancia del Yo con el Ello de cada individuo. De similar consideración a lo diagnosticado por J. Lacan, el antropólogo francés estudioso de la obra freudiana Jean-Marie Vaysse menciona en su libro, *L` Inconscient des Modernes* 2003, la paradoja de la concepción dualista de la segunda tópica y la dirección de la cura:

La véritable conscience de soi est dès lors la connaissance de l`inconscient, et ce n`était pas là le moindre des paradoxes d'une entreprise qui, d`une part, prétendait sur el plan théorique destituer l'ego de tout privilège constituant et, d`autre part, visait sur el plan pratique à un renforcement du Moi.[121]

Según el autor, el sistema teórico freudiano encierra una paradoja entre la teoría y la práctica, apoyándose respectivamente, por un lado, en el reforzamiento del Yo, en la ampliación del margen en el conocimiento de nuestro inconsciente, "conócete a ti mismo" y, por el otro, destituir al Ego de su privilegio en las funciones del aparato anímico, "donde Ello era, Yo debo advenir", vale decir, desde las huellas inconscientes inefables hasta la puesta en palabras por parte del Yo. Asimismo, a propósito de lo trabajado en el capítulo sobre el sujeto de la ciencia, este sintagma freudiano se relaciona con el apogeo de la ciencia moderna, que se inicia en la década de 1920[122] con la Teoría de la Relatividad de A. Einstein, allí se establece,

---

[121] Vaysse, Jean-M. (2001) *L'Inconscient des Modernes,* Introduction. Paris. Gallimard, pp. 11: La verdadera conciencia de sí es desde entonces el conocimiento del inconsciente, y eso tenía allí, al menos, la paradoja de una empresa que, por una parte pretendía sobre el plano teórico, destituir al Ego de todo su privilegio constituyente y, por otra parte, apuntaba sobre el plano práctico, a un reforzamiento del Yo. (traducción nuestra)

[122] La existencia histórica de la ciencia moderna es relativamente reciente y, en términos generales, no se produjo más allá de los albores del capitalismo europeo de los siglos XVII y XVIII. Tal coincidencia de origen dejó una profunda marca en el quehacer y en la conceptualización de la práctica científica-concepción instrumental, racionalidad económica que buscaba ganancias máximas mediante la reducción de los costos económicos de producción. Citaremos aquí, como ejemplo, la conclusión

sobre la base de una concepción de hombre dotado de conocimiento, de un logos como centro del universo, un co-nacimiento del sujeto con el objeto. Este objeto es el universo, observado y matematizado por la razón del hombre. Su fundamento filosófico se origina en el *cogito* cartesiano a partir de la certeza de ser en cuanto a que pienso, o sea , *pienso luego existo*, en la medida en que me doy cuenta de que estoy pensando. Es así como lo define el antropólogo contemporáneo Alain de Libera estudioso de la obra de J. Lacan en su tratado *Archéologie du Sujet*:

> Ce qui définit intrinsèquement la modernité, c´est sans doute la manière dont l`être humain s`y trouve conçu et affirmé comme la source de ses représentations et de ses actes, comme leur fondement (*subjectum*, sujet) ou encore comme leur auteur[123] (De Libera, 2003, p. 16)

Es en función de esta concepción del individuo como fuente y actor de sus representaciones y de sus actos que S. Freud, efectivamente, escribió *Das Ich un das Es,* (El Yo y el Ello) para mantener esta distinción fundamental entre el sujeto verdadero del inconsciente –el núcleo de nuestro ser– y el Yo sustantivo como constituido en su núcleo por una serie de identificaciones enajenantes. Aparece aquí que la fórmula freudiana "Wo es war, soll Ich Werden" puede ser descompuesta de la siguiente manera: que es en el lugar, *Wo,* (donde) *Es,* sujeto desprovisto de cualquier *das* (cosa) o de otro artículo objetivante, *war,* (estaba, era) es de un lugar de ser de lo que se trata, y que en este lugar, *soll,* (deberá) es un deber en el sentido moral lo que allí se anuncia, como lo confirma la única frase que sucede a esta para cerrar el capítulo de la *31° Conferencias de Psicoanálisis* en un *Ich,* Yo, allí debo Yo (del mismo modo que se anunciaba: "este soy", antes de que se dijese, "soy yo" –werden– llegar a ser, es decir no sobrevenir, ni siquiera advenir, sino venir a la luz desde ese lugar mismo,

---

de A. Koyré, epistemólogo, en su estudio sobre el alcance de la síntesis newtoniana: "Sin embargo, hay algo de lo que Newton se ha responsabilizado o, mejor dicho, no solamente Newton sino la ciencia moderna en su generalidad: es la división de nuestro mundo en dos. He dicho que la ciencia moderna había desmantelado las barreras que separaban el Cielo y la Tierra, que unifica y unificó el Universo; esto es verdad. Pero también he dicho que lo hizo sustituyendo nuestro mundo de cualidades y percepciones sensibles, mundo en el cual vivimos, amamos y morimos, por otro mundo: el mundo de la cantidad, de la geometría verificada, un mundo en el que hay sitio para todo menos para el hombre". (Koyre, 1977:37)

[123] Traducción nuestra: "Lo que define intrínsecamente la modernidad, es sin duda la manera en la cual el ser humano se encuentra concebido allí y afirmado como la fuente de sus representaciones y de sus actos, como su fundamento o como su actor."

Ello, en cuanto es lugar de ser. En efecto el niño comienza antes de decir "soy yo", con un "este soy", que marca ese inicio primordial del ser en el Ello, antes del advenimiento del Yo, en el sentido que le da J. Lacan al afirmar que es a partir del lenguaje que proviene el ser, y no de las huellas mnémicas como contenido inefable del Ello.

En el escrito *Observaciones sobre el informe de Daniel Lagache* del año 1966, el autor menciona al respecto del informe de su discípulo Lagache lo siguiente:

> En pocas palabras cuando Daniel Lagache llega más cercanamente a decir que "esa ausencia del sujeto coherente caracteriza del mejor modo la organización del Ello", diríamos que esa ausencia del sujeto que en el Ello inorganizado y sin lógica se produce en alguna parte, es la defensa que puede llamarse natural, por muy marcado de artificio que esté ese redondel quemado en la maleza de las pulsiones, por el hecho de que ofrece a las otras instancias el lugar donde acampar para organizar allí las suyas. (Lacan, p. 334)

Podemos decir, en este sentido, que el asunto crucial presente en los desarrollos freudianos en torno a la construcción del aparato psíquico de su segunda tópica es el estatuto de sistema que ella posee, entendido como un sistema equiparado punto por punto a los sistemas orgánicos del cuerpo. El denominado *Ello*, lo auténticamente inconsciente, como conjunto de huellas (representaciones) de vivencias placenteras y displacenteras, inscriptas en un aparato "psíquico" como representaciones-cosa (lo que J. Lacan llama a modo de crítica el redondel o saco de pulsiones), representado como un conjunto "inorganizado y falto de lógica" sobre el cual se asienta el Yo coherente y organizado. Remarca, en este punto *una oposición fundamental* con el inconsciente propuesto por J. Lacan a partir de establecer su axioma principal "el inconsciente estructurado como un lenguaje". A saber, primero, en su anterioridad lógica, aparece la estructura en oposición al sistema, al aparato psíquico freudiano; y segundo, su construcción a partir de significantes y las leyes de articulación entre ellos.

Un acercamiento posible al concepto de los tres registros, Simbólico, Imaginario y Real en sus determinaciones significantes y en su estructura es proporcionada por el filósofo francés, Jacques Derrida, que en su Conferencia en la Universidad de John Hopkins de Baltimore de 1966 (conferencia en la cual estuvo presente el propio J. Lacan) llamada *La estructura, el signo y el juego en el discurso de las ciencias humanas*, define a la estructura como aquella que *carece de contenido, centro, origen y fin* (el subrayado es nuestro) (Derrida, 1966, versión en línea web PDF, p. 15).

Es importante subrayar que esta estructura constituida por el lenguaje en su función de habla y escrito es la misma del inconsciente propuesto por J. Lacan y no posee ningún punto de homologación con la instancia Pre-consciente de S. Freud donde ubica las llamadas representaciones-palabra, tal como lo hemos desarrollado en los capítulos anteriores. En efecto, la función de la palabra en el inconsciente se localiza dentro del campo del lenguaje, entendido este como construido de significante y letra. La diferencia es decisiva: para J. Lacan en el inconsciente hay letras como significante localizado en el discurso, en cambio, para S. Freud, hay pensamientos inconscientes apoyados en representaciones.

Estas elaboraciones de J. Lacan sobre el sujeto y lo inconsciente de ningún modo son situables sobre un eje donde, a medida que fuesen más elevadas, se confundirían cada vez más con la inteligencia, la excelencia y la perfección del individuo. El sujeto, tal como lo especifica el autor, es otra cosa, se encuentra en otra parte, viene de otra parte, exactamente de ese punto del más allá del principio del placer en el que surge la pregunta ¿qué es lo apresado en esa *trama simbólica*, en esa *frase fundamental* que insiste más allá de todo lo que podemos captar acerca de las motivaciones del sujeto? (el subrayado es nuestro). En este orden de ideas, existe un más allá del principio de placer del cual el Yo y el sujeto forman parte como elementos de una trama o red simbólica. Al mismo tiempo J. Lacan especifica que existe una única localización del sujeto y que es en la repetición de una frase fundamental que insiste y que se trata de letras como significantes localizados en un discurso. Por ejemplo, todos tenemos cierta localización del sujeto en el discurso del otro, ese otro puede ser el relato de un amigo, un padre, un paciente, a partir de la repetición de ciertas frases que le son propias e inigualables a otros, es allí, entonces, donde se ubica el sujeto inconsciente.

En conclusión, es en esa trama simbólica o red de significantes que conforman cadenas con otras cadenas, tal como lo define J. Lacan: "anillos cuyo collar se sella en el anillo de otro collar hecho de anillos" de donde hace surgir los tres registros, Simbólico, Imaginario y Real, y es en esa estructura donde se localiza al sujeto del inconsciente. En el escrito de J. Lacan *La Instancia de la Letra en el Inconsciente o la Razón desde Freud*, establece allí la dimensión topológica de la cadena en relación con las propiedades del significante:

> Con la segunda propiedad del significante de componerse según las leyes de un orden cerrado, se afirma la necesidad del substrato topológico del que da una aproximación el término de cadena significante que yo utilizo ordinariamente: anillos cuyo collar se sella en el anillo de otro collar hecho de anillos. (1966, p. 332)

Sobre esta estructura de la cadena significante, el autor utiliza el término "letra" para localizar lo inconsciente, "La Instancia de la Letra en el Inconsciente", como lo atestigua el título del escrito mencionado, debido a que el psicoanalista debe realizar una maniobra para localizar al sujeto del inconsciente en el discurso concreto del analizante a través de convertir en letra los significantes de la cadena simbólica, dicho de otro modo, poder darles una ubicación, localización, a partir de la repetición significante. Se debe transformar la cadena simbólica hecha de significantes en una cadena formada de letras para poder maniobrar sobre ella modificando su localización y, por consiguiente, crear otra frase fundamental que nos localiza como sujeto del inconsciente y disminuir, con ello, el sufrimiento de los pacientes que concurren a un tratamiento psicoanalítico. En el mismo escrito, J. Lacan ubica a la "letra" como maniobra del analista sobre la cadena de significantes:

> Por supuesto, poco importa la forma de las letras con las que escribamos esta cadena simbólica, con tal de que sea distinta —con esto basta para que se manifieste algo, relaciones constantes—. Esta es la fórmula. (1966, p. 334)

Entonces, se trata de descifrar, escribir y componer cadenas a partir de la articulación de letra, maniobra propia de la labor del psicoanalista de convertir los significantes en juego en letra para poder ser leído e interpretado, de ahí que el inconsciente debe ser leído a partir de su estructuración de letras.

IV.3.3 La Carta Robada, una teoría causal de los tres registros

En adelante retomaremos dos textos de J. Lacan, *El Seminario*, libro 2, *El Yo en la Teoría de Freud y en la Técnica Psicoanalítica*, clase XVI, llamada *La Carta Robada* del 26 de abril de 1955 y en el escrito *Seminario sobre La Carta Robada*, del libro *Escritos* 1 de 1966, a partir de los cuales desarrollaremos el argumento explicativo principal de nuestra hipótesis de investigación sobre la oposición teórica entre ambos autores del Psicoanálisis mundial, a saber: *los tres registros son el resultado de la articulación significante en la experiencia analítica* (el subrayado es nuestro). Los otros dos argumentos que se anudan al principal son las diferencias conceptuales entre sujeto/individuo por un lado y lo inconsciente a partir de la diferencia entre representación/significante por el otro, que ya hemos desarrollado en los capítulos anteriores.

De acuerdo con lo dicho, es necesario que nos detengamos sobre los caminos de nuestra investigación que, hasta el momento de nuestro recorrido, nos hemos dedicado a situar y explicar citas precisas que verifican las diferencias tanto teóricas como epistemológicas entre ambos autores. En adelante estableceremos una red lógica de articulaciones de citas precisas a los fines de poder deducir, a partir de ellas, la fuente y el material con que están construidos los registros propuestos por J. Lacan. La idea es, a su vez, dar cuenta del objetivo de nuestro trabajo: los tres registros propuestos por J. Lacan se oponen a los desarrollos teóricos del aparato psíquico –Yo, Superyó y Ello– de la segunda tópica freudiana, concepto que es la columna vertebral de la hipótesis principal de esta investigación. Es decir, verificar lo que J. Lacan manifestó a sus seguidores en su última aparición en vida, meses antes de morir, en *El Seminario de Caracas*, 1980, donde establecía las coordenadas de trabajo y propone su máquina triádica Simbólico, Imaginario y Real con el propósito de introducir la teoría psicoanalítica dentro del campo de las ciencias. Allí expresa:

> Aquí está: mis tres no son los suyos. Mis tres son lo simbólico, lo real y lo imaginario. Me vi llevado a situarlos con una topología, la del nudo llamado borromeo. El nudo borromeo pone en evidencia la función del al-menos-tres. Anuda a los otros dos desanudados. Eso le di yo a los míos. Se los di para que supieran orientarse en la práctica. Pero ¿se orientan mejor que con la tópica legada por Freud a los suyos? Hay que decirlo: lo que Freud dibujó con su tópica, llamada segunda, adolece de cierta torpeza. (1980, p. 5)

En principio consideramos que la introducción de los tres registros y lo que implica de diferencial en la teoría y en el campo clínico plantea un nuevo psicoanálisis, la llegada de un nuevo paradigma que sustituiría al paradigma anterior freudo-lacaniano. Consideramos que la introducción del nuevo paradigma permitiría una posible solución al núcleo problemático que conlleva la concepción individual y biológica del psicoanálisis tal como lo propone la teoría previa.

A modo de introducción, explicitaremos algunas consideraciones con el objeto de construir el marco teórico a propósito del cual trabajaremos la hipótesis, a saber: comenzaremos afirmando que aquello que distingue el símbolo del signo es la función interhumana del primero. En otros términos, hay allí algo que nace con el lenguaje y que hace que después que la palabra fue palabra verdaderamente pronunciada, los dos partenaires ya no sean los de antes. Es por esto por lo que J. Lacan estableció: "el reconocimiento del valor simbólico del síntoma y de todo lo que puede ser analizado" (p.347) como marco de trabajo en la experiencia analítica, porque el analista debe estar advertido que cualquier síntoma puede decir otra cosa que lo planteado por el paciente, y que al menos tiene para los psicoanalistas un carácter ambiguo. En el capítulo donde se analiza el cuento de E. A. Poe, "La Carta Robada", de los *Escritos I*, encontramos una cita que ratifica lo que previamente hemos afirmado: "Lo que está en juego en los síntomas es la relación del síntoma con el sistema entero del lenguaje, el sistema de las significaciones de las relaciones interhumanas como tales" (Lacan, 1966, p. 334).

El síntoma psicoanalítico como representante de la verdad del sujeto del inconsciente tiene una estructura de lenguaje, con la función de la palabra (*parole*), principalmente en su acepción de habla, de enunciación. Es sobre esta estructura, la del signo lingüístico saussureano (ver capítulo IV.2.1, IV.2.2 y IV.2.3 del presente trabajo) que J. Lacan define la tópica del inconsciente en contraste a las tópicas del aparato psíquico freudiano cuyo material son las huellas o inscripciones que provienen del Ello. En otra cita nos dice: "Si se toma la palabra tal como se debe, como perspectiva central, la experiencia analítica debe formularse en una relación de tres, y no de dos". (1953-1954, p. 25). La articulación de dos elementos es la que propone S. Freud en su aparato psíquico con relación a la representación-cosa versus la representación-palabra; en cambio, para J. Lacan, la estructura mínima por la cual es interpretado el síntoma psicoanalítico está conformada al menos por tres elementos articulados entre sí, asimismo, cada uno de estos establece articulaciones dobles:

Gráfico 23

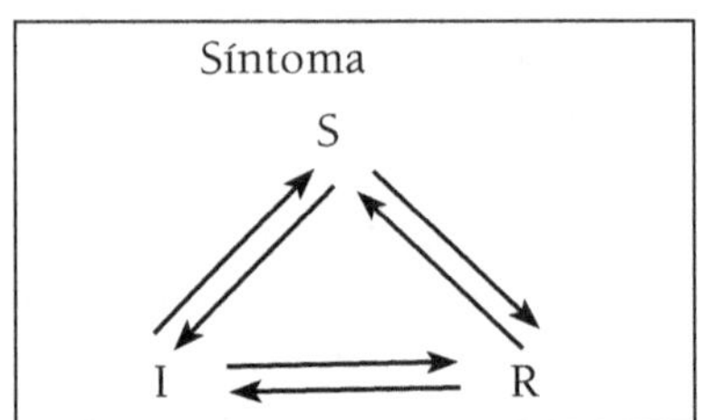

Bucle de anudamiento de los registros

En la articulación de los registros Real, Imaginario y Simbólico, su-brayamos el "al menos" porque a partir de su desarrollo posterior sobre el nudo borromeo, establece un cuarto elemento que es el síntoma que anuda a los otros tres registros. En la cita que sigue el autor vuelve a es-tablecer una diferencia importante entre las psicoterapias que se apoyan en la relación imaginaria –relación de dos– entre el yo del psicoanalista y del paciente y la identificación del paciente al psicoanalista como un modelo de normatividad. Tal como lo dice en la cita: "Esto significa que toda relación de dos está siempre más o menos marcada por el estilo imaginario." (Lacan, 1966, p. 336). Entonces, de acuerdo con el supuesto necesario de la existencia del inconsciente, tal como lo entiende J. La-can, es necesario considerar un más allá de este registro imaginario, un elemento temporal que plantea todo un registro de problemas que debe ser tratado paralelamente a la cuestión de la relación de lo Simbólico y lo Imaginario. Para comprenderlo, conviene partir de la noción estructural de significante, tal como lo explicita el autor en la clase sobre *La Carta Robada*: "hacerles palpable la relación del sujeto con la función simbólica" (1954-1955, p. 188).

La función simbólica, como veremos más adelante, introduce un ele-mento temporal, de causalidad, que se denomina futuro anterior. Este tiempo es entendido como un desplazamiento en el futuro de la causalidad, un devenir, que produce modificaciones constantes del pasado. En una clase anterior del mismo seminario, llamada *Par o Impar,* establece que el símbolo surge en lo real a partir de una apuesta: "La noción misma de causa, en lo que puede implicar de mediación en la cadena de los símbolos y lo real, se establece a partir de una apuesta primitiva: ¿esto, va a ser lo que es, o no?" (Lacan, 1966, p. 188).

Es importante señalar que la pregunta por la causa implica una apuesta sobre las determinaciones simbólicas del síntoma analítico. Remite, necesariamente, a la dimensión histórica del sujeto, no en el sentido de una anamnesis, de un recoger datos de su historia, sino desde el punto de vista de la repetición significante a los fines de extraer los significantes en juego. Una historia construida a partir de hechos discursivos en la relación del Sujeto con sus Otros significativos:

> La apuesta está en el centro de toda pregunta radical acerca del pensamiento simbólico. Todo se reduce al *to be or not to be*, a la elección entre lo que va a salir o no, a la pareja primordial del más y el menos. (...) En otros términos no hay juego si no hay pregunta, y no hay pregunta si no hay estructura. *La pregunta está compuesta, organizada, por la estructura* (el subrayado es nuestro). (Lacan, 1966, p. 198)

La pregunta por la causa surge a partir de la construcción de una estructura de significantes y sus leyes de articulación. Esta pregunta por la causa se fundamenta en la suposición primera del inconsciente, es decir, a partir del valor simbólico del sujeto y del síntoma. El inconsciente de J. Lacan es, por tanto, una *escritura articulada* (el subrayado es nuestro) de los tres registros a partir de la maniobra del psicoanalista de convertir la red de significantes en juego en letra para poder ser leído. Dicho de otra forma, el inconsciente es un modo de lectura que se constituye en acto a partir de las particularidades de conformación de los tres registros. Esta concepción específica contrasta con el inconsciente freudiano, entendido como un sistema de inscripciones o huellas que se alojan en un individuo singular y que funcionan como una unidad material indeleble e inefable, que gobierna nuestros actos:

> En sí mismo, el juego del símbolo representa y organiza, independientemente de las peculiaridades de su soporte humano, ese algo llamado sujeto humano. El sujeto humano no fomenta este juego: ocupa en él su lugar y desempeña allí el papel de los pequeños más y los pequeños menos. El sujeto mismo es un *elemento de esa cadena* que, tan pronto como es desplegada, se organiza de acuerdo con leyes. De modo que el sujeto se halla siempre en varios planos, apresado en redes que se entrecruzan. (...) Siempre puede salir cualquier cosa real. Pero una vez constituida la *cadena simbólica*, desde el momento en que, bajo la forma de unidades

de sucesión introducen una cierta unidad significativa, ya no puede salir cualquier cosa (el subrayado es nuestro). (Lacan, 1966, pp. 289-290)

Lo verdaderamente subversivo de esta cita es lo que J. Lacan enuncia sobre la noción misma de causalidad o de determinismo al establecer que es introducida por el orden simbólico y que no hay otro determinismo que no sea lo simbólico. Por otro lado, expresa que la causalidad por ser de índole simbólica siempre cojea, o sea, no hay una relación directa entre causa y efecto para el Psicoanálisis. En el lugar de la causa aparece, por efecto de la articulación de la dupla significante, un agujero o "hiancia". Hasta incluso la muerte en el ser hablante, como un más allá del principio de placer es un concepto estrictamente simbólico. En este punto, podemos pensar que en los animales no existe el concepto de muerte ligado al fin de la vida, y, menos aún, la paradoja de la muerte como fin (*telos*) de la vida, entendido como sentido de la vida. En la siguiente cita de *El Seminario*, Libro 1, Los *escritos Técnicos de Freud*, J. Lacan hace mención a la muerte como significante y de su estirpe simbólica en el ser humano:

> Si lo miran más de cerca, este dominio de lo simbólico no se encuentra en una simple relación de sucesión con el dominio imaginario cuyo pivote es la relación intersubjetiva mortal.
>
> De hecho, el mito mismo solo puede ser concebido como ya ceñido por el registro simbólico, en función de lo que ya señalé hace un rato: la situación no puede estar fundada en no sé qué pánico biológico ante la cercanía de la muerte. Nunca la muerte es experimentada como tal, nunca es real. El hombre solo teme un miedo imaginario. Pero esto no es todo. En el mito hegeliano, la muerte no está ni siquiera estructurada como temor, está estructurada como riesgo y, por decirlo todo, como apuesta. Porque existe desde el comienzo, entre el amo y el esclavo, una regla de juego.
>
> No insisto más por hoy en este punto. Solo lo digo para los más amplios: la relación intersubjetiva que se desarrolla en lo imaginario, está implicada implícitamente, al mismo tiempo, en tanto estructura una acción humana, en una regla de juego. (1954-1955, p. 207)

La muerte como significación, para el autor, pertenece al registro simbólico en función de que el significante muerte tiene un valor que depende de otros significantes. En tanto el cuerpo en su relación con la imagen del otro corresponde al registro imaginario, y finalmente lo real aparece como el imposible necesario para el anudamiento de los otros dos registros. En este sentido, J. Lacan es claro y contundente al afirmar que desde el inicio, en el origen, opera el símbolo, en otras palabras, el significante, en el hablante-ser en contraposición a la primacía freudiana del objeto en el origen como objeto irremediablemente perdido, motor de la construcción del aparato psíquico del individuo. El objeto, entonces, es para S. Freud el producto de las vivencias con el Otro, es el resultado de una experiencia perceptiva del niño cuyo testimonio son las huellas mnémicas, de las cuales no se tiene posibilidad de volver sobre el mismo más que a través de la palabra y la adquisición del lenguaje, y esto tiene lugar en una etapa posterior del desarrollo del niño. En este sentido podemos afirmar que la técnica psicoanalítica basada en los principios de la atención flotante y la asociación libre del psicoanalista-analizante tienen como fin restablecer las asociaciones inconscientes a través de un "poner en palabras" las representaciones inconscientes (objeto) que se encuentran en la base de los síntomas; en cambio, para J. Lacan el objeto no es algo que la palabra tiene que capturar de la mejor manera posible, sino que es el producto de la experiencia de lo simbólico, de los significantes primordiales que dan origen al inconsciente. El lenguaje es la causa del sujeto y del objeto y no las vivencias. Al decir de J. Lacan:

> Desde el principio, e independientemente de toda conexión con un lazo cualquiera de causalidad supuestamente real, el símbolo ya está operando, y por sí mismo engendra sus necesidades, estructuras y organizaciones.
>
> De esto se trata precisamente en nuestra disciplina, en tanto consiste en explorar en lo más profundo cuál es el alcance del *orden simbólico* en el mundo del sujeto humano.
>
> Lo que de este enfoque se vuelve inmediatamente perceptible es lo que he llamado mixtión de los sujetos.
>
> La carta (en el cuento La Carta Robada) es aquí sinónimo del sujeto inicial, radical. Se trata del símbolo desplazándose en estado puro, al que no es posible rozar sin ser de inmediato apresado en su juego (el subrayado es nuestro). (1954-1955, pp. 291-296)

La interpretación del cuento *La carta robada* es para J. Lacan la fuente más importante de argumentos que toma para desarrollar los tres registros. Allí dice, entonces, que el destino o la causalidad no son nada que pueda definirse en función de la existencia y, es a partir de esta concepción que el autor dedica un extenso trabajo sobre el cuento policial llamado *Le lettre volée*, de Edgar Alan Poe, para fundamentar allí la composición de los tres registros en su articulación de significantes. En este sentido equipara la carta (*lettre*) del cuento con el de letra (*lettre*), concepto que él mismo le otorga al significante localizado. Los personajes del cuento toman a partir de la articulación del significante (carta) cierta posición subjetiva, es decir, reciben cierto determinismo, tal como lo expresa en la siguiente cita:

> Estos personajes, sean quienes fueren en cada etapa de la transformación simbólica de la carta, estarán definidos únicamente por una posición respecto a aquel sujeto radical. En su inconsciente con todas sus consecuencias, vale decir que en cada momento del *circuito simbólico* cada uno de ellos se convierte en otro hombre (el subrayado es nuestro). (1954-1955, p. 297)

Por lo tanto podemos decir que es en el juego de símbolos donde lo inconsciente toma asiento, representando y organizando ese llamado sujeto humano en su inmixión con el Otro (*Autre*), correspondiendo a este último el lugar (*lieu*) del orden simbólico. En esa intersubjetividad[124] –que J. Lacan se autoriza a llamar fundamental en el hablante ser– es donde se juega el destino del hombre. La *inmixión* es un término tomado de la topología, rama de la matemática, en la cual tanto el sujeto como el Otro simbólicos (*Autre*) se encuentran en una relación de interpenetración sin atravesar ningún borde de separación, con lo cual hace de la existencia del sujeto una plena dependencia con el Otro y viceversa.

Desde este marco conceptual J. Lacan afirma: "el sujeto ocupa en el juego su lugar y desempeña allí el papel de los más y los menos. El sujeto es un elemento de esa cadena que, tan pronto como se despliega se organiza de acuerdo con leyes" (p. 297).

Entonces, el registro simbólico está constituido por una cadena –simbólica– construida bajo la forma de unidades de sucesión cuya secuencia tiene un orden o jerarquización entre sus elementos debido a leyes de articulación. Las leyes de articulación son las leyes de la combinatoria matemática pura y simple de sus elementos. Hay por tanto una organización simbólica primitiva y jerarquizada, una especie de memoria interna

---

[124] J. Lacan ha planteado en varios lugares de su obra una definición específica del psicoanálisis como la ciencia de la intersubjetividad. Esta última localizada en la articulación entre el sujeto y el Otro/*Autre* en el Esquema L.

propia de lo simbólico[125] y que se construye a través de la ordenación de la serie de significantes en grupos sincrónicos de al menos tres elementos, y esto es el mínimo necesario, –como veremos–, para que haya convivencia entre memoria y ley. Más adelante dice:

> Desde el principio, e independiente de toda conexión con un lazo cualquiera de causalidad supuestamente real, *el símbolo ya está operando, y por sí mismo engendra sus necesidades, estructuras y organizaciones* (el subrayado es nuestro). (p. 298)

En este sentido J. Lacan concluye con que el juego de símbolos es el origen de todas las necesidades y estructuras, y esta es una conclusión poderosamente subversiva, ya que ni las necesidades más importantes del hombre se salvan de sus determinaciones simbólicas ni la estructura de todos los fenómenos de la clínica psicoanalítica. Por ejemplo, el cansancio o la mala suerte que persiguen a las personas en forma repetida y que son motivos de consulta, o sea, están instalados como hecho sintomático, no dejan de estar relacionados con un determinismo simbólico. Esta perspectiva estructural se fundamenta en la materialidad significante del síntoma psicoanalítico.

Entonces, podemos pensar que a partir del juego del niño *"Fort-Da"* presentado por S. Freud en su análisis sobre más allá del Principio de Placer, esta jaculatoria "Fort-Da" no tiene otra significación que una repetición simbólica dentro de una cadena y que de ella derivan sus determinaciones, ya que el significado de Fort proviene de su articulación con el Da y viceversa. En una cita del escrito en francés,[126] *Séminaire sur Le lettre Volée* del año 1966 explica unos párrafos al respecto:

> Ce jeu par où l'enfant s'exerce à faire disparaître de sa vue, pour l'y ramener, puis l'oblitérer à nouveau, un objet, au reste indifférent de sa nature, cependant qu'il module cette alternance de syllabes distinctives, -ce jeu, dirons-nous, manifeste en ses traits radicaux la détermination que l'animal

---

[125] J. Lacan define esta memoria interna como el "genio de la lengua", en el sentido de que son los recursos de la misma los que constituyen un sujeto y ordenan el mundo de los objetos. De manera específica sostiene que la memoria se localiza en la repetición de la letra, es el llamado automatismo de repetición de la cadena significante.

[126] Pedimos disculpa por la introducción de citas en el idioma francés. Las mismas provienen de las desgrabaciones magnetofónicas de los seminarios de J. Lacan. La utilización en su lengua original reducen las alteraciones de sentido que se producen en las versiones en español. Estas versiones se encuentran en línea: http:/www.staferla.free.fr.

> humain reçoit de l'ordre symbolique.[127] (…) L'homme littéralement dévoue
> son temps à déployer l'alternative structurale où la présence et l'absence
> prennent l'une de l'autre leu rappel (p. 59).

Para el autor la reducción máxima de la cadena simbólica es la alternancia entre dos significantes (S1 ↔ S2), por la cual recibe su determinación el sujeto. Dicha operatoria significante, que es entendida como una maniobra del psicoanalista, es lo que establece la caída del ser como existente, esto es, en el doble sentido de la palabra: por un lado, la división del sujeto entre saber y verdad; y por el otro, un inconsciente discursivo. Es lo que J. Lacan llama el borramiento del ser, el "fading" del sujeto, y al mismo tiempo, se produce la pérdida del objeto con relación al objeto causa del deseo. Desde una perspectiva hegeliana podríamos decir que el amo (S1) no es amo sin la existencia del esclavo (S2), qué sería el amo sin el esclavo, ambos dependen del otro para su subsistencia. Para esta lógica desarrolla una fórmula, la del fantasma inconsciente, cuya matriz es una red de significantes que da cuenta del efecto de los mismos en la relación del sujeto con el objeto:

Gráfico 24

Sujeto		Otro (*Autre*)
$\mathcal{S}$	◊	a

Tabla de división (*vel*) entre el sujeto y el objeto a

El símbolo introducido en la relación del sujeto con el objeto se llama, en lógica, conector de conjunción "losange" o "vel" que establece dos direcciones de causalidad: ida y vuelta, o sea, por efecto del significante el sujeto se halla barrado y, en consecuencia, el objeto de su deseo se transforma en una metonimia interminable y viceversa, la pérdida del objeto de deseo convierte al sujeto en barrado por una falta estructural

---

[127] Traducción nuestra: "Ese juego por donde el niño se ejercita en hacer desaparecer de su vista ese objeto para luego traerlo de nuevo, se trata de un objeto que resta indiferente a su naturaleza, mientras que el módulo de dicha alternancia de sílabas distintivas que sustituye ese juego, diremos, manifiesta allí los trazos radicales de la determinación que el animal humano recibe del orden simbólico".

con respecto al significante que lo represente. Extraemos otra cita del mismo escrito:

> C'est au moment de leur conjonction essentielle, et pour ainsi dire, au point zéro du désir, que l'objet humain tombe sous le coup de la saisie, qui, annulant sa propriété naturelle, l asservit désormais aux conditions du symbole.[128] (p. 59)

El momento de la conjunción esencial es aquella producida por la cópula de, al menos, dos significantes y es, según el autor, el punto de partida del deseo, el llamado "punto cero" del deseo en los carriles de la metonimia del significante. En este sentido, el deseo no proviene del impulso orgánico del cuerpo, allí donde S. Freud ubica la fuente de las pulsiones sexuales, sino de la deriva metonímica del significante, tal como lo explicita en la siguiente cita:

> La subjectivité à l'origine n'est d'aucun rapport au réel, mais d'une syntaxe qu'y engendre la marque signifiante. (…) Cette position de l'autonomie du symbolique est le seule qui permette de dégager de ses équivoques la théorie et la pratique de l'association libre en psychanalyse.[129] (p. 65)

En un texto *Situación del Psicoanálisis y Formación del Psicoanalista* del año 1956 publicado en los Escritos I del año 1966, J. Lacan aporta un esclarecimiento mayor a la llamada determinación simbólica en los tres registros S.I.R:

> Mas para apartar toda equivocación, hay que articular que ese *registro de la verdad* debe tomarse a la *letra*, es decir, que la determinación simbólica, o sea, lo que Freud llama sobredeterminación, debe considerarse ante todo como *hecho de sintaxis* si se quieren captar sus efectos de analogía. (p. 448)

Por lo tanto, se trata de una sintaxis o escritura cuyo texto debe ser leído a la letra, al modo del álgebra matemático, como significante localizado en su articulación con otras letras y es desde allí en donde surge

[128] Traducción nuestra: "Es en el momento de su conjunción esencial, por así decir, el punto cero del deseo, que el objeto humano cae bajo el golpe de captura, que anulando su propiedad natural lo esclaviza, en adelante, a la condición de símbolo. (...) La subjetividad en el origen no está en ninguna relación con lo real, sino en una sintaxis que se engendra por la marca significante."

[129] "La subjetividad en su origen no es de ningún modo incumbencia de lo real, sino de una sintaxis que engendra en ella la marca significante. (...) Esta posición de la autonomía de lo simbólico es la única que permite liberar de sus equívocos a la teoría y a la práctica de la asociación libre en psicoanálisis. (Traducción nuestra)

la determinación, de un modo particular, del anudamiento de los tres registros. J. Lacan aclara que no hay otra causalidad del sujeto que la simbólica, entendiendo a esta como el agujero simbólico, y que los analistas debemos renunciar a otro tipo de determinaciones, ya sea social, cultural o biológica. Por otro lado, la cuestión de la verdad puede entenderse como el efecto de la conformación de una escritura lógica de cada caso.

En este sentido, como vemos a partir de lo establecido hasta aquí, consideramos que existen fundamentos teóricos suficientes que dan cuenta de una diferencia entre el concepto freudiano de sobredeterminación inconsciente y la causa tal como lo sostiene J. Lacan que patentizan, una vez más, la discontinuidad radical entre ambas teorías. En efecto, la sobredeterminación inconsciente está construida sobre la base de lo que el autor llama las "series complementarias", que son la combinación en cada individuo de la herencia y las huellas o marcas de sucesos acaecidos realmente y sin apelación en la vida de las personas; en cambio, para J. Lacan la causalidad atribuida al inconsciente es una causalidad lógico-matemática y es el resultado de un cálculo que, a partir del corte interpretativo, opera sobre un sujeto. Se trata, pues, de una causalidad retroactiva que se produce por la operatoria sobre las letras que componen una sintaxis creada a partir de la lectura que hace el psicoanalista sobre material recogido durante su experiencia, no habiendo por ello nada del orden de una referencia individual previa a dicha experiencia que apele al "esto es lo que recuerdo y es así". No es lo mismo una huella o marca que letras, ya que estas funcionan dentro de un discurso y no fuera del mismo; en cambio, las huellas mnémicas, como marcas, se encuentran por fuera y anterior a la palabra, y es a partir de ellas donde recae la "sobredeterminación" freudiana. Encontramos que en este punto J. Lacan es taxativo en la diferencia:

> De esta determinación simbólica, la lógica combinatoria nos da la forma más radical, y hay que saber renunciar a la exigencia ingenua que quisiera someter su origen a las vicisitudes de la organización cerebral que la refleja ocasionalmente. (1966, p. 449)

Además, decimos que el deseo inconsciente se ubica en esa insistencia de la cadena simbólica y es el resultado de una exigencia lógica que proviene de las leyes combinatorias de los significantes en juego y no de una exigencia o fuerza que provenga del cuerpo, tal como se entiende la concepción freudiana de Pulsión:

> En fait seuls les exemples de conservation, indéfinie dans leur suspensión, des exigences de la chaîne symbolique, tels que ceux que nous venons de donner, permettent de concevoir où se situer le désir inconscient dans sa persistance indestructible. (1966, p. 65) [130]

Es, precisamente, la pregunta sobre dónde se ubica el deseo inconsciente indestructible por la cual S. Freud vuelve una vez más en el texto *Más allá del Principio del Placer*, para señalar allí que la exigencia, como una fuerza pulsional que mueve el aparato psíquico y que proviene del organismo –donde hemos encontrado el carácter esencial de los fenómenos de compulsión a la repetición– no tiene otra motivación que pre-vital o trans-biológica. Pre-vital en el sentido dado por el propio S. Freud, en donde afirma que la base o propósito de una compulsión en todo ser vivo es llevar a la vivencia a regresar a estadíos inorgánicos, una especie de regresión a estadíos pre-vitales, esto es, más allá del umbral de equilibrio que conlleva toda vida, más allá del principio de homeostasis que rige a todo ser vivo. Sostenemos que es en esta idea donde S. Freud comete un error al querer establecer que la compulsión de repetición que describe es una tendencia o una fuerza de la pulsión orgánica de regresar hacia estadíos más originarios, primitivos e, incluso, previos a la vida, a los que identifica como inorgánicos. Por ende, confunde lo inorgánico con lo muerto. Esta base teórica se encuentra sostenida por el paradigma evolutivo, en el cual la vida se origina en lo inorgánico a partir de los elementos que conforman el caldo originario donde nace todo ser vivo. De ahí la metáfora de las primeras huellas inconscientes del aparato psíquico dispuestas en simultaneidad que constituyen el reservorio de nuestra herencia individual y como miembro de una especie. Esta ontología es claramente opuesta a la de J. Lacan, quien propone una anti-ontología a partir del surgimiento del orden simbólico. En la siguiente cita se esclarece parte de lo dicho:

> Por eso hemos pensado ilustrar para ustedes hoy la verdad que se desprende del momento de nuestro pensamiento, a saber, es el orden simbólico el que es, para el sujeto constituyente, demostrándoles en una historia la determinación principal que el sujeto recibe del recorrido de un significante. (1966, p. 6)

---

[130] De hecho solo los ejemplos de conservación, indefinida en su suspensión, de las exigencias de la cadena simbólica, tales como los que acabamos de dar, permiten concebir dónde se sitúa el deseo inconsciente en su persistencia indestructible. (traducción nuestra)

Entonces, es a partir de la determinación del orden simbólico que aparecen en el centro de la teoría los tres registros SIR, lo que nos permitirá establecer la relación especular con el otro como base del registro Imaginario. Para ello, debemos retomar en un principio la posición dominante que tiene la función del Yo (*moi*) en la teoría crucial del narcisismo que S. Freud ha propuesto para su estudio. En este sentido, hallamos que el registro Imaginario, tal como lo explicita J. Lacan, subvierte la teoría del narcisismo de S. Freud, al ubicar la imagen del Yo en el otro, por lo que el narcisismo es narcisismo del otro. Registro que tiene como punto de partida el otro, el semejante. Por otro lado consideramos que en este registro no se reduce a su subordinación efectiva toda la fantasmatización puesta en juego en la experiencia analítica –no se trata de una coaptación imaginaria entre el paciente y la persona del psicoanalista– sino a interponerse, como lo explica el "Esquema L", entre ese más acá del sujeto y ese más allá del Otro, localizando allí al registro Simbólico por donde se inserta en efecto la palabra, en tanto que las existencias que se fundan en aquella son enteramente gracias a su fe. Esto es un dato que se verifica en la práctica y que el psicoanalista debe estar advertido al escuchar en el paciente las vicisitudes de su yo y sus conflictos con el otro, en esta dualidad entre el yo y el otro, en esta lucha del uno por sobre el otro por imponer sus deseos, decimos que es aparente, ya que olvidamos que en el medio de las imágenes especulares está el Otro/*Autre* en su relación con el sujeto, o sea, lo simbólico atraviesa y ordena las posiciones de cada uno en este vínculo imaginario. Si la imagen juega, también, un papel capital en el campo que es el nuestro, tal como lo observamos en las sesiones donde los analizantes vienen a hablar de sus conflictos, es porque su papel ha sido revisado, refundido, reanimado de cabo a rabo por el orden simbólico. La imagen está siempre más o menos integrada a ese orden, que se define en el hombre por su carácter de estructura organizada.

En la siguiente pregunta formulada por J. Lacan, a propósito de su seminario *Las Psicosis*, Libro 3, dictado en el año 1955, da a entender la diferencia entre los registros basados en la concepción de significante específicamente definido por él. Citamos al respecto:

> ¿Qué diferencia hay entre lo que es del orden imaginario o real y lo que es del orden simbólico? En el orden imaginario o real, siempre hay un más y un menos, un umbral, un margen, una continuidad. En el orden simbólico todo elemento vale en tanto opuesto a otro. (p. 19)

Para J. Lacan una de las características del orden simbólico con respecto a lo imaginario y lo real es la discontinuidad, donde no todo vale, sino que cada elemento de una serie depende de la articulación con los otros elementos, dando cuenta de una regla de articulación subyacente. En este sentido el significante es unidad por ser único, no siendo por su naturaleza sino símbolo de una ausencia, el significante toma su valor de la oposición con otros significantes, y no es, como veremos más adelante, cualquier significante, sino uno que es definido por la ley que se instaura en lo simbólico. Por otra parte, el autor atribuye al registro simbólico la función de agujero que se produce a partir de la puesta en juego de la articulación significante; es la hiancia por donde el inconsciente empalma con lo real, según sus palabras. En cambio, en el registro Imaginario todo puede ser posible, es decir, la probabilidad de que salga un más o un menos en una tirada al azar es la misma, y por lo tanto, no hay prohibición o ley. El registro Real, por su parte, es definido como aquello que está siempre en el mismo lugar, carece de alteridad simbólica. Ambos registros, Imaginario y Real se articulan bajo una ley que los ordena, y está representada por el registro Simbólico.

En *El Seminario*, libro 4, llamado *La Relación de Objeto*, establece una diferencia esencial entre el significante y los elementos imaginarios:

> Un elemento significante no es equivalente a ninguno de los objetos, a ninguna de las relaciones, ni a ninguna de las acciones, llamadas imaginarias en nuestro registro, en las que está basada la noción de relación de objeto tal como se usa en la actualidad, con lo que tiene de normativo, de progresivo en la vida del sujeto, genéticamente definido, referido al desarrollo (1956, p. 289).

Aquí J. Lacan despeja que el significante no es el equivalente a ningún objeto, relación o acción imaginaria, que provienen del sentido, sino que su valor es en oposición a los otros significantes en la particularidad de cada caso. El significante es un elemento de estructura, equiparable al lenguaje, que opera en forma sincrónica, dicho de otra manera, no proviene de un pretendido desarrollo madurativo y en otro pasaje del mismo escrito afirma:

> Por supuesto, esta noción que es del registro imaginario, no carece de valor, pero presenta contradicciones insostenibles cuando se trata de articularla. Las contradicciones al articular esta noción son flagrantes cuando tratan

> de expresarla en el orden de una relación pregenital que se genitaliza, con
> la idea de progreso que ello supone. (Lacan, 1957, p.107)

El registro Imaginario no está relacionado con el desarrollo psico-sexual del individuo, las llamadas fases eróticas, tal como lo propone S. Freud en su texto *Tres Ensayos de una Teoría Sexual*, que partiendo de un primitivo autoerotismo biológico y pasando por una relación de objeto pregenital –fase oral y anal-sádica– finaliza en la fase genital, la cual tiene su equivalente con la normalidad psicológica. En este sentido, para J. Lacan el registro Imaginario no está relacionado con las vicisitudes del desarrollos psico-biológico de un individuo, sino a un conjunto condensado de significaciones socio-culturales que están atravesadas y subordinadas por el registro Simbólico, este último entendido como el conjunto de los elementos significantes que obtenemos a lo largo de la experiencia psiconalítica, o sea, el aparato o el sistema automático significante de un caso, y que está organizado a partir de la metáfora paterna en su función de ley. Al mismo tiempo, con la teoría del significante y, por ende de los tres registros, el autor rechaza la teoría de la relación de objeto tan desarrollada por las corrientes psicoanalíticas post-freudianas y la teoría que postula el pretendido desarrollo en fases, oral, anal-sádico y genital de las pulsiones sexuales de naturaleza biológica:

> Así, si seguimos lo que para nosotros es una regla de oro, basada en
> nuestra noción de la estructura de la actividad simbólica, los elementos
> significantes deben definirse de entrada por su articulación con los otros
> elementos significantes. (Lacan, 1957, p. 289)

Hasta aquí, podemos decir que la dialéctica del Yo y el otro es trascendida, situada en un plano superior por la relación con el Otro/Autre, por la sola función del lenguaje, en tanto este es más o menos idéntico, en todo caso en tanto está fundamentalmente ligado a lo que llamaremos la regla o, mejor aún, la ley. Esta ley crea en cada instante de su intervención algo nuevo. Cada situación es transformada por su intervención, cualquiera que sea esta, salvo cuando hablamos para no decir nada, como lo es en el registro Imaginario que se puede decir todo y no hay limitaciones en el decir. Esto hace que haya primacía del porvenir en la creación por el registro simbólico, en tanto que es asumido por el hombre. Es a partir de la función paterna, como ley, el padre como el Nombre del Padre, a saber, como metáfora, tal como J. Lacan propone, lo que determina que el significante opere dando lugar al anudamiento de los tres registros.

La metáfora paterna opera por medio de un significante especial, el significante fálico, que tiene la función de reunir bajo una ley el conjunto de los significantes. En este sentido al proponer fórmulas algebraicas dentro de estructuras formales permite así estar advertido de no llenarlos de significaciones epocales, de clases sociales o de posturas ideológicas. La estructura de la metáfora paterna no distingue entre diferencias biológicas, ni de concepciones tales como, el padre debe poner límite a la madre ante el niño. De ahí, la primacía del registro simbólico en el modo particular de encadenamiento por sobre los otros dos registros.

En la siguiente cita que pertenece a la clase XXII de *El Seminario, Libro 2, El Yo en la Teoría de Freud y en la Técnica Psicoanalítica* J. Lacan comienza a desarrollar la construcción de su sistema o máquina significante a partir de la serie de los unos y ceros como unidades elementales mínimas –significantes– para poder despejar de dicha operatoria los tres registros. La máquina es, como lo veremos, una función matemática proveniente de la teoría de conjuntos y del álgebra combinatoria. La combinatoria de cuatro elementos: los alfa, beta, gamma y delta logran establecer las leyes de funcionamiento de un conjunto. Todo lo que ingresa a esta máquina es convertido por la función misma en un resultado, en este caso, el anudamiento de los tres registros, que da cuenta de la lógica del caso estudiado. Citamos:

> Todo es función de un pasado en el cual tenemos que reconocer la sucesión de creaciones anteriores. Y aunque no la reconozcamos en él, este pasado está ahí desde siempre, en los pequeños 0 y los pequeños 1. (1955, p. 434)

En esta cita J. Lacan intenta decirnos que los hechos discursivos de la historia biográfica de cada paciente deben ser reducidos a un ordenamiento lógico-estructural –al modo de una combinatoria tal como opera en la combinatoria matemática– a una escritura que surge de la operatoria de los significantes en juego. Se trata de un pasado construido a partir de la articulación lógica de los hechos. En este orden, las presencias y las ausencias del relato histórico del analizante son leídas como letras en una cadena de al menos cuatro elementos para poder establecer la lógica del sujeto. Este ordenamiento permite realizar un cálculo en forma aproximada del sujeto en su anudamiento particular de los tres registros. Para ello, J. Lacan elabora con los más y menos del cuento de *La carta robada*, la red o cadena de letras que dan cuenta del sujeto. Afirma:

> No les estuve diciendo que yo creía que el lenguaje estuvo en el origen: por lo que a mí respecta, nada sé de los orígenes. Pero a propósito de este término ambiguo, quise cuestionar lo que durante un momento todos convinieron: que los pequeños 0 y los pequeños 1 definen un mundo de leyes irrefutables, a saber, que los números son primos desde siempre. (1955, p. 434)

Como dijimos J. Lacan inaugura su enseñanza con la conferencia de *Lo Simbólico, lo Imaginario y lo Real* en el año 1953 y dos años después, comienza sus escritos con el texto *El Seminario sobre "La Carta Robada"* (que se publica en *Escritos* I en 1966) dando a conocer su tesis principal, a saber, la estructura lógico matemática del significante y de los tres registros. En este último escrito, como lo analizaremos en lo que sigue, realiza una conexión innovadora entre ambas concepciones, es decir, establece una lógica causal que opera en la construcción de los tres registros. A partir de estos lineamientos el autor realiza un análisis de este cuento con el propósito de introducir la operatoria del significante y de tomar, en función de esto, todos los conceptos psicoanalíticos freudianos como significantes dentro de una estructura en donde cada uno de los elementos funciona en covarianza con los otros:

> La propiedad (o la insuficiencia) de la construcción de una red de los α, β, γ, δ, ha de sugerir cómo se componen en tres pisos lo real, lo imaginario y lo simbólico, aunque no pueda jugar allí intrínsecamente más que lo simbólico como representante de los dos pisos primeros. (1953, p.189)

En el escrito J. Lacan trabaja un concepto fundamental de la teoría psicoanalítica, llamado "automatismo de repetición", que se encuentra en la base del funcionamiento significante. Si bien en términos de la teoría freudiana correspondería a lo que S. Freud define como la "compulsión a repetición", su estructura es radicalmente diferente a esta última.

La compulsión a repetición, en alemán se traduce de esta forma "*wiederholungszwang*", cuyo terminativo "*Zwang*", se traduce como fuerza y energía, dando cuenta del carácter de empuje o trabajo que desde lo biológico impone un trabajo a lo psíquico. Dicha compulsión de repetición es el fundamento de ese "más allá del principio de placer– de los fenómenos clínicos que se describen como resistencia a la interpretación psicoanalítica. Estos son descriptos por S. Freud como la repetición de sueños traumáticos en la neurosis traumática y la reacción terapéutica negativa del paciente en el transcurso de la cura psicoanalítica. La repetición de estos fenómenos de la clínica psicoanalítica se caracterizan por una persistencia del sufrimiento psíquico que dan cuenta de una tendencia originaria que gobierna el funcionamiento del aparato psíquico desde un "Más Allá del Principio de Placer" tal como lo titula su principal trabajo sobre este tema. En este sentido, la compulsión es entendida como una fuerza biológica desligada que proviene del interior del cuerpo (*Zwang*) y que produce un aumento de carga energética dentro del aparato que se percibe como displacer. El motor de dicha compulsión, con base estrictamente biológica, proviene de los estímulos del organismo que, por medio de los circuitos neuronales facilitados, se traduce en energía psíquica que tiende hacia la descarga. Sin entrar en detalles sobre este punto podemos afirmar que este concepto tiene en la teoría freudo-lacaniana un equivalente que es el goce. El goce es definido como aquello inefable a la palabra que proviene de la sustancia viva corporal.

Este modelo teórico explicativo contrasta de manera radical con la teoría aportada por J. Lacan al definir, por su parte, el automatismo –a diferencia de la compulsión–, como un fenómeno clínico discursivo producido por una máquina simbólica que no requiere ninguna fuerza o energía para su movimiento. Se trata, en sentido estricto, de una concepción del inconsciente entendida como una memoria impersonal que funciona automáticamente por sí misma que explica la repetición dentro de un sistema como el resultado de una estructura simbólica con leyes propias de prohibición. Esta concepción es expresada en la introducción del escrito *El Seminario sobre "La Carta Robada"*:

> El automatismo de repetición (*Wiederholungszwang*) –aunque su noción se presenta en la obra aquí enjuiciada como destinada a responder a ciertas paradojas de la clínica, tales como los sueños de la neurosis traumática o la reacción terapéutica negativa– no podría concebirse como un añadido, aun cuando fuese para coronarlo al edificio doctrinal. Es su descubrimiento inaugural lo que Freud reafirma en él: a saber, la concepción de la memoria que implica su "inconsciente".
>
> Puesto que esta repetición es repetición simbólica, se muestra en ella que el orden símbolo no puede ya concebirse como constituido por el hombre sino como constituyéndolo. (1966, p. 51)

En esta última cita encontramos –en su apariencia– que J. Lacan adjudica a S. Freud la concepción de automatismo de repetición, sin embargo, al indagar sobre los textos de este autor, no encontramos que la mencione en ninguna parte de su obra. Por lo que la definición de automatismo, del inconsciente como una memoria, –memoria simbólica–, o sea, compuesta por significantes y leyes de articulación entre ellos, es un concepto novedoso de J. Lacan que habla no solo de una teoría inédita hasta el momento sino de una epistemología distinta a la de S. Freud. Para este último se trata de una memoria biológica apoyada en una concepción neurofisiológica, las redes neuronales del aparato psíquico, por ende, una memoria que se encuentra en algún lugar del aparato psíquico, localizado y descrito –tal como lo desarrolló S. Freud en el texto *Proyecto de una Neurología para Psicólogos*– en los procesos Ψ (*Psi*) del inconsciente. Por su parte, es importante subrayar que J. Lacan afirma que el descubrimiento de la compulsión a la repetición es el descubrimiento inaugural de S. Freud, dato que resulta nuevamente controvertido porque dicho descubrimiento es posterior al descubrimiento del inconsciente; más aún, nunca este autor subrayó que la compulsión a la repetición era su descubrimiento inaugural. En el fondo de esta controversia, se trata, pues, de una crítica de J. Lacan a S. Freud, por dos razones: por un lado, por sustituir el concepto de compulsión a la repetición por automatismo de repetición que da cuenta de la estructura discursiva y no energética de este último; y por otro lado, por ubicarlo como principio fundamental del funcionamiento de lo inconsciente y no más allá de este. Es necesario mencionar la posición de J. Lacan con respecto a la teoría freudiana: es taxativo al definir a la memoria inconsciente como un proceso que es ajeno a los procesos biológicos, y por ello, en adelante su programa de investigación sobre el automatismo de repetición excluye todo tipo de asentamiento sobre la materia viviente.

En la cita siguiente del escrito *Le Séminaire sur "La lettre volée"* de la edición francesa Seuil, en el apartado llamado *Presentation de la suite* (Presentación de la introducción) establece su definición de memoria ligada al lenguaje y presenta su sistema o máquina simbólica:

C´est à savoir que la mémoration dont il s'agit dans l'inconscient, n'est pas du registre qu'on suppose á la mémoire en tant qu'elle serait la propriété du vivant. (…) Le programme qui ce trace pour nous est des lors de savoir comment un langage formel détermine le sujet. (1966, p. 53)[131]

Asimismo, S. Freud estableció desde una perspectiva biológica, que la compulsión a la repetición era el resultado de una pulsión originaria en el hombre que se presenta como opuesta a la pulsión de vida, llamada pulsión o instinto de muerte; este instinto es la fuente de la compulsión de repetición y que es percibida como una fuerza más allá de la vida, que empuja hacia lo inorgánico, hacia un período originario y pre-vital. La vida es definida desde esta perspectiva como un equilibrio entre fuerzas que pujan para sostener lo viviente y para su aniquilación. Sobre esto J. Lacan dice lo siguiente en el apartado introductorio del escrito *Seminario sobre "La Carta Robada"*: « C`est parce que Freud de cède pas sur l`original de son expérience que nous le voyons contraint d`y évoquer un élément qui gouverne d`au-delà de la vie, et qu`il appelle l`instinct de mort »[132] (p. 58). El fundamento de la teoría psicoanalítica freudiana es para J. Lacan la pulsión de muerte, esta pasa a ser la fuente de la represión primordial, la *"Urverdrangung"*, el ombligo del sueño, el más allá del principio de placer.

Para S. Freud, el aparato psíquico se encuentra gobernado por una tendencia repetitiva, que esfuerza a la regresión de las catexias energéticas de lo animado a lo inanimado, tal como lo define en el trabajo *Más allá del Principio del Placer* al "instinto de muerte". Este instinto, según él, es mudo, una fuerza pura y originaria, anterior a las inscripciones inconscientes de las vivencias primarias de satisfacción y de dolor. Por el contrario, J. Lacan sustituye la concepción de memoria inconsciente por el concepto de función simbólica dentro del campo del lenguaje. Desde esta materialidad equipara la función simbólica con el funcionamiento de las más modernas máquinas cibernéticas: la máquina de calcular. Es así como en varios puntos de su enseñanza incursiona sobre una disciplina naciente, la Cibernética, que estudiaba el funcionamiento de las computadoras y el complejo circuito de los mensajes.

---

[131] "Es a saber, que la memoración de que se trata en el inconsciente no es del registro que suele suponérsele a la memoria, en la medida en que esta sería propiedad de lo vivo. El programa que se traza para nosotros es entonces saber cómo *un lenguaje formal* determina al sujeto." (Traducción nuestra)

[132] "Es porque Freud no cede sobre lo original de su experiencia por lo que lo vemos obligado a evocar en ella un elemento que la gobierna desde más allá de la vida, y al que él llama instinto de muerte". (traducción nuestra)

La máquina de calcular tiene una memoria y funciona a través de mensajes. Un mensaje circula, gira en redondo, es algo que procede por apertura o no apertura, como una lámpara electrónica, por sí o por no. Es algo articulado, del mismo orden que las oposiciones fundamentales del registro simbólico. De estos conceptos se desprende nuestra hipótesis sobre los tres registros: el anudamiento de los tres registros son el producto de esta máquina significante. De este modo lo explicita J. Lacan en la clase VII de *El Seminario*, Libro 2, *El Yo en la Teoría de Freud y en la Técnica Psicoanalítica*:

> ¿Qué es un mensaje en el interior de una máquina? Es algo que procede por apertura o no apertura, como una lámpara electrónica por sí o no. Es algo articulado, del mismo orden que las oposiciones fundamentales del registro simbólico. En un momento dado, este algo que da vueltas debe, o no, entrar en el juego. Está siempre dispuesto a dar una respuesta y a completarse en el acto mismo de responder, es decir, a dejar de funcionar como circuito aislado y giratorio y entrar en un juego general. (1954-1955, p.140)

Retomando lo alcanzado hasta aquí, podemos decir que la "pulsión de muerte" en la obra de S. Freud –que inaugura su segunda tópica y el modelo de aparato psíquico en forma de huevo tridimensional y construido por tres sistemas, Yo, Superyó y Ello– se funda sobre la base de una concepción de la pulsión como una fuerza biológica existente que proviene del cuerpo y que tiende a repetir y esforzar de lo vivo hacia lo inorgánico; y esta concepción es contraria a la propuesta de J. Lacan al establecer que el automatismo de repetición no tiene ninguna fuente en una compulsión o fuerza biológica y que se trata del funcionamiento de una máquina de memoria que es excéntrica a toda referencia orgánica e individual.

Un paso más diremos que, específicamente hablando, el automatismo de repetición se ubica en el campo del *Autre*, en el campo del lenguaje. Esta memoria es producto del "orden simbólico" por excelencia. Es por este sentido que el *"Más allá"* del Principio del Placer comprende, para este autor, un automatismo significante que está en la base de la causalidad del síntoma psicoanalítico, dejando de lado la noción de sobredeterminación freudiana de la "pulsión de muerte" cuya fuente es orgánica y está en la base del sufrimiento psíquico. Por otro lado, mencionamos que para el Psicoanálisis freudo-lacaniano la "pulsión de muerte" es equivalente al concepto de "goce" tomando como punto de referencia su fuente orgánica corporal. De este modo es formulado el concepto de "automatismo de repetición" en la misma clase:

> El inconsciente es el discurso del Otro. Este discurso no es el discurso de otro abstracto, del otro en la díada, de mi correspondiente, ni siquiera simplemente de mi esclavo: es el discurso del circuito en el cual estoy integrado. (...) Esto es la necesidad de repetición más allá del principio de placer. Vacila más allá de todos los mecanismos de equilibración, de armonización y de acuerdo en el plano biológico. Solo es introducida por el registro del lenguaje, por la función del símbolo. (Lacan, 1954-1955, p. 141)

Según lo citado, para S. Freud la "pulsión de muerte" que gobierna nuestras vidas –desde el más allá– es lo que destrona el privilegio del Principio de Placer como fuente del malestar en la cultura. La pulsión de muerte pasa a ser el bien supremo, la satisfacción pulsional, demoníaca; lo que los psicoanalistas freudo-lacanianos denominan el "goce" individual, o sea, la singularidad de los modos de goce de cada uno. Si prestamos atención a la cita precedente, J. Lacan expresa que el sujeto como sujeto del inconsciente es "el discurso del circuito en el cual estoy integrado", esto es, no se trata de ninguna entidad oculta en el individuo, ni de un ser arquetípico que desde el "más allá" nos determina sino de un elemento de estructura. Aquí J. Lacan está sumergido en la lectura estructural del inconsciente cuya ley es el orden simbólico y sus elementos o materiales son los significantes.

En la siguiente cita del texto freudiano *Más allá del Principio de Placer* se hace referencia al fundamento último de la "compulsión a la repetición":

> El fort-da presupone la existencia y el imperio del principio de placer y no atestigua la acción de tendencias situadas más allá de este, vale decir, tendencias que serían más originarias que el principio de placer e independiente de él. (Freud, 1919, p. 17)

Esto es, el "más allá" proviene del organismo vivo, de la exigencia o el esfuerzo que del cuerpo biológico impacta en lo anímico con una energía no tramitada en palabras. En este sentido el "fort-da" es el más acá, producto del principio de placer que intenta "domeñar" con palabras la fuerza pulsional que del "más allá" impacta en lo psíquico. Es a lo que llega la investigación posterior de S. Freud al relacionar el "Ello" originario, compulsivo y preverbal con las pulsiones. Más adelante nos dice: "Justificar la hipótesis de la compulsión de repetición y que esta nos aparezca como más originario, más elemental, más pulsional que el principio de placer que ella destrona" (1919, p. 23).

Y finalmente, da cuenta del carácter demoníaco, mortífero de la pulsión de muerte, como se detalla en la cita siguiente:

> Las exteriorizaciones de una compulsión de repetición que hemos descrito en las tempranas actividades de la vida anímica infantil, así como en las vivencias de la cura analítica, muestran en alto grado un carácter pulsional y, donde se encuentran en oposición al principio de placer, demoníaco.

> Las fuentes más proficuas de esa excitación interna son las llamadas pulsiones del organismo: los representantes de todas las fuerzas eficaces que provienen del interior del cuerpo y se transfieren al aparato anímico (...). La pulsión sería entonces un esfuerzo, inherente a lo orgánico vivo, de reproducción a un estado anterior que lo vivo debió resignar bajo el influjo de fuerzas perturbadoras externas. (Freud, 1919, p. 35)

En la siguiente tabla de doble entrada los conceptos se disponen enfrentado a los fines de esclarecer sus diferencias. Resumiendo lo dicho:

Cuadro 6

S. Freud	J. Lacan
Pulsión de Muerte	**Campo del *Autre* (orden simbólico)**
Compulsión a la repetición	Automatismo de repetición
Fuerza, empuje, compulsión, energía biológica (*Zwang*).	Automático (cadena significante, simbólica)
Fuente de energía proveniente del cuerpo.	Lenguaje: repetición

Uno de los temas más complejos en el estudio de los registros es el anudamiento o encadenamiento. Se trata de un encadenamiento sincrónico, estructural, esto es, los registros surgen enlazados a partir de un cuarto elemento que serían las leyes del orden simbólico. A modo de ejemplo, imaginémonos un hilo que enhebra cada registro y los une de manera tal que al cortarse cada uno de los registros se sueltan como si fueran globos.

En este sentido J. Lacan siempre ha presentado los registros "en articulación" ya que cada uno no tiene existencia propia. Una de las articulaciones más complejas analizadas es la del registro Simbólico con el registro Real. Esta articulación la presenta de esta manera en *El Seminario sobre "La Carta Robada"* en *Escritos I*: "Se ve, pues, desprenderse de lo real una determinación simbólica" (p. 60). Veamos qué significa esta proposición.

Podemos decir, entonces, que para el autor el registro Real se desprende de la articulación de los significantes al modo de un imposible lógico que se presenta en cada caso y no al revés como lo propone S. Freud cuando establece un aparato psíquico construido a partir de la relación primordial con el objeto, este último como un real último al cual lo simbólico, a posteriori, trata de capturar, dicho de otra forma, poner en palabras. Es importante destacar la crítica que J. Lacan le hace al respecto al afirmar que jamás un espíritu como el suyo podría ubicar a lo real como un resultado de la determinación simbólica ya que su modelo de aparato psíquico lo fuerza a todo lo contario, por ende, a ubicar a lo real –lo pulsional– como anterior en la línea de tiempo con relación a la adquisición del lenguaje en un pretendido desarrollo del individuo. Y como veremos más adelante, la articulación de al menos dos significantes constituye para J. Lacan la "célula[133] elemental", la primera máquina simbólica, lo que él llama el Automatismo de Repetición.

Extraemos a continuación dos citas de la obra de S. Freud, una proveniente de la sección E del sexto capítulo de *La Interpretación de los Sueños* (Freud, 1901) y la otra del Apartado 16, del *Proyecto de una Psicología para Neurólogos* (Freud, 1895-1951) a los fines de demostrar la fuente perceptiva del objeto primordial –las vivencias– de los modelos de aparato psíquico que dan cuenta de los distintos caminos que recorrió su pensamiento teórico:

> El pensar como un todo no es más que un *rodeo* desde el recuerdo de satisfacción, que se toma como *representación-meta*, hasta la investidura idéntica de ese mismo recuerdo, que debe ser alcanzada de nuevo por la vía de las experiencias motrices. El pensar tiene que interesarse entonces

[133] Según el diccionario de la Real Academia Española el término célula se define, entre otras acepciones, como un grupo de elementos que funciona en forma independiente dentro de una organización o estructura más general.

por las vías que conectan entre sí a *las representaciones,* sin dejarse extraviar por las intensidades de estas (el subrayado es nuestro). (p. 591)

Supongamos ahora que *el objeto que brinda la percepción* sea parecido al sujeto, a saber, un prójimo. En este caso el interés teórico se explica por el hecho de que un objeto como este es simultáneamente el primer objeto de satisfacción y el primer objeto hostil. El complejo del prójimo se separa, entonces, en dos componentes, uno de los cuales impone por una ensambladura constante, se mantiene reunido como una cosa del mundo, mientras que el otro componente es comprendido por un trabajo mnémico. Lo que llamamos cosa del mundo son *restos que se sustraen a la apreciación judicativa* (el subrayado es nuestro). (p. 373)

Es indudable, por tanto, que para S. Freud lo primero es el objeto y que una parte del mismo, la cosa[134] del mundo, es un resto que escapa a la representación o pensamiento, esto es, un real primitivo e inefable. Por otra parte, el objeto es percibido por el sujeto y la objetividad de la percepción es equivalente a la realidad. Tal como dijimos en el capítulo anterior, el autor realiza una separación originaria del individuo psíquico –entendido como un huevo– entre el mundo exterior, la realidad objetiva (representaciones-objetos) y el mundo interior de la conciencia y las percepciones (representaciones-palabras), lo que llama la realidad psíquica. Esta escisión psíquica originaria está atravesada por un puente, testigo de este mundo exterior, que es el "Ello" de su segunda tópica, cuyo contenido son las representaciones-cosa de nuestra ontogenia y filogenia. En este sentido, el aparato primitivo en su formación, consta de un registro de memoria que son las huellas mnémicas; estas se encuentran anudadas a otras por simultaneidad y, posteriormente, se habrán de enlazar a otras huellas mnémicas. Este funcionamiento denominado "Proceso Primario", es inconsciente y está gobernado por el principio de placer-displacer. Este principio cabalga sobre otro principio más originario que proviene del cuerpo biológico y que pone en marcha al aparato psíquico que es la Pulsión de Muerte, definida como un "más allá" del Principio de Placer en el sentido de ser originario y determinante del sufrimiento psíquico, que

---

[134] El término "cosa" (en voz latina, *res*) proviene de la filosofía kantiana que lo define como un concepto trascendental relacionado al ser de las cosas, la síntesis del conocimiento fenoménico. Es la cosa-en-sí, asimilado al resto inefable del objeto, en el sentido de no poder ser nombrado en palabras y que es idéntica a toda percepción. S. Freud utiliza el concepto de la Cosa, el "*das-ding*" en alemán, para identificar a las representaciones de cosa en el inconsciente.

lleva a las acciones humanas hacia un más allá de su bien. Esta concepción de una pulsión de muerte presente en la sustancia viva es una teoría que proviene de la teoría del plasma germinal desarrollado a principios del siglo XIX por el biólogo alemán el Dr. August Weismann[135]. S. Freud estaba enterado de estos desarrollos de la biología y en su texto metapsicológico *Introducción del Narcisismo* le dedica unos párrafos al respecto.

Cada desarrollo posterior de esta naturaleza estará marcado por tal circuito: se procurará investir de nuevo la imagen mnémica propia de la vivencia satisfaciente, o, en otros términos, el aparato buscará la identidad de percepción, intentará repetir la vivencia invistiendo la primera percepción satisfactoria. Este circuito, tal como dice S. Freud, lleva irremediablemente al fracaso por la imposibilidad de hallar tal identidad de percepción con el objeto perdido. Si bien la búsqueda de la identidad del objeto primordial –única definición que da S. Freud al deseo– se realiza a través del recuerdo, un recorrer huellas mnémicas, un poner en palabras, no deja de asociar esto a la identidad simbólica con un objeto percibido, a una vivencia exterior al sujeto percipiente que es inefable y representa la realidad primera, cuyo equivalente en las profundidades de su ser es el "ombligo del sueño"[136].

Es decir, dicho aparato psíquico se fundamenta en la originalidad del objeto que una vez fue percibido e inscripto como marcas inconscientes y que con el desarrollo de las sucesivas transcripciones, se agrega, a modo de rodeo, las respectivas representaciones de palabra. Es un aparato que vuelve y, al mismo tiempo, que fracasa en el encuentro con el objeto primario perdido. Este objeto, representaría un real localizado en las marcas o huellas corporales de vivencias inefables, dicho de otra manera, impo-

---

[135] La teoría del plasma germinativo, del biólogo August Weisman, significó para S. Freud un elemento conceptual para un desarrollo teórico valioso que, de algún modo, encierra la propuesta de una trascendencia no religiosa, de base biológica. Expresa que el individuo lleva una existencia doble, en cuanto es fin para sí mismo y eslabón dentro de una cadena de la cual es tributario contra su voluntad o, al menos, sin que medie esta. Él tiene a la sexualidad por uno de sus propósitos, mientras que otra consideración lo muestra como mero apéndice de su plasma germinal, a cuya disposición pone sus fuerzas a cambio de un premio de placer; es el portador mortal de una sustancia- quizás- inmortal, como un mayorazgo no es sino el derecho habiente temporario de una institución que lo sobrevive.

[136] S. Freud designó como "ombligo del sueño" a un punto de lo indecible, un límite de toda interpretación y lo relacionó con el concepto de deseo y de pulsión en su obra *La Interpretación de los Sueños* (1901) y en *Pulsiones y sus Destinos* (1915) respectivamente.

sibles de poner en palabras; primero, el objeto percibido, la realidad de la percepción y luego, la palabra. En la teoría lacaniana, esto es definido como "goce"[137], es la Pulsión de Muerte, el más allá del principio de placer como un real primero previo a toda articulación en palabras.

Desde una perspectiva epistemológica podemos afirmar que S. Freud tenía una certeza que subyace en el fondo de sus desarrollos teóricos y es aquella que adjudica un contenido al inconsciente a partir de la noción del "Ello". En efecto, esta instancia es entendida por el autor como el reservorio de las inscripciones o marcas de nuestra herencia y de nuestra vida infantil, es decir, una memoria biológica de nuestra ontogenia y filogenia. Volviendo con el registro Real de los tres registros, J. Lacan sostiene al menos dos definiciones, entre otras, a lo largo de su obra: por un lado, lo entiende como aquello que excede radicalmente el poder de lo simbólico y centra la vida subjetiva en un más acá o más allá del significante, en este caso, lo Real aparece como equivalente a la cosa, tal como lo plantea S. Freud con el término representación-cosa en su *Proyecto de una Psicología para Neurólogos*, con el fin de designar el mundo anterior al significante, y es por ello que este real no conoce ni vacío ni agujero. Del modo como J. Lacan retoma esta definición, podemos deducir que una cosa anterior a la entrada del significante es imposible pensar en su existencia, tal como lo menciona, "no podemos tener noticia de eso", o sea, no se podría saber si hubo mundo ya que desde el origen, para el autor, está lo simbólico. En *El Seminario*, Libro I, *Las Formaciones del Inconsciente* del año 1958, afirmaba al respecto:

> (...) es que de ahora en adelante, antes incluso que el aprendizaje del lenguaje sea elaborado sobre el plano motor, sobre el plano auditivo, y

[137] El concepto de goce, *"jouissance"* en francés y *"genuss"* en alemán, es nombrado como "gozo" por J. Lacan, es un concepto específico de la obra del autor que no tiene ningún punto en común con una satisfacción sexual, individual e íntima de la persona; raramente es utilizado por S. Freud, solo aparece en dos oportunidades en forma coloquial en el escrito *Tres Ensayos de Teoría Sexual* de 1907, relacionándolo con el goce sexual; y en el escrito *El Chiste y su Relación con el Inconsciente* de 1909, donde lo menciona ligado a la pérdida de goce por la repetición del chiste y su recupero en la novedad del mismo. J. Lacan, traza un distinción entre goce y placer; el primero, relacionado con el intento permanente de exceder los límites que impone el Principio de Placer, momento ligado a la búsqueda de la cosa perdida, causa de sufrimiento; y, el segundo, ligado desde el punto de vista económico con la disminución de la carga de energía del aparato, que es percibida como placer. En una reducción simple, podemos decir que el goce va hacia la repetición del displacer –sufrimiento-, en cambio, el placer va hacia el bien supremo que es la satisfacción.

sobre el plano que comprende lo que se le cuenta, *hay ya desde el origen*, desde sus primeras relaciones con el objeto, de su primera relación con el objeto materno, en tanto que es ese objeto primordial, primitivo, del que depende su primera supervivencia, subsistencia en el mundo, este objeto ya está introducido como tal en el *proceso de simbolización*, juega ya un papel que introduce en el mundo la existencia del significante, esto en un estadio ultraprecoz (el subrayado es nuestro) (p. 348).

Esta cita es muy potente en cuanto a los alcances de lo que define. En efecto J. Lacan plantea que desde el origen y antes de toda constitución de un sujeto y de un objeto juega el significante en su determinación, sin ir muy lejos esto representa una nueva concepción epistemológica de las ciencias que se opone al positivismo-lógico que prioriza la experiencia en la base de las teorías científicas.

Por otro lado, define a lo Real como la cosa misma, en cuyo caso ella es el vacío mismo respecto de la representación. Este modo de definir el registro real es acorde a la definición que establece en *El Seminario*, Libro VII, *La Ética del Psicoanálisis* 1959, clase sobre el "Das-Ding" freudiano: "Lo real, les dije, es lo que se encuentra siempre en el mismo lugar" (p. 271). Dicho de otra manera, lo Real es un punto fuera del mundo, fuera del universo, entendido como aquello que resulta de la operatoria del significante. En sentido estricto, representa un imposible lógico producto de la articulación de los significantes en juego en la estructura. Más adelante veremos a la luz de la combinatoria de significantes su última definición de lo Real como aquello que no "cesa de no inscribirse".

Estas dos presentaciones del registro Real a lo largo de su obra presentan un eslabón común que es la operatoria con el significante que, por un lado, produce el vacío en lo real, o sea, la eliminación de toda referencia a la sustancia tridimensional y, por el otro, produce un imposible lógico que deriva de la misma operatoria y que le es propio de cada caso en la experiencia psicoanalítica. Sobre este problema extraemos una cita del libro *Lo que Lacan dice del ser* del filósofo y psicoanalista francés Françoise Balmes:

> Las dos acepciones de lo real son ambas pertinentes: aquello que de lo real padece por el significante, y aquello que de lo real construye el significante. Por lo tanto, en ambos casos estamos frente a lo real en el sentido técnico de la tríada real/simbólico/imaginario. (2002, p. 57)

Por lo tanto, el registro Real no implica el contacto directo con lo no representable por la insuficiencia propia del lenguaje, sino aquello que es producto de la articulación significante; es lo que J. Lacan define como el *"Caput mortuum"* de la alquimia antigua en el escrito *El Seminario sobre "La Carta Robada"*. La cita siguiente da cuenta de lo expresado:

> Esto podría figurar un rudimento del recorrido subjetivo, mostrando que se funda en la actualidad que tiene como presente el futuro anterior. Que en el intervalo entre ese pasado que es ya y lo que se proyecta se abre *un agujero* que constituye cierto *caput mortuum del significante* (el subrayado es nuestro). (1966, p. 57)

Como decíamos, en esa máquina o automatismo formado entre S1 y S2, se constituye un agujero que correspondería al registro Real. El *"Caput mortuum"* es el resto de la operatoria del alquimista de los antiguos griegos que mezclaban diferentes elementos y, luego de mezclar y cocinar, producían un compuesto que era utilizado como un elixir con propiedades medicinales o mágicas. Del resultado de esta operatoria quedaba un resto en el fondo del cuenco, un desperdicio, un real último, ya imposible de conocer sus elementos pero cuyo compuesto resulta de la mezcla de los elementos. Entonces tenemos que de la articulación de al menos dos significantes, S1-S2, en *"apres-coup"*, dicho de otro modo, en retroacción, se produce un agujero que corresponde al "caput mortuum", un resto que tal operatoria crea y que tiene como función ubicar la causa del sujeto. De ahí se desprende que la causa es el resultado de una operatoria sobre los significantes y no el efecto de un significante determinado que funcione como un signo. En el lugar de causa hay un agujero, siendo este el objeto del Psicoanálisis, un objeto que da cuenta de una "hiancia" en lo real, esto último entendido como un real imposible lógico-matemático.

En la cita siguiente J. Lacan menciona el agujero en lo real producido por tal operatoria: "Esto no es más que un ejercicio, pero que cumple nuestro designio de inscribir en él la clase de contorno donde lo que hemos llamado el *caput mortuum* del significante toma su aspecto causal (1966, p. 64).

En el lugar de la causa se encuentra un agujero, dato que nos asegura que la misma es una construcción que proviene o se crea a partir de la articulación de los significantes. El resto es una creación de tal operatoria y no un real primero que la insuficiencia de lo simbólico no logra captar. Del mismo modo puede entenderse que el inconsciente psicoanalítico surge como consecuencia de la articulación significante, en un anudamiento particular de los tres registros, tal como lo sentencia J. Lacan en dicha cita: "Se trata del efecto mismo del inconsciente en el sentido preciso en que enseñamos que el inconsciente es que el hombre esté habitado por el significante" (1966, p. 54).

En el escrito *El Seminario sobre "La Carta Robada"* de 1966, en el apartado sobre la presentación de la continuación, J. Lacan especifica aún más la relación del registro Simbólico con el registro de lo Real tomando como ejemplo una serie construida por cuatro significantes que los nombra con letras griegas:

> Porque no pretendemos, con nuestras α, β, γ, δ extraer de lo real más de lo que le hemos supuesto en su dato, es decir en este caso nada, sino únicamente demostrar que le aportan una sintaxis ya solo con transformar este real en azar.

> Pero nuestras alfa, beta, gamma, delta, no son si no las recuerda un sujeto, se nos objetará. Es eso precisamente lo que queda en tela de juicio bajo nuestra pluma: más que de nada de lo real, que se piensa deber suponer en ello, es justamente de lo que no era de donde lo que se repite procede. (p.52)

La red de significantes construida a partir de la serie α, β, γ, δ aportan una sintaxis, por ende, letras ordenadas según la lógica de un caso cuya combinatoria produce un Real que se anuda sincrónicamente a los otros registros Simbólico e Imaginario. A saber, a lo Real lo convierte en un dato, un elemento más de la combinatoria significante, como dijimos, un real que no cesa de no inscribirse en esta combinatoria. Más aún, el autor profundiza sobre la cuestión de lo Real en relación con la nada como efecto del significante y su existencia a partir del orden Simbólico. Para ello utiliza una definición sumamente compleja de comprenderla, dice "no se trata de que lo Real sea una nada" por fuera de lo simbólico, sino de un recurso discursivo que se fundamente "en lo que no era, de donde lo que se repite procede". Una de las maneras de entenderlo es pensar que la repetición, base del "automatismo de repetición" del inconsciente, no se apoya en la idea de un Real prediscursivo, un real anterior que no ingresa al registro Simbólico y al registro Imaginario, sino de un Real que procede de algo que no existía, en el sentido de construcción de un pasado por retroacción del significante.

Esta cita esclarece lo suficiente una de las definiciones de lo Real como lo primero, como aquello que está antes de la aparición del lenguaje. Desde una mirada epistemológica podemos decir que para S. Freud lo Real es equiparado a la realidad objetiva, la *Wirklichkeit*, aquella con la cual chocamos con nuestra percepción, es el principio de realidad que está en la base de la construcción del aparato psíquico, principalmente de su segunda tópica, en la cual la vivencia primaria de satisfacción y su representación en el "Ello", es el testimonio de una verdad incuestionable, lo real de la experiencia. En este sentido J. Lacan produce una subversión de esta ontología, afirmando que antes de la conjunción esencial del significante, lo Real no era, en el sentido de que su precedencia es producto de la articulación de los significantes. Es a partir de lo que no era donde surge la repetición del automático inconsciente. No se trata, pues, de una nada previa a toda articulación significante sino de algo que procede de la repetición de este último, o sea, de lo imposible que no cesa de no inscribirse. Otro modo de pensarlo es a partir de la frase de J. Lacan sobre el automatismo de repetición: "No poder satisfacerse sino con volver a encontrar el objeto radicalmente perdido"; es decir, una ausencia remite a otra ausencia de objeto.

Entonces, retomando con la escritura, podemos afirmar que J. Lacan propone trabajar con la lógica combinatoria articulando al menos cuatro elementos significantes para descomponer de dicha operatoria leyes precisas que definan la aparición de los tres registros y esto lo va a desarrollar principalmente en el trabajo que realiza en el escrito sobre el cuento *La carta robada* en donde presenta las leyes combinatorias de articulación. El primer paso, o sea el paso de lo real de un síntoma a lo simbólico está franqueado, según dice, por una apuesta, una pregunta con respecto al ser o no ser, transformando al dato real en una probabilidad de ocurrencia, dicho de otra forma, un cálculo. Parte de invertir la lógica del juego presentado por S. Freud, el *"Fort-Da"*, con el cual describe los fenómenos clínicos que ocurren más allá del reino del Principio de Placer, es decir, para explicar la repetición inconsciente del sufrimiento humano desde el punto de vista psicoanalítico. Como dijimos, las expresiones clínicas de la compulsión a repetición son la Reacción Terapéutica Negativa y la Neurosis Traumática. La primera está relacionada con un fenómeno clínico que ocurre en muchos tratamientos de neuróticos que presentan un agravamiento progresivo del síntoma en el transcurso de la cura; el autor lo atribuye a tendencias que van más allá del bien y que se oponen a la resolución del síntoma. El segundo se trata de sueños de angustia que repiten el hecho traumático. Estos fenómenos son analizados bajo la dinámica dual de la Pulsión de Vida y la Pulsión de Muerte que son los principios que gobiernan el funcionamiento del aparato psíquico. Es en el más allá del Principio de Placer donde tiene lugar la Pulsión de Muerte cuyo papel es fundamental en el funcionamiento del aparato psíquico ya que tiende desde lo pulsional a reanimar las huellas inconscientes de aquellas vivencias que nos fueron, en su momento, displacenteras o causantes de dolor psíquico. Como vemos S. Freud nunca se ha alejado de las especulaciones vitalistas y biologicistas para describir la dualidad pulsional: pulsiones de vida y de muerte.

Por otro lado, es interesante mencionar que equipara la muerte con una nivelación química en el cuerpo, una ausencia de movimiento energético y es desde ahí que relaciona la muerte con el "más allá del Principio de Placer" como un retorno a lo inorgánico. Sobre estas teorizaciones freudianas algunas escuelas psicoanalíticas lacanianas –en especial la de Jacques Alain Miller– tomó el fenómeno de la muerte como un hecho "real" incuestionable que pone límites a la vida.

Tal como lo hemos mencionado en párrafos anteriores, J. Lacan toma la jaculatoria freudiana "Fort-Da" como una dupla significante radical que disponiéndose en un encadenamiento sucesivo con otras duplas, producen las determinaciones simbólicas del automatismo de repetición.

Podemos decir, entonces, que todo comienza con la necesidad de intrusión del registro Simbólico –ya como orden simbólico– en el encadenamiento con los otros registros, Imaginario y Real; y es este anudamiento particular lo que determina al sujeto con relación a la verdad y no con la realidad, ya que la misma es producto del discurso, y no cualquier discurso, sino aquel construido en el marco de la cura psicoanalítica.

Luego de aclarar sus diferencias con S. Freud sobre el "Fort-Da" y de sustituir el juego de pulsiones por la introducción del significante, J. Lacan da comienzo a su operatoria sobre la cadena significante constituyente de los tres registros. Empezamos con su primera elaboración:

> La simple connotación por (+) y (-) de una serie que juega sobre la sola alternancia fundamental de la presencia y de la ausencia permite demostrar cómo las más estrictas determinaciones simbólicas se acomodan a

una sucesión de tiradas cuya realidad se reparte estrictamente *al azar* (el subrayado es nuestro). (1966, p. 57)

Según el autor, la realidad se nos aparece como un puro azar, en el sentido de que las cosas se nos presentan o suceden sin que podamos influir en ella. Sin embargo, podemos tomar a los hechos que se repiten en nuestra historia –que nos producen sufrimiento– y otorgarles una significación particular a los mismos. Es esto lo que él llama "connotación", dicho de otro modo, extraer estos elementos y brindarles un plus de significación más allá del significado general; son las primeras determinaciones simbólicas que, en este caso, parten de dos elementos y los escribe con las anotaciones (+) y (-).

Ahora bien, la escritura inicial que parte de dos elementos que se articulan representa al registro Imaginario, y, al igual que las tiradas al azar de una moneda que por convención las nombramos cara y seca, no existe por sí mismo ningún impedimento para que salga una u otra, pero la simple articulación o alternancia de las dos letras reparte el azar en una probabilidad de salir que es la misma para cada una. Esto es traducido en la clínica por un hecho que se verifica en todas las sesiones: la gente habla y puede decir cualquier cosa, y es a partir de este discurso que podemos extraer dos hechos y los connotamos con (+) y (-). Tenemos aquí, pues, una primera serie que podría ser escrita así:

Gráfico 25

$$(+ - - + + + - + - - - + + - - - - + - + + +)$$

Agrupación de los binarios + y - en una serie al azar

Luego, por una maniobra del psicoanalista de lectura, se puede agrupar (conectar) en la sincronía tres elementos que, como veremos, es el mínimo agrupamiento que permite establecer ciertas determinaciones simbólicas teniendo en cuenta un orden preestablecido, por ejemplo: grupo de lo simétrico y disimétrico:

Simetría (S)
$$\begin{cases} \text{Constante:} + + +, \; - - - \quad (1) \\ \\ \text{Alternante:} + - +, \; - + - \quad (3) \end{cases}$$

Disimetría (D): - + +, + - -, + + -, - - + (2)

Este agrupamiento es, como dijimos, un producto de la maniobra del psicoanalista, o sea, es lo que llamamos un acto de lectura o interpretación que permite armar una red lógica o estructural del caso. Seguidamente el autor agrega:

> Basta en efecto simbolizar en la diacronía de una serie tal los grupos de tres, definiéndolos sincrónicamente por ejemplo por la simetría de la constancia (+++, ---) anotado con un (1) o de la alternancia (+-+, -+-) anotado con (3), reservando la anotación (2) a la disimetría revelada por el impar bajo la forma de dos signos semejantes indiferentemente precedidos o seguidos por el signo contrario (--+, ++-, -++, +--), para que aparezcan en la nueva serie constituida por estas rotaciones, posibilidades e imposibilidades de sucesión que la red siguiente resume. (p. 58)

Entonces, a partir de la maniobra de agrupar de a tres elementos los más y los menos en una sincronía, definiéndolos como simetría y disimetría, nos permite obtener una serie de posibilidades e imposibilidades de sucesión, por ende, realizar un cálculo. Es aquí donde se pone en evidencia el pasaje del azar a la probabilidad. Se establece de este modo una ley que recuerda lo que puede y no puede salir en cada tirada. Es lo que el autor define como "la red nos recordará sobre lo que va a salir o no en cada elemento de la serie". J. Lacan dice al respecto:

> En la serie de *los símbolos* (1), (2), (3) por ejemplo, se puede comprobar que mientras dure una sucesión uniforme de (2) que empezó después de un (1), la serie *se acordará* del rango par o impar de cada uno de esos (2). Así desde la primera composición consigo mismo del símbolo primordial una estructura, aun permaneciendo todavía totalmente transparente a sus datos, hace aparecer el nexo esencial de la memoria con la ley (el subrayado es nuestro). (p. 57)

Si bien esta operatoria se inicia con la alternancia del *Fort-Da*, de la ausencia y de la presencia tal como lo describe S. Freud, el trabajo ulterior hecho por J. Lacan es radicalmente distinto ya que utiliza herramientas provenientes de la lógica y de la matemática para el tratamiento de los significantes seleccionados. Podemos decir, en consecuencia, que de los (+) y de los (-) surge una simbología primordial que opera por sí misma generando sus propias leyes. Es así como en este punto J. Lacan utiliza el término símbolo para designar los (+) y los (-). Como dijimos en el capítulo anterior, la etimología de la palabra símbolo, *symbolum*, proviene del griego, que designa a un objeto que partido a la mitad, por ejemplo una medalla, representa el pacto de unión entre personas que llevan esas mitades a través de las generaciones, vale decir, un pacto simbólico de reciprocidad entre las personas. En este sentido una mitad de dicha medalla solo existe y tiene significado en el encuentro con la otra mitad de la misma, por sí misma no significa nada. Es un sistema que funciona únicamente apareados, esto es con al menos dos elementos, de su unión se crea el acto simbólico por excelencia. El significante de J. Lacan, como lo expusimos, funciona con, al menos una articulación de dos elementos, es imposible que el significante exista de a uno; y cada uno toma su lugar como ausencia en relación con el otro. Este es el sentido que él afirma en la siguiente cita:

> El hombre literalmente consagra su tiempo en desplegar la alternativa estructural en que la presencia y la ausencia *toman una de otra su llamado*. Es en el momento de su conjunción esencial, y por decirlo así en el punto cero del deseo, donde el objeto humano cae bajo el efecto de captura que anulando su propiedad natural, lo somete desde ese momento a las condiciones del símbolo (el subrayado es nuestro). (p.57)

A partir de esta estructura de al menos dos significantes cae el objeto natural, convirtiéndose en un objeto radicalmente perdido, es lo que J. Lacan denomina el *"fading"*[138] del objeto, en otros términos, un borramiento o negativización del sujeto y el objeto. Un sistema que va de un significante a otro y que de dicha articulación se crea el objeto, un objeto metafórico. Este automático, inconsciente, es la estructura simbólica mínima, aquello que J. Lacan entiende y propone para sustituir la Pulsión de Muerte de S, Freud, en oposición a la concepción biológica y vitalista de la misma. Esta oposición es crucial entre ambas teorías psicoanalíticas.

---

[138] En *El Seminario*, Libro IX, *La Identificación* de 1962, J. Lacan nos brinda una idea de las acepciones del concepto fading vinculadas a la acción del significante: Esto no es un mal rasgo para que reconozcamos el paso del sujeto, cuando se trata de su relación al significante en la medida en que ustedes ya saben que todo lo que les enseño acerca de la estructura del sujeto tal como tratamos de articularla a partir de esta relación al significante, converge hacia la emergencia de esos momentos de *fading* propiamente ligados a esa pulsación en eclipse de lo que no aparece sino para desaparecer y reaparece para desaparecer de nuevo, lo que constituye la marca del sujeto como tal (Lacan, 1962, p. 281)

Es en esta oposición de significantes en una cadena donde encontramos al sujeto, un sujeto que no está encarnado en ningún individuo pero que es hablado por este automático inconsciente.

No obstante eso, al decir de J. Lacan, la dupla significante (+) y (-) es insuficiente para realizar una lectura de los fenómenos subjetivos analizados y más importantes aún, para poder realizar una lectura del caso suficiente que permita calcular una interpretación efectiva, esto es, que produzca cambios en la posición de sujeto. Es por esto por lo que continúa armando su red simbólica con al menos tres elementos, en esta oportunidad utiliza números naturales para su escritura. Por tanto, él propone establecer una red de tres elementos: la red 1, 2, 3, partiendo de una operatoria que es llevada a cabo por el analista de agrupar en una sincronía de tres. Pasa, entonces, de una serie binaria (+, -) a una serie de tres elementos (1, 2, 3). El pasaje de dos a tres elementos produce, por la articulación misma, una causalidad lógica conocida como *aprés-coup* o retroacción del significante de J. Lacan. Esta causalidad se origina en la articulación entre el primer y el tercer elemento de la serie dando lugar a la creación de un vínculo directo entre memoria y ley, en otras palabras, se establece una ley de articulación a través de ciertas prohibiciones que la misma serie de números recordará qué elemento va a venir y cuál no. Veamos cómo se produce este automatismo de repetición:

Gráfico 26

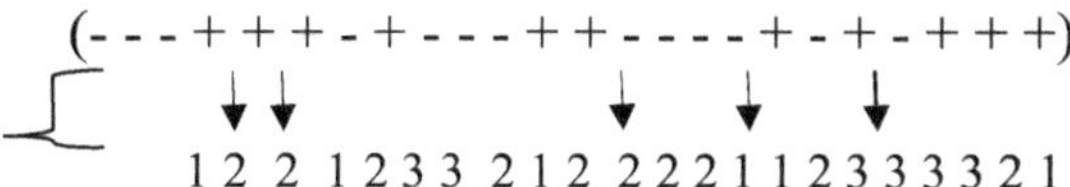

Serie de simetrías (1 y 3) y disimetrías (2)

De esta escritura lineal se desprende un grafo articulado con la serie de números:

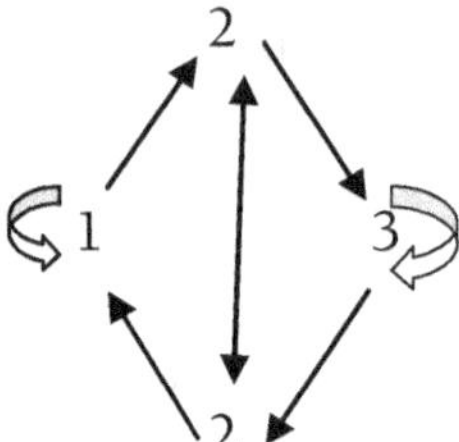

Con la red 1, 2, 3 se construye un grafo articulado semejante a la articulación de los tres registros que J. Lacan presenta en su *Conferencia Científica* inaugural del año 1953 (ver esquema, p. 187), con vectores que dan cuenta de las prohibiciones en el pasaje de un número a otro. En este sentido hayamos que ya desde el inicio de su enseñanza J. Lacan presenta la articulación sincrónica de los significantes y su resultado en los tres registros. De hecho, paradójicamente, esta conferencia fue publicada veinte años después en el libro *Otros Escritos*. No es cierto, como muchos psicoanalistas freudo-lacanianos sostienen, que el autor comienza sus desarrollos teóricos en forma progresiva, primero con el estudio del registro Simbólico, luego, a mitad de su recorrido, con el registro Imaginario y finalmente, en sus últimos seminarios trabaja con el registro Real. Como vemos, el autor ya trabaja a partir de la conferencia inaugural del año 1953 con los tres registros en forma sincrónica dando cuenta de la existencia simultánea de los mismos.

Entonces, de acuerdo con que lo hemos afirmado: la simetría constante (1) puede relacionarse con otro (1), el bucle del gráfico, o puede continuar con un (2) y de ahí en adelante, la serie se acordará que si hay un rango impar de (2), puede ir solamente a otro (2) o un (3) y no a un (1). Si el rango de (2) es par, puede ir a un (2) o a (1), pero no a un (3). Por ende, se establece una prohibición entre un pasaje y otro, una ley que prohíbe ciertas articulaciones y autoriza otras. De estas posibilidades e imposibilidades surgen los invariantes de la estructura, es decir, la ley es intrínseca a esta, no proviene de una ley externa a la estructura que determine arbitrariamente la regla del juego, por lo que podemos establecer que existe una solidaridad entre memoria y ley, la una no existe sin la otra.

Vemos, entonces, que si la serie se inicia con un (3) este puede continuar con otro (3), otro bucle, o con un (2), pero no puede seguirse con un (1).

Ahora bien, con la serie sincrónica de tres elementos, en este caso la red es de números. Se logra la aparición de una ley específica de articulación entre ellos, sin embargo, continúa siendo insuficiente para poder captar los fenómenos de la experiencia analítica y construir una lógica que permita aplicarse en la mayoría de los elementos de un caso. Esto se logra a partir de la serie de tres elementos y con la formación de un binario utilizando los elementos extremos:

Gráfico 27

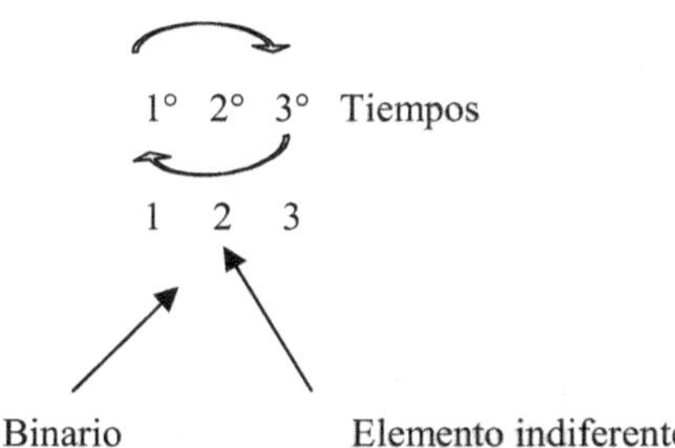

Flujo de las determinaciones entre el primer y el tercer tiempo

La insuficiencia de la lógica de tres elementos se debe a que las determinaciones van del 1 al 3 y viceversa (como lo demuestran las flechas del grafo), restando el 2 indiferente porque no recae en él ninguna determinación simbólica. Por este motivo, la red de tres elementos resulta ser insuficiente para J. Lacan; es necesario, pues, construir una estructura de cuatro elementos, en este caso utiliza letras griegas para poder dar lugar a la retroacción –"aprés-coup"– simbólica una eficacia completa entre sus elementos.

Este pasaje de una estructura de tres elementos a cuatro va a permitir al autor establecer en sus últimos seminarios la necesariedad de un cuarto elemento que permita anudar los otros tres. En la lógica de los tres registros Simbólico, Imaginario y Real introducirá un cuarto elemento que permitiría anudar los mismos que es el síntoma, el concepto específico de "sinthome". Como vemos, este cuaternario es semejante a la estructural elemental de parentesco propuesta por Claude Lévi Strauss en su texto *Pensamiento salvaje* de 1961, p. 311:

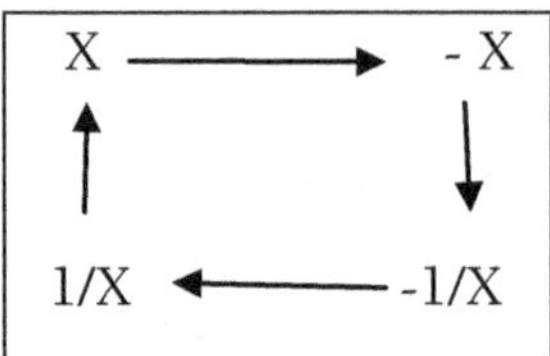

La red de cuatro letras, alfa, beta, gamma y delta se construye a través de ciertas leyes de articulación tomando, como continuidad, la red 1, 2, 3 y aplicando una convención en el agrupamiento, esto es: la de convertir el binario de la red 1, 2, 3 en un cuaternario saltando el segundo término. Dicho binario se construye, por ejemplo: (1 _ 3), por lo que el término intermedio resulta ser indiferente en su determinación por el primer o tercer término. Veamos cómo arma J. Lacan la estructura cuaternaria, estrictamente significante:

> Denomino alfa, α, a la simetría en el primer y tercer tiempo de la red 1, 2, 3; gamma, γ, a la disimetría; beta, β, a la simetría en el primer tiempo y disimetría en el tercer tiempo y finalmente delta, δ, a la disimetría en el primer tiempo y simetría en el tercer tiempo. (p. 59)

En la escritura algebraica sería así:

α: (1_1; 1_3; 3_1; 3_3) o [(S) _ (S)]
γ: (2_2) ó [(D) _ (D)]
β: (1_2; 3_2) ó [(S) _ (D)]
δ: (2_1; 2_3) ó [(D) _ (S)]

Escritura algebraica cuaternaria, según J. Lacan

Tal como están escritos y ordenados los agrupamientos, el número 2 corresponde a la disimetría y los números 1 y 3 corresponden a la simetría. A partir de reducir tres números (1, 2, 3) se vuelve a construir otro binario (S) y (D). En este sentido podemos decir que el autor no abandona el binario en la base de la construcción de un cuaternario. Esto da cuenta, con relación a los tres registros, de una especie de englobamiento creciente entre los registros, dicho de otro modo, el registro Imaginario que en este caso correspondería al binario se encontraría comprendido dentro de la articulación de los otros registros en su estructura cuaternaria.

En conjunto, articulando los binarios correspondientes, [(D)_(D)], [(S)_(D)], [(S)_(S)] y [(D)_(S)] lograremos la siguiente serie:

1 2 2 1 2 3 3 2 1 2 2 2 2 1 1 2 3 3 2 1

S D D S D S S D S D D D D S S D S S D S

β δ γ α δ β α γ β γ γ δ δ β α δ β α

La red de cuatro letras griegas da lugar al pasaje de una estructura ternaria a una cuaternaria obteniéndose así la estructura mínima suficiente para abarcar de manera completa la determinación significante de los fenómenos clínicos de la experiencia analítica. La maniobra es tomar otro binario que corresponde a cada letra de los extremos y combinarla con otra en una convención de prohibiciones, que J. Lacan denomina "repartitorio":

$$
\begin{aligned}
1° \quad 2° \quad 3° &\ (\text{tiempos}) \\
(S) \_ (S) &\longrightarrow \alpha \\
(S) \_ (D) &\longrightarrow \beta \\
(D) \_ (S) &\longrightarrow \delta \\
(D) \_ (D) &\longrightarrow \gamma
\end{aligned}
$$

Gráfico 28

$$
\begin{aligned}
1° \qquad 2° \qquad 3° &\ \text{tiempos} \\
\alpha\,\delta \to \alpha, \beta, \gamma, \delta \to \alpha\,\beta & \\
\hline
\gamma\,\beta \to \alpha, \beta, \gamma, \delta \to \gamma\,\delta &
\end{aligned}
$$

Tabla completa, "repartitorio", según J. Lacan

A diferencia de la red 1, 2, 3 la red de cuatro elementos nos da un ejemplo de lo que J. Lacan denomina la "opacidad" de la determinación significante, a saber, un significante (S1) designa la ausencia de otro (S2) en el mismo lugar y viceversa. En este orden de ideas, el significante creado por J. Lacan se caracteriza por la ambigüedad en la determinación del significado, o sea, que para el atravesamiento de la barra de significación del signo saussureano requiere de la articulación de al menos dos significantes, y sincrónicamente cada uno de ellos significa la ausencia del otro. Esta ambigüedad del significante se verifica en la clínica cuando surge una determinación inconsciente, ya sea como un lapsus, un fallido o una contradicción, en ese instante de sorpresa, surge algo por el momento incomprensible y desconocido para el analizante; del mismo modo que cuando hablamos creemos decir lo que se quiere decir, sin darnos cuenta de las determinaciones inconscientes de nuestros dichos. Es así como se necesita de una estructura cuaternaria para dar cuenta de la determinación simbólica.

Sigamos con el análisis hasta ahora. Entonces la estructura mínima de cuatro elementos articulados se construye de esta manera:

$$\text{S1} \quad \text{S2}$$
$$\cancel{\text{S2}} \quad \cancel{\text{S1}}$$

J. Lacan lo establece de la siguiente manera en el capítulo introductorio de la versión francesa[139] del escrito *Le Séminaire sur Le Lettre Volée*:

> Que la liaison ici apparue ne soit rien de moins que la formalisation la plus simple de l'échange, c'est ce qui nous confirme son intérêt anthropologique. Nous ne ferons qu'indiquer à ce niveau sa valeur constituante pour une subjectivité primordiale.[140] (p. 62)

A partir de la estructura cuaternaria ningún elemento de la serie queda fuera de la determinación simbólica. Teniendo así cuatro elementos y cuatro tiempos se construye una estructura de la operatoria significante, estructura que constituye la subjetividad primordial del hablante-ser oponiéndose a la concepción clásica de una subjetividad primordial presente

---

[139] Como lo hemos señalado en la introducción del trabajo, la versión en francés de algunos textos y seminarios de J. Lacan presentan una mayor precisión en su transcripción con respecto a los archivos magnetofónicos de su enseñanza. Asimismo conserva algunos esquemas y gráficos que son suprimidos en la versión oficial en español a cargo de J-A-Miller.

[140] "Que el nexo aquí manifestado es nada menos que la formalización más simple del intercambio. Es algo que nos confirma su interés antropológico. Nos contentaremos con indicar en este nivel su valor constituyente para una subjetividad primordial." (la traducción es nuestra).

en los pueblos primitivos, fuente antropológica del hombre, tal como lo menciona el autor. De este modo contrasta con el mito freudiano de la "horda primitiva[141]" fuente de la vida pulsional y cultural del ser humano.

Gráfico 29

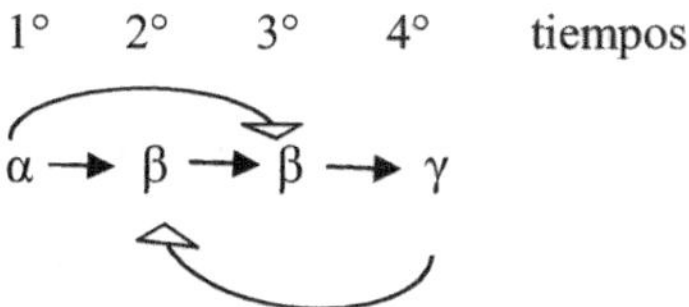

Retroacción, *Apres-coup*, según J. Lacan

Finalmente J. Lacan elabora dos tablas de articulación entre los significantes que los denomina "repartitorio", que podrían ser interpretados como dos modos de lectura de un caso clínico, de posibilidades e imposibilidades de interpretación. Se trata de la articulación lógico-matemática del caso, esto es, de establecer un sujeto localizado entre las cadenas de significantes. De este modo, el "repartitorio" como sujeto es el resultado del acto interpretativo del psicoanalista en la construcción de un caso clínico.

Estos desarrollos nos acercan al pensamiento innovador de J. Lacan que dan cuenta de su posición epistemológica con respecto a la vinculación estrecha entre Psicoanálisis y ciencia. En este sentido, nos dice que el valor constituyente del significante lo hallamos en su formalización matemática, formalización que se presenta como el fundamento de la construcción lógica de un caso, por ende, del sujeto del inconsciente. Este procedimiento es la herramienta esencial con la que cuenta el psicoanalista para operar sobre el sufrimiento psíquico de los analizantes. La eficacia de la terapéutica psicoanalítica se funda, a partir de estos desarrollos, en el cálculo o la conjetura de un sujeto, cuyas intervenciones sobre él permiten resolver la problemática del síntoma psicoanalítico. Es, pues,

---

[141] Freud en su escrito *Tótem y Tabú* de 1913, brinda explicaciones de distintos autores acerca de cómo se estableció la prohibición del incesto en la cultura y se explaya sobre la teoría del naturalista inglés Charles Darwin cuya hipótesis estaba basada en la observación de los monos superiores, según la cual podría deducirse que el hombre primitivo vivió en pequeñas hordas que estaban dominadas por el macho más fuerte. Este macho impedía a los demás machos el acceso a las hembras, reservándolas todas para sí mismo.

desde este orden de ideas que el autor construye una tabla para colocar y articular los significantes en juego.

Gráfico 29

Tabla Ω: Simbólica

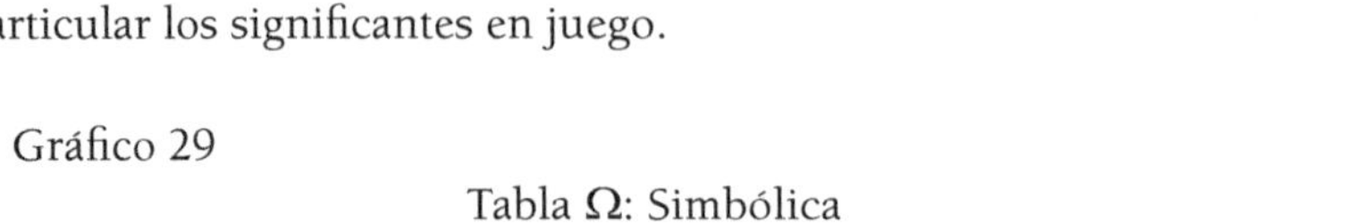

Tabla θ: Imaginaria

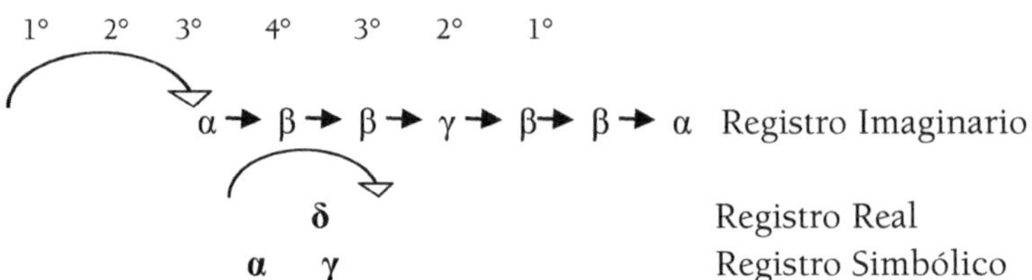

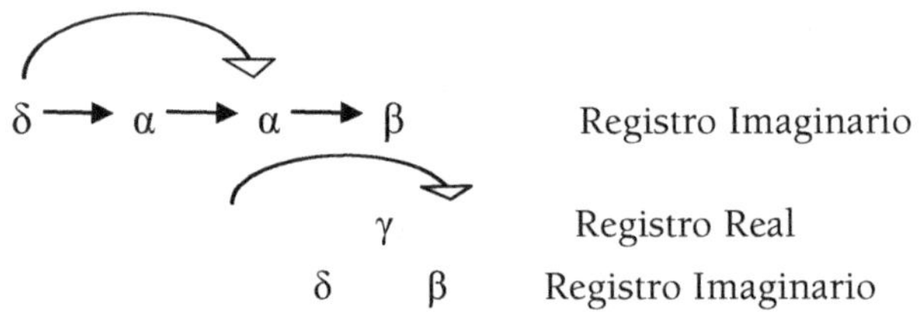

El tercer piso que corresponde al registro Simbólico es aquel que rompe con el principio de no contradicción de la lógica clásica de identidad imaginaria: A = A. Lo simbólico prohíbe la identidad en el sentido que un enunciado puede ser verdadero y falso al mismo tiempo. En la tabla el registro simbólico se ejemplifica en el cuaterno con la identidad en las letras de la dupla intermedia con la dupla extrema. Por ejemplo en la Tabla Ω (simbólica) prohíbe la identidad tal como se presenta en la combinación siguiente: ααγγ; en cambio la Tabla θ (imaginaria) permite la identidad de la dupla intermedia con la extrema: δδββ.

Por ejemplo, el ternario α tiene en tercer lugar una simetría: esto le permite combinarse con otra letra que tenga en el primer lugar una simetría, esto es, puede combinarse solamente con la letra α o con la letra β, tal como lo permite el repartitorio arriba diagramado.

El primer piso de la cadena corresponde al registro Imaginario que se traduce a partir de que una letra en primer lugar puede seguir a otra en el segundo lugar en forma indiferente sin prohibiciones de la combinación.

En el segundo piso se ordena el registro Real que se ejemplifica por una letra que no puede escribirse tanto en el segundo lugar como del tercero, es lo que J. Lacan define a lo Real como aquello que no cesa de no escribirse, es decir, aquello que ocupa el lugar de lo imposible. En cambio en el tercer piso se asienta el registro Simbólico, cuyas letras se ordenan de acuerdo con posibilidades e imposibilidades, dicho de otra manera, una letra puede ir en segundo lugar pero no en tercer lugar. Notamos, por tanto, la relación de prohibición del registro Simbólico y su determinismo, en el sentido de que una letra puede ir en un lugar y no en el otro.

De la articulación de los significantes en forma de cadena se crea, por su efecto directo y retroactivo, un agujero en el *entre* de cada significante articulado donde se ubica el registro Real. Como lo señalamos en el capítulo anterior, el anudamiento de los tres registros SIR se produce por la extracción del objeto por medio de la operatoria de la Metáfora Paterna. Este objeto excluido de la articulación es definido por J. Lacan como el "objeto a". En la cita siguiente lo menciona como el *caput mortuum* del significante. Esto se localiza en el segundo piso de la combinatoria precedente, el δ y la γ, con los cuales no pueden combinarse en ninguno de los tiempos 2° y 3° del repartitorio. En resumen se trata, pues, de aquello que no cesa de no escribirse de la articulación significante, siendo el "objeto a" equiparable al registro Real de la tríada de los registros:

> Ceci pourrait figurer un rudiment du parcours subjectif, en montrant qu'il se fonde dans l'actualité qui a dans son présent le futur antérieur. Que dans l'intervalle de ce passé qu'il est déjà à ce qu'il projette un trou s'ouvre que constitué un certain *caput mortuum* (el subrayado es nuestro). (Lacan, 1966, p. 63)

El registro Real, a través de la escritura de lo imposible –en el hecho de no cesar de no escribirse– es lo que se define como imposible lógico-matemático, tal como lo demuestra la combinatoria significante. Al mismo tiempo, podemos ver que cada combinatoria particular produce un Real distinto a otro. J. Lacan define de manera específica este Real en relación con el funcionamiento del inconsciente y el automatismo de repetición en un artículo de la Revista Mundial de Psicoanálisis, *Uno por Uno*, vol. 38 de 1973, sobre un comentario a la Introducción a los *Escritos* en la edición alemana:

¿Qué es lo que del trabajo del inconsciente no puede escribirse? Hete aquí donde se revela una estructura que pertenece al lenguaje, si su función es permitir el ciframiento. Lo que es el sentido a partir del cual la lingüística fundó su objeto aislándolo: con el nombre de significante.

> Es el único punto mediante el cual al discurso analítico le toca entroncar con la ciencia, pero si el inconsciente da testimonio de un real que le sea propio, inversamente ahí se halla nuestra posibilidad de elucidar de qué manera el lenguaje vehicula en el número el real con el que se elabora la ciencia. (Lacan, 1973, p. 12)

Si el discurso psicoanalítico tiene su propio real y el inconsciente es testimonio de ello es porque ambos son de estructura significante, a saber, surgen en el marco de un discurso que se sostiene en el juego de palabras-significantes de la lengua. Esta definición del registro Real como imposible no se encuentra en la obra freudiana y se opone a la concepción de lo pulsional entendido como las necesidades orgánicas del cuerpo que no cesan con sus estímulos de poner en movimiento al aparato psíquico.

Como vimos este largo trabajo de selección y articulación de significantes a partir de la elaboración de un símbolo primero binario –de los más y de los menos–, hasta la formación de una estructura cuaternaria construida por significantes pasando por el ternario 1-2-3, la creación "ex nihilo"[142] de los registros RSI en su articulación misma, desestima toda causalidad biológica que provenga del individuo psíquico como también de las determinaciones sociales y culturales de la historia. Asimismo, este ex nihilo da cuenta de una contingencia particular en el origen de los registros, a partir del modo como se construyen estas tablas donde se articulan letras como significantes localizados. Así como lo afirma en la única cita de su obra al respecto:

> La propriété (ou l'insuffisance) de la construction du réseau des α, β, γ, δ, est de suggérer comment se composent en trois étages le réel, l'imaginaire et le symbolique, quoique ne puisse y jouer intrinsèquement que le symbolique comme représentant les deux assises premières.[143] (Lacan, 1966, p. 63)

[142] En filosofía y teología suele emplearse la expresión latina "creatio ex nihilo" para significar la creación de aquello a partir de la nada desde el vacío de elementos. J. Lacan dedica un capítulo de *El Seminario*, Libro VII, *De la creación ex nihilo*, para trabajar el concepto de sublimación como una creación ex nihilo, de la nada se hace algo. Asimismo, elabora este concepto a partir de la estructura del significante y el fundamento de la forma como verdad en Psicoanálisis.

[143] "La propiedad (o la insuficiencia) de la construcción de la red de los α, β, γ, δ, es de sugerir cómo se componen en tres pisos lo real, lo imaginario y lo simbólico,

Podemos decir que de la cita se desprende que los registros Imaginario, Real y Simbólico no son las imágenes, la sustancia tridimensional del cuerpo ni las palabras respectivamente, sino que *son el resultado de las propiedades de una cadena significante que se inscribe con letras* (el subrayado es nuestro). O sea, que la propiedad simbólica o imaginaria de una cadena (tablas Ω y θ) es una construcción realizada por la maniobra del psicoanalista en su experiencia. Uno puede, como psicoanalista, construir un caso, entendido este último como el establecimiento de una lógica, con los términos de lo que no puede o no anda, dicho de otra forma, con lo que está de alguna manera prohibido en el decir del analizante, o construirlo con una cadena imaginaria con todo lo que al analizante se le ocurra, y puede decir sin obstáculos, fallas o traspiés simbólicos. Esta tabla imaginaria la podemos equiparar con la regla técnica que propone S. Freud a sus discípulos, la llamada "asociación libre": por el lado del psicoanalista está la neutralidad y el silencio y, por el lado del analizante la asociación libre, "diga todo lo que pase por su mente sin restricciones". En este punto, J. Lacan propone una tabla simbólica construida a partir de lo que se puede y no se puede decir. Asimismo, J. Lacan remarca al final de la cita, que en última instancia todo proviene del orden Simbólico, es decir, los registros Simbólico, Imaginario y Real son deducidos y ordenados de las propiedades de la cadena simbólica.

Podemos concluir, provisoriamente, que estas tablas funcionan como una máquina que, tan solo agregando las condiciones de su funcionamiento, va engendrando sus consecuencias; y, estas dependen de cómo se inscriben los significantes seleccionados y localizados como letras. En este orden de ideas la teorización de J. Lacan sobre los tres registros tiene como consecuencia un salto radical con respecto a la teoría freudiana de las tres instancias, al menos, por dos motivos: por un lado, deslocaliza al inconsciente como contenido y como lugar dentro de un aparato o sistema, en este sentido los tres registros no cuentan con un cuarto registro que designe al inconsciente, esto es debido a que el autor presenta al inconsciente como una puesta en acto a partir de la interpretación del analista, dicho de otro modo, lo inconsciente es el efecto de la palabra sobre el sujeto a partir de la interpretación psicoanalítica. Por otro lado, define lo inconsciente como un automático producto del lenguaje que insiste y

---

aunque solo pueda jugar allí intrínsecamente lo simbólico como representante de los dos primeros pisos." (Traducción nuestra)

que es independiente de la relación del yo con el otro imaginario, el otro especular y de toda referencia a la sustancia viva. En este punto lo que él denomina intersubjetividad radical, es aquello comprendido entre el sujeto y lo simbólico, el gran Otro. La introducción del Otro (*Autre*, A) con mayúscula le permite separar el registro Imaginario de la relación con el semejante, con el otro en minúscula en una relación dual, (*otro*, a) del registro Simbólico, entre el sujeto y el gran Otro de la dialéctica de la intersubjetividad.

En suma, tanto el Sujeto, el objeto (objeto a) como el tiempo lógico de la retroacción son deducidos de la cadena simbólica construida por cuatro lugares y cuatro elementos con sus leyes intrínsecas de posibilidades e imposibilidades (el subrayado es nuestro). De la cadena significante, por tanto, se desprende como un efecto de la misma un factor importante en el funcionamiento del automático inconsciente, que es el tiempo. La repetición tiene un tiempo específico y, a la vez enigmático que se opone a la flecha del tiempo cronológico, que se llama futuro anterior y que explica el fenómeno de la retroacción, el *aprés-coup,* del significante. Por lo tanto, la estructura cuaternaria es la estructura mínima suficiente que permite la retroacción, base del sujeto y del determinismo simbólico.

Finalmente, con la construcción de la cadena completa comienza a funcionar un automático que es inconsciente, y que a partir de la articulación de cuatro elementos en un tiempo retroactivo se establece allí lo que J. Lacan denomina la opacidad del significante en su determinismo simbólico, es decir lo más opaco y oscuro de la determinación simbólica en nuestras vidas. En el sentido de que en aquello de lo que uno habla existen determinismos de los cuales no somos conscientes y que operan con elementos y leyes que son propios de cada caso en particular. Como dijimos en capítulos previos, citando a J. Lacan: "el significante representa al sujeto para otro significante", y es esto por sí mismo lo que opaca su significado, ya que responde con los significantes en juego de cada caso en particular.

No obstante lo dicho, J. Lacan encuentra que esta elaboración estructural lógico-matemática del significante deja de lado, según sus palabras, lo particular de la subjetividad del sujeto hablante en su condición de enunciación. Esta temática que implica un trabajo distinto al desarrollado hasta ahora comprende el campo de la enunciación del significado de lo que el autor llama el hablante-ser ("parlêtre"). A modo de un breve resumen haremos un comentario de esta problemática con relación a lo trabajado con los tres registros. Una vez establecida esta cadena simbólica J. Lacan vuelve sobre sus pasos y construye la *Cadena L,* articulando de un modo "hablante" –tal como lo define– los conceptos fundamentales de la teoría psicoanalítica.

Hemos dicho que con la maniobra de *formalización matemática* (el subrayado es nuestro) elimina de raíz categorías freudianas tales como cuerpo-alma, realidad psíquica-realidad objetiva, interior-exterior, y todo otro dualismo en la construcción de los aparatos psíquicos propuestos por S. Freud. Para J. Lacan se trata, pues, de un automático que gobierna nuestras vidas más allá del principio de placer y que tiene la estructura de una cadena conformada por anillos interpenetrados de significantes con leyes propias de articulación en una espacialidad que no tiene relación con la espacialidad euclidiana, base de la construcción del aparato psíquico de S. Freud.

La Cadena L se asienta sobre una estructura topológica bidimensional, la llamada banda de Moebius y a partir de ella se posibilita la escritura de conceptos fundamentales de su teoría, proponiendo escribir allí los registros Real, Imaginario y Simbólico, como también el sujeto y el Otro en sus respectivos desdoblamientos:

Gráfico 30 Presentación de la Cadena L "hablada", según J. Lacan

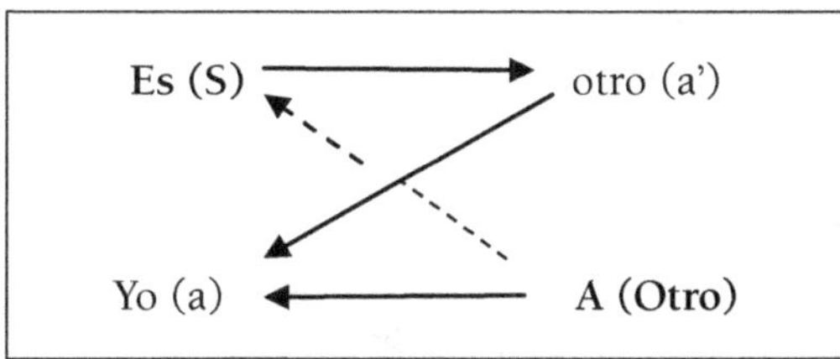

En función de esto J. Lacan propone un trabajo formal de escritura matemática a partir de la articulación significante y lo convierte en una cadena "más hablada", según sus palabras, ya que introduce las escansiones necesarias para poder leer e interpretar un caso, o sea, introduce necesariamente el lado del sujeto/yo, el lado del Otro/otro y el tiempo lógico de retroacción.

Finalmente, con relación al cuarto elemento que articula los tres registros SIR, J. Lacan, en la clase *La Lógica de la Castración* de *El Seminario, Libro 5, Las Formaciones del Inconsciente*, realiza una lectura del Complejo de Edipo freudiano, el complejo nuclear de la neurosis tal como lo ha explicitado S. Freud y sustituye el triángulo imaginario edípico por la Metáfora Paterna en el Esquema L a partir de la operatoria significante:

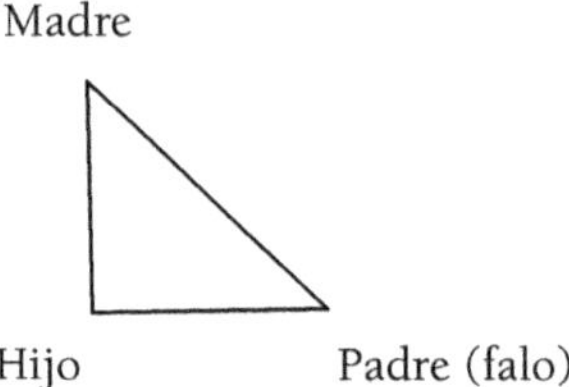

Complejo de Edipo, según S. Freud

Tenemos, por otra parte, el Esquema L con la estructura del sujeto y el campo de la realidad:

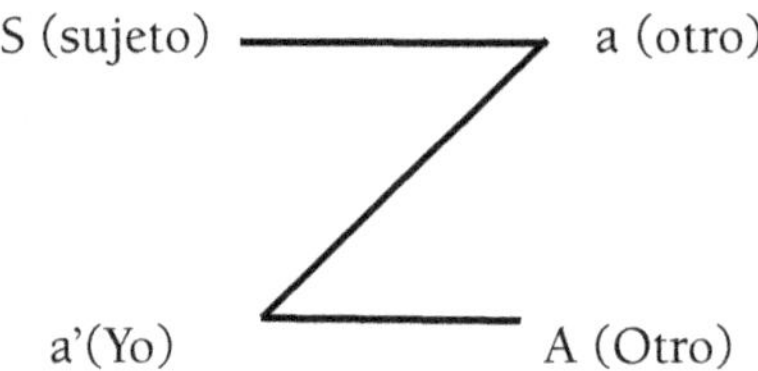

Dice al respecto en la clase 17:

> Todo lo que se realiza en S, sujeto, depende de los significantes que se colocan en A. A, si es verdaderamente el lugar del significante, tres de estos cuatro puntos cardinales vienen dados por los tres términos subjetivos del Complejo de Edipo, en cuanto significantes, que encontramos en cada vértice del triángulo. (p. 161)

Es importante señalar que J. Lacan convierte a cada uno de las personas que componen el Complejo de Edipo freudiano en significantes, esto puede resultar obvio ya que toda palabra está compuesta de significantes pero este pasaje pone en evidencia los efectos de las determinaciones de la Metáfora Paterna en cada uno de ellos al convertirlos en significantes, es decir, convertir a cada elemento del complejo en un lugar vacío en sí mismo. Por ejemplo, el padre es convertido en un lugar vacío por el significante, razón por la cual puede ser ocupado, y por ende, habilitado en su función por cualquier sujeto que la estructura lo permita. Notemos, por otra parte, que al Sujeto no le asigna un significante, sino que el mismo representa la articulación de un significante por otro.

El paso siguiente de su formalización es el pasaje de una cadena simbólica a la Cadena L "más hablante" y la maniobra que realiza el autor consiste en reemplazar las letras de la cadena simbólica, previamente construida con el sistema de números binarios en su repetición, las letras α y γ (simétricas) por el binario 1 y 0; y, las letras β y δ (disimétricas) por paréntesis abierto y cerrado. El paréntesis de paréntesis, o sea, el paréntesis desdoblado, es su última maniobra de elaborar la cadena simbólica y es, como tal, una propiedad del significante de conformar estructuras diferenciales cada vez más amplias, lo que J. Lacan denomina "englobamientos crecientes". En su escrito, *La Instancia de la Letra en el Inconsciente o la Razón desde Freud*, lo expresa así:

> Esto quiere decir que sus unidades, se parta desde donde se parta para dibujar sus imbricaciones recíprocas y sus englobamientos crecientes, están sometidas a la doble condición de reducirse a elementos diferenciales últimos y de componerlos según las leyes de un orden cerrado. (1966, p. 386)

Entonces la cadena completa con la red 1, 2,3 y la red de los α, β, γ, δ es la siguiente:

Gráfico 31

```
2 2 1 2 3 3 2 1 2 2 2 2 1 1 2 3 3 2 1        Red 1, 2, 3
  S D D S D S S D S D D D D S S D S S D S
  β δ γ α δ β α γ β γ γ δ δ β α δ β α    Red α, β, γ, δ
  ( ) 0 1 ) ( 1 0 ( 0...0 ) ) ( 1 ) ( 1.... Paréntesis de
                                               paréntesis
  [           Campo de sujeto         ] Campo del Otro
  ( ) Yo ) ( otro ( Sujeto ) ) (Otro)          Cadena L
```

Cadena L completa, paréntesis de paréntesis

El paréntesis redoblado es lo que cierra la estructura del sujeto, como se intitula el apartado final *Paréntesis de paréntesis* del escrito sobre *La Carta robada*. Veamos cómo lo hace: en el espacio entre paréntesis se encuentran las alternancias 0,1 y 1,0 que representan al "Yo" y al "otro" y que corresponde al registro Imaginario en una relación de reciprocidad. En el interior de los paréntesis que engloba los 0 localiza las escansiones propias del Sujeto y, fuera de los paréntesis redoblados {)) } se ubica el campo del Otro/*Autre* a partir de la repetición de los 1, y es en esta repetición en el campo del *Autre* donde J. Lacan ubica el automatismo de repetición y el registro Simbólico.

Como consecuencia del recorrido de investigación emprendido se desprenden dos ideas fundamentales al respecto:

Por un lado, J. Lacan plantea una compleja cadena de estructura lógico-matemática en la base de la construcción de los tres registros y de la experiencia psicoanalítica. Esto pone en evidencia un nuevo Psicoanálisis opuesto al modelo teórico propuesto por S. Freud en el tratamiento del material clínico de su propia experiencia. En efecto, este último piensa y ordena dicho material en función de un modelo científico: el "aparato psíquico", de estructura tridimensional que es homónimo al funcionamiento del sistema nervioso. Recordemos que este modelo teórico es el del huevo o de saco cuyo equivalente biológico lo encontramos en la unidad de vida mínima que es la célula; S. Freud utilizaba el modelo de la ameba con pseudópodos que contiene un centro o núcleo inmortal, el material genético, para explicar la estructura del *Ello*, este último entendido como el reservorio de las huellas mnémicas de nuestras vivencias infantiles y de nuestra herencia. En función de este marco teórico la técnica psicoanalítica tiene como única meta el hacer consciente lo inconsciente, por ende, convocar, exorcizar y reducir estas fantasías primitivas a una liviana y escéptica indisposición del sujeto, a saber, normativizar el funcionamiento del Yo acorde al principio de realidad.

Por otro lado, establece un concepto inédito en la base del modelo teórico de los tres registros contrario al modelo de aparato freudiano que es el de "máquina". En efecto, se trata de una máquina simbólica a modo de un automático que crea sus propias significaciones a partir de la estructura de lenguaje y no necesita de ningún modelo energético –más bien produce energía– siendo independiente de todo asiento en la materia viva. En este sentido, podemos comparar ambos modelos teóricos, de las tres instancias y los tres registros, a partir de la noción de maquina: la máquina propuesta por J. Lacan, desde la perspectiva estructuralista tanto antropológica como lingüística se apoya en la noción de sincronía como conjunto de elementos formales (carentes de contenido) que se relacionan en forma covariante; no utiliza, a diferencia de la perspectiva histórica, un tiempo lineal, es decir, en el orden pasado-presente-futuro, sino que está inmerso en un tiempo circular, un tiempo verbal que es el futuro anterior cuyo movimiento va del futuro al pasado pasando por el presente y viceversa. En el decir del autor, se trata, pues, de la máquina en el sentido moderno con que puede materializarse la relación del sujeto con el significante. En cambio, el aparato freudiano parte de una perspectiva histórica con base en vivencias reales y tiene como principio básico de funcionamiento el modelo de una máquina de vapor que trabaja con una fuente de energía que pone en movimiento el aparato. Asimismo, utiliza representaciones como huellas o inscripciones físicas en el aparato que se disponen sobre una línea temporal lineal.

Sabemos, a partir de nuestro análisis, que la utilización de uno u otro modelo teórico, estructuralista o historicista, es una operación que depende de la posición teórica del investigador. En este orden de ideas es importante subrayar que el modelo de los tres registros, además de construirse por la operatoria del psicoanalista en el sentido de realizar un trabajo de ordenar los elementos –significantes– en una relación de covarianza, no excluye el vínculo necesario de estos elementos que componen la estructura y su proveniencia de la historia discursiva; esta última no podrá ser interpretada sin el análisis estructural de los hechos históricos. Podemos pensar, entonces, que la estructura revela la prioridad de ciertas invariancias de las cuales su posesión permite interrogar la historia no porque sea a-histórica sino por el contrario, porque está presente en diversos momentos del tiempo histórico. Es con relación a estas ideas donde afirmamos que ambos modelos se comportan como estructuras ocultas que intentan ordenar los fenómenos del inconsciente. Sobre este análisis al que hemos alcanzado nos apoyaremos de una cita que proviene del trabajo realizado por el antropólogo contemporáneo Maurice Godelier, discípulo de Claude Lévi-Strauss, en el que desarrolla los conceptos de modelo y estructura en el análisis de los acontecimientos sociales y psicológicos.

M. Godelier analiza un capítulo del tratado *Antropología Estructural* de Lévi-Strauss llamado *L´invisible et le visible* en un artículo publicado en el año 1967 en la revista de filosofía francesa llamada Aletheia: *Remarques sur les concepts de estructure et de contradiction dans "El Capital" de Marx*. Afirma que la estructura subyacente al modelo pone en relación lo visible, o sea, las formaciones del inconsciente, con lo invisible de las determinaciones en el funcionamiento y organización de las culturas y del lenguaje. Esta estructura dominante de un sistema está en relación con el concepto de causalidad en Psicoanálisis. En este sentido, expresa que la relación entre lo visible, superficial y las estructuras ocultas que lo determinan es contradictoria, entendiéndose por esto que los fenómenos no están relacionados de manera directa, en muchas ocasiones, con los hechos históricos, sociales y biológicos sino con la creación y el análisis por parte del investigador que pone en juego las estructuras ocultas, tal como lo menciona en su trabajo:

> Dans une société, les relations sociales visibles ne constituent en aucune manière une structure ; celle-ci apparaît dans et seulement dans le modèle théorique que le savant élabore pour rendre compte du fonctionnement de ces relations sociales.[144] (1967, p. 229)

Entonces, para M. Godelier el análisis de los fenómenos –para nuestra disciplina sería estrictamente la construcción de un caso– depende del modelo teórico que el investigador utilice para dar cuenta de sus determinaciones. Observamos, por ejemplo, que en el caso de los síntomas neuróticos o en el padecimiento psíquico general de las personas que se someten a un tratamiento psicoanalítico, muchas veces los mismos no son explicados por la historia individual y familiar a partir de los llamados hechos "traumáticos" tal como son relatados por los analizantes sino que sus determinaciones o causas que están ocultas –tanto para el analizante como para el psicoanalista– provienen de la posición teórica de este último en la construcción de un caso, o sea, en la lectura que hace del mismo.

Teniendo en cuenta estas ideas, podemos afirmar que S. Freud ha utilizado en su segunda tópica, un modelo o estructura para el análisis de las formaciones del inconsciente (aparato psíquico) no contradictorio, es

---

[144] "En una sociedad, las relaciones sociales visibles no constituyen de ninguna manera una estructura; aquella aparece en y únicamente en el modelo teórico que el investigador elabora para dar cuenta del funcionamiento de esas relaciones sociales". (traducción nuestra).

decir, homologo punto por punto entre las manifestaciones sintomáticas y el funcionamiento de la maquinaria biológica del individuo. Por ende, no ha podido evitar el paradigma del paralelismo individual cuerpo-alma; crítica que J. Lacan ha efectuado a S. Freud sobre la necesidad de situar en el cerebro una especie de homúnculo similar al utilizado en la neurofisiología, el aparato psíquico de tres instancias, que funciona como una sede de gobierno de nuestras vidas. En cambio, hemos afirmado que la estructura subyacente de los tres registros propuestos por J. Lacan es el resultado de una escritura producida por la operatoria del psicoanalista sobre la estructura significante, y es en este sentido, contradictoria a las determinaciones provenientes de la historia del individuo ya que es en el empleo de esta operatoria donde se construyen las determinaciones ocultas de los síntomas. Esta diferencia la hemos explicado en la presente investigación en la disquisición que existe entre letra y huella mnémica en la construcción de los modelos.

Podemos concluir a partir de estas ideas que los tres registros operan no como modelo teórico, sino como la máquina original que pone en ella en escena al sujeto.

V. Conclusiones

Si partimos que una investigación científica tiene como propósito el estudio de un objeto a través de una metodología determinada que hace a la misma la cual se vale de determinados instrumentos para arribar a ciertos resultados. En el caso que nos ocupa, nuestro objeto es el estudio y comparación de la documentación escrita seleccionada, es decir, libros y revistas de la bibliografía existente de los autores S. Freud y J. Lacan, como así también, de las principales referencias que abrevaron en sus modelos teóricos. El instrumento del que nos valemos para verificar la hipótesis planteada es la discontinuidad que, como una herramienta de lectura, nos ha permitido seleccionar una serie de citas suficientemente claras de ambos autores con el propósito de construir una red sólida de argumentos apropiados y verificables que den cuenta de la validez de la hipótesis de trabajo. Esta última es equiparable a la concepción de sujeto entendido como tema o núcleo problemático. Dicho modo de concebir al sujeto en Psicoanálisis habilita una escritura que pueda ser incluida dentro del campo que la investigación científica delimita. Las fuentes de las citas son los documentos escritos oficiales de ambos autores, accesibles en bibliotecas especializadas en la materia, tanto en libros como en revistas, y los documentos virtuales (artículos publicados) de sitios web específicos.

En principio, teniendo en cuenta el material del objeto de estudio, fue necesario realizar en nuestro desarrollo un trabajo de exégesis de los textos de J. Lacan a los fines de poder distinguir al J. Lacan creador de una nueva teoría de aquel otro J. Lacan como lector crítico de la obra de S. Freud. Como se sabe, J. Lacan se ha reconocido en sus primeros seminarios, por su llamado "Retorno a Freud", como el único lector crítico de S. Freud ya que, por un lado, restituyó las desviaciones que sufrieron sus conceptos fundamentales por sus seguidores post-freudianos, y por el otro planteaba las diferencias con su propia teoría. Dicho de otro modo, cuanto más se acercaba a los conceptos freudianos más los modificaba o los reemplazaba. En este sentido, nuestro trabajo de investigación se apoya sobre el J. Lacan creador de su originaria teoría, quien se desprende de su antecesor a los fines de hacer avanzar sus propios fundamentos e ideas en un campo desconocido hasta el momento delimitado por las disciplinas lingüística, lógica y matemática.

En lo que respecta a S. Freud, fuimos cuidadosos en extraer las citas más explícitas que pusieran en evidencia su pensamiento de descubridor, deduciendo a partir de ellas, las fuentes referenciales que fundaron su teoría. Crear, por nuestra parte, un sistema de diferencias entre ambos autores a partir de la delimitación de un nudo conceptual subyacente a ambos modelos teóricos nos ha permitido sentar las bases de una posible refundación del Psicoanálisis freudiano tal como lo propone J. Lacan sobre principios opuestos a las suyos, por ende: fundar un Psicoanálisis lacaniano sobre bases teóricas opuestas a la teoría freudiana. Esta maniobra de desambiguar ambas teorías, "parafraseando a J. Lacan", evita la confusión imperante, genera que se focalice y se haga hincapié en determinados modelos explicativos que tendrán un lugar preponderante dentro del cuerpo teórico creado. Este procedimiento es un movimiento necesario en el marco de las ciencias con respecto a su objeto de investigación y que, para nuestra ciencia, es una operatoria imprescindible que permite evaluar la eficacia de sus desarrollos en el abordaje del padecimiento psíquico del ser humano.

Si bien podemos ser objeto de cuestionamiento por nuestro trabajo al querer polarizar de una manera arbitraria a un J. Lacan creador de otro J. Lacan freudiano —ya que existen en la obra del autor lugares que hablan de una continuidad conceptual de ambas teorías— nuestra conclusión es producto de una selección de citas suficientemente repetidas y que el conjunto de las mismas arma una estructura coherente que nos ha permitido arribar a conclusiones que fundamentan y sostienen la hipótesis principal de nuestra investigación.

Debido a la naturaleza del recorrido realizado hallamos una dificultad inherente al análisis comparativo entre el contenido de ambas teorías que convierten al mismo en un asunto muy complejo. Del modo en que están presentadas las citas seleccionadas, vemos en la mayoría de ellas que J. Lacan dice de un modo complejo algo que S. Freud nunca dijo, a saber: si bien todo el tiempo dice lo que S. Freud dijo, descubrió y estableció, al mismo tiempo lo cuestiona absolutamente. Por ello es necesario estar advertido de lo siguiente: lo que dice S. Freud es lo que J. Lacan le hace decir, vale decir, interpreta, y esto es necesario plantearlo a los fines de poder delimitar la oposición epistemológica y teórica entre ellos. Es por estos motivos que hemos leído los desarrollos de S. Freud y de J. Lacan con una clave particular, esto es, a la letra y en estructura. Queremos decir, por un lado, al pie de la letra y en estructura. Con esto queremos decir: por un lado, al pie de la letra que implica ir directamente al texto articulando los conceptos tal como son vertidos; y, por el otro en estructura, que es tomar los conceptos psicoanalíticos como elementos que participan de una red y que al mismo tiempo adquieren un valor el uno con respecto al otro, o sea, a partir de la estructura cada concepto adquiere coherencia en la relación con otros.

En este sentido, encontramos, a partir de nuestro estudio, que los constructos teóricos y las fuentes referenciales con las cuales se apoyaron para la construcción de los modelos analizados son diametralmente distintos en ambos autores constituyendo dos campos opuestos no extrapolable.

Introducidos en el marco de nuestra investigación, planteadas las dificultades en la metodología de obtención de información y el modo en el que fueron abordadas las citas seleccionadas a través del término operativo de discontinuidad, realizamos en un tiempo posterior un análisis del nudo conceptual que se haya comprendido en los modelos teóricos de las tres instancias freudianas (Yo, Superyó y Ello) y los tres registros (Simbólico, Imaginario y Real) propuestos por J. Lacan. Este nudo de nociones articuladas en torno a lo psíquico que deben ser diferenciados son: Inconsciente, lenguaje, realidad y síntoma.

En este sentido, dividimos nuestro trabajo de investigación en dos capítulos antes de poder avanzar en la temática central sobre la estructura subyacente de ambos modelos. Es así como fue necesario, primero, localizar puntos diferenciales entre el concepto de sujeto y el de individuo que dan cuenta de dos concepciones distintas de inconsciente. Encontramos en este punto que el concepto de sujeto de J. Lacan es el producto del anudamiento de los tres registros Simbólico, Imaginario y Real y que el concepto de in-dividuo se desprende del modelo de la segunda tópica freudiana. Seguidamente, y en función de una necesidad lógica de diferenciar los elementos constitutivos a través de los cuales fueron construidos ambos modelos, nos detuvimos en encontrar los puntos diferenciales entre el concepto de representación y afecto tal como lo entiende S.

Freud y el de significante y letra de J. Lacan. Asimismo, en el apartado final, analizamos estos modelos teóricos a la luz del modelo científico de máquina y las consecuencias de su funcionamiento en la creación de la experiencia psicoanalítica; en este punto intentamos situar las bases para futuras investigaciones al respecto.

Los resultados del presente estudio han demostrado que existe una oposición epistemológica y teórica en ambas teorías psicoanalíticas tal como son desarrolladas por S. Freud y J. Lacan tomando como referencia sus modelos propuestos. En efecto, podemos concluir que los tres registros de J. Lacan son una creación original del autor, cuyas referencias provienen de disciplinas científicas tales como la lógica, la matemática, la antropología, la etología y la lingüística estructural. Tal como lo hemos estudiado, la introducción de los tres registros produce una subversión total de los conceptos psicoanalíticos freudianos y esto se produce a partir de la función del significante y su relación con el Otro/*Autre*, creándose así un desasimiento radical de la teoría de concepciones biológicas, individualistas y nihilistas. Asimismo, logramos despejar la concepción general que se tiene de ellos al advertir que el registro Simbólico no son las palabras, el registro Imaginario no son las imágenes o fantasías y por último, el registro real no corresponde a un objeto tridimensional. Su materialidad es de significante y letra.

Para sintetizar de una manera precisa lo que hemos concluido en la presente investigación decidimos analizar dos testimonios de J. Lacan con respecto al modelo teórico de S. Freud que da cuenta de la posición del primero con relación al modelo teórico presentado y su eficacia en la práctica psicoanalítica del segundo. En el seminario inaugural del Congreso Latinoamericano de Psicoanálisis celebrado en Caracas en julio de 1980, J. Lacan manifestó que ha sostenido a lo largo de sus seminarios un debate con S. Freud, en el sentido de discusión y crítica a su obra desde una posición teórica claramente opuesta. Este seminario tiene su particularidad histórica por dos razones, por un lado, ocurre meses antes de disolver su escuela, La Escuela Freudiana de París, ya que había diagnosticado que su enseñanza había fracasado en la trasmisión de una teoría original, y por otro lado, fue su última conferencia debido a que atravesaba una larga enfermedad que lo llevó a la muerte en el año 1981. Dice al respecto:

Voilà: mes trois ne sont pas les siens. Mes trois sont le réel, le symbolique et l'imaginaire. J'en suis venu à les situer d'une topologie, celle du nœud, dit borroméen. Le nœud borroméen met en évidence la fonction de l'au-moins-trois. C'est celui qui noue les deux autres dénoués. J'ai donné ça aux miens. Je leur ai donné ça pour qu'ils s'y retrouvent dans la pratique. Mais s'y retrouvent-ils mieux que de la topique léguée par Freud aux siens ?[145] (El subrayado es nuestro). (1980, p. 5)

Tal como se desprende de esta cita, el autor es claro en advertir que sus tres no son los suyos y que se los dio a los suyos para que se orientaran en la práctica; declaración que da cuenta de que los aportes y los caminos por él producidos son opuestos a los de S. Freud y que llevan, como resultado, una orientación contraria en la dirección de la cura: el psicoanalista debe saber de antemano qué camino desea tomar en su práctica en relación con ambas teorías.

En esta segunda cita J. Lacan explicita la orientación contraria que lleva su teoría con respecto a la teoría psicoanalítica freudiana:

El psicoanálisis al revés, creí que debía titular este seminario. No crean que este título le deba nada a la actualidad, que se cree en situación de poner bastantes cosas patas arriba. Solo daré una prueba de ello. En un texto fechado en 1966, en concreto una de esas introducciones que hice en el momento de la recopilación de mis escritos y que los escanden, texto titulado De Nuestros Antecedentes, caracterizo en la página 68 lo que ha constituido mi discurso como *volver a tomar digo, el proyecto freudiano al revés* (el subrayado es nuestro). (1968, p. 174)

Es en este sentido *"al revés"* que J. Lacan desarrolla su propio proyecto, y la clave es que *al revés* es equivalente a dirección contraria o patas para arriba. No se trata, pues, de una modificación, una diferencia actualizada y matematizada de los conceptos freudianos como sostienen la gran mayoría de los psicoanalistas freudo-lacanianos, sino de una radical subversión de los mismos, o sea, un cambio en dirección contraria de los conceptos principales del Psicoanálisis. Pensamos que esta nueva

[145] Traducción nuestra de la versión en línea en francés de L' École Lacanienne Psychanalyse. (https//:www.ecole.lacanienne.net): "He aquí: *mis tres no son los suyos.* Mis tres son el Real, el Simbólico y el Imaginario. Me vi llevado a situarlos en una topología, la del nudo llamado borromeano. El nudo borromeo pone en evidencia la función del al-menos-tres. Es el que anuda los otros dos desanudados. *Les di eso a los míos. Se los di para que se orienten en la práctica. Pero, ¿se orientan mejor que con la tópica legada por Freud a los suyos?* (el subrayado de la cita es nuestro).

dirección es inaugurada en su enseñanza con el dictado de sus Seminarios, la *Conferencia Científica* del año 1953, e introduce allí los tres registros articulados entre sí y la primacía del orden simbólico que anuda los otros dos registros desanudados. Del mismo modo conceptos tales como orden simbólico y significante, conllevan una especificidad que J. Lacan produce de su propia articulación con la historia, la lingüística y a las matemáticas.

Una de las coordenadas que se desprende de nuestro trabajo de investigación en cuanto a la oposición epistemológica y teórica es la siguiente: J. Lacan ha trabajado lo simbólico como orden y como registro. El orden simbólico aparece desde los primeros seminarios a partir del ser dotado de lenguaje y, posteriormente, a partir del año 1974 en el *Seminario Libro 17* llamado *RSI*. Allí trabaja la "subversión" del sujeto como hablante-ser (*parlêtre*) en un anudamiento borromeano y dando lugar a una nueva lectura de la función del significante a partir de los desarrollos matemáticos y topológicos de nudos. Estos desarrollos posteriores sobre la invención "parlêtre" y su vínculo con los trabajos sobre nudo pueden ser, por su parte, objeto de futuras investigaciones. De esta manera el Psicoanálisis se convierte, para J. Lacan, en una técnica de desciframiento y lectura de la escritura inconsciente por medio de la conversión del material significante en letra. En este sentido se opera un cambio radical de perspectiva en la teoría y en la dirección de la cura: un desplazamiento de lo Real y lo Imaginario hacia lo Simbólico, así como la afirmación del principio de que entre lo Imaginario y lo Simbólico (que no pueden existir por separado) es lo Simbólico lo que domina y lo que debe constituirse, por tal razón, en el punto de partida de los tratamientos psicoanalíticos de casos. En palabras del autor, en el origen está el lenguaje, el significante que en forma sincrónica crea los tres registros.

El símbolo, del latín *simbolum*, es, por esto, la coyuntura esencial que, como dijimos, viene siempre apareado, lo cual rompe de manera radical la referencia al uno como totalidad cerrada en sí misma. Sobre estos fundamentos J. Lacan sustituye la teoría de la huella mnémica freudiana basada en el paradigma neurobiológico como representante de las pulsiones que provienen del cuerpo por el concepto específico de letra dentro de un campo discursivo psicoanalítico que tiene sus consecuencias en la clínica, es decir, produce efectos terapéuticos. Podemos pensar, entonces, que la huella, tal como lo entiende S. Freud, es una unidad entre otras, cerrada sobre sí misma, que funciona con la lógica del uno, a saber, como un real último e inefable. Esto contrasta con la introducción del símbolo como significante en el modelo teórico de los tres registros; en palabras de J. Lacan: "Así sucede que si el hombre llega a pensar en el orden simbólico, es que primeramente está apresado en él en su ser". Acto seguido dice: "(...) es por la vía de una abertura específica de su relación imaginaria con su semejante como pudo entrar en ese orden como sujeto. Pero no pudo efectuar esa entrada sino por el desfiladero radical de la palabra" (1966, pp. 456-457).

El desfiladero radical de la palabra vendría a ser la coyuntura esencial del par significante, significando con esto, que un significante toma su sentido en el lugar del sujeto, en relación con otro significante, generándose un agujero donde se localiza la falta en ser. En el marco de un Psicoanálisis implica un más allá de la presencia de dos personas –psicoanalista-analizante– en el registro Imaginario, un pasaje hacia la construcción de un sujeto –impersonal– en función con el campo del Otro/*Autre* que tiene sus efectos en ambos partenaires. Como vemos el autor elige por un estatuto ético del sujeto y el inconsciente, y no óntico, entendido esto como la verdad del cuerpo, o sea, como centro de referencia de las experiencias singulares del individuo psíquico, y es una de las principales críticas a S. Freud por asignarle al inconsciente un status óntico, esto es, adjudicarle un ser a éste último. No hay otra manera de entrar al registro Simbólico sin agujerear el sentido de la relación imaginaria con el otro. El objeto, entonces, se produce por retroacción, dicho de otra forma, en *aprés-coup* a partir de la articulación significante.

Una vez planteados los conceptos fundamentales de la teoría propuesta por J. Lacan aparece en forma más clara la oposición teórica con respecto a S. Freud. En las siguientes citas se demuestra la posición epistemológica de este último que fundamenta sus concepciones teóricas. En el apartado final del escrito del año 1919 *Más allá del Principio de Placer*, dice:

> Por otro lado, advirtamos bien que la incerteza de nuestra especulación se vio aumentada en alto grado por la necesidad de tomar préstamos de la ciencia biológica. La biología es verdaderamente un reino de posibilidades ilimitadas: *tenemos que esperar de ella los esclarecimientos más sorprendentes y no podemos columbrar las respuestas que decenios más adelante darán a los interrogantes que le planteamos* (el subrayado es nuestro). (p. 58)

En el escrito *El Yo y el Ello* del año 1923, S. Freud ubica la fuente de las pulsiones de vida y de muerte en los procesos fisiológicos del cuerpo, dice:

> Con cada una de estas dos clases de pulsiones (de vida y de muerte) se coordinaría un proceso fisiológico particular (anabolismo y catabolismo); en cada fragmento de sustancia viva estarían activas las dos clases de pulsiones, si bien en una mezcla desigual. (p. 42)

Si bien, S. Freud no especifica cuál es el proceso fisiológico que da origen a las pulsiones, es evidente que utiliza como su fuente el cuerpo, siendo este último una metáfora vitalista de una máquina o fuente generadora de la energía pulsional, dejando explícito su apoyo en el principio biológico de la pulsión. Por ende, para S. Freud hay pulsiones que nacen del cuerpo biológico.

En uno de sus libros llamado *Biología Lacaniana y Acontecimiento del Cuerpo* del año 2002, J. A. Miller establece, en consonancia con la teoría freudiana, que el cuerpo habitado por las pulsiones queda atrapado en la redes significantes y, al hacerlo, mortifica al ser viviente, pero –y esto es clave– lo simbólico no reabsorbe todo lo concerniente al cuerpo porque deja un resto, un real último, que no es alcanzado por la palabra. En otro pasaje del libro expresa que el cuerpo viviente escapa a las palabras y goza de la vida. Estas ideas del autor que nuclean una gran parte del Psicoanálisis mundial sostienen la continuidad teórica Freud-Lacan a partir de fundar los conceptos principales del Psicoanálisis sobre el paradigma sustancialista[146], tal como la concepción de cuerpo biológico e individual del Inconsciente y la Pulsión, la concepción energética de la libido y la idea de una fuente corporal del goce más allá del surgimiento de la palabra.

En una dirección opuesta a esta corriente promovida por sus discípulos, J. Lacan funda el Psicoanálisis en el campo de lo que él define como de las ciencias conjeturales[147], campo que se apoya en el paradig-

---

[146] El sustancialismo es una doctrina filosófica que defiende que todo lo real es de índole sustancial, esta última compuesta de materia y forma. Si el acto de conocer no designa ningún qué de la sustancia ni algo que se dé en una realidad física (accidente) menos aún puede serlo el hombre que es superior a él. Aristóteles distingue entre una sustancia primera, *ousía*, o el individuo en sí y sustancia segunda (género y especie); para este filósofo griego las cosas y las ideas son inseparables.

[147] A partir de la referencia al diálogo *Teetetes* de Platón, J. Lacan ubica al Psicoanálisis dentro del campo de las ciencias conjeturales a partir de la idea de que la ciencia no puede basarse en el conocimiento sensible como criterio de verdad, sino que debe utilizar la razón, y toma como modelo a la matemática.

ma deductivista lógico-matemático y que opera con los conceptos de significante-estructura, teniendo como antecedente lógico no la sustancia viva corporal, sino el campo del Otro/*Autre* en una relación topológica de inmixión con el sujeto. Por último, consideramos importante señalar que la oposición teórico-epistemológica de estos autores excede a los argumentos que intentan explicar las diferencias sobre la base de una apelación a las diferentes épocas en las que tuvieron lugar sus estudios. Dichos argumentos histórico-contextuales no tienen cabida dado que ambos autores eran contemporáneos y contaban con las mismas referencias teóricas extra-territoriales, es decir, los avances científicos de la ciencia moderna, en especial la teoría de la relatividad y los inicios de la cuántica, como también la vigencia de teorías principales de la lingüística estructural y de la topología. Por tanto, esto abona la hipótesis principal de nuestra investigación sobre la oposición tanto epistemológica como teórica entre ambos autores fruto de sus posiciones teóricas con respecto a los avances de estas disciplinas científicas.

En consecuencia, podemos concluir que estamos ante un S. Freud abocado al descubrimiento del inconsciente psicoanalítico al mismo tiempo que iba consolidando una técnica que le permitía extraer los indicios de un funcionamiento inconsciente a partir de su experiencia con los pacientes. En este sentido, su construcción, con referencias previas a otros autores, de un modelo de aparato psíquico de tres tópicas (Yo, Superyó y Ello) le fue necesario para articular su edificio conceptual con la observación y la escucha del sufrimiento de las pacientes histéricas, que a medida que se introducía en la causa, en el sentido oculto de los síntomas, su pensamiento científico se impregnaba por concepciones biológicas y empíricas. Esto contrasta con un J. Lacan imbuido de un pensamiento lógico-matemático que excedía los límites del individuo en el mismo punto que incluía el campo del *Autre*/Otro.

En el pensamiento de S. Freud pudimos verificar que la verdad del síntoma se encuentra en las huellas mnémicas y en el juego de las pulsiones orgánicas, entendidas como fuerzas que provenían de la sustancia viva corporal, centro de referencia del individuo. En cambio para J. Lacan la verdad surge de la articulación de significantes que una vez localizados en letras, a saber, en una escritura, puede ser interpretada y es desde ese lugar donde debe dirigirse el psicoanalista para curar el síntoma.

Una consecuencia de esta conclusión no menos importante y que podría ser objeto de futuras investigaciones son las distintas orientaciones en la dirección de la cura que se deducen de los dos modelos teóricos. Como lo hemos señalado en varios puntos de nuestra investigación el psicoanalista deberá decidir qué modelo teórico utilizar en la construcción del caso sobre aquel que demanda un tratamiento psicoanalítico ya que tal decisión tendrá consecuencias distintas si utiliza el modelo freudiano o el propuesto por J. Lacan. En última instancia deberá decidir si privilegiar un discurso (el psicoanalítico) que tiene consecuencia sobre lo real del síntoma o apoyarse en un real primero de carne y hueso en donde el discurso trata de captar y atenuar sus efectos.

Finalmente hallamos durante el recorrido de nuestro estudio nuevos interrogantes que hemos dejado voluntariamente sin responder ya que serían materia de nuevas investigaciones. Una de las cuestiones abiertas es la estructura y la localización del inconsciente en el modelo de los tres registros propuestos por J. Lacan. Si bien en el modelo freudiano el inconsciente está localizado en el Ello y en las raíces del Superyó, en el modelo de los tres registros lacaniano no tiene localización alguna, en consecuencia, debería ser redefinido en el marco de este anudamiento topológico. A partir de nuestra investigación podemos adelantar que el autor plantea una novedosa concepción del inconsciente al equipararlo con el acto de la interpretación en la técnica psicoanalítica. Esta concepción es absolutamente novedosa ya que parte de un inconsciente que se pone de manifiesto –como se dice, en acto– como un hallazgo en el discurso psicoanalista-analizante a partir de la interpretación dentro del marco de la transferencia. Esta idea innovadora sustituye las concepciones tópicas y dinámicas del inconsciente freudiano como reservorio de huellas de lo primitivo, infantil y generacional del individuo.

A modo de resumen introducimos una tabla de doble entrada para dar cuenta de la diferencia, oposición teórica en lo que respecta a los conceptos principales utilizados en la presente investigación:

Tres instancias (Yo-Superyó y Ello)	Tres registros (Simbólico, Imaginario y Real)
Modelo del huevo o saco, tridimensional	Modelo topológico, banda de Moebius, bidimensional. Anudamiento de cadenas.
Individuo psíquico: afirma la inexistencia del Otro, no hay lazo, solo hay uno.	Sujeto impersonal: parte del Sujeto en *inmixión* de Otredad.
Huella mnémica	Letra
Representación	Significante
Energía: postula que la Pulsión de Vida y de Muerte se origina en la sustancia viva.	Matemas (fórmulas algebraicas), única fuente que produce energía.
Pulsiones (de vida y de muerte) dentro del cuerpo biológico.	S ◊ A (sujeto y Otro/*Autre*, barrados, como tesoro de significantes)
Compulsión a la repetición (*Zwan*, fuerza de la sustancia viva que empuja hacia lo inorgánico, Pulsión de muerte)	Automatismo de repetición (insistencia de la cadena significante en el campo del Otro/*Autre*)
Paradigma biológico y sustancialista: conjetura que siempre es primera la experiencia de la sustancia viva y luego se piensa en ella.	Paradigma lógico-matemático: materialismo significante. "Lalengua" y el "Otro/*Autre*" y el "Sujeto" están allí antes de todo fenómeno de la sustancia corporal.
Ello piensa, ser-hablante.	Eso habla, hablante-ser.
Fenómenos del inconsciente: supone el acontecimiento corporal biológico de los fenómenos sintomáticos.	Formaciones discursivas del inconsciente, espacialidad con dimensión de dicho. Desciframiento del inconsciente estructurado como un lenguaje.
Lo inconsciente como "huella pre-palabra", no-concepto, Inconsciente óntico.	Lo inconsciente como "ni ser ni no ser", no nacido, Inconsciente ético.
Espacio euclidiano, tridimensional	Espacio topológico uni y bidimensional
Tiempo cronológico lineal y reversible	Tiempo lógico, futuro anterior

VI. Cuadros y Gráficos:

Modelo teórico del microscopio óptico 58
Modelo óptico del ramillete invertido 59
Esquema L 63
Escritura topológica del sujeto, según J. Lacan 69
Registros anudados y su relación con la estructura del lenguaje 71
Modelos de la ciencia 108
Signo lingüístico, según F. de Saussure 118
Modelos de la Topología, transformación de un modelo a otro 128
Cadena significante, según J. Lacan. 130
Modelo del In-dividuo psíquico, según S. Freud (modificado) 150
Torsión (en rojo) entre el registro Imaginario y Simbólico 163
Red neuronal, según S. Freud en el *Proyecto de una Psicología para
Neurólogos* (modificado) 166
Bucle de significantes, captura de una dupla significante en la cadena ... 174
Escritura de cadena de significantes 175
Corte del sujeto en la cadena, ubicación del Sujeto barrado (S) 180
Modelo de Pulsión de S. Freud 184
Anudamiento de los tres registros, según J. Lacan (1953) 188
Cuadrado Simbólico e Imaginario: puntos de homologación, según J. Lacan 196
Estructura Elemental, según L. Strauss 200
Modelo del huevo de la segunda tópica freudiana completo, según S. Freud..218
Modelos subyacentes del in-dividuo de S. Freud y del sujeto de J. Lacan..233
Esquema R, según J. Lacan 239
Bucle de anudamiento de los registros 252
Tabla de división (*vel*) entre el sujeto y el objeto a 258
Agrupación de los binarios + y - en una serie al azar 282
Serie de simetrías (1 y 3) y disimetrías (2) 285
Flujo de las determinaciones entre el primer y el tercer tiempo 287
Escritura algebraica cuaternaria, según J. Lacan................................ 288
Tabla completa, "repartitorio", según J. Lacan 289
Retroacción, *Apres-coup*, según J. Lacan 291
Tabla Ω: Simbólica... 292
Presentación de la Cadena L "hablada", según J. Lacan 297
Cadena L completa, paréntesis de paréntesis 299

VII. Glosario

Acto psicoanalítico: intervención del analista en la cura, en tanto ella constituye el marco del trabajo psicoanalítico.

Aparato psíquico: término que subraya ciertos caracteres que la teoría freudiana atribuye al psiquismo: su capacidad de transmitir y transformar una energía determinada y su diferenciación en sistemas o instancias. Al hablar de "aparato psíquico", S. Freud sugiere la idea de una cierta disposición u organización interna, pero hace algo más que atribuir diferentes funciones a lugares psíquicos específicos, asigna a estos un orden prefijado que implica una determinada sucesión cronológica.

Aporía: (En griego: *aporeo*, duda, dificultad) es un término que sirve para señalar una contradicción insoluble que se encuentra en cualquier razonamiento. El ejemplo paradigmático es la aporía de los sofismas del filósofo griego antiguo Zenón, que trataba de "demostrar" que el movimiento no existe. Citaba para ello los siguientes argumentos: Aquiles, el de los pies ligeros, no está en condiciones de dar alcance a una tortuga, por cuanto la distancia que los separa puede ser dividida hasta lo infinito.

Asociación libre: método que consiste en expresar sin discriminación todos los pensamientos que vienen a la mente, ya sea a partir de un elemento dado (palabra, número, imagen de sueño, etc.), por consiguiente de forma espontánea.

Autre: Término específico de J. Lacan para definir el orden simbólico, entendido como sistema caracterizado por un conjunto cerrado de significantes articulados bajo leyes propias de articulación. Puede ser un orden completo, definido por el autor como batería de significantes o incompleto, en este caso definido como tesoro.

Cadena: J. Lacan emplea de modo creciente el término "cadena" a partir de la década de 1950, siempre con referencia al orden simbólico que se estructura a modo de cadena. Desde el año 1957 a partir del escrito *La Instancia de la letra en el Inconsciente o la Razón desde Freud* introduce el término "cadena significante" para referirse a una serie de significantes que se disponen en dos orientaciones lineal y vertical, por ende, bidimensional.

Ciencia: tanto S. Freud como J. Lacan utilizan el término "ciencia" en singular suponiendo implícitamente que existe un tipo específico unificado del discurso que puede llamarse científico. En otras palabras para J. Lacan lo que caracteriza un discurso como científico es un alto grado de formalización matemática. Asimismo, sostiene que la ciencia se caracteriza por una relación particular con la verdad y el saber. El autor establece que la teoría psicoanalítica estaría incluida dentro de lo que define como ciencias conjeturales.

Compulsión a la repetición: a nivel de la psicopatología, proceso incoercible y de origen inconsciente en virtud del cual el sujeto se sitúa activamente en situaciones penosas, repitiendo así experiencias penosas. En la elaboración teórica que Freud da de ella, la compulsión a la repetición se considera como un factor autónomo, irreductible en último análisis a una dinámica conflictual en la que solo intervendría la interacción del principio de placer y el principio de realidad.

Conciencia: cualidad momentánea que caracteriza a las percepciones externas e internas dentro del conjunto de los procesos psíquicos. Cabe aclarar que en el material bibliográfico analizado de J. Lacan este término aparece escrito de dos maneras: por un lado encontramos el término conciencia que aludiría a la atribución del yo de ser conciente de sus ideas y actos en la medida que piensa, la conciencia de sí; y por el otro, utiliza el término consciencia para una de las instancias del aparato psíquico en su descripción tópica.

Conflicto psíquico: en Psicoanálisis se habla de "conflicto" cuando en el sujeto se oponen exigencias internas contrarias. Puede ser un conflicto psíquico manifiesto, entre un deseo y una exigencia moral, o latente, inconsciente, pudiendo expresarse este último de un modo deformado en el conflicto manifiesto y traducirse especialmente por la formación de síntomas, trastornos de conductas, reacciones caracterológicas, etc.

Es el concepto central de la teoría de las neurosis: el síntoma neurótico se define como el resultado de una transacción o compromiso entre dos grupos de representaciones que actúan como fuerzas de sentido contrarias.

Cura: el término "cura" designa la práctica del psicoanálisis en tanto opuesta a su teoría. Aunque el psicoanálisis heredó esta palabra de la medicina, en la teoría psicoanalítica ha adquirido un sentido específico, distinto al uso médico. En particular, la meta de la cura psicoanalítica no es sanar o curar en el sentido de producir una psique sana, el tratamiento analítico se propone llevar al analizante a articular su verdad.

Desarrollo: exponente de la continuidad histórico-biológico de un individuo. La Psicología del Yo presenta al psicoanálisis como una forma de psicología evolutiva, señalando la evolución en el tiempo de la sexualidad del niño.

Deseo: el término lacaniano *"desir"* es el utilizado en las traducciones francesas de S. Freud para verter el alemán *"wunsch"*, traducido como una fuerza continua del aparato psíquico que tiende hacia el objeto para la satisfacción pulsional. J. Lacan reduce en su obra al deseo como deseo inconsciente y sexual, esencial en la teoría del psicoanálisis.

Diacronía: Estudio de un hecho lingüístico o fenómeno desde el punto de vista de su evolución en el tiempo. Término propuesto por F. de Saussure, con el fin de definir dos puntos de vista esenciales y opuestos en el estudio de los fenómenos lingüísticos. El estudio de la diacronía debe estudiarse con relación a la sincronía.

Dualismo: el dualismo es una doctrina filosófica que explica el origen y la naturaleza del universo a partir de la creencia de la acción de dos fuerzas o principios diversos y contrapuestos. En la teoría freudiana el dualismo es el paradigma base de la construcción de toda su teoría a partir del conflicto entre dos principios o conceptos, por ejemplo: Principio de placer y Principio de realidad; pulsiones sexuales y de conservación; pulsiones de vida y de muerte.

Ello: S. Freud tomó el término *"das Es"* de Georg Groddeck, y este último de Nietzsche. Groddeck dijo que "lo que llamamos el yo se comporta de un modo esencialmente pasivo en la vida, y somos vividos por fuerzas desconocidas e incontrolables". El Ello aparece por primera vez en la obra de S. Freud en la década de 1920 en el contexto del segundo modelo de la psique. En este modelo la psique aparece dividida en tres instancias: el Ello, el Yo y el Superyó. Para J. Lacan el Ello es traducido como "ça", "eso", término de la lengua que en gramática equivale a una preposición indefinida y está constituido básicamente por significantes incomprendidos para el sujeto, es lo que denomina el "eso habla".

Epistemología: como teoría del conocimiento, es una parte de la filosofía que estudia los principios, fundamentos, extensión y métodos del conocimiento humano.

Ex nihilo: es una locución latina que significa "de la nada" o "desde la nada", aquello que se crea desde la nada, en sentido contrario a la ontología, en la que existe un origen concreto.

Goce: raramente utilizado por S. Freud, aparece como un concepto específico de J. Lacan. Ligado, primeramente a la satisfacción sexual y, posteriormente relacionado con el intento permanente de exceder los límites del Principio de Placer, relacionado con la búsqueda de la cosa perdida. Su tonalidad es de sufrimiento, la repetición del displacer para el Yo y de placer para el Inconsciente.

Huella mnémica: el concepto psicofisiológico de huella mnémica utilizado por S. Freud en los textos metapsicológicos implica una concepción de la memoria relacionada con las tópicas del aparato psíquico. Un acontecimiento determinado es inscripto en el aparto en diferentes sistemas mnémicos.

Imaginario: desde el año 1953, el registro Imaginario formó parte del esquema tripartito central en el pensamiento de J. Lacan, junto con los registros, Simbólico y Real. La base de este registro es la formación del Yo en el estadio del espejo con la imagen de su semejante. La relación del Yo con el otro es de tipo dual e intercambiable. Asimismo, el orden simbólico envuelve al registro Imaginario a partir del concepto de significado y significación. En cambio el significante está en la base del orden simbólico.

Inconsciente: supuesto necesario de la teoría psicoanalítica de la existencia de procesos de pensamientos inconscientes que encuentran vedado su acceso a la conciencia. Tiene dos usos: por un lado, como adjetivo para calificar cualquiera de los contenidos no presentes en el campo actual de la conciencia; y por el otro, como sustantivo en el sentido nominativo, ya que la palabra inconsciente designa uno de los sistemas definidos por S. Freud dentro del marco de su primera teoría del aparato psíquico.

Metafísica: rama antigua de la Filosofía que se ocupa del estudio del ser y de los entes. En la actualidad este término fue reemplazado por la ontología.

Metapsicología: término creado por S. Freud para designar la psicología por él fundada, considerada en su dimensión más teórica. La metapsicología elabora un conjunto de modelos conceptuales más o menos distantes de la experiencia, tales como la ficción de un aparato psíquico dividido en instancias, pulsiones, etc.

Orden: J. Lacan introduce el término de "orden" a partir del año 1953, momento inaugural en su enseñanza, asociado a los registros Simbólico, Imaginario y Real, con el sentido de dar cierta organización a la teoría analítica y a su práctica, y a su lectura respectivamente. Asimismo, el término designa una equivalencia en las propiedades de los registros.

Ontología: parte de la metafísica que estudia el origen del ser y sus propiedades.

Otro/otro: Desde 1955 J. Lacan traza una distinción entre el pequeño otro ("el otro") y el gran Otro ("el Otro"), distinción que sigue ocupando un lugar central en su obra. De allí en más, en el álgebra lacaniano, el gran Otro es aquel que ocupa el lugar y encarna el A (mayúscula, por la palabra francesa *Autre*), este último representa el orden simbólico. Asimismo, aparece el pequeño otro, que en el álgebra se escribe como a` (minúscula con bastardilla), designando a nuestro semejante, el otro de la relación dual que se superpone al a (Yo). Dice J. Lacan que tener presente esta distinción es fundamental en la práctica analítica: el psicoanalista debe estar totalmente imbuido de la diferencia entre, por un lado, el *Autre* y el Otro y, por el otro, el a', el otro imaginario del a, que designa al Yo.

Pensamiento: en la obra de S. Freud el término pensamiento es asimilado a ideas apoyadas en representaciones dentro del aparato psíquico. En el texto metapsicológico "*Lo inconsciente*" del año 1915, trabaja pensamientos inconscientes, (*Gedanken*), dice: "más allá de esa duda manifiesta, hay algo que es sin duda pensamiento (Gedanken), pero no mío". Es el ámbito del *topo* inconsciente donde efectivamente yo no puedo situarme sino que me sitúa; me localiza a mí pero en un lugar diferente de aquel del que me reconozco como yo soy. Como lo hemos analizado, para S. Freud hay pensamientos en el inconsciente, en cambio, para J. Lacan hay letras como significantes localizados.

Preconsciente: instancia psíquica que representa en el aparato psíquico un lugar intermedio entre la conciencia y el inconsciente. En la primera tópica, S. Freud ubica allí a las representaciones-palabra.

Proceso: exponente de la continuidad histórico-biográfica. Es un conjunto o encadenamiento de fenómenos, asociados al ser humano o a la naturaleza que se desarrollan en un periodo de tiempo finito o infinito y cuyas fases sucesivas suelen conducir hacia un fin específico.

Psicoanálisis: el Psicoanálisis es concebido como una práctica terapéutica que opera como respuesta racional, y por lo tanto, comunicable al malestar en la cultura específica del sujeto de la ciencia, que se manifiesta como un exceso de malestar.

Pulsión: el concepto freudiano de pulsión (*Trieb*) está en el núcleo de su teoría de la sexualidad. Las pulsiones difieren de las necesidades biológicas en cuanto a que nunca pueden ser satisfechas, y no apuntan a un objeto sino que giran perpetuamente en torno a él. J. Lacan sostiene que la meta de la pulsión no es un destino final sino el camino mismo, que es un girar en torno al objeto mismo. Para S. Freud las pulsiones son de naturaleza biológica y sus fuentes se hallan en el cuerpo. Por el contrario, para J. Lacan, la pulsión es el eco en el cuerpo de un decir, esto es, no es originario del cuerpo como sustancia orgánica.

Pulsión de Muerte: dentro de la última teoría freudiana de las pulsiones, designa una categoría fundamental de pulsión que se contrapone a las pulsiones de vida, que tiende a la reducción completa de las tensiones, es decir, a devolver al ser vivo al estado inorgánico.

Real: en J Lacan lo Real adquiere a lo largo de su obra diferentes definiciones. Como sustantivo (lo real) es definido como un absoluto ontológico, por ende, la materia de lo vivo. En 1953 a partir de la introducción de los tres registros aparece en relación con el registro Imaginario y Simbólico, siendo definido como lo que no cesa de no inscribirse en la cadena de significantes. Finalmente en sus últimos seminarios toma cuerpo la definición de Real como un imposible lógico.

Realidad psíquica: término utilizado frecuentemente por S. Freud para designar lo que, en el psiquismo del sujeto, presenta una coherencia y una resistencia comparable a las de la realidad objetiva y material. Se trata fundamentalmente del deseo inconsciente y de los fantasmas con él relacionados.

Red: término que denota las asociaciones neuronales en forma de un tejido homogéneo conectadas de modos diversos y versátiles.

Registro: es un término que se origina a partir del vocablo latino *regestum*. Se trata del accionar y de las consecuencias de registrar. Registrar también es anotar o consignar un cierto dato en una escritura.

Repetición: para J. Lacan es el llamado Automatismo de repetición, que implica la insistencia del significante, o la insistencia de la letra en la cadena significante. Ley de funcionamiento del inconsciente en el decir de un deseo indestructible.

Significante: J. Lacan toma el término de significante de la obra del lingüista suizo Ferdinand de Saussure. Esta palabra no había sido utilizada por S. Freud, quien no conocía el libro de Saussure a pesar de ser un autor ampliamente conocido en la disciplina lingüística de su época. Según aquel autor, el significante forma parte del signo lingüístico junto al significado. Corresponde a la imagen mental del sonido al pronunciar una palabra. En este sentido, J. Lacan realiza una maniobra de separar el significante de su significado y lo convierte en el significante del Psicoanálisis, esto es, le otorga el papel de una función tal como es utilizado en matemática. De ahí se desprende el concepto de sujeto con relación a la lógica significante: un significante representa al sujeto para otro significante.

Simbólico: en la obra temprana de J. Lacan la utilización del término como adjetivo está asociada con referencias a la lógica simbólica y a las ecuaciones empleadas en física matemática. Posteriormente, adquiere matices antropológicos como las estructuras simbólicas de la sociedad. Cuando es utilizado como sustantivo se convierte en orden simbólico que es esencial al psicoanálisis.

Símbolos: del latín *symbolum*, que significa letra. Los símbolos son las abreviaciones o letras de carácter científico-técnico y están constituidos por letras o por signos no alfabetizables.

Sincronía: la sincronía es la unión, la interrelación existente entre dos acontecimientos que suceden en tiempos distintos. Dos hechos son sincrónicos cuando suceden en tiempos diferentes pero manifiestan la similitud o la repetición, expresando de esa manera que están unidos. Si dos cosas están unidas a pesar de la aparente separación del tiempo, significa que se está considerando el tiempo de forma errónea, porque el discurso lógico dice que separa y sin embargo el contenido une, porque es lo mismo. Así, la sincronía entre dos acontecimientos rompe el esquema del tiempo; no rompe el tiempo real sino el conceptual.

Transferencia: designa en el psicoanálisis freudiano el proceso en virtud del cual los deseos inconscientes se actualizan sobre ciertos objetos, dentro de un determinado tipo de relación establecida con ellos, y de un modo especial, dentro de la relación analítica. Se trata de una repetición de prototipos infantiles, vivida con un marcado sentimiento de actualidad. Para J. Lacan se trata de la estructura de la relación intersubjetiva, en este sentido sitúa a la transferencia en lo simbólico y no en lo imaginario.

Asimismo, define a la transferencia con relación al funcionamiento del inconsciente.

Trauma: según lo vertido por el Diccionario de Psicoanálisis de Jean Laplanche y Jean Pontalis, el concepto de trauma es crucial en la obra de S. Freud, principalmente su aspecto económico en la vida psíquica de la persona. Es definido como el acontecimiento de la vida del sujeto caracterizado por su intensidad, la incapacidad del sujeto de responder a él adecuadamente y el trastorno y los efectos patógenos duraderos que provoca en la organización psíquica. Desde el punto de vista económico, llamamos así a una experiencia vivida que aporta, en poco tiempo, un aumento tan grande de excitación a la vida psíquica que fracasa su liquidación o su elaboración por medios normales y habituales, lo que da lugar a trastornos duraderos en el funcionamiento energético.

VIII: Referencias de Autores

Eidelsztein, Alfredo (2010), Lo Simbólico de J. Lacan o el "ciclón devorante", rev. El Rey está desnudo, n° 4, p. 28

Derrida, J. (2005) La estructura, el signo y el juego en el discurso de las ciencias humanas. P. 56.

Tomei, Cesar (1993), Topología Elemental. Un saber previo a la lectura de Jacques Lacan, Editorial Sara Oliva, Buenos Aires, p. 58.

Sarraillet, María Inés (2009) El concepto de energía en la teoría de Freud y Lacan, rev. El Rey está Desnudo, n° 9. P. 79.

Popper, Karl (1900) ....,p. 80

Badiou Alan (2003) Filosofía y Psicoanálisis, p. 82

Balmes (artículo)

Abínzano, Rodrigo y col. (2015) *De una cuestión preliminar a la noción de acting out en las psicosis: el Agieren freudiano.* Revista Universitaria de Psicoanálisis, Facultad de Psicología, UBA. 2018, n° 18, p. 92.

Benveniste, E. artículo de revista... p. 108

Guitart, R. (2003) *Evidencia y Extrañeza, Matemática, Psicoanálisis, Descartes y Freud*, Buenos Aires, Amorrortu Editores, p. 128.

Martínez Ruiz, Revista n° 68.... Aparato psíquico... p. 152.

Napolitano, Graziela (2008) *Estructura y Desarrollo en la Enseñanza de J. Lacan*, Revista de Psicología n° 32, Universidad Nacional de La Plata, Facultad de Psicología, p. 171.

Dylan Evans, Diccionario de términos lacanianos, p. 197.

Yankelevich, Héctor (2013) *Sujeto del Psicoanálisis, sujeto de las ciencias.* Rev. 32, Escuela Freudiana de Buenos Aires.

Lacan, J. (1972) Revista Mundial de Psicoanálisis, *Uno por Uno*, vol. 38, p. 260. España.

Tylor, E. (1877) *The Comparative psychology of man.* Review Victorian Anthropologhy, N. York. Tfe Free Press, 1987, p. 187.

IX. Referencias Bibliográficas

Azaretto, C. et al, (2008), Hacia una lectura metodológica de textos de Freud y Lacan. *XV 1Jornadas de Investigación y Cuarto Encuentro de Investigadores en Psicología del Mercosur. UBA*, pp. 12-19. Buenos Aires.

Balmés, F. (2002). *Lo que Lacan dice del ser*. Buenos Aires: Amorrortu.

Benveniste, E. (2010). La naturaleza del signo lingüístico, *Problemas de Lingüística General*. Tomo I. Buenos Aires: Siglo XXI.

Bercherie, P. (1996). La Refundición de la Metapsicología: Pulsión de Muerte y Segunda Tópica, *Génesis de los Conceptos Freudianos*. Buenos Aires: Paidós.

Canguilhem, G. (1971). La historia epistemológica, *Lo Normal y lo Patológico*. Buenos Aires: Siglo XXI.

Cassin, B. (2012). *Jacques el sofista*. Paris: Siglo XXI.

Damasio, A. (2016). Introducción. *El Error de Descartes*. Buenos Aires: Paidós.

De Libera, A. (2009). Archéologie du Sujet. *Naissance du sujet*. Paris: Vrin.

De Libera, A. (2009). Archéologie du Sujet. *Le quête de l'Identité*. Paris: Vrin.

Derrida, J. (1989). Conferencia de Baltimore. *La estructura y la diferencia*. Paris: Antrhopos.

______ (1966). La estructura, el signo y el juego en el discurso de las ciencias humanas. *Conferencias en la Universidad de J. Hopkins (Baltimore)*. Baltimore: Edición digital PDF.

Eidelsztein, A. (2012). Crítica de la Noción de Inconsciente. *La Topología en la Clínica Psicoanalítica*. Buenos Aires: Letra Viva.

______ (2003 (2° ed.). El Grafo 1, *El Grado del Deseo*. Buenos Aires: Letra Viva.

Evans, D. (2008). *Diccionario introductorio de Psicoanálisis lacaniano*. Buenos Aires: Paidós Lexicón.

Feynman, R. (1995). *Seis piezas sueltas*. California, EE.UU: Drakontos.

Freud, S. (1932-1933). *31° Nueva conferencia de introducción al psicoanálisis. La descomposición de la personalidad psíquica. Obras Completas*, Tomo XXII. Buenos Aires: Amorrortu Editores.

_______ (1895). *Carta N° 52. Obras Completas.* Tomo II. Buenos Aires: Amorrortu Editores.

_______ (1923). *Dos Artículos de Enciclopedia: «Psicoanálisis» y «Teoría de la libido». Obras Completas.* Libro XVIII. Buenos Aires: Amorrortu Editores.

_______ (1912). *El Concepto de Inconsciente en Psicoanálisis. Obras Completas.* Tomo XI. Buenos Aires: Amorrortu Editores.

_______ (1900-1901). El Olvido de los Sueños. *La Interpretación de los Sueños.* Tomo V. *Obras Completas.* Buenos Aires: Amorrortu Editores.

_______ (1923). *El Yo y el Ello.* Tomo XIX. *Obras Completas.* Viena: Amorrortu.

_______ (1938). *Esquema del Psicoanálisis. Obras Completas.* Tomo XXII. Viena: Amorrortu Editores.

_______ (1915). *Introducción del Narcisismo. Obras Completas.* Tomo XIV. Buenos Aires: Amorrortu Editores.

_______ (1915). *Lo inconsciente. Obras Completas.* Tomo XIV. Viena: Amorrortu Editores.

_______ (1919-1920). *Más Allá del Principio del Placer. Obras Completas,* Tomo XVIII. Buenos Aires: Amorrortu Editores.

_______ (1895 (1950)). *Proyecto de una Psicología para Neurólogos. Obras Completas.* Tomo I. Viena: Amorrortu Editores.

_______ (1907). Notas sobre la Pizarra Mágica. Obras Completas. Tomo XI. Viena. Amorrortu Editores.

Godelie, M. (1966). Remarques sur les concepts de struture et de contradiction. *Aletheia,* volumen (n° 4), pp. 228-239.

Heidegger, M. (2005). *¿Qué significa pensar?* Buenos Aires: Terramar Ediciones.

Heráclito, P. (Octava ed. 2007). Poema-Fragmentos. *Filosofía Presocrática.* Madrid: Folio Universitario.

Herbart, J. (1812). *Sobre el lado oscuro de la Pedagogía.* Berlín: Filo.

Jakobson, R. (1956). *Ensayos sobre Lingüística General.*

Jones, E. (1971). *Biografía de Sigmund Freud.* Viena: Amorrortu Editores.

Lacan, J. (1965-1966). *El Seminario.* Libro 13. *El objeto del Psicoanálisis.* Buenos Aires: Paidós.

_______ (1966). *El Seminario.* Libro 18. *El Saber del Psicoanalista.* Buenos Aires: Sitio web: http//:www. staferla.fr.free. Versión en línea PDF.

_______ (1972-). "A Jakobson". *El Seminario.* Libro 20. *Aún.* Buenos Aires: Paidós.

_______ (1953-1954). *El Seminario.* Libro 1. *Los Escritos Técnicos de Freud.* Buenos Aires: Paidós.

_______ (1970). *El Seminario*, Libro XVIII, *De un Discurso que no sería de la Apariencia*. Buenos Aires: Paidós.

_______ (1966). *Comentaire au Jean Hyppolite sur la «verneinung» de Freud*. Ecrits I. Paris: Seuil.

_______ (1964). *Conferences et entretiens dans des universités nord-americains*. Sitio web: http//:www.staferla.fr.free. Versión en línea PDF.

_______ (1964, 1° ed. 2001). *Conferencia en Baltimore. Otros Escritos*. Buenos Aires: Letra Viva.

_______ (1953). *Conferencia sobre Lo Simbólico, lo Imaginario y lo Real. Otros escritos*. Buenos Aires: Paidós.

_______ (1932 (1976)). Crítica de la personalidad psicológica. *De la psicosis paranoica en sus relaciones con la personalidad*. Buenos Aires: Siglo XXI.

_______ (1966). *Del sujeto por fin cuestionado (Discurso de Roma)*. Escritos I. Buenos Aires: Siglo XXI.

_______ (1966). *Écrits I* . Paris: Seuil.

_______ (1966). *Écrits II* . Paris: Seuil.

_______ (1965). *El Seminario*. Libro XIII. *El objeto del psicoanálisis*. Paris: Paidós.

_______ (1966 2° ed. 2007). *El Seminario sobre «La Carta Robada»*. Escritos I. Buenos Aires: Siglo XXI.

_______ (1957-1958). *EL Seminario*, Libro IV. *La relación de objeto*. Buenos Aires: Paidós.

_______ (2003 (8° ed.)). Génesis de las psicosis paranoicas: análisis franceses. *De la Psicosis paranoica en sus relaciones con la personalidad*. Buenos Aires: Siglo XXI.

_______ (1976). Introducción a la edición alemana de los Escritos. Revista *Uno por Uno*. Volumen (n° 42). París.

_______ (1973). Introducción al escrito sobre La Carta Robada. Revista *Uno por Uno*. Volumen (n° 43). París.

_______ (1957). *L`instance de la lettre dans l`inconscient ou la raison depuis Freud. Écrits I*. Paris: Seuil.

_______ (1948-2007). *La agresividad en psicoanálisis*. Escritos I. México: Siglo XXI.

_______ (1965-1966) 1° reimpresión 2008). *La Ciencia y la Verdad*. Escritos II. México: Siglo XXI.

_______ (1966). *La Dirección de la Cura y los Principios de su Poder*. Escritos II. México: Siglo XXI.

............(!959-1960). *El Seminario*. Libro 7. *La Ética del Psicoanálisis*. Buenos Aires: Paidos.

.........(1966). *La Science et la Vérité*. *Écrits II*. París: Éditions du Seuil.

............(1967 (2007)). *Mi Enseñanza*. Buenos Aires: Paidós.

............(1966). *Obertura de esta Recopilación*. Escritos I. Buenos Aires: Siglo XXI.

............(2008 (1966)). *Observación sobre el informe de Daniel Lagache: «Psicoanálisis y Estructura de la Personalidad»*. Escritos 2. Buenos Aires: Siglo XXI.

............(2012). *Otros escritos*. Buenos Aires: Paidós.

............((1964-1966) 1° reimpresión 2008). *Posición del Inconsciente en el Congreso de Bonneval*. Escritos II. México: Siglo XXI.

............(1960-1964). *Position de l`inonscient, au congrés de Bonneval*. *Écrits II*. Paris: Seuil.

.........(1969). Producción de los cuatro discursos. *El Seminario*. Libro 17. *El Revés del Psicoanálisis*. Buenos Aires: Paidós.

............(2012). Quizás en Vincennes. *Otros Escritos*. Buenos Aires: Paidós.

...........(1954-1966). *Réponse au commentairede jean Hyppolite sur la Verneinung de Freud*. Escritos I. París: Seuil.

............(1962-1963). *El Seminario*. Libro 10. *La angustia*. Buenos Aires: Paidós.

............(1954-1955). *El Seminario*. Libro 2. *El Yo en la Teoría de Freud y en la Técnica Psicoanalítica*. Buenos Aires: Paidós.

............(1955-1957). *El Seminario*. Libro 3, *La Psicosis*. Buenos Aires: Paidós.

............(1958-1959). *El Seminario*. Libro 5. *Las formaciones del Inconsciente*. Buenos Aires: Paidós.

............(1963-1964). *El Seminario*. Libro 11. *Los Cuatro Conceptos Fundamentales*. Buenos Aires: Paidós.

............(1966). *Situación del Psicoanálisis y Formación del Psicoanalista*. Escritos I. Buenos Aires: Siglo XXI.

............(1960 (1966) 2° reimpresión 2008). *Subversión del Sujeto y Dialéctica del Deseo en el Inconsciente Freudiano*. Escritos II. Buenos Aires: Siglo XXI.

............(1966). *Subversion du sujet et dialectique du désir dans l`inconscient freudien*. Écrits II. Paris: Seuil.

Laplanche, J. y. (1971). *Diccionario de Psicoanálisis*. Buenos Aires: Editorial Labor.

Lévi-Strauss, C. (1958 (1° reimp. 1961)). *Antropología Estructural*. Madrid: Editorial Universitaria Eudeba.

Lévi-Strauss, C. (1981, 1° reimpresión). *Las Estructuras Elementales del Parentesco*. Buenos Aires: Paidós.

Mauss, M. (2007). *Ensayo sobre el don*. Buenos Aires: Katz Conocimiento.

Miller, J. A. (2002). *Biología Lacaniana y Acontecimiento del Cuerpo*. Buenos Aires: Colección Diva.

Peirce, C. (2002). Signo, fundamento e interpretante. *Obra Filosófica Reunida*. México: Fondo de Cultura Económica.

Roudinesco, É. (2008). *Diccionario de Psicoanálisis*. Buenos Aires: Paidós, 2° edición.

Sarraillet, M. I. (2009). *El rey está desnudo* , 23-34.

Sarraillet, M. I. (2012). El concepto de energía en la teoría de Freud y Lacan. *El Rey está desnudo n°7* , 56-98.

Saussure, F. (1921). *Cours du linguistique genéralle*. Francia: Siglo XXI.

Saussure, F. (2007). *Curso de Lingüística General*. Buenos Aires: Losada.

Saussure, F. (1989). El signo lingüístico. En S. Ferdinand, *Curso de Linguística General* (págs. 311-352). Buenos Aires: Losada.

Schopenhauer, A. (1918-2017). *El mundo como voluntad y como representación*. Buenos Aires: Losada.

Schopenhauer, A. (1921). *El mundo como voluntad y representación*. Viena: Fondo de cultura económica.

Schopenhauer, A. (2000). La Supremacía de la Voluntad. En A. Schopenhauer, *La supremacía de la Voluntad* (págs. 135-148). Buenos Aires: Longseller.

Spencer, H. e. (1876 (2002)). The comparative psychology of man. *Mind* , 12-16.

Tomei, M. (1982). *Topología elemental*. Buenos Aires: Copyright Sara Oliva.

Vaysse, J.-M. (2001). *L`Inconscient des Modernes*. París: Gallimard.

Impreso por TREINTADIEZ S.A. en 2021
Pringles 521 (C1183 AEI)
Ciudad Autónoma de Buenos Aires
Teléfonos: 4864-3297 / 4862-6794
editorial@treintadiez.com